BIANCA FERRARI

ISSUE

ROMANZO

MAGAZZINI SALANI

ISBN 979-12-5957-251-6

Per essere informato sulle novità
del Gruppo editoriale Mauri Spagnol visita:
www.illibraio.it

www.magazzinisalani.it

Alle nove persone che mi hanno ricordato
che la solidarietà tra donne non è un caso fortuito.
È un'occasione. È una virtù.
È una responsabilità.
Ed è una delle migliori fortune.
Grazie

No one knows my struggle, they only see the trouble.
Not knowing it's hard to carry on when no one loves you.

2Pac – *Thugz Mansion*

Ti cerco perché sei la disfunzione
La macchia sporca, la mia distrazione
La superficie liscia delle cose
La pace armata, la mia ostinazione.

Subsonica – *Nuova Ossessione*

Prologo

Virginie

È questione di dettagli.

La vita, intendo.

Nonostante siamo particelle infinitesimali di un universo senza confini, è nelle più stupide piccolezze che le nostre esistenze subiscono drastici cambi di direzione.

Ne ero cosciente a livello razionale. Ora lo so per esperienza.

Lo testimoniano le lacrime che imbrattano i documenti che stringo tra le dita, il cuore che palpita con un ritmo insensato, tutte le fibre del mio essere che si ribellano a quel minuscolo, stupido, ingombrante dettaglio inciso con l'inchiostro nero su dei semplici fogli bianchi.

La musica che proviene dal cellulare si infila tra le costole, lì dove rimane appena lo spazio per respirare, lì dove sono incastrate tutte le mie domande, lì dove si spezzano vincoli e si distruggono legami.

Butto uno sguardo distratto al telefono e ci vedo lui, i suoi capelli biondi. Ricordo quando li ha tinti.

E che lo ha fatto per me.

«Perché piangi, Batuffolo?»

Scuoto la testa e tiro su col naso. Ho iniziato le scuole elementari da pochi giorni e lì ci sono dei bambini cattivi. Ho sentito papà dire che mi hanno presa di mira, ma non so cosa voglia dire. So solo che sono arrabbiata. E triste.

E che non vorrei essere arrabbiata e triste, perché oggi è venuto a prendermi lo zio e io sono sempre felice quando c'è lui. Ma oggi non ci riesco.

«Se me lo dici, ti porto al cinema».

Lo zio insiste e io mi sento ancora più triste di prima. Vorrei che le parole mi uscissero dalle labbra, invece mi scappa solo un singhiozzo, così nascondo il viso tra le ginocchia, che porto al petto. L'altalena si ferma, perché non mi spingo più, neanche piano piano come facevo prima. Siamo al parco. Oggi papà non poteva portarmi con lui al lavoro perché deve arrampicarsi su degli alberi alti, e quando lo fa rimango sempre con lo zio.

«Ti prendo i popcorn» dice lui. Sa quanto mi piace quando guardiamo i film insieme e ce li rubiamo, immergendo le mani nello stesso contenitore per tirarle fuori unte e salate.

Non gli rispondo. Così lui continua ad aggiungere cose che adoro per farmi parlare. «E gli Smarties».

«No, zio».

«Vee, cosa vuoi in cambio dei tuoi segreti?»

Alzo lo sguardo verso di lui. Attraverso le lacrime vedo la sua faccia, così familiare. I suoi capelli scuri, gli occhi verdi come la foresta d'estate. Così uguali a quelli del mio papà, così diversi dai miei.

«Una promessa».

«Quale?»

«Che tu e papà non farete niente contro i miei compagni».

«Te lo giuro sul mio lettore MP3».

So che, se fa una promessa, la mantiene sempre, per cui annuisco e prendo il fazzoletto che mi allunga, con il quale mi pulisco il naso. Guardo lontano, mi chiedo perché non ho una mamma e perché quei bimbi cattivi ce l'abbiano con me. Lo zio aspetta che io torni a fissarlo. Non credo sia mai stato preso in giro, lui, è troppo bello. È praticamente perfetto. E in più, è normale, anche se speciale.

«Dicono che sono stramba, che sono diversa dagli altri, che sono un'aliena».

Vedo la rabbia che gli scurisce gli occhi, che lo spinge a strin-

gere più forte le corde dell'altalena, tanto che le sue nocche diventano bianche.

La sua voce però rimane calma, profonda, come quando mi fa il solletico e mi fa ridere a crepapelle.

«Perché?»

Mi sfioro i capelli. Sono candidi come la neve che minaccia di scendere oggi. Mi indico la pelle: diafana, così mi ha suggerito lo zio dicendomi che, se usiamo bene le parole, abbiamo a disposizione un arcobaleno di sfumature, tutti i colori del mondo. Sbatto le ciglia chiare sulle mie iridi che sembrano ghiaccio.

«Sai quante persone come te ci sono al mondo?» mi chiede.

Nessuna. Secondo me nessuna. A parte gli albini, ma papà e il dottore hanno escluso che io lo sia. Non so neanche cosa voglia dire, ma so che a quanto pare non sono nemmeno come questi tizi dell'Albinia.

Lo zio si tormenta la guancia con i denti. Devo avere un'espressione che non lo convince. «Troverò qualcuno che ti assomiglia, su Internet, così potrai mostrare le immagini ai tuoi compagni e zittirli tutti».

Porta la mano al mento e si mette a pensare.

«Chiunque troverai online non sarà qualcuno che vive qui a Red Oak Town». Interrompo i suoi pensieri, così lui torna con lo sguardo nel mio e io vorrei solo che mi abbracciasse, che mi portasse a casa e che mi facesse dimenticare quanto sono diversa. Anche da lui.

«Neanche tu mi assomigli» rincaro la dose.

«Perché sei identica alla tua mamma».

Papà e lo zio me lo dicono di continuo: ho gli stessi capelli, gli stessi occhi di un azzurro che ha fatto il bagno nel bianco, lo stesso viso.

«Non l'ho mai vista, non c'è una sola foto in casa. E sono diversa da tutti in questa città. Anche dalla mia famiglia!»

Il mento mi trema, le lacrime stanno per scivolare giù ma, un attimo prima che io scoppi a piangere al Prospect Park, lo zio mi abbraccia, tirandomi giù dall'altalena e girando piano piano su se stesso. Sa di buono. Non di caramelle dolci e burro di cacao come le bimbe della scuola, ma non odora neanche di piedi e puzzette come alcuni miei compagni.

Lui sa di casa, anche se non vive con noi. Ha il profumo del bosco quando piove, della legna quando papà l'ha appena tagliata, della resina che continua a colare anche dopo che un albero è caduto a terra.

Mi accarezza i capelli.

«Ci vieni in un posto con me?» sussurra, come se mi stesse rivelando un segreto. Il segreto è che andrei con lui anche nella foresta di notte al buio senza torcia. Perché con lui sto bene sempre e non ho mai paura. «È un posto speciale dove acquisterò una cosa speciale per fare una cosa speciale. Ma avrò bisogno di un'aiutante specialissima. Vuoi essere tu?»

Mi solleva il mento e lo guardo senza capire. Ma io credo in lui e gli voglio bene, così faccio su e giù con la testa.

Lo zio si mette il mio zaino su una spalla e il suo sull'altra, io prendo la mano che mi porge e insieme attraversiamo la strada. La farmacia ha un'illuminazione accecante e gli occhi mi bruciano ancora per il pianto, per cui quando entriamo li strizzo forte. Si allontana, lasciandomi davanti alle caramelle che fanno bene, dicendomi di scegliere un gusto che mi piaccia. Quando torna, gli porgo quelle al mirtillo, lui le prende e va a pagare. Pochi istanti dopo siamo fuori. La neve sta cadendo e lui sorride.

«Andiamo a casa, Batuffolo, abbiamo un'impresa da compiere».

Attraversiamo la città e prendiamo la stradina che ci porta nel cottage dove viviamo io e papà. Lo zio sta al Red Oak Manor, ma quando può ci viene a trovare.

Posa gli zaini, ci togliamo i giacconi e lui mi fa strada verso il bagno.

«Ora devi stare attentissima. Mettiti questi guanti di plastica».

Mi vanno grandissimi, così me li blocca sui polsi con dello scotch di carta. Lui fa la stessa cosa, ma senza scotch, poi recupera una sedia e mi invita a salirci in piedi.

«Ascolta: io verso parte del contenuto di quella bottiglia di acqua ossigenata in una piccola caraffa e tu poi la rovesci su

tutti i miei capelli. Non dimenticare ciuffi in giro, se no sembrerò un vero coglione».

«Hai detto una parolaccia!» Rido mentre lo sgrido, i guanti sulla bocca puzzano di borotalco e plastica.

«Scusa, hai ragione. Ma tu fai attenzione. E non annusare il liquido, concentrati per non schizzartelo addosso e... Niente. Fai tutto con cautela».

«Okay».

Si china sul lavandino e io svuoto la caraffa sulla sua testa, poi lui me la riempie di nuovo e io gliela rovescio sui capelli, più e più volte, finché non cominciano a schiarirsi. Lo aiuto anche con lo shampoo, gli lavo i capelli e dopo lui li nasconde in un asciugamano.

Alla fine andiamo in salotto, lo zio scioglie il telo e mi mostra il risultato finale: un groviglio di capelli ossigenati, che fanno a pugni con le sopracciglia scure.

Un sorriso nasce sulle mie labbra, il primo oggi da quando quei compagni mi hanno presa in giro. Non sono più l'unica bionda in famiglia.

E forse è vero che sono strana e non assomiglio al papà, però in questo momento mi sento tanto fortunata ad avere Israel nella mia vita.

«Sei bellissimo, zio».

Gli corro incontro e lo abbraccio stretto stretto.

Ora so che colore ha l'amore.

Ero una bambina felice tra le sue braccia. Adesso non so più chi sono. Cosa sono.

Ho male ovunque: lo stomaco, le ossa, gli occhi, i polmoni.

È ciò che succede quando si nasce? È come se tutto si spezzasse, per ricomporsi, nuovo, come una tela bianca da imbrattare giorno dopo giorno di parole, silenzi, speranze, paure, dolorose verità, bugie spiazzanti? Di vita, in pratica?

Una vita destinata a ferirci, a straziare noi, che rimaniamo bambini spaventati, che vorremmo solo essere amati per ciò che siamo.

E io quell'amore pensavo di averlo trovato.

E credevo che, se l'avessi stretto abbastanza forte tra le mani, forse non sarebbe scivolato via. E l'ho rincorso, l'ho strappato a chi non voleva offrirmelo, l'ho vissuto.

Poi l'ho gettato via.

«Vai via» ho detto, quando volevo urlare: 'Rimani, ho paura. Ho paura sempre, ma con te no'.

È solo colpa mia se non c'è nessuno qui con me, ora, a vedermi andare in pezzi, a guardare quei frammenti cercare di riunirsi senza sapere più che forma assumere.

Sullo schermo del telefono c'è Iz the Issue a un concerto. C'è la sua musica. Ci sono i suoi capelli biondi e la sua voce che canta parole che assumono nuovi significati, frasi che ascolto per la milionesima volta e che spezzano quel filo che mi teneva in piedi.

And nobody knows my pain
The history in my veins
The voices in my brain.
The fear in my DNA.

E nessuno conosce il mio dolore
La storia che mi scorre nelle vene
Le voci nella mia testa
La paura nel mio DNA.

Sto per cedere, per crollare a terra come una marionetta rotta, quando mi rendo conto di non essere più sola nella stanza.

Mi irrigidisco. Non sono pronta a questo confronto, ma è ciò che la vita mi ha messo davanti e io non posso che restare qui, in cerca di risposte che già possiedo, che stringo in mano e che, a un certo punto, lui nota, come la busta lasciata sulla scrivania.

«Sarebbe stato meglio che tu non avessi aperto il mio cassetto».

Ma l'ho fatto.

E ne ho tirato fuori la verità.

Una verità che ora esplode e cambia tutto.

Cambia me.

Capitolo 1

Israel

San Francisco, aprile 2022

«'Si vocifera che Iz the Issue sia l'ultimo cavallo puntato dalla Splendid Records di Philadelphia. Dopo il successo del suo quarto album, *Scary Mirror*, un contratto con la casa discografica più famosa nel panorama rap della Costa Est lo spedirebbe di diritto nei più quotati tra i nuovi rapper'».

La voce di Bratz è piena di entusiasmo, ci mostra le braccia coperte di tatuaggi per farci vedere che ha la pelle d'oca. Siamo nel mio appartamento di San Francisco, un luogo dove troppo spesso non sono da solo. La mia crew sembra orbitarmi intorno senza mai lasciarmi spazio, ma io accetto la presenza di tutti loro senza provare a cacciarli di casa. È il mio modo di esprimere affetto. E poi le loro voci, così caotiche, spengono quelle nella mia testa, i miei ricordi fatti suono, impressi nei timpani. Quelle voci non hanno mai taciuto, da quando avevo cinque anni. Si sono spente solo qualche volta, quando ero un bambino, per brevi attimi ormai scomparsi da troppo tempo.

Seven incalza. «'Iz the Issue è un personaggio atipico nel mondo del *flow* e delle rime. Mantiene un basso profilo, non sfoggia abiti firmati, gioielli, macchine di lusso e nessuno l'ha mai visto con una donna'. Be', se è per questo non ti hanno visto neanche con un uomo, che cazzo c'entra? Quanto sono ossessionati dal sesso, i giornalisti!»

«'Nonostante i fastidiosi attacchi al suo look da rapper bianco, così simile a quello del suo più famoso predecessore, non ha mai creato *dissing*, ottenendo il rispetto di Em&Em, che l'ha citato in un paio di interviste, definendo i suoi versi originali e sinceri'. Ehi, Iz, guarda che se ti piace il cazzo, sono certo che Slight Shadow due colpi te li darebbe volentieri».

Seven dà il cinque al suo diversissimo fratello gemello e tutti ridono alle parole di Charlie, anche Veronica, l'unica che non è appiccicata al computer per leggere l'articolo di un famoso critico di settore su un settimanale che per qualsiasi rapper è il top. Non sarà il *New York Post*, ma diciamo che la curiosità sulla mia situazione contrattuale è arrivata dove Veronica voleva che arrivasse.

«Dai, stronzi, mollatelo. Lo sapete meglio di me che con Iz non si può parlare di chi vorrebbe scoparsi. Tanto non ce lo dirà mai. Uomo o donna che sia».

«La mia ex non parla male di quel biondo lì» ribatte Bratz, e mi fa un cenno dall'altra parte della stanza, beccandosi un dito medio dalla nostra manager.

Veronica è una tipa determinata, alta quasi quanto me, con la volontà di un mulo e la forza di un toro. Se sentisse che la paragono a due animali così poco eleganti, probabilmente mi taglierebbe la gola con le sue stesse unghie.

Al momento è seduta sulla mia poltrona bianca, con le lunghe gambe che penzolano dal bordo. Potrei farle notare che le si vedono gli slip, ma so che non gliene fregherebbe niente. Non glielo dirò mai, però apprezzo moltissimo questo suo lato anticonformista e sicuro di sé, mentre di ciò che ha tra le gambe non può interessarmi di meno. E questo, anche se non ho avuto bisogno di esplicitarlo, lei lo sa bene.

Come amica ha provato a scucirmi qualche informazione in più su ciò che celo nel cuore, quale sia il mio orientamento sessuale, ma ha capito presto di non avere una chiave per il mio lucchetto e ha smesso di cercare di sapere più di ciò che le serve per gestire la mia musica. Tanto capisce anche senza capire davvero. Anzi, forse comprende più di me.

«Vorrei aspettare ancora qualche giorno prima di confermare che hai firmato con la Splendid Records, vorrei far salire l'*hype*, cavalcare questo articolo e, solo quando la curiosità di tutti sarà all'apice, confermare che Veronica Knowles ha trasformato un ragazzino conosciuto in un Community College di Frisco nella prossima stella del panorama rap mondiale».

Si alza, fa un paio di inchini, accetta di buon grado la reverenza con cui la fissiamo e poi gira su se stessa per farsi ammirare. È una bellissima donna, ma punta tutto sul cervello e sul carattere, il che la rende una preda inarrivabile.

Alzo il pollice per farle capire che approvo il suo piano, poi mi sollevo da terra e apro la portafinestra che dà sul giardino. Dall'alto riesco a vedere buona parte della città che mi ha adottato e che non riesco a sentire mia, forse perché chi nasce a Red Oak Town se la porta nel cuore o forse perché la mia famiglia è tutta lì.

Non li vedo da quattro anni, non riesco a sganciarmi dal lavoro, dalla mia carriera, dallo studio di registrazione o dalle mie inquietudini celate e infilate là dove non può vederle nessuno. Dove posso toccarle solo io.

Israel Silver.

Iz the Issue.

Issue.

Problema.

E io ne ho alcuni belli grossi, come le voci che ripartono, i ricordi, il rumore della frenata.

I bambini!

Vi vogliamo bene.

«Ehi, Iz» mi chiama Charlie, con l'affanno. Gli ho detto mille volte che deve smettere col *fast food* o morirà di infarto prima dei trent'anni, lui ha risposto che fino a trentatré si è ancora famosi se si muore giovani, ma quando ha superato i ventisette, pochi mesi fa, gli ho ricordato che si è bruciato la possibilità di entrare nella casta musicale dei cadaveri celebri e che l'unico trentatreenne famoso era Gesù Cristo. Quindi, ora, gli rimangono cinque anni per capire come trasformare l'acqua in vino, oppure è meglio che si metta a dieta.

Rientro nell'appartamento e mi avvicino a lui. La sua voce ha interrotto i miei pensieri e il solito caos che mi incasina la testa.

«Guarda che cazzo di foto fica ti hanno fatto! Ma dove stavi andando?»

Mi passo il pugno sulle labbra mentre fisso l'immagine di me che bevo un *bubble tea* di fronte a Starbucks, giù in città, con i pantaloncini lisi di una tuta, le scarpe da ginnastica e i capelli scompigliati. Non mi sono accorto di niente, la foto è spontanea. Ormai, con uno smartphone a portata di mano sono tutti paparazzi, pronti a farsi i cazzi miei e a rivenderli al miglior offerente. Se questo è quello che mi succede ora che sono conosciuto solo in un ambiente di nicchia, che diavolo potrà succedere se il disco spacca?

«Tra quanto andate?»

Lo so, okay, non sono stato proprio di una gentilezza estrema, ma questa cosa della fama ha un sottofondo irritante che non sempre riesco a gestire nel migliore dei modi.

Per fortuna non se la prendono. Mi conoscono bene e sanno che, una volta ogni tanto, ho bisogno di stare solo per davvero. Quindi, dopo avermi dato dello stronzo in coro e aver commentato che non mi merito un fisico come il mio se poi non lo uso per rendere felici le mie fan, Charlie, Seven e Bratz dichiarano che andranno a bere al pub all'angolo e l'ultimo mi rassicura sul fatto che più tardi tornerà a vedere come sto. Il che significa che, come spesso succede, dormirà sul mio divano.

Veronica declina il loro invito a seguirli dicendo che tornerà a casa, ma i miei amici rimangono comunque sulla porta ad aspettarla.

«Tutto bene, Israel?»

Faccio un cenno affermativo e le indico l'orologio.

«Domani. Ore dieci. Videochiamata con la Splendid Records» ricapitola lei.

«Riuscirai a essere puntuale?» la punzecchia Bratz, con una punta di fastidio nella voce, e Veronica lo fulmina con un'occhiata assassina. Non le piace essere interrotta.

«Per quanto riguarda la sistemazione, sono già d'accordo che ce la trovino loro, visto che nessuno di noi ha agganci immobiliari a Philadelphia, ma dovremo stare tutti insieme in un unico appartamento per limitare i costi. Questi sono i patti» continua infatti, senza calcolarlo. «Riesci a produrre nel casino?» mi chiede.

Alzo le spalle. Produco sempre nel casino: se non è colpa di altri, è quello che mi porto dentro come un'anima gemella. Voci, suoni. Rumori.

«Va bene. Se hai problemi scrivimi, altrimenti domani alle otto sarò qui per prepararci».

La abbraccio, forse prendendola alla sprovvista perché, se sul momento si lascia andare, dopo meno di un secondo fa un verso di disgusto e mi caccia via. Bratz scuote la testa. Mentre sorrido divertito, Veronica mi insulta con epiteti piuttosto fantasiosi, mi fa il dito medio e se ne va, spingendo gli altri fuori e chiudendosi la porta alle spalle.

Prendo il telefono e trascino una sedia in giardino. Di fronte a me il tramonto su San Francisco.

I bambini!

Vi vogliamo bene.

Scaccio il rumore stridente di pneumatici sotto sforzo e raccolgo il mio coraggio. Non sento Levi da Natale, se non via messaggio. Un bel cambiamento da quando lo vedevo quasi ogni giorno, da quando facevo davvero parte della famiglia.

Sblocco la schermata e compongo il numero di casa. Ormai mio fratello dovrebbe essere tornato, di regola cena con sua figlia.

«Ehi, Israel!»

La voce dall'altro capo degli Stati Uniti ha una venatura spenta, nonostante l'entusiasmo che la accompagna. Stare spesso in silenzio mi espone ad ascoltare molto. La felicità di cui tenta di rivestire il suo saluto non mi sembra sincera.

«Vecchio *bro*».

«Vaffanculo».

Ridacchio e lui non parla. Strano, di solito mi stordisce di parole.

«Tutto okay?» gli chiedo.

Tentenna, poi risponde: «Diciamo di sì. Tu? Novità?»

«Una» confesso d'un fiato.

«Ti sposi?» mi chiede, prendendomi per il culo.

Ci interrompe il rumore di qualcosa che cade e si frantuma, poi Levi copre il microfono e lo sento discutere con Virginie, alzando sempre di più il tono, finché non urla talmente forte che capisco ogni parola.

«Vai a letto senza cena, signorina!»

Che sta succedendo? Levi non ha mai gridato con sua figlia, né Virginie se l'è mai meritato. Cosa mi sono perso?

«Scusa, fratello, dimmi pure».

«Verrò a Philly per produrre il nuovo album».

«A Philadelphia?»

Me lo chiede con un'intonazione che non riesco a decifrare. Forse è solo felice del fatto che sarò più vicino a casa.

«Già, per la Splendid Records».

«Quella che sognavi già ai tempi dell'orfanotrofio?»

Mugugno un «sì», ricordandomi della mia amica June che mi chiedeva come funzionasse una casa discografica e perché mi interessasse proprio quella nello specifico. Non le risposi allora, non riuscirei a farlo neppure adesso.

«Sono contento per te, *bro*».

Sento che c'è qualcosa che non torna e la mia curiosità si accende. Faccio silenzio, so che è il modo migliore per ottenere che lui si apra. È sempre stato così: io taccio e gli altri parlano.

«Almeno a qualcuno di noi le cose vanno bene».

Lo dice col sorriso, lo sento nel sospiro che fa, ma è un sorriso amaro.

«Casini al lavoro?»

«Anche».

Entrambi esitiamo e stiamo zitti.

«Levi...»

«Non ti preoccupare, Israel».

Taccio, aspetto che continui. Se tengo duro, lui mi dirà ogni cosa.

«Ecco, io... ho un po' di problemi, ultimamente. Gli affari non vanno malissimo, ma ci sono stati un paio di infortuni e si è alzata la rata dell'assicurazione per i ragazzi, oltre al fatto che ho dovuto assumere degli operai nuovi per coprire chi è a casa. Solo che questi non sono all'altezza».

Sospira.

«Ti servono soldi?»

«No, Israel, non voglio i tuoi soldi. Va tutto bene, avrei solo bisogno di giornate da settantadue ore. E tu, quindi, torni sulla Costa Est?»

«Sì. Se ti va, faccio un salto lì, parto prima della crew».

«Cazzo, sì!» È felice davvero di vedermi, così come lo sono io. Mi è mancata la mia famiglia.

«Però non dirlo a Vee» preciso subito dopo.

«Non so se è il periodo migliore per farle una sorpresa...»

«Adolescenza?»

«Sì, ma tardiva».

«Decidi tu».

Lo sento ragionare, il suo silenzio è denso, un mood molto diverso da quello che ricordo tra Levi e sua figlia. «Ma sì, dai. Magari è ciò che le serve per ritrovare il sorriso. Quando arrivi?»

«Tra un paio di giorni».

«Benissimo, fratello. Sono stufo di vederti solo sui giornali e sul web. Mi manchi, sai?»

'Sì che lo so, mi manchi anche tu, *bro*'.

Però non glielo dico, soffio un «a presto» e attacco.

Prevedo che la mia solitudine prima che Bratz ritorni sarà piuttosto breve, quindi mi infilo le scarpe da ginnastica, le cuffie nelle orecchie e parto per una corsa in cui perdo fiato e pensieri.

Un'ora dopo sono spossato a sufficienza: le responsabilità sono più lontane, le mie preoccupazioni sono ovattate e io mi godo le briciole di pace che vengono quando sono sfinito sotto la doccia, quando i rumori sono affievoliti. Non è il silenzio, ma è ciò che gli si avvicina di più.

Quando esco dal bagno, con un telo intorno alla vita, trovo Bratz addormentato sul mio divano. Sta russando, le braccia incrociate sul petto, le labbra rilassate, mentre le sopracciglia sono tese. Ha le chiavi di casa mia e ultimamente le usa sempre più spesso, come se non volesse stare da solo. Appoggiata per terra vedo una bottiglia di Jack Daniel's mezza vuota. Ho il dubbio che ci sia qualcosa che lo turba, ma con lui la tecnica del silenzio non funziona quasi mai.

Gli sistemo la coperta che è già scivolata verso il pavimento ed esco in giardino. La luna riflette i brividi sulla mia pelle, dovuti all'aria fredda della sera. Sta per cambiare tutto, lo sento sull'epidermide, sotto le palpebre, nella gola. È una premonizione che arriva insieme a folate di vento improvvise, gelide. Rientro in casa, lascio cadere l'asciugamano sul pavimento e mi infilo nel letto, dove passerò la notte ad ascoltare musica e a guardare una San Francisco piegata da un insolito e improvviso maltempo.

«Iz, svegliati!»

La voce di Veronica mi raggiunge dal salotto. Apro gli occhi e li stropiccio più volte, perché ciò che sto vedendo di fronte a me non può essere che un sogno: fiocchi di neve scendono radi su un paesaggio candido.

Aprile.

Non ha mai nevicato ad aprile, da quando posso ricordare.

«Iz, cazzo, di solito bisogna stordirti per farti dormire! Alza il culo che tra poco abbiamo la call con la Splendid Records». Veronica spalanca la porta della mia camera e mi raggiunge sul letto, strappandomi le lenzuola di dosso.

«Privacy» mi lamento, nudo sotto il suo sguardo.

«Niente privacy per le star» risponde lei, poi indica il mio inguine, «e non è niente che non abbia già visto. Muoviti!»

Quando la mia manager esce, inconsapevole di avermi svegliato appena un'ora dopo che mi ero addormentato, mi alzo, mi vesto e mi preparo alla riunione con la mia nuova casa discografica.

Dopo cinque ore di videoconferenza, Veronica è in piedi nel mio salotto, dietro la scrivania ricoperta di monitor, tastiere di vario tipo e parte dell'attrezzatura di Bratz. La sezione fonica di alto livello è nello studio di registrazione, ma qui è una specie di succursale dove lavorare a ogni ora del giorno e della notte.

Veronica si schiarisce la voce, appoggia le mani sul tavolo e ci fissa, pronta a ricapitolare il piano d'azione che abbiamo sentito poco fa dalla voce dei nostri nuovi datori di lavoro.

«Dunque, la Splendid Records ci mette a disposizione un attico a tre isolati dal loro studio di registrazione. Ci sono quattro stanze da letto e noi siamo in cinque, per cui Charlie e Seven dormiranno insieme».

Si leva un coro disperato.

«Ma Charlie russa!»

«E Seven si fa le seghe di continuo!»

Un concitato caos rimbalza sulle pareti bianche.

«Partiremo con un volo diretto tra una decina di giorni, organizzo tutto io».

Alzo la mano e attendo che tutti mi notino e si quietino.

Veronica solleva il mento per darmi la parola.

Porto l'indice al mio petto e scuoto la testa.

«Che cazzo vuol dire che tu non vieni?» chiede la mia manager preoccupata.

Sollevo gli occhi al cielo. «Certo che vengo».

«Ma...?»

«Parto domani. Torno a casa».

Un nuovo putiferio di voci si scatena: chi si preoccupa per il maltempo, chi dice che dieci giorni di lavoro sono importanti e non possiamo sprecarli, chi invece mi fissa e basta. Sanno che ho una famiglia, ma sono abituati ad avermi ogni istante con loro e su questa produzione ci giochiamo la nostra più grande opportunità. Per cui la mia crew è giustamente nervosa.

«E se abbiamo bisogno di te?»

Mostro loro il cellulare, poi indico il portatile. Mi sembra chiaro che siamo in una fase storica in cui tenersi in contatto non può essere un ostacolo alla nostra collaborazione.

«Sei sicuro?»

Questa è Veronica.

La sua mente arguta sta facendo una serie di calcoli che finiscono tutti in una sola grande domanda: ci tengo davvero a questo progetto?

La guardo con aria rassicurante, le chiedo con la mia espressione di fidarsi di me – d'altro canto non ha mai avuto motivo per non farlo – e alla fine annuisce, pensierosa.

«Nessun dramma, ci vediamo lì fra una decina di giorni».

A questo punto mi alzo dal cerchio di sedie che abbiamo creato di fronte alla scrivania e li tranquillizzo con un solo sguardo. È bello che i miei amici siano in grado di leggere i miei pensieri, che capiscano il mio animo.

Mentre Bratz recupera delle birre dal frigo in fondo al *living room*, io mi avvicino pensieroso alla grande portafinestra che dà sul giardino, oggi reso impraticabile dalla neve.

Sento Veronica a due passi da me, poi ancora più vicina, finché non si appoggia alla mia schiena. La sovrasto di diversi centimetri, ma c'è da dire che oggi non ha i soliti tacchi che fanno spavento. Mi abbraccia da dietro, sento il suo fiato sul collo e le mani che mi circondano le spalle.

«Sei sicuro che rimarremo in piedi?»

Faccio un cenno affermativo con la testa.

«A volte non è facile capirti. Ma qui in ballo ci siamo tutti e non sono sicura di poter ottenere un'altra occasione così, se ce la sputtaniamo. Le voci girano e le porte si chiudono».

Le accarezzo una mano.

«Non mi rassereni facendo il carino. Lo so da sola che le porte io le apro a calci, però tu vedi di non bloccare questa, perché ci ho messo tutto il mio impegno».

«Lo so. Vado solo a trovare la mia famiglia».

Veronica mi dà un unico bacio sul collo, poi prende in mano la situazione e comincia a dettare ordini a tutti noi: cosa porterò con me per poter lavorare in questi giorni, cosa trasporteranno loro, chi si occuperà dello studio mentre saremo fuori. Si assicura che io abbia tutti i cavi di alimentazione e i caricabatterie necessari, infine trascina fuori i ragazzi che si congedano. Li vedrò tra qualche giorno, con la promessa di avere almeno un pezzo abbozzato.

Quando se ne vanno, casa mia è talmente sottosopra, tra gli strumenti che si sono portati via e gli oggetti che hanno spostato per staccare i cavi, che mi abbandono sul divano in preda al panico: devo fare una valigia sensata, con abiti che mi devono durare mesi, un piccolo mixer, il computer e le cuffie.

E questa è la parte facile.

Poi verrà quella difficile.

Dovrò dormire, stanotte. Impresa praticamente impossibile.

Dovrò salire su un aereo, domani, sperando che il maltempo non renda il volo un vero e proprio incubo.

Dovrò arrivare dall'altra parte dello Stato.

Dovrò ritrovare le persone che non vedo da quattro anni e fare i conti con i sensi di colpa che mi porto addosso per non aver mai trovato tempo per loro.

Scuoto la testa, poi sbatto una mano sul bracciolo e mi alzo. Divido il grande *living* in sezioni e riordino un pezzo alla volta, mettendo sul divano ciò che dovrò trasportare a Red Oak Town.

L'attrezzatura tecnica per fortuna è sufficientemente ridotta da stare nel mio bagaglio a mano, mentre gli abiti e la biancheria vanno nei borsoni che imbarcherò nella stiva. Cedo al sentimentalismo e mi porto dietro anche la prima foto che io e la mia crew abbiamo scattato di fronte al nostro studio di registrazione.

C'è Bratz con la birra in mano, e si capisce perfettamente che non è la prima che beve, visto che ha gli occhi semichiusi e un sorriso ebete. Charlie tiene in braccio il suo gemello Seven, come se fosse una sposa. Entrambi hanno la pelle scura come il carbone, ma uno pesa più di un quintale e l'altro non arriva a sessanta chili. Quando vengono presi in giro per questa differenza, però, i loro sorrisi diventano simili in modo inquietante e rispondono con un fervore e un sarcasmo capace di spazzare via qualsiasi imbecille abbia avuto la pessima idea di aprire bocca. Veronica è abbarbicata sulla mia schiena e i suoi lunghissimi capelli color vinaccia mi circondano le spalle.

Siamo felici, in quella foto: non è stato l'inizio del nostro sodalizio artistico, o della nostra amicizia, ma è stato il momento in cui ci siamo fidati così tanto di ciò che ci univa da andare da un giudice e firmare un impegno economico che ci legherà per sempre.

La Bitches Crew esisterà anche al di fuori del fenomeno Iz the Issue e noi resteremo uniti per tutta la vita.

Una volta che il *living* è sistemato e i bagagli sono pronti, ordino da asporto e mangio sul ripiano dell'isola, con la musica spenta e le luci abbassate.

Sono abituato ai litigi di Seven e Charlie, all'inflessibilità direttiva di Veronica e agli sguardi complici di Bratz. Ma non sono più abituato a stare con la mia famiglia.

Ripenso al giorno in cui abbiamo firmato per l'etichetta indipendente e mi rendo conto che quell'istante, che ha rappresentato un inizio, è stato anche il momento in cui ho smesso di avere tempo da dedicare a Levi e Virginie. Quattro anni di notti insonni, di lavoro senza sosta, di concerti, di tentativi di portare il nostro progetto a un livello superiore.

Non vedo la mia famiglia da allora, il nostro legame si è sfilacciato abbastanza da non prevedere più neanche foto o videochiamate, ed è tenuto in piedi solo da auguri e comunicazioni di servizio. Ma io credo che una famiglia non smetta mai di esserlo, che il nostro affetto non sia scomparso. Che tornerò a casa e tutto sarà come prima.

Mi ripeto come un mantra che andrà tutto bene. Che non ci saranno problemi.

Però continuo ad avere l'impressione che il mio stesso soprannome, in questo momento, suoni come una profezia.

E non riesco ad addormentarmi, quando vado a letto.

Nessuna novità. Mi succede spesso.

Troppo rumore, anche nel silenzio.

Capitolo 2

Virginie

Red Oak Town, aprile 2022

«Non è *canonico*, ti do ragione, ma posso riutilizzarlo per altre occasioni. E poi è originale».

«Virginie, non è una serata qualsiasi» ribatte quasi annoiato Connor, il mio migliore amico.

«Lo so» replico, fissando la stoffa bianca che mi ricopre. «Però mi sta bene». E mi fa sembrare più adulta, quasi una donna.

L'abito acquistato durante il pomeriggio che ho passato a Philadelphia di nascosto da papà – bravata che mi è costata la sgridata del secolo e una sorveglianza aumentata – aderisce al mio corpo come una seconda pelle: stringe sul collo, scende sulle spalle e sul seno, per poi scivolare sui fianchi segnando le curve, fino a metà coscia. In mezzo, una striscia di pelle nuda sull'addome.

L'ho abbinato a un paio di anfibi neri e a un bracciale che apparteneva a mia madre.

Okay, non è l'outfit abituale per un ballo di fine anno, non ha niente a che vedere con gonne gonfie e corpetti tirati sul torace, ma non avrei molto con cui riempire quei corpetti, e poi non sarebbe da me cercare di sembrare una principessa.

Non ho neanche un vero principe che mi accompagni.

Connor, dall'altra parte della videocamera del cellulare, tiene la testa china su un libro. Sarà lui il mio cavaliere, abbiamo deciso che rimanere insieme in questo rito renderà il 'passaggio all'età adulta' meno traumatico. L'alternativa era non andarci proprio, ma sarebbe stato più strano che presentarmi vestita così.

«Non mi guardi neanche!» mi lamento.

«È solo un abito e domani abbiamo il compito di storia, stai perdendo tempo».

«Ho già studiato» ribatto e gli faccio la linguaccia, anche se non mi vede: ha gli occhi azzurri nascosti dal ciuffo di capelli biondi che virano sul rossiccio e le spalle larghe ricurve sul libro.

«Comunque stai bene» mormora.

«Chi sta bene?» Riconosco la voce prima che uno chignon arruffato si infili nell'inquadratura e ne esca alla velocità della luce: Misty, arrivata da qualche mese al maniero e con la quale devo dividere le attenzioni del mio compagno di scuola. Così come è comparsa, scompare dalla stanza. Vedo il mio amico seguirla con lo sguardo e poi scuotere la testa, per tornare sul libro.

Una ruga gli solca la fronte.

«Come va con...?»

«Bene» mi liquida. «Hai altro da dirmi o posso andare?»

«Un'ultima cosa: come verrai vestito al ballo?»

Si sposta un po' di lato e noto dietro di lui, nello schermo, l'aula studio dell'orfanotrofio in cui vive e in cui sono cresciuti anche mio padre e mio zio.

«Camicia bianca e jeans neri».

«Così ti prenderanno per un cameriere» lo schernisco.

«Pensa al lato positivo: saremo entrambi fuori luogo».

«*Matchy-matchy!*» Rido.

Connor mi guarda serio come la morte e dice: «Attacco».

E poi lo fa davvero.

Lui è così, scostante e distaccato, ma in realtà è sempre disponibile per aiutarmi con tutti i miei problemi, purché siano seri e non abbiano a che fare con abiti e stronzate da femmina. O da essere umano in generale.

Sbuffo di fronte allo schermo nero, faccio una smorfia allo specchio, mi riguardo. Mi immagino un po' truccata, con i capelli sciolti e il lucidalabbra, e mi chiedo se piacerei a *lui*. *Lui* che sarà abituato a donne fatte e finite, esperte e sicure di sé, capaci di stare al mondo. Non come me.

Mi scatto una foto allo specchio, ma quando la riguardo sembro uno stoccafisso con una paralisi cerebrale. Ne faccio un'altra in cui tento di sorridere: ictus in corso. Tento una posa da vamp: trattamento sanitario obbligatorio. Dal basso verso l'alto: una modella per una campagna contro l'anoressia.

«Genie, sono a casa!»

L'ultima foto me la sono scattata a tradimento, mentre sussultavo al pensiero che mio padre vedesse l'abito per il ballo prima che fosse troppo tardi per obbligarmi a restituirlo o che mi affibbiasse un'altra punizione dopo aver capito che l'ho comprato proprio a Philadelphia. La postura è naturale, le guance appena arrossate e gli occhi più grandi del solito, le pupille minuscole nel color ghiaccio delle mie iridi e i capelli quasi bianchi che svolazzano, preda del movimento improvviso della mia testa.

Mi sembro carina. Non come una star della televisione, neanche come le ragazze più popolari della scuola, ma abbastanza da poter piacere a qualcuno. A *lui*.

La mia passione proibita e insuperabile.

Mio zio.

Israel Silver, meglio conosciuto dai giovani degli Stati Uniti come Iz the Issue.

Il problema? Nessuno. Almeno non finché lui era il mio eroe, il mio migliore amico e il mio angelo custode. Non finché potevo vederlo quasi ogni volta che volevo, stare al parco con lui o giocare a lanciarci i popcorn. E poi è scomparso dalle nostre vite, ha inseguito i suoi sogni e mi ha lasciata indietro, con un cellulare in mano a seguirlo sui social, dove ogni adolescente americana, giorno dopo giorno, lo seguiva con passione crescente. Per poi commentare le sue canzoni. Il suo stile. Il suo personaggio.

La sua bellezza.

Sotto i suoi post era un fiorire ininterrotto di dichiarazioni d'amore, desideri espliciti e sconcezze imbarazzanti. Ci ho messo un po' a capire che provavo le stesse cose di quell'esercito di sconosciute. Che Israel era diventato meno 'mio', più di tutto il mondo e che però, in quel mondo, finivo per esserci anche io.

Una fan.

Che ne custodisce ricordi personali.

Che lo venerava da bambina.

E che oggi è sicura, ogni oltre ragionevole dubbio, che potrebbe amare una sola persona in tutto il mondo. L'artista, l'uomo, lo zio.

Tutti racchiusi nella stessa persona.

Israel Silver. Iz the Issue.

Ecco qual è il problema.

Non ne parlo con nessuno, ovviamente, mi guarderebbero come una malata di mente, una depravata. E un'illusa, soprattutto. Quindi ci rimugino sopra da sola e continuo a sognare che le cose un giorno possano cambiare.

Ma lui ha deciso di starmi alla larga, non è tornato neanche quest'anno e io ci sono stata così male da farmi venire la febbre.

Potrei dire che lo odio, ma sarebbe una bugia.

Non è tornato semplicemente perché ha le sue cose da fare e noi – io – non siamo – non sono – più importanti come prima. Lui è quello normale, quello che va avanti e costruisce una carriera con i suoi amici e, boh, forse una fidanzata.

Non dovrei odiare lui, dovrei odiare solo me stessa.

La realtà mi riporta sulla Terra, strappandomi ai miei pensieri: mio padre colpisce la porta chiedendomi se sono viva. Gli rispondo di sì, ma mi premuro di addossarmi al legno in modo che non possa aprire, anche se ha promesso di non farlo.

Sospiro. Potrei avere una vita normale, potrei uscire con un ragazzo della mia età.

Se solo la mia testa non mi tormentasse con Israel.

'Cos'ha di speciale?' mi si potrebbe chiedere.

Bisognerebbe cominciare a eliminare il presupposto che è bellissimo, perché non è *solo* stupendo.

Lui è... o meglio era, fino a quattro anni fa, leale, solido, presente, era casa mia e il mio rifugio, e adesso è diventato qualcosa che sa di proibito, di sconosciuto, di territorio da esplorare.

Lui è come uno dei disegni che amo fare: guardi l'insieme e vedi un'immagine intera che ti racconta qualcosa, ma sono gli strati che l'hanno composta a renderla così, e sono infiniti. Sfumati, tagliati di netto, indecisi, delicati.

È la sua complessità a renderlo così unico, la sua capacità di essere famiglia, eppure di essere un'anima solitaria e silenziosa. Caldo e gelo, insieme. Aperto e chiuso. Trasparente e opaco. Quanti dei miei coetanei possono dirsi così profondi? Così feriti e ricomposti, così solidi e fragili? Connor, solo lui, ma è come se fossimo fratelli. Il mio cuore non batte.

Non batte mai, se non per mio zio.

E per rabbia.

Quindi, per mio padre.

Ultimamente mi sta facendo davvero impazzire.

Io capisco la necessità di tenere al sicuro una figlia, soprattutto al giorno d'oggi e con tutte le cose che si sentono ai telegiornali: furto d'identità, revenge porn, account fake di vecchi bavosi, rapimenti, schiave del sesso, traffico di persone, stupri... Lo capisco e accetto di stare alle sue regole, ma ho diciotto anni e a malapena possiedo un cellulare, sul quale non ho autorizzazione a postare sui social. Guardare, chattare con persone che conosco, ma mai, in nessun caso, postare contenuti.

Una delle mie compagne ha qualcosa come duemila followers su TikTok, fa balletti scemi e si diverte un sacco. Ora, io non farei le stesse identiche cose, ma sono tagliata fuori dal mondo, sia quello di Internet che quello fisico: non sono mai uscita da Red Oak Town, se non da piccola con papà per fare qualche commissione.

E qualche giorno fa con Connor, a Philadelphia. Che sta a mezz'ora da qui.

«Tu sei preziosa, sei speciale, spicchi in mezzo a mille, io ho paura che qualcuno ti porti via da me» mi dice mio padre. 'Va bene' penso io, 'però non voglio morirci, qui, senza mai aver conosciuto la vita'. Ma alla fine non voglio dargli un dispiacere, anche se mi fa incazzare. Lui c'è sempre stato per me, è l'unico che non mi abbia mai abbandonata, e mancano pochi mesi alla partenza per il college. Farò la brava fino ad allora, e poi sarà obbligato a lasciarmi libera di frequentare una scuola d'arte lontana da Red Oak Town.

«Genie, scendi che prepariamo la cena?»

Mio padre mi chiama dal piano di sotto, gli urlo che lo raggiungo subito, poi mi sfilo l'abito e lo ripongo nell'armadio. Stessa fine fanno gli anfibi e il reggiseno.

Lo specchio ora non rimanda più una ragazza alla moda, pronta per uscire di sera, ma una tizia magra, con seni acerbi che cerca di far sembrare più grandi con un push-up, due gambe snelle e la pancia piatta. I fianchi appena accennati e i capelli lunghi che si confondono con il pallore della pelle. Gli occhi tanto chiari da sembrare finti, il naso piccolo. La bocca carnosa.

Mi scatto una foto. La fisso.

Vorrei mandarla a mio zio per chiedergli se potrebbe mai amare una stramba come me.

Ma so che la risposta sarebbe 'no'.

La salvo nella cartella 'ritratti', per usarla stasera. È un po' che non mi applico seriamente a un nuovo progetto, sono tutta presa dalla graphic novel a cui sto lavorando e non mi dedico più tanto alle creazioni che appendo alle pareti. L'ultima che ho disegnato campeggia sopra la testiera del mio letto. La sfioro, la saluto e mi infilo i pantaloni del pigiama, quelli con gli unicorni. Sopra, una maglia corta che lascia scoperta la pancia, con su scritto 'Unique-orn'.

«Mi dai ancora cinque minuti?» urlo a mio padre, ricevendo un «sì» come risposta.

Mi siedo sul letto e apro il cassetto in basso del comodino.

Prendo il faldone verde e lo stringo al petto. Dentro c'è tutta la carriera di mio zio, ogni articolo che ho trovato su di lui e che ho stampato e archiviato. Fino a qualche tempo fa ognuno di questi pezzi di carta era appeso al muro e io li riguardavo uno per uno tutte le notti prima di andare a dormire. Ora continuo a fissare spesso le sue immagini fatte a pixel, il suo nome scritto a caratteri sempre più grandi, mentre la sua voce sembra uscire dalla carta per spaccarmi il cuore.

Sono come una drogata, senza alcuna intenzione di smettere.

La terza volta che non è tornato per Natale, delusa come poche altre volte nella mia vita, ho preso la decisione di bruciare tutto. Arrivata in giardino ho pensato che piuttosto mi sarei data fuoco io. È stato allora che ho capito che i miei sentimenti avevano cambiato colore.

Sollevo il pianale del cassetto, rivelando il doppio fondo, e lì poso il bracciale di mia madre, vicino al quaderno rosso su cui c'è scritto 'ME'. L'oro brilla alla luce dell'abat-jour: è un gioiello molto particolare, antico, un filo d'oro rigido che si avvolge attorno al polso e che si arriccia al centro, creando una custodia perfetta per un'ambra gialla con dentro un fiore cristallizzato. L'ho fatto stimare al banco dei pegni, qualche anno fa, quando papà ha attraversato un brutto periodo con la sua azienda di manutenzione di giardini e lo zio non aveva ancora raccolto i suoi primi successi. Vale cinquantamila dollari – ovviamente il tizio del negozio me ne avrebbe dati meno della metà –, ma quando mio padre ha scoperto in che modo avevo pensato di aiutarlo, e cioè vendendo la sola cosa che mi resta della mamma, ha pensato bene di darmi l'unico schiaffo che io abbia mai ricevuto in vita mia.

Vorrei che un giorno qualcuno mi amasse come mio padre ha amato mia madre.

E non vorrei che fosse una persona qualsiasi.

Vorrei che fosse il sangue del mio sangue.

Capitolo 3

Israel

San Francisco, aprile 2022

Mi alzo nervoso ben prima che la sveglia suoni e raggiungo l'aeroporto con due ore di anticipo. Non bisognerebbe essere agitati all'idea di vedere la propria famiglia, ma io mi sento ansioso.

Ansioso alla cassa del duty free.

Ansioso al bar.

Ansioso mentre sfoglio una rivista di settore che ho trovato dal giornalaio.

Ansioso mentre salgo sull'aereo, prendo posto e mi preparo ad attraversare longitudinalmente gli Stati Uniti d'America.

Poi, finalmente, mi quieto.

Amo i decolli e gli atterraggi.

Di norma sono momenti che spaventano le persone, confondono l'orecchio interno, creano vibrazioni allarmanti. In pratica sono attimi in cui affidiamo la nostra vita a perfetti sconosciuti che sono semplici esseri umani.

Io invece li amo.

Sono pochi i rumori capaci di coprire il suono dei miei ricordi incessanti, a volte cacofonici, sempre presenti. Così, quando i rotori salgono di giri, io mi rilasso contro lo schienale e chiudo gli occhi. Pochi minuti, quanto basta per spegnere il cervello ed entrare in una condizione simile al sonno, un breve recupero che mi terrà in forze per qualche ora.

E quando il carrello tocca terra e lo stridore del freno si aggiunge al fragore dell'aria che passa nei motori, io mi sento in pace. Poi l'aereo rallenta e le parole nella mia testa ripartono, feroci e implacabili.

Recupero due fogli dalla tasca destra dei jeans e la penna che ci ho incastrato insieme, e riporto il chiasso che c'è nel mio cervello, tracciando lettere e rime, suoni e fonemi, fino a quando non ci fermiamo del tutto e le persone intorno a me cominciano a scalpitare per scendere.

Mi guardo intorno e capisco subito che le due ragazze sedute tre file davanti a me nel corridoio opposto mi fermeranno per chiedermi un autografo. Il lato oscuro della mia limitata celebrità. Non so come facciano artisti del calibro di Eazy-E o Drake ad andare in giro senza sentirsi braccati. Non so cosa succederà col prossimo disco, e questo mi spaventa.

Mi si potrebbe accusare di essere ingrato, di non apprezzare l'amore dei miei fan, e credo che non esprimere mai ciò che provo renda piuttosto complicato comprendere che non è così. Sono riconoscente a chi ascolta le mie strofe, a chi trova nella mia anima uno specchio della sua o un messaggio per affrontare la vita, vorrei solo che amassero i miei versi e non la mia persona, perché non sono nessuno ed è nessuno che voglio essere. Soprattutto per gli estranei.

A volte anche per la mia famiglia.

Una storia strana, la nostra. Io, Levi e Virginie. Due sanno la verità. Una ne è all'oscuro.

L'aereo ormai si è svuotato. Aspetto sempre che tutti scendano, detesto la calca e trovo inutile sgomitare, tanto alla fine ci attende un piccolo autobus che aspetterà ognuno di noi. Non è possibile perderlo, per cui me ne sto tranquillo e senza contatti umani fino a quando posso alzarmi, recuperare senza difficoltà il bagaglio a mano dalla cappelliera e percorrere il corridoio sgombro.

Con la testa bassa saluto le hostess, ignorando i loro sguardi: a volte le donne ammiccano, altre volte no, ma se non ricambio non diventa un mio problema. Sono l'ultimo a scendere le scale che mi portano a toccare il suolo della Pennsylvania.

Quando entro nell'aeroporto, come previsto le due ragazze che avevo individuato prima mi si avvicinano con due sorrisi tanto abbaglianti da stordirmi.

«Ciao, tu sei Iz the Issue?»

Annuisco.

«Ti fai un selfie con noi? Poi ti tagghiamo, così se vuoi puoi seguirci sui social! Siamo tue fan fin dagli esordi! Siamo state anche a due concerti e abbiamo tutti i tuoi dischi!»

Elencano, togliendosi le parole di bocca, gli album che sono usciti in questi anni, parlando tra di loro, esaltate, quasi come se io non fossi lì.

«*Rap/sody* era fantastico! Non si era mai sentito un sound così».

«Ma *Astray* era ancora meglio!»

«E *Aftermath*? Vogliamo parlarne?»

«Però con *Scary Mirror* ha fatto il salto di qualità».

«Oh sì, cavolo». Una delle due ragazze torna a guardarmi, con gli occhi a cuore. «*Scary Mirror* è davvero un capolavoro. Insomma, noi ti amiamo da sempre, possiamo fare una foto con te?»

Sorridono e saltellano, io annuisco di nuovo, prendo il cellulare della tizia che me lo sta porgendo e allungo il braccio per inquadrare tutti e tre. Loro splendono di entusiasmo, io fisso la telecamera e i miei capelli ossigenati che stonano con le mie sopracciglia scure, e mi viene fuori un'espressione intensa. Quella che la mia manager dichiara da 'strappamutande' e che invece è solo il modo perplesso con il quale rispondo alla mia immagine.

Le due ragazze si sprecano in complimenti per la profondità delle mie canzoni, per la sincerità che trasmettono, per la mia voce delicata e forte allo stesso tempo, per il mio look. Tentano di lasciarmi il loro numero, ma scuoto la testa e pronuncio le mie prime sillabe da ieri sera: «No, grazie».

Poi le lascio lì e mi dirigo al nastro trasportatore per recuperare i miei borsoni.

Un'ora dopo sto chiedendo per la quarta volta all'ufficio bagagli smarriti di cercare i miei, mentre ringrazio di avere con me gli strumenti di lavoro, anche se sono senza mutande di ricambio.

Una volta persa la speranza e lasciati i miei recapiti, raggiungo la fermata degli autobus e salgo su quello che mi porterà a Red Oak Town. Qui mi accoglie un tiepido sole primaverile, tutto l'opposto della neve che mi sono lasciato alle spalle. Questo è il periodo che amavo di più quando stavo in orfanotrofio con mio fratello: mentre lui aiutava il signor Baker – l'ex giardiniere dell'istituto – e imparava il mestiere, io lo seguivo ovunque e mi sedevo lì vicino con i miei fogli a scrivere storie, frasi, elenchi di parole che formavano rime.

Qualche volta veniva anche June, l'unica con cui mi sentivo a mio agio anche in silenzio, ed era carino osservarla mentre fissava Levi con gli occhi a cuore. Forse è proprio perché sto pensando a lei che scendo alla fermata di Red Oak Manor invece che a quella vicino a casa di mio fratello.

Visto che sono qui, tanto vale farlo sapere alla mia amica, così infilo la mano oltre il cancello, incastrandola nello stemma del maniero, e scatto una foto della lunga strada in salita fiancheggiata dalle querce rosse che danno il nome all'istituto e alla città. Poi gliela mando.

Non devo attendere molto per ricevere una sua risposta.

June: Ma dai! Sei qui? Passa dentro, non ci vediamo da una vita! Ho qualche minuto per farci due tiri, così ti aggiorno.

Non smanio all'idea di arrivare a casa, ho voglia di rivedere la non-più-piccola June, ed è perfetto che lei abbia da dirmi un po' di sé, perché mi sta più che bene rimanere ad ascoltare. Le mando un'emoticon col pollice alzato e accarezzo il cancello dell'istituto dove sono cresciuto. Quando sono arrivato qui con mio fratello avevo cinque anni e la grossa testa di leone che sta proprio nel mezzo, circondata da un groviglio di serpenti, mi terrorizzava, un po' per l'aspetto inquietante, un po' per le condizioni disastrate del ferro arrugginito in più punti. Non ultimo, a mettermi soggezione erano le dimensioni di questa enorme e finta barriera tra l'istituto e il paese. Dico finta perché, come dimostra il fatto che mi basta sollevare una levetta e spingere, non c'è mai stato un vero chiavistello, o una chiusura telecomandata. A Red Oak Manor può entrare chi vuole.

Più difficile è uscirne.

Accosto il cancello e faccio qualche passo sulla ripida salita che ogni abitante maledice tutte le volte che la affronta, ma un sorriso mi affiora in viso quando vedo June corrermi incontro.

«Fai attenzione!» le grido e accelero il passo.

Ci incontriamo a metà strada, la accolgo tra le braccia e la sollevo. È esile come un tempo, ma non è più la ragazzina che ancora non sapeva quale sarebbe stato il suo futuro, è diventata una donna bellissima e qualche anno fa ha assunto la direzione dell'orfanotrofio. Sono curioso di sapere se è riuscita a cambiare le cose da quando Miss Price si è ritirata.

«Ora sei tu la vecchia arpia?» le chiedo ironico, rimettendola con i piedi per terra.

June mi sorride e dice: «Parlami con rispetto o ti affibbio una bella punizione, Israel Silver! Cosa ne dici di lavare i gabinetti dei ragazzi per un mese?»

Imita la voce della vecchia direttrice così bene che se non ce l'avessi davanti crederei di essere tornato indietro nel tempo.

«Fai paura!»

Si copre la bocca con la mano e ride ancora, un po' imbarazzata nel prendere in giro qualcuno che sicuramente odiamo tutti, ma che ci ha anche messo tanta soggezione quando eravamo bambini. Un retaggio che non è facile scrollarsi di dosso.

«Ti va di andare al cimitero? Lì non ci vedrà nessuno, così possiamo fumare una sigaretta in santa pace, senza rischiare di essere interrotti».

Annuisco e le faccio cenno di precedermi. Stiamo in silenzio, ma è uno di quelli buoni, di quando sai che puoi permetterti di aspettare il momento giusto per parlare e che non hai bisogno di riempire il vuoto, perché vuoto non è.

Ci siamo noi due e i nostri ricordi in comune.

Costeggiamo il grande giardino che mio fratello e il signor

Baker tenevano in ordine in maniera maniacale. Lo spaventapasseri è ancora lì, ma è stato rimesso a nuovo e adesso non ha più un'aria cupa, sembra sorridente e ha una camicia colorata. L'istituto è quieto, i ragazzi probabilmente stanno studiando e i più piccoli staranno facendo merenda con Miss Claire. La stradina che si insinua in una zona incolta e selvaggia e che ci porta dritti al cimitero abbandonato è persino più silenziosa.

June si siede sulla sua tomba preferita, quella di un tale Jeff Gunter, un tizio che doveva avere gusti abbastanza improponibili, dato che ha commissionato due grandi ali che sovrastano il suo nome. Io appoggio il culo sulla lapide squadrata e senza fronzoli di Marnie Chestnut. Sono morti entrambi prima del 1900, ormai sono diventati polvere, quindi non ci siamo mai fatti troppi problemi a giocare, parlare, cazzeggiare tra questi sepolcri.

Aspetto che June mi porga una sigaretta e l'accendino, avvicino la fiamma alla punta proteggendola con la mano, poi inspiro e lascio che il fumo scenda nei polmoni.

Mentre lei replica i miei gesti, sicura, faccio un cenno col mento per invitarla a raccontarmi come vanno le cose. I suoi occhi verdi mi fissano e io li accolgo nei miei, di qualche sfumatura più scura.

«Israel... ma che ti devo dire? La vita qui è cambiata da quando Miss Price se n'è andata. Ho apportato delle migliorie alle stanze, l'acqua esce calda a tutte le ore, ho acquistato indumenti nuovi per i ragazzi, ci sono regole meno restrittive e...»

Assottiglio gli occhi per dimostrarle la mia curiosità, lei ridacchia e abbassa la voce.

«... ho nascosto il frustino!»

Il mio ghigno la fa arrossire e June si affretta a negare la supposizione che mi si legge in faccia. «Non in camera mia, cretino!»

Scoppia a ridere di pancia e io scuoto la testa divertito. La osservo finché non torna seria. Fa un paio di tiri senza distogliere lo sguardo dal mio. «Quanto ti fermi?»

«Sarò in zona per un po'».

«Davvero?»

È comprensibile che non creda alle sue orecchie: quando mi sono diplomato ho fatto le valigie e qui a Red Oak non mi sono fatto vedere né tanto spesso né tanto a lungo.

«Già».

«Be', Levi sarà contento e Virginie... al settimo cielo! Dio, quella ragazzina aveva una tale adorazione per te!»

Sollevo un angolo della bocca e riporto la conversazione su di lei. «Come tu per Levi».

«Oh, santo cielo! Non è la stessa cosa per me, tuo fratello è... era... Cioè, ma tu l'hai mai guardato bene? Voglio dire... tutti avevano una cotta per lui, ma la mia era innocente!» Fissa la mia espressione corrucciata. «Non era come con...»

«L'hai più visto?»

June fa spallucce, un ultimo tiro, poi spegne la cicca contro la lapide e la ripone in un fazzoletto, prima di mettersela in tasca. «È meglio così. Lo sai anche tu...»

Le do ragione. Bisogna fare attenzione a chi ci fa perdere il controllo e rischia di modificare la direzione della nostra vita. Credo che esistano persone che nascono per scombinare piani, confondere desideri e rimescolare l'ordine delle priorità. Tanti anni fa è arrivato Jace e ha minacciato di compromettere l'equilibrio di June. Sono felice di sapere che non è più tornato a complicarle l'esistenza, anche se il suo sguardo assorto e meno divertito mi fa chiedere se anche lei ne sia contenta.

«Gli altri due uomini della tua vita?»

Emozioni contrastanti sul suo volto. Questo perché prova cose totalmente diverse per loro.

«Kolton è un discorso chiuso» dice, ed è sincera. Non ho mai capito cosa ci trovasse in quel coglione.

«E Simon?»

Il sorriso ricompare sulle sue labbra. «Lui è davvero speciale. Mi rende felice e io faccio il possibile per restituirgli tutto ciò che la vita non gli ha dato. Non è facile vivere in un orfanotrofio. Ti ricordi com'era stare qui? Dico quando eravamo piccoli... Come sembrava tutto troppo grande e troppo difficile, per noi».

Distolgo lo sguardo, mi vergogno della mia fortuna.

«Io avevo Levi».

«Già. E ora Simon ha me».

June mi fissa, la vedo con la coda dell'occhio, ma io sto guardando il folto della foresta, dove Levi mi ha raccontato per la prima volta di Virginie. Ripenso ai compromessi che aveva fatto per poter rimanere al maniero, e a tutte le volte che mi aveva giurato di non lasciarmi mai, di portarmi a casa con sé.

Che mio fratello non mi abbia abbandonato del tutto è vero. Il resto, invece, si è trasformato in un caos ingestibile e all'orfanotrofio io ci sono diventato maggiorenne.

June mi si avvicina, mentre sono distratto, e appoggia la testa sulla mia spalla.

«Devo tornare al mio dovere, ma promettimi che ci vedremo ancora».

«Il Red Passion è ancora in piedi?»

«E chi lo abbatte, quello? È uno dei pochi passatempi che abbiamo qui in città!»

«Tieniti una sera libera. E comunque, non sembri del tutto tranquilla».

June abbassa lo sguardo, scuote la testa, poi torna su di me e sul suo viso c'è un'espressione serena. Mi vuole tranquillizzare, è abituata da sempre a non scaricare sugli altri i propri problemi. Mi parlerà quando si sentirà al limite. E io, stavolta, sarò nei dintorni, pronto ad ascoltarla.

Insieme oltrepassiamo l'arco di pietre che fa da ingresso al cimitero e torniamo verso il grande edificio principale. La lascio di fronte alla porta e le bacio la mano, prima di ritrovarmi di nuovo a stringerla tra le braccia, in uno slancio d'affetto. Lei si affretta a verificare che nessuno ci abbia visto.

Ci salutiamo con la rinnovata promessa di trovarci in centro e, di nuovo da solo, mi incammino verso l'uscita.

Con la musica nelle orecchie attraverso a piedi questa piccola cittadina, passo nella piazza principale e mi fermo un secondo davanti al negozio di caramelle che da ragazzo svaligiavo per Virginie di nascosto da mio fratello. Poi do un'occhiata alla steakhouse che ha una nuova gestione e all'Old Bell Inn, dall'altra parte della strada, finché non raggiungo la zona sud e supero anche quella.

La casa che mio fratello ha preso in affitto diciotto anni fa è l'ultima della città, in una viuzza laterale che mi porta proprio al limitare del paese, dove comincia una grande foresta di querce multicolori. È un cottage che starebbe bene in un romanzo di Stephen King, circondato da alberi alti e folti, con la struttura ricoperta di legno e un pennacchio di fumo che esce dal camino.

Mi fermo a qualche metro di distanza. Le luci sono accese, posso immaginare Levi con una delle sue camicie a scacchi e Virginie, i suoi capelli di un biondo innaturale, praticamente bianchi, l'apparecchio ai denti e una delle mie vecchie felpe oversize con le quali le piace nascondersi agli occhi della gente. E le lenti con la montatura bianca che le ha comprato Levi l'ultimo Natale che sono stato qui. Mi chiedo quanto possa essere cambiata, se abbia ancora un taglio di capelli corto come il mio e se la sua camera sia tuttora tappezzata dalle mie foto e dai primi ritagli di giornali specializzati, stampati e appiccicati tutto intorno al suo letto.

Supero gli ultimi metri, apro il cancelletto e attraverso il giardino perfettamente curato. Busso alla porta e attendo che qualcuno mi apra. L'apprensione fa a pugni con il ricordo dell'ultima volta che sono stato qui. Il viso felice di Virginie, l'affetto di mio fratello. Cosa può andare storto, quando ci si vuole bene?

Ma, appena la porta si apre, l'atmosfera che mi accoglie è ben diversa da quella di quattro anni fa. Di fronte a me non c'è il mio 'Batuffolo': la ragazzina che conoscevo è stata sostituita da una liceale con le lenti a contatto, i capelli lunghi che si arricciano sotto le spalle e un broncio non più tanto infantile. È bella da togliere il fiato.

È Virginie e allo stesso tempo sembra un'estranea. Un'estranea che in un attimo fa tremare ogni fibra del mio essere.

Quante cose mi sono perso durante la mia assenza?

Il suo sguardo si vela. Lo distoglie dal mio e fissa, credo, suo padre che sta all'interno.

«C'è Israel» gli dice, il tono fragile venato da un filo di incredulità e... rabbia, quando ripete la stessa identica frase: «C'è Israel».

«Ho capito, Genie, fallo entrare!» risponde Levi da dentro.

Lei riporta l'attenzione su di me, girandosi con una lentezza da film, scoprendomi davanti agli occhi per interi secondi la linea del collo. Bianco. Latte da leccare. La polpa di una mela, tutta da mordere.

Quando ritorna a fissarmi, il pensiero che si è appena formato nella mia testa mi colpisce come uno schiaffo. Sono stato io a immaginare di posare la bocca sulla sua clavicola? Rifiuto categoricamente la sensazione che ho provato. La scaccio, lascio che si infili nello stomaco, che si nasconda lì, e sorrido a *mia nipote.*

«Non hai sentito cos'ha detto papà? Entra pure, *Iz the Issue*».

È un tono sarcastico quello che sento? Il sorriso mi si spegne sul viso, sostituito da un'espressione sorpresa.

«Hai trovato un briciolo di tempo per noi, non sprecarlo qui sulla porta».

«Genie!»

Sì, è sarcasmo. Levi l'ha sempre detestato ed è per questo che la sta sgridando.

«Okay, Vee, ragazza nuova, cosa ne hai fatto del mio 'Batuffolo'?» Come sempre con lei parlo più che con chiunque altro al mondo. Credo di aver rivolto la stessa quantità di parole a Bratz in un anno intero.

«Be'» ribatte lei con uno sguardo indecifrabile, «sai com'è? Le tette non mi sono cresciute, perciò l'ho infilato al sicuro dentro il mio reggiseno».

Per fortuna non sto bevendo, altrimenti le avrei sputato tutto in faccia, tanto mi ha preso alla sprovvista questa sua battuta impertinente. E ignoro volutamente il fatto che il mio sguardo si sia spostato per un millesimo di secondo proprio sull'oggetto del suo scherzo. Cerco di scordare che, sì, sono piccole, ma a me sono sembrate perfette.

«Levi!» chiedo aiuto e mio fratello mi viene in soccorso, pulendosi le mani su uno straccio che ha incastrato nei passanti dei jeans.

«Fai entrare Israel e piantala con questi modi».

Virginie sbuffa e si scosta, lasciandomi un varco piuttosto stretto per passare. Mentre lo faccio mi fissa con odio e mi rendo conto che la mia ansia aveva ragione, mentre la speranza che tutto fosse rimasto uguale era decisamente troppo ingenua.

«Se sei venuto per una rimpatriata, potevi rimanertene a San Francisco».

Appena la oltrepasso mi dà una spallata e se ne va correndo in camera sua.

Chiudo la porta e guardo mio fratello come a dirgli: 'Ma che cazzo!' Lui sospira come se portasse il peso del mondo sulle spalle, poi mi dice: «È un periodo che è così. Si infiamma facilmente». 'Bello schifo' penso, e Levi me lo legge in faccia, perché mi risponde: «Bello schifo, sì». Poi, dopo un lungo abbraccio, continua a parlare: «Avevo il dubbio che non fosse una scelta giusta farle una sorpresa, ma pensavo che rivederti sarebbe stato... Guarda, colpa mia, non la riesco più a gestire».

Poso lo zaino, mi tolgo il giaccone, lo appendo e mi siedo. Mio fratello mi offre una birra che apro con l'accendino. Alzo il mento e gli faccio cenno di continuare.

«Sto passando tutto il mio tempo al lavoro o a casa con lei. Se continuo così, non arrivo sano alla fine dell'anno. Mi dedico solo al lavoro e a Genie, e nonostante questo lei sembra provare solo fastidio. Forse ha bisogno di spazio e magari anche io ho bisogno di respiro, solo che non trovo una soluzione. Mi basterebbe qualche ora il pomeriggio, prima di cena, qualche volta magari una serata libera per fare i conti o per staccare la spina».

Attendo, taciturno.

«Sai, è successa una cosa, un paio di settimane fa...»

«Non parlate di me!»

In lontananza Virginie sbatte la porta della sua camera. Due volte, per rimarcare il concetto.

Rifletto, ragiono, sospiro. Non era la situazione che mi aspettavo di trovare. Posso capire l'astio nei confronti di uno zio che non si fa vedere da tempo, ma non pensavo che tra Levi e Vee ci fosse un clima così poco disteso.

«Scusa» mi dice, «non volevo buttarti addosso i miei problemi. Non proprio adesso che sei a un passo dal coronare il tuo sogno. Parlami del nuovo disco».

Alzo le spalle.

«La Splendid Records, eh?»

«Già». Un sorriso affiora sulle mie labbra. Sono orgoglioso delle potenzialità del nostro progetto musicale, anche se la popolarità mi spaventa. Chi diventa una vera celebrità sa che deve fare i conti con la curiosità dei fan. E ci sono parecchie cose di me e della mia famiglia che voglio mantenere private.

«E il resto come va? Ce l'hai... qualcuno vicino?» mi chiede mentre torna ai fornelli a occuparsi della cena.

«La crew».

«Sai cosa intendo. Io non credo che siamo fatti per stare da soli».

Le sue parole mi stupiscono. È single da diciotto anni. Ha amato una sola persona, per pochi mesi, poi l'ha persa e si è dedicato a Virginie. Alzo le spalle, lui non mi vede. Non so cosa rispondere.

«Senti, vai a parlare con lei, intanto io finisco qui. Patate al forno, bistecche alla brace...»

«Oswald?»

«Certo, la carne buona la prendo sempre da lui».

Mi alzo, appoggio la birra sul tavolo e mi avvicino a lui, gli allungo il pugno e lui batte il suo contro il mio.

Levi... Fratello, padre, imprenditore. I primi capelli grigi sulle tempie e il fisico solido di chi è temprato dalla vita e dal lavoro all'aperto. Gli devo tutto, anche la capacità di fare scelte difficili, mi ha insegnato a essere adulto senza scaricarmi addosso tutte le responsabilità che si è accollato lui, lasciandomi spazio per sognare.

'Ti voglio bene, *bro*'.

Lo penso. Ma non lo dico. Non lo faccio mai.

Salgo le scale, trascinandomi dietro il bagaglio, lo lascio in quella che avrebbe dovuto essere camera mia ma che non è stata altro che un appoggio di tanto in tanto, e busso a quella di Virginie.

Non risponde. Dietro la porta bianca, solo silenzio.

Batto sul legno, ancora, prima un colpo, poi due più ravvicinati, e senza accorgermene sto creando una base sulla quale potrei improvvisare un paio di barre.

«Vattene!» mi grida lei.

Ma io non posso smettere. Devo... Basterà solo chiarirsi per sciogliere il suo fastidio. Per dimenticare la sua clavicola. 'Torniamo famiglia, Vee?', ecco ciò che ho intenzione di chiederle. Che ho intenzione di rendere possibile.

«Cosa vuoi?» mi abbaia in faccia appena ci troviamo occhi negli occhi.

Quando è successo che i suoi sono diventati così profondi?

«Scusa, Batuffolo».

«Non sono più un batuffolo!» mi risponde piccata. Incrocia le braccia sotto il seno, ma sembra che abbia già sputato fuori gran parte della sua rabbia e che la sua riserva si stia esaurendo.

Alzo le mani in aria per darle ragione. Ce l'ha. Fin troppa.

«Fammi entrare. Vuoi fare l'acida per tutto il tempo che passerò a casa?»

Si sposta e mi concede spazio, ma stavolta guarda le punte dei suoi calzini, mentre io fisso la sua stanza, completamente diversa da com'era una volta. I ritagli di giornale che riportavano il mio viso e i miei primissimi, timidi successi sono scomparsi. Rimangono appesi solo dei ritratti, ma la stanza è troppo in penombra perché possa riuscire a studiarli.

In più, non riesco a impedirmi di tornare su di lei.

«Mi siete mancati» confesso.

«Non mi pare proprio». Una recriminazione che mi merito, anche se ho detto la verità.

«Quest'anno è stato impegnativo, più dei precedenti».

«E sarà sempre peggio...» Virginie abbassa la testa, cincischia con l'orlo della maglietta che le copre a malapena il seno, lasciando scoperta la pancia. Mi ricorda tantissimo sua madre, solo che la sua pancia, soprattutto alla fine, era tonda, sporgente e abitata da quella che era un ammasso di cellule e che oggi è praticamente un'adulta.

Le accarezzo una ciocca di capelli e piego la testa per intercettare il suo sguardo. «Mi racconti qualcosa di te?»

Alza di scatto gli occhi e me li pianta addosso.

La stanza si restringe, tutto lo spazio risucchiato da lei.

«Cosa vuoi sapere che non potevi chiedermi in questi anni?»

Sospiro. «Tutto».

Si morde le labbra, mi fissa dubbiosa. «Non sei stanco?»

«Per te mai, Batuffolo. Posso?»

Non è proprio vero che non sono stanco, così le indico il letto e lei mi fa un cenno affermativo, allora scalcio le scarpe facendo leva sul tallone e mi allungo sul materasso, un braccio dietro la testa, accomodato sul cuscino.

«Se prometti che non mi chiamerai più 'Batuffolo', ti racconterò tutto».

Annuisco e lei si siede vicino a me, mi sfiora appena.

«Mai più, per tutta la tua vita, okay?»

«Lo giuro sul disco nuovo».

«Non è ancora uscito».

Sorrido. «Allora su quello vecchio, *Scary Mirror*».

Scuote la testa su e giù. Poi si mordicchia la guancia e mi guarda, l'espressione intensa e la bocca protesa in avanti. Una bocca rosa, gonfia e lucida. Un *donut* zuccheroso in cui affondare i denti.

«Papà mi sta facendo impazzire per una cazzata».

«Ora dici le parolacce?»

Alza gli occhi al cielo e sbuffa. «Non fare il vecchio».

Trattengo una risata e lei fa lo stesso.

«Cos'hai combinato?»

«Non ho combinato proprio niente». Quando la fisso perplesso, ribadisce: «Niente! Ho solo detto una bugia... innocua, però. Connor voleva andare a Philadelphia a fare delle foto e io gli ho chiesto di portarmi con lui, solo che non l'ho detto a papà. Poi c'è stata la faccenda della foto e da lì...»

«Quale foto?» Mi sollevo sui gomiti, il mio gesto improvviso ci porta ancora più vicini, ora i nostri fianchi si toccano.

«Connor ha un social per fotografi e ne ha postata una in cui c'ero anche io. Voleva taggarmi, così ho creato un account».

«Cazzo, Vee...»

«Dio mio, non c'è niente di male, non ho postato niente direttamente e in più si vedeva solo la mia mano!»

«Cosa ti abbiamo sempre detto?» Il tono paternalistico mi esce malissimo, infatti lei mi guarda imbronciata, con la rabbia che rischia di rimontarle negli occhi. Sollevo il mento e mi lascio cadere sul cuscino. «Va bene, la ramanzina te l'ha già fatta tuo padre. Ho capito».

«Ho cancellato il profilo e Connor ha tolto il tag».

Non ricordo mi abbia mai parlato di nessun Connor.

«Chi è questo tizio?»

«È un mio compagno di scuola. Il mio migliore amico. Sai, è bello avere qualcuno che mi capisca».

«Cosa c'è da capire?»

«Non lo so... È solo che mi sento diversa dalle altre ragazze, mi piace osservare. Anche a Connor».

E cosa osserva Connor? Perché, diciamocelo, Virginie non è più una bambina, ed è così bella e particolare che non si può fare a meno di guardarla. E io vedo troppe cose che non vorrei vedere e ancora meno vorrei che le vedesse qualcun altro.

Il suo ombelico, per esempio. Può essere perfetto un ombelico? Be', quello di Virginie lo è. L'incavo del suo gomito, delicato, fa venire voglia di morderlo, di lasciarci un segno. Non a me, non dico che la faccia venire a me.

Non lo dico.

Non lo farei mai.

E poi le sue mani, dita lunghe, eleganti, senza anelli, perfette per incastrarsi nei capelli di un uomo, per accarezzarne il petto. Non il mio.

Di sicuro non il mio.

Chiudo gli occhi, perché ci sono ancora cose che sto vedendo di lei e che non vorrei vedere, che non dovrebbe vedere nessuno. Le vertebre della sua schiena che spuntano morbide dalla maglietta, per esempio. O il modo in cui si sposta i capelli dietro l'orecchio.

Li vedo anche dietro gli occhi chiusi.

Non mi era mai successo prima di notare tanti dettagli senza volerlo. Anzi, proprio non volendolo.

«Ti fa sentire meno sola?»

«Sì» risponde senza titubare un istante. «Ti piacerebbe, sai?»

Ne dubito fortemente. E non so il perché.

«È gentile, curioso, molto intelligente – pensa che ha saltato un anno – e vive a Red Oak Manor».

Se pensavo che chiudere le palpebre potesse proteggermi dalla confusione, mi sbagliavo. Perché mi rende ancora più indifeso, mi trascina via da questa stanza e mi riporta ai ricordi che non svaniscono.

Stridio di pneumatici.

I bambini!

Vi vogliamo bene.

Inspiro, espiro. Aspetto che il rimbombare dei suoni di quello schianto scemi, almeno un po', ma non succede, il mio petto si alza e si abbassa. Cerco di tranquillizzare il respiro, contraggo il torace, stringo le labbra e poi accade.

La sua mano si poggia sul mio cuore, lei sussurra un «tutto bene?» e d'un tratto sento solo il silenzio.

Non solo perché io non parlo, o perché smette anche lei, ma perché non ci sono più voci nella mia testa.

Così, inaspettato, improvviso, tutto tace.

Appoggio la mia mano sulla sua, me la porto più dentro, come se potessi infilarmela sottopelle, farmi toccare direttamente il cuore, prendere la sua magia e farmi guarire, per sempre. Ma poi lei sospira, *mia nipote*, si sdraia al mio fianco e mi abbraccia, le nostre mani intrecciate e il suo corpo contro il mio.

E d'improvviso mi chiedo se sia giusto concedermi questo momento, sento che le sto rubando qualcosa e che lei è troppo ingenua, troppo disposta a farsi derubare, per cui scosto la sua mano, mi alzo dal letto, butto lì un «devo disfare la valigia» e la invito a raggiungere me e Levi per cena.

Mi lascio dietro un ricordo antico e un desiderio nuovo.

È così che vivono la vita le persone normali? Con la pace nel cuore e il silenzio nella testa? Invidia.

Ecco cosa provo per tutti loro.

Invidia.

E c'è solo una porta, ora, a dividermi da chi potrebbe darmi ciò che non sapevo di volere.

Una porta che deve rimanere chiusa.

Per sempre.

Mi rintano in camera mia, appoggio le mani sulla scrivania che c'è sotto la finestra e che completa un arredamento spartano: letto e armadio a muro. Guardo in basso e cerco di placare l'aritmia del mio cuore, di rimettere insieme i pezzi di un 'io' che si è frantumato per un istante, o ricomposto. Non riesco neppure a capirlo.

La confusione nella mia testa ora è doppia, ma scaccio, scaccio, scaccio tutto in fondo, in un angolo dove non andrò più a cercare né risposte né sogni inaspettati.

Respiro, rialzo la testa e abbasso le spalle.

Non è successo niente.

È solo...

... solo niente.

Ma quando scendo e trovo la mia famiglia a tavola, in un clima più disteso rispetto al mio arrivo, quel 'niente' ribolle. Devo trovare il modo di spegnere il fuoco.

Ci metto tanto impegno che fatico a seguire i loro discorsi e riesco a rispondere alle domande con poco più che monosillabi, ma la mia concentrazione alla fine mi porta dove volevo.

Sono più sereno quando Levi mette a tavola il dolce.

«Quindi cosa fai? Fino a quando rimani qui?»

Inizialmente avevo pensato di restare fino a che fosse arrivata la crew, ma in questo momento mi fermo un istante prima di parlare. «Vediamo» è la risposta che offro, ottenendo in cambio uno sbuffo di Virginie, che si alza per portare via il suo piatto.

«Non mangi la torta? Ho preso la tua preferita».

«Non mi va, e poi devo finire il progetto per la professoressa Melville». Il suo tono è infastidito, come se suo padre le avesse chiesto qualcosa di insopportabilmente noioso.

«Capisco».

Levi abbassa la testa, Virginie ci lascia di nuovo soli.

«*Bro*» lo chiamo. Lui porta su di me i suoi occhi identici ai miei e forza un sorriso. «Andrà tutto bene» lo rassicuro.

«È solo che non ci sono abituato. Noi non abbiamo passato quella fase».

Ha ragione. Lui all'età di Virginie doveva pensare a me. E io, quando è stato il mio turno, a lui e alla bambina che stava crescendo da solo. Nessuna bizza adolescenziale per gli uomini Silver.

Mi si solleva un angolo della bocca.

«Che c'è?» mi chiede lui.

«Stavo pensando che hai fatto un ottimo lavoro con Vee».

«Cosa intendi?»

«Lei può permettersi di essere una ragazza della sua età».

Levi annuisce e solleva il bicchiere. Avvicino il mio al suo per un brindisi.

«All'adolescenza, quindi».

«A te».

Rimango con mio fratello fino a quando lui non ce la fa più. Domani si deve svegliare presto e ha bisogno di riposo. Gli dico di andare, che metterò a posto io. Tanto non dormirò, lo so già, quindi mi sta bene restare qui sotto e vivere in silenzio questa casa.

Con la sola luce che illumina il lavandino, provvedo a rassettare il tavolo, faccio partire il tritarifiuti, controllo che il contenitore dell'immondizia non sia pieno, infilo i piatti nella lavastoviglie e la accendo. Sempre accompagnato e pungolato dai soliti suoni nella testa. Sono bastardi, ma li conosco bene e in questo momento mi sembrano rassicuranti. Tutto è come prima. Non esiste più il silenzio magico. È stato solo un istante. Va tutto bene.

Quando mi giro, Virginie è appoggiata alla penisola e mi sta guardando.

«Da quanto sei lì?»

Non mi risponde, solleva le spalle, guarda il ripiano e ci passa sopra le dita.

«C'è qualcosa che vuoi dirmi?»

Scuote la testa, torna a guardarmi.

Sono così concentrato a restituirle lo sguardo che ci metto un po' a rendermi conto che il volume nella mia mente è scemato. Sono i suoi occhi grandi? Le sue mani che accarezzano il quarzo della penisola come se lo stessero facendo con me? La sua gola esposta che mi fa sentire un predatore?

«Vee...» la chiamo, ma solo perché ora quel silenzio, la possibilità di riprovarlo, mi fa paura. Devo riempirlo. «Hai finito il tuo progetto?»

«Sì. Ma tanto la Melville non lo apprezzerà».

«Vuoi mostrarmelo?»

«Vuoi vederlo?»

Lo voglio. E non lo voglio.

Ma dico di sì. Mi fermo un istante solo per spegnere la luce, poi, nella semioscurità di una casa immersa nella notte, seguo i suoi passi fino a trovarmi di nuovo in camera sua.

Virginie si siede per terra, vicino al letto sul quale sono sparsi dei fogli. Ha i piedi nudi, i capelli sciolti tutti portati sulla spalla destra. Non porta il reggiseno e io non dovrei notarlo.

«La consegna era stupida. Come sempre. Mai un tema interessante».

«Cosa vi ha chiesto?»

«Di rappresentare l'amore».

Faccio un cenno con il mento mentre mi chino di fronte a lei. Non mi siedo, voglio essere pronto a scappare, se dovesse servire.

Il fruscio dei fogli che mi passa copre ogni suono.

Niente pneumatici, adesso.

Guardo le linee, le curve spezzate, sfumate.

Non capisco cosa sto fissando.

La osservo perplesso.

«Aspetta. Mettiti in piedi sopra al letto, ti faccio vedere».

Faccio come mi dice, salgo sul materasso e aspetto che lei disponga la sua produzione artistica sul pavimento, in un ordine che sembra casuale e caotico, ma che non lo è per niente. Dopo qualche istante viene accanto a me e insieme guardiamo ciò che ha creato.

«È bellissimo» dico.

Lei muove le sue dita, le intreccia alle mie e replica esattamente ciò che stiamo vedendo: una serie di segni sui fogli che, messi vicini, incastrati, sovrapposti, creano due mani che si sfiorano. Non sono avvinte l'una all'altra. Solo il mignolo e l'anulare si tengono, come se i due protagonisti fossero ancora troppo timidi per accettare i propri desideri. Sposto lo sguardo sul nostro incrocio, poi su di lei.

«Cosa significa?» Mi riferisco al disegno. O forse al perché mi stia fissando così? Non lo so nemmeno io.

Ma ora che i fogli sono fermi, anche il nostro respiro scompare.

Silenzio.

Agognato, desiderato silenzio.

Spaventoso silenzio.

«Dormi qui?»

«Nella mia stanza, sì». Non so perché l'ho precisato, ma ho avuto l'impressione che la sua domanda richiedesse una risposta che non potevo dare.

«Terrò la porta aperta» mi avvisa. A quanto mi ha detto Levi, erano due anni che non lo faceva.

«Anche io».

Quello che non le dico è che domani mattina non mi troverà qui.

Perché non posso stare vicino a lei, se non sono in grado di farlo come un uomo normale.

E un uomo normale non è più ciò che sento di essere.

Capitolo 4

Virginie

Red Oak Town, aprile 2022

La professoressa Melville è una stronza incapace.

E forse averlo scritto su quel bigliettino passato a Connor non è stata l'idea più intelligente del mondo, lo ammetto. Per fortuna il mio migliore amico non è solo il più sveglio di tutta la scuola ma anche il preferito di metà del corpo insegnanti, per cui è riuscito a sviare la curiosità della suddetta stronza incapace e a salvarmi.

'Grazie' mimo con le mani una preghiera e sillabo lentamente con le labbra.

Questo, ovviamente, non mi salverà dalla sua lavata di capo ma, visto che me la merito, la accetterò e tutto tornerà come prima.

So che non è solo colpa della mia insegnante, oggi ho l'umore più cupo di un gatto nero in una notte buia, ma la Melville è davvero la docente più stupida che qualunque alunno al mondo abbia mai avuto. Tra tutti i professori, proprio quella di arte doveva essere così inetta? Ringrazio che in biblioteca ci siano i computer e che esistano i tutorial su YouTube, altrimenti, se fosse per lei, farei ancora gli omini stilizzati con le braccia dritte e i piedi a palloncino.

Non contenta di essere una povera imbecille, riesce anche a svalutare i miei lavori definendoli, di volta in volta, autoreferenziali, fuori tema, contorti, incomprensibili.

Be', sai cosa ti dirò il giorno del diploma, cara Melville?

Ti dedicherò dal palco dei discorsi un bel ringraziamento.

'Vorrei che la professoressa Melville sapesse quanto mi ha aiutata nel mio percorso di crescita. Grazie a lei ho capito con esattezza che tipo di persona non voglio diventare nella mia vita: una povera sfigata repressa, senza coraggio né aspirazioni, capace solo di riversare nel suo mestiere la frustrazione della sua inutile vita'.

Forse dovrò tagliare qualche parola, per essere sicura di concludere prima che mi tolgano il microfono, ma direi che, limature a parte, i concetti da esprimere sono ben chiari.

Non vedo l'ora di andare alla scuola d'arte, di lasciare questa città opprimente e di... be', non lo so, ma non vedo l'ora.

Ho bisogno di un nuovo inizio.

Di nuovi stimoli.

Di distrarre la mia mente dagli unici due argomenti su cui si ingarbuglia e ruota e si perde.

Mia madre.

E mio zio.

Che è tornato solo per scomparire di nuovo.

Che è tornato e non è più lo stesso, come non sono la stessa io dopo averlo avuto vicino.

Persone che amo, o che vorrei amare, e che scompaiono dalla mia vita come se io avessi le tasche bucate e, invece di perdere monete, perdessi esseri umani.

Per lo meno mio padre, nonostante la sua mania del controllo, è un punto fisso senza ombre, la parte più stabile di tutta la mia vita.

Mia madre non l'ho nemmeno conosciuta. So solo il suo nome, e che è morta quando aveva ventiquattro anni. Nessuna foto. Nessun ricordo. Nessun albero genealogico.

Solo le parole di papà: 'Sei identica a lei'.

Secondo la sua storia, hanno avuto un colpo di fulmine, mamma è rimasta subito incinta, hanno vissuto un amore incredibile e poi lei è morta di parto alla clinica di Red Oak Town.

Una volta ha aggiunto che sono la fotocopia di quando lei

aveva diciassette anni. Una delle tante incongruenze nei suoi racconti, piccole inesattezze che colleziono in un quaderno che nascondo sul fondo di un cassetto chiuso a chiave, in una stanza che gli ho fatto promettere di non violare. Perché come può mio padre ricordare dettagli che non ha mai vissuto in prima persona?

Forse papà si basa su fotografie scattate anni prima rispetto al loro incontro? E se è così, perché queste fotografie non si trovano da nessuna parte nella nostra casa?

Domande a cui non avrò mai risposta.

Comincio a credere che, in fondo, il modo migliore per superare questo stallo sia non farmene più.

La campanella suona, la Melville non fa in tempo a congedarci che sono già in corridoio. Mi appoggio al muro e aspetto che Connor sistemi i suoi libri, mentre io ho messo via tutto a metà della lezione, e vedo passare Misty. Noto che, da sotto le ciocche disordinate sfuggite allo chignon che non frequenta il pettine dall'inizio dell'anno scolastico, lancia uno sguardo alla porta della classe. Quando vede me lì vicino mi squadra con evidente ostilità, come fa spesso, e fila via più veloce della luce.

Perdo anche le persone che non mi interessa avere vicine, a quanto pare. Forse ho una maledizione addosso.

Un tonfo improvviso mi fa sussultare. Quando mi giro vedo Tyler Blake, il quarterback della squadra di football, poco più in là: ha appena spinto un ragazzo del secondo anno contro un armadietto.

«Ehi, Pezzodistronzo!» lo sento esclamare, mentre gli sfila gli occhiali. Il tizio prova a riprenderli, ma Tyler è più alto di lui, è forte e lo tiene inchiodato con una mano. Senza alcun preavviso, poi, lascia la presa sulle stanghette. «Ops...» Il suo sorriso è inquietante. Un misto di rabbia e soddisfazione.

«Sei proprio un figlio di puttana» sbotta il ragazzo, ma Tyler non si scompone. Gli va a un nonnulla dal viso e dà un pugno contro l'armadietto.

«E tu devi lasciarla in pace» ringhia, poi si allontana e raggiunge Lucas, il suo migliore amico, che è rimasto in disparte a guardare la scena scuotendo la testa. Quando mi vede, Lucas mi lancia un saluto da lontano. Ricambio con la mano e mi chiedo, come sempre, perché non potevo innamorarmi di uno come lui.

Di uno che c'è.

Che ci sarebbe.

Che non scappa.

Che, anzi, mi vuole nonostante io gli abbia confessato di pensare a un altro. Sono stata sincera con lui sul fatto che non sono innamorata e Lucas è stato altrettanto sincero nel dirmi che gli sta bene, tanto sa che prima o poi cambierò idea. Vorrei un briciolo della sua autostima.

Lui incarna il perfetto *American Boy*: capelli del colore del grano, alto, un fisico perfetto inserito in una perfetta divisa da football, ha amici di vecchia data, una famiglia normale e dei lineamenti da copertina.

Io ho una mezza famiglia spaccata a metà, un padre iperprotettivo, un passato avvolto da mistero e segretezza e la fisicità di una ninfa delle nevi, se esseri del genere esistono.

È tutta la mattina che cerco di non pensare al momento in cui ho aperto gli occhi e ho trovato la stanza dello zio vuota. Papà mi ha detto che aveva un impegno e io mi sono sentita stupida. Illusa.

Era lì, con me. Pensavo potesse avere un significato. O anche solo... non so, tenermelo vicino per un po'. Me lo sarei fatto bastare. E invece no.

Finalmente Connor mi raggiunge, distogliendomi da Israel Silver, e io, come sempre quando sono con lui, mi becco le occhiate invidiose di alcune compagne. Il mio migliore amico è un gran fico, atletico, un mezzo genio e poi ha la caratteristica che fa impazzire tutte le donne: non le calcola. Non le vede proprio. Quindi la nostra amicizia provoca gelosie in chi ha tentato di avvicinarlo e... be', è Connor, più che ovvio che nessuna ci sia riuscita.

«La Melville ha specificato che, per la consegna di martedì, la produzione artistica dovrà avere come tema le querce di Red Oak e dovrà essere a colori, cosa che si era dimenticata di dire in classe, ma ci ha tenuto che io lo sapessi. Credo che interessi anche a te».

Alzo gli occhi al cielo.

Le querce? Davvero?

Che noia.

Forse potrei ritrarre Connor e accentuare il riflesso rosso dei suoi capelli, giocare su una pioggia che lo sporchi e sciolga insieme i suoi colori, usare la cera, il rilievo...

La professoressa dirà che non ho capito le sue indicazioni. E mi darà un brutto voto.

Fanculo.

«Andiamo, dai. Abbiamo ancora un'ora insieme e una sfida da vincere».

Lo prendo sottobraccio per trascinarlo agli armadietti, ma lui si ritrae, costringendomi a mollare la presa.

«Perché devi essere così competitiva?» chiede atono, ma non sembra davvero interessato alla risposta. Posa i libri di arte e recupera quelli di matematica, corso avanzato, ovviamente. Mi giro verso di lui, gli stringo le braccia con le mani, fregandomene del suo odio per il contatto fisico, e alzo lo sguardo per puntarlo nei suoi occhi cerulei.

«Perché nella nostra classe c'è una sola persona che mi dà filo da torcere e quella persona sei tu. Ho bisogno di stimoli e voglio superarti. Inoltre, l'unica che mi dà voti bassi è la Melville» passo al sussurro, «e solo perché non capisce un cazzo. Sono stufa di prendere tutte A, quando ci sei tu che prendi A+ e mi superi. Sapere che rischio di avere un voto più basso del tuo, al momento, è l'unica cosa che mi spinge a studiare».

«Non dimenticare la borsa di studio».

«E chi se la scorda? Ma quella sarà mia anche senza il tuo aiuto. Voglio solo che... tu renda questi ultimi mesi un po' meno noiosi».

«Allora impegnati».

«Non c'è bisogno che tu lo dica!»

Gli sorrido, chiudo il mio armadietto, poi di colpo gli strappo il quaderno dalle mani e scappo lungo il corridoio. Connor ha qualche problema con il controllo delle cose, non gli piace essere colto di sorpresa, e questo mi dà un vantaggio.

Arrivo nella classe di matematica e mi siedo al solito banco.

Connor mi raggiunge solo quattro minuti dopo, quando la professoressa ha già consegnato i test. Gli rivolgo una smorfia soddisfatta e sollevo tre o quattro volte le sopracciglia, mentre lui mi fissa severo.

Un'ora dopo il test è finito, noi siamo seduti in mensa e Connor non mi rivolge la parola.

«Dai, non essere arrabbiato».

«Sei stata infantile».

«È com-pe-ti-zio-ne, non una noiosa gara di scout che si aiutano a vicenda».

Spingo la mia spalla contro la sua e Misty, seduta di fronte a noi, distoglie lo sguardo, facendo schioccare la lingua. Da quando è arrivata al maniero, Connor le dedica gran parte delle sue attenzioni, ma a volte sembra troppo duro. Non mi pare proprio che lei apprezzi il monitoraggio continuo di tutte le sue azioni.

«Ho finito» dice, alzandosi.

«Dove vai?» le chiede subito Connor, con la schiena appena più rigida.

«Nel bagno delle donne per un traffico di assorbenti, poi forse in cortile a spacciare per qualche tremendo pusher di quartiere e infine credo di intraprendere una nuova attività di prostituzione in palestra. Vuoi seguirmi in uno di questi posti?»

«Non essere caustica. E comunque, sì. Ho intenzione di accompagnarti alla toilette, di aspettarti fuori per tutto il tempo di cui hai bisogno e poi di assicurarmi che tu ritorni in classe».

Se indossasse una divisa e urlasse invece di usare quel tono calmo ma imperativo, sembrerebbe il sergente di *Full Metal Jacket*.

Per questo Misty non ama pranzare con noi, anche se oggi ci ha degnati della sua presenza.

Nascondo un sorriso, girandomi, e noto che Tyler si è appena alzato dal suo tavolo. Sta sbarrando la strada allo stesso ragazzo occhialuto di prima. «Si può sapere qual è il tuo problema?» gli chiede il tipo.

«Lo sai benissimo. E la tua faccia non aiuta: mi fa prudere le mani ogni volta che la vedo» gli risponde Tyler.

Secondo me gli conviene smetterla di fare lo stronzo, sarà anche il giocatore di punta della squadra, ma i santi in paradiso a un certo punto finiscono e Tyler si sta giocando la carriera con quel suo pessimo temperamento.

Il tempo di tornare con lo sguardo vigile al mio tavolo e mi rendo conto che Connor ha davvero seguito Misty e che sono rimasta da sola. Sono questi i momenti in cui la mia fantasia prende il volo e comincio a immaginare come sarebbe se i miei sogni diventassero reali. Cosa succederebbe se mio zio provasse lo stesso desiderio che io ho per lui? Non mi serve chiudere gli occhi per vedere la scena. Lui mi inchioda al muro e mi urla addosso tutta la sua frustrazione: mi vuole, ma non possiamo.

«Come ti viene in mente, Virginie? Io sono tuo zio! Ho nove anni più di te!»

«Ma mi ami?»

«Io. Non. Posso. Dirlo. Lo capisci? Non posso neanche pensarlo! Ti ho vista nascere».

«Be', a me non frega niente del sangue, dell'età e neanche di quanto si potrebbe arrabbiare papà. Lui capirebbe, alla fine, che tra di noi c'è qualcosa che nessuno può ostacolare. Nessuno tranne te».

«E ho tutte le intenzioni di farlo. La mia volontà sarà più forte del mio amore».

«Allora il tuo amore non vale niente».

«Se mi permetto di amarti, sono io a non valere niente».

Ecco. Grosso modo questo sarebbe il film della mia vita, se i diritti li acquisisse Netflix e io ne potessi decidere i prossimi sviluppi.

Questa sarebbe la parte strappacuore a cui poi seguirebbe una riappacificazione e alla fine un vissero per sempre felici e contenti.

Spesso mi capita di perdermi a tal punto in queste fantasie da non accorgermi di ciò che succede intorno a me. La mensa è ormai vuota, probabilmente la campanella è suonata mentre baciavo mio zio.

Recupero il vassoio, lo porto al suo posto e mi dirigo a lezione di economia. Ancora un paio d'ore di scuola, poi tornerò alla mia solitudine fino a quando non rientrerà papà. Prima della mia fuga di nascosto a Philadelphia riuscivo a vedermi con Connor o comunque a fare qualche giro. Ora, invece, sono confinata in casa. Purtroppo ho fatto un errore di valutazione pensando che mio padre facesse soltanto la voce grossa, ma che non ci sarebbero state grandi conseguenze. Ho ignorato i suoi avvertimenti, ma poi ho capito che invece ha davvero preso male quella bugia e quindi ora devo tentare di passare inosservata e fare la brava finché non si calmerà. È solo questione di qualche mese, in fondo, poi andrò in una scuola d'arte e scoprirò cosa significa davvero la parola libertà.

Le due ore passano con lentezza esasperante, ma alla fine sono fuori.

Sotto la tettoia dell'ingresso osservo i miei compagni dirigersi verso le loro case. Sorridono, si organizzano per stare insieme, sembrano... normali.

Invece io non voglio rientrare al cottage, non voglio sentire la solitudine, ma nemmeno voglio stare con qualcuno a caso. Io voglio solo...

«Connor è dovuto correre al maniero».

Il tono con cui Misty me lo dice è affilato, ma quando mi volto verso di lei ha lo sguardo basso, fisso sulle sue unghie con lo smalto sbeccato.

«Non stavo aspettando lui... è solo che...»

«Che...?» chiede come se non le interessasse. Ma almeno non è andata via come tutto il resto delle persone. È ancora qui, in piedi, vicino a me.

«A volte non ti sembra che tutti se ne vadano, sempre?»

Lei non alza lo sguardo su di me, ma sussulta.

È un movimento repentino, riprende subito il controllo per poi puntarmi addosso due occhi da gatta selvatica.

«Scusa» le dico. «Oggi sono... Niente, vado».

Non c'è più nessuno dei nostri compagni quando mi allontano da lei.

Non mi volto perché non voglio vedere riflessa in Misty la mia solitudine, la mia incapacità di comunicare con un altro essere umano che non sia Connor.

Attraverso Red Oak Town, senza guardarmi intorno. Se ieri ero stufa della mia vita, oggi lo sono infinitamente di più. E la casa che mi aspetta è proprio l'espressione di ciò che sento nel cuore. Un sogno inutile che riempie pareti vuote.

Sola, Virginie. Sola per sempre.

Capitolo 5

Israel

Philadelphia, aprile 2022

Il Conwell Inn di Philadelphia è un posto che non avrei mai scelto a mente fredda.

Classico, rétro, al limite del 'vecchio', troppo barocco.

E con le stanze troppo grandi.

È qui che sto cercando di tornare lucido.

Quando mi sono svegliato a casa di Levi, ieri mattina, ho avuto più paura di quando sono andato a dormire, perché per la prima volta – non ricordo neppure più da quanto – ho riposato davvero. Un sonno senza sogni.

Un risveglio che mi è sembrato irreale. Virginie nella sua stanza, abbracciata al cuscino, il silenzio rotto appena dal suono della macchina per il caffè accesa da mio fratello.

Dovevo andare via, ritrovare una parvenza di normalità.

Ho inventato una scusa e sono scappato qui con il primo autobus disponibile. Sono arrivato a Philly, ho comprato un paio di cambi in attesa che la compagnia aerea si faccia sentire per i bagagli persi, e mi sono chiuso nel primo albergo disponibile. Se Veronica lo sapesse, mi strapperebbe le palle, per cui non è lei che chiamo.

Bratz mi risponde in videochiamata. Lo trovo in casa, di fronte a sé tre birre vuote e una lattina che alza e scola in un sorso. È mattina a San Francisco, qui invece è ora di pranzo.

Mi siedo sul letto king size mentre mi tampono i capelli con l'asciugamano.

«Quanto hai bevuto?»

«Mai abbastanza, amico. Mai abbastanza».

Ultimamente lo vedo più stanco, più affaticato.

Lo osservo. I suoi tatuaggi neri, i rasta legati in una coda alta, lo sguardo perso.

Mi avvicino alla videocamera e appoggio i gomiti sulle gambe.

«Non fare come al solito» mi dice. «Non mi metterò a parlare solo perché tu stai zitto. Non sei l'unico a saper custodire bene i propri segreti».

Inclino la testa. Gli sorrido.

«Va tutto bene, Iz. Tutto sotto controllo, sono solo... Vorrei che alcune cose cambiassero, e certi giorni sono più difficili di altri».

«Coca?»

C'è stato un periodo in cui il mio migliore amico era un po' fuori controllo, prima che io lo conoscessi, ma ormai le cose sono sistemate da tempo. Veronica l'ha rimesso in riga in un lampo, quando l'ha conosciuto.

«No, niente del genere».

«Lavoro?»

«No».

Appoggio la mano sul cuore e lui fa un verso schifato.

«Dio, se sei smielato! Ci credo che la gente non capisce chi ti vorresti fare».

Scuoto la testa e sorrido, un sorriso più amaro del solito, perché di norma non mi interessa cosa pensa la gente di me, ma ieri ho provato qualcosa di diverso. Di proibito.

Forse Bratz lo comprende, visto che continua: «Senti, amico, so che non ne vuoi parlare ma, davvero, se ti piacciono gli uomini o anche gli uomini oltre alle donne, per me non è un problema. Che cazzo me ne frega di chi ti scopi?»

Alzo lo sguardo al soffitto.

Lui sa che sono stato a letto con una sua ex – prima che ci

si mettesse lui –, ma sa anche che non è durata, nonostante le volessi bene. Non... È solo che non funziono così. Ma ora non lo so più. Non so come funziona il nuovo Israel.

«E comunque, Iz, per me è inaccettabile pensare che tu non ti sia mai preso una cotta, di quelle che ti fanno perdere la testa, accettare compromessi, avere sempre, sempre voglia di sprofondare nell'altra persona».

Ne parla come se conoscesse quel sentimento, eppure non l'ho mai visto in una relazione duratura. Ma so che lui è uno tutto cuore. Cuore e musica. Lui è l'anima della crew, io sono solo le parole e l'immagine.

«Amore?» gli chiedo.

«Sì, ma non ne voglio parlare».

«Spiegami».

«Cosa?»

«L'amore».

«Succede. Lo vuoi, non lo vuoi, non cambia niente. Succede. Ti travolge. Ti sputtana il cervello, ti fa vendere l'anima al diavolo, buttare tutto alle ortiche, ti torce le budella, ti strazia».

«E allora perché?»

«Per un solo attimo perfetto. C'è quello. E tu accetti tutto il resto. Hai mai provato quell'attimo perfetto?»

Annuisco.

Lo ricordo bene.

È stato due giorni fa.

E mi ha spaventato. Da morire.

«Se l'hai provato una volta, lo sai riconoscere». Bratz mi riporta al presente, dopo avermi concesso un viaggio nei miei pensieri. Pensieri inquieti che tento di dimenticare. «Se lo provi una seconda, non saprai più farne a meno».

Ecco. Non avrebbe dovuto dirlo.

Mi rialzo in piedi e le gambe mi tremano appena. La posizione rannicchiata, mi dico, ma c'è qualcos'altro che mi rifiuto di mettere a fuoco.

Questioni che si rincorrono nella mia mente, talmente chiassose e incalzanti da non darmi la possibilità di distinguerne neppure una. La ritengo una fortuna, almeno per questa volta.

«Ti devo fare una domanda. Anche se non sei di sicuro la persona giusta».

«Bene» dico con una smorfia.

Bratz ride, si toglie la maglietta e i pantaloni e si sdraia sul divano.

Si tira addosso un plaid con il quale si copre, lasciando fuori un piede che penzola nel vuoto.

«Se io, per ottenere ciò che desidero, ti tradissi, rovinassi tutto, tu riusciresti a perdonarmi?»

Lo guardo perplesso, stringo la guancia tra i denti e mi chiedo di cosa stia parlando. Lui non fa cenno di specificare, per cui mi indico la testa per fargli capire che ci devo pensare e vado a posare l'asciugamano.

Mi fermo un attimo a osservarmi allo specchio. Sarei in grado di perdonare un tradimento?

Non so perché, ma la risposta non mi viene spontanea e la domanda muta nella mia mente. Saprei perdonarmi, se tradissi la fiducia di qualcuno?

No.

Mi è molto chiaro.

Devo fare ciò che è giusto.

Essere la persona che la mia famiglia merita.

Evitare di incasinare ogni cosa.

Torno nell'inquadratura e Bratz fissa più attentamente il cellulare, che ora ha portato sopra di sé.

«Non sei a casa di tuo fratello. Hai raccontato una palla a Veronica? Quella ti ammazza».

«Non era una palla».

«Ah, no?»

Scuoto la testa. «Oggi è il compleanno di Levi. Stasera tornerò lì».

«Non mi sembri felice».

«Lo sono».

Mi dispiace mentire a Bratz, ma non potrei spiegare come

mi sento. E lui non mi sembra pronto per una discussione così complessa. Ha sonno, forse è stato sveglio come me e continua a bere da ieri sera.

«Vai a riposarti. La crew ha bisogno di te».

«Va bene, papino» dice, la voce distorta da un grande sbadiglio, poi appoggia il telefono al petto e io chiudo la chiamata.

Col cellulare in mano faccio qualcosa che non dovrei fare: cerco sui social 'Connor di Red Oak Town', ma non trovo niente. Probabilmente usa un nickname o ha tolto la geolocalizzazione.

Connor, quello che 'mi piacerebbe', che non la fa sentire 'sola'.

Il suo migliore amico.

Inspiro. Espiro.

Sono un adulto, cosa me ne può fregare di due adolescenti che forse un giorno staranno insieme e poi si lasceranno e avranno altre mille storie prima di trovare la persona giusta? Mia nipote, *mia nipote*, ha tutto il diritto di innamorarsi e divertirsi. Mio fratello ha diritto di avermi vicino il giorno del suo compleanno. Io ho il dovere di essere la persona corretta che sono sempre stato.

È ora di tornare a casa.

E di farlo con l'animo pulito.

Scrivo a mio fratello per sapere dov'è, in modo da recuperare le chiavi di casa per poter rientrare a un orario decente, e lui mi risponde che è alla villa del signor Sherman, un uomo anziano e viscido da cui sono sempre stato alla larga. So che anche mio fratello non lo stima, ma è l'uomo più ricco della città e lavorare per lui è praticamente un obbligo: farselo nemico non è un'opzione valida, se hai un'impresa a Red Oak Town.

Ho sempre evitato di entrare a Villa Sherman, per cui ore dopo, quando scendo dall'autobus e ci arrivo di fronte, mando un messaggio a mio fratello per avvisarlo che sono al cancello. Non mi avvicino, anche se è spalancato.

«Israel!»

«Auguri, *bro*!»

Mio fratello si avvicina a grandi falcate. Ha le gambe lunghe e si muove come uno che non ha tempo da perdere, ma nonostante la fretta non risparmia sorrisi e abbracci. È sempre stato così, presente nella sua assenza, perché quell'assenza era dovuta all'amore che prova per Virginie e per me.

«Eccoti! Pensavo che alla fine ti fossero saltati fuori altri impegni».

Gli batto la mano sulla spalla e lo attiro di nuovo a me. Nascondo così il disagio all'idea di essere andato via, poi ricomparso e poi scappato di nuovo.

«Te l'avevo promesso, *bro*. Virginie?» Non so perché glielo chiedo. Forse perché temo – spero? – che la mia assenza sia pesata anche a lei.

«In questi due giorni è stata chiusa e intrattabile. Ho persino pensato che magari...»

«Magari...?»

«Niente, sai, a volte si sente di questi ragazzi che cambiano personalità perché fanno uso di droghe. Ma non posso controllare camera sua. Mi ha fatto giurare su sua madre che non sarei entrato senza chiederglielo».

Lo guardo per capire quanto sia preoccupato.

«Sai cosa? Non è che non ci entro perché gliel'ho promesso. È che sono terrorizzato da cosa ci potrei trovare. Erba? Sigarette? Preservativi?»

Scaccio l'immagine di Virginie che fa l'adulta, ma quella bastarda fa lo slalom e mi si posa sul cuore. Non può fare sesso. Non può fumare. Non può.

«Vuoi che ci entri io? Non le ho promesso niente».

«Lo faresti per me?»

'Farei tutto per te, fratello'.

Prendo le chiavi dalle sue mani e lo saluto.

Non ha bisogno delle mie parole, gli basta il mio sguardo per capire che può stare tranquillo.

Dimostro a lui una sicurezza che non ho, ma che ho tutte le intenzioni di recuperare.

Lo saluto e attraverso Red Oak Town. Da Main Street non si vede la High School in cui va Virginie, ma ogni metro di questa cittadina mi ricorda lei, come eravamo prima che me ne andassi via. Vedo il parco dove mi sedevo a scrivere mentre lei giocava. Il bazar dove le compravo i regali di Natale. E la farmacia.

Sorrido tra me e me, pensando che nessuno sa davvero com'è nato il look di Iz the Issue.

Solo io e lei.

Sono dodici anni che porto i capelli così, col tempo li ho schiariti sempre di più e ormai sono diventati il marchio di fabbrica del mio personaggio pubblico. Ma non ho mai rivelato il perché, in nessuna intervista o conversazione, neppure la più insistente.

Lascio che credano sia un vezzo, una scelta eccentrica. Alcuni credono che voglia copiare Em&Em. Non mi interessa.

Solo noi sappiamo il vero motivo, perché non abbiamo mai raccontato a Levi di quel giorno e di quanto quei due stronzetti avessero ferito sua figlia. È bastato andare a prendere mia nipote a scuola un paio di volte e farmi indicare chi fossero, accertandomi che dietro quel dito puntato loro mi vedessero bene. Hanno smesso e il problema è stato risolto.

Svolto a destra al confine della città e raggiungo il cottage di Levi.

Mi fiondo sotto la doccia, ci sto pochi minuti, il tempo di rimuovere di dosso il viaggio, mi asciugo e vado in camera mia. Mi vesto con indumenti di mio fratello, perché quei pochi che ho acquistato sono finiti in lavatrice, mi calco un cappellino in testa perché non ho voglia di usare il phon e torno in corridoio. La porta della stanza di Virginie, proprio di fronte alla mia, è chiusa.

Dietro l'uscio di legno bianco, serrato, che fisso come se fosse pronto a esplodere, c'è tutta la vita privata di *mia nipote*, quella che lei ha fatto promettere a Levi di non spiare, quella che io non ho ancora giurato di non violare. Un lato di me si sente infame con la maniglia tra le dita, sapendo che, se solo Virginie potesse, mi chiederebbe di non varcare questa soglia. Una parte di me invece vuole restituire a mio fratello un po' di controllo sulla figlia.

Ma c'è anche una zona oscura in questa situazione, ed è

quella a preoccuparmi, quella per cui c'è un mio personale desiderio di invadere la sua privacy, di vedere i dettagli che l'altra sera mi sono perso, troppo concentrato su di lei.

Non dovrebbero interessarmi, quei dettagli, e invece mi interessano.

Potrebbe essere istinto di protezione, ma non sono sicuro che sia solo quello.

Non dovrei farlo, non dovrei per lei, ma per Levi sì, e alla fine lo faccio.

Supero la soglia.

In fondo, sulla destra, c'è il suo letto, protetto dalle due pareti ad angolo, su cui è poggiata una coperta fatta a mano all'uncinetto, piena di colori, mentre le lenzuola sono tirate alla perfezione e candide come la neve appena caduta.

Sulla sua scrivania un ordine maniacale di contenitori per pennarelli e matite divise per *nuance* di colore, come un multiforme arcobaleno. Un piccolo amplificatore bluetooth, un pacchetto di fazzoletti e un quaderno aperto, su cui ci sono degli storyboard e degli appunti per una graphic novel. Credo che la protagonista sia un'aliena in un mondo straniero. È simile a un fumetto, declinato nello stile dei disegnatori Marvel. Sulle pareti bianche, invece, decine e decine di fogli, su cui ci sono tratti molto realistici.

Scopro adesso cosa sono: autoritratti.

C'è lei, appesa ovunque. Da piccola, con le codine e un grande sorriso. All'età che aveva prima che lasciassi Red Oak Town, con i capelli corti e l'apparecchio. Intorno ai sedici anni, diversa, con due lacrime che le scendono sulle guance. Com'è ora, se capisco bene il significato delle date segnate vicino ai disegni. Sotto ognuno di quei fogli, una scritta arzigogolata che porta il suo nome, tranne su quello che tiene proprio sopra il suo letto.

È una Virginie adulta, la data colloca il disegno a quando avrà qualche anno in più.

Ma la didascalia che c'è subito sotto non riporta ciò che mi aspetto.

C'è scritto 'Amber'.

Il nome che lei pensa sia quello di sua madre.

Se la immagina così, anche se lei non è sopravvissuta ai suoi diciassette anni.

Virginie non sa di aver già superato l'età che aveva lei quando è morta, durante il parto.

Sul documento finto che aveva Fiona quando ha partorito – e quindi anche sul certificato di nascita di Virginie – c'era scritto 'Amber Millais', nata a Portland venticinque anni prima.

Questa è la storia che conosce Virginie e che tenta di ricostruire nella sua fantasia. Menzogne che pesano su questa famiglia, ma che sono necessarie per il suo benessere. Non so se questa nuova versione dello spazio di mia nipote mi piaccia di più o di meno di quando ne ero io il protagonista: ciò che ho di fronte a me non è più la stanza di una bambina che sogna, ma quella di una donna che sta cercando se stessa. Nei tratti netti o in quelli più sfumati dei suoi autoritratti vedo la determinazione, la tenacia, la volontà di tracciare i propri contorni e renderli veri, nitidi, significativi.

Ci si può facilmente innamorare della ragazza dipinta, che ride, scruta l'orizzonte, pensa, piange. Le lacrime, in quel disegno, paiono vere. È diventata davvero brava.

È diventata grande.

Mi ha lasciato indietro e questo, anche se punge in un punto che sono intenzionato a ignorare, mi fa piacere.

Do ancora uno sguardo in giro e sto per uscire quando noto sul suo comodino un vecchio lettore MP3, di quelli che non pensavo esistessero più, di sicuro non tra i giovanissimi, che non dovrebbero neanche sapere cosa siano dopo l'avvento dei cellulari e di Spotify.

Mi avvicino e lo accendo. Lo schermo è rovinato, i titoli non si leggono, a malapena vedo il pulsante 'play'. Lo schiaccio e mi infilo gli auricolari, anche questi vecchio tipo con il filo, niente a che vedere con le cuffie di qualità professionale cui sono abituato.

La musica è già partita e ne riconosco ogni singola parola.

I'm lost
I'm scared
Exhausted and bared
In the mirror of a lift
Full of people going drift
Can't look to my reflex (pale)
I've never been someone's ex (wail)
Used to sing all along, dying alone on my solitary throne
I'm not a fucking clone.

Mi sento perso
Pieno di paura
Sfinito e messo a nudo
Nello specchio di un ascensore
Pieno di gente che va alla deriva
Non riesco a guardare il mio riflesso (pallido)
Non sono mai stato l'ex di qualcuno (gemito)
Cantavo sempre, agonizzando sul mio trono solitario
Non sono un maledetto clone.

Rimango lì con il pensiero di lei, sdraiata sul letto, con una matita tra le dita, che fissa il soffitto e ascolta parole che esprimono il mio personale inferno. Forse soltanto lei potrebbe capire veramente.

Mi siedo per terra e lascio che i miei stessi versi mi trasportino lontano da qui, eppure proprio dentro la confusione che provo. Mi isolo e perdo il senso del tempo, dello spazio.

Nei miei respiri c'è un anelito che soltanto ora riconosco a pieno; nella mia voce, la paura che l'unico sguardo capace di guarirmi sia quello che non potrò mai sostenere; nel *beat* di Bratz, il battito del mio cuore impazzito.

And I would only like that someone'd say
Stay
So please don't scare me
Don't tease me

Don't fight me
Don't leave me
Just be there and look into my eyes
On the other side of this scary mirror.

Vorrei soltanto che qualcuno mi dicesse
Resta
Quindi ti prego non spaventarmi
Non ingannarmi
Non combattermi
Non lasciarmi
Resta soltanto lì e guardami negli occhi
Dall'altro lato di questo specchio che mi fa paura.

Capitolo 6

Virginie

Red Oak Town, aprile 2022

Red Oak non è brutta, anzi, è una cittadina a misura di famiglia. Ci sono le scuole, un piccolo parco, tutte le attività commerciali che servono, è vicina a Philadelphia, ma allo stesso tempo non è caotica, è immersa nella natura e si conoscono quasi tutti. Qui non succede niente e se succede... è tutto confinato nel grande maniero dove sono cresciuti mio padre e mio zio: il Red Oak Manor, l'orfanotrofio dove vivono anche alcuni dei miei compagni di classe.

Attraverso la città senza guardarmi intorno, la testa chinata sul cellulare. Senza neppure alzare lo sguardo, svolto a destra nella stradina che porta a casa mia, mentre faccio il solito giro dei siti dove potrei trovare qualche novità su Iz the Issue, un'abitudine ormai consolidata. Su un giornale di settore online c'è una sua foto. L'ho imparata a memoria, ma non smetto di fissarla: l'hanno paparazzato con in mano una bevanda da asporto, pantaloncini corti grigi che lasciano poco all'immaginazione, una canotta senza maniche e i capelli sparati in aria. Varco la soglia sovrappensiero, con l'immagine tanto allargata da risultare sgranata. Dio, quanto è bello!

Mi chiudo l'uscio alle spalle e un flash mi passa nel cervello, ma è così repentino che non riesco a fermarlo per interpretarlo. Mi do un'occhiata attorno; c'è qualcosa che non mi torna, ma è nell'aria, non nell'appartamento in sé. È tutto come quando l'ho lasciato stamattina prima di andare a scuola, eppure è diverso.

Salgo le scale con le sopracciglia aggrottate e le labbra strette, poi arrivo in corridoio e qualcosa mi gela: camera mia è aperta e sono sicura al cento per cento di averla chiusa quando sono uscita. Ecco cos'è stato a stranirmi appena sono entrata: la porta d'ingresso non era chiusa a chiave. E la nostra lo è sempre, senza alcuna eccezione.

Mollo lo zaino per terra e corro per vedere chi c'è nella mia stanza. Sbatto la mano contro lo stipite e mi inchiodo lì. Mio padre è seduto sul pavimento, a un passo dal mio comodino, un cappellino in testa e le cuffie del mio lettore MP3 nelle orecchie. La rabbia mi investe, perché lui non può lamentarsi di me, sono una brava figlia, ho fatto solo un paio di cazzate, ma rispetto a qualsiasi altro adolescente sono ineccepibile e in cambio gli ho chiesto una sola cosa, e cioè di non violare la mia privacy. Una sola cosa. E invece lui che fa? Entra di nascosto e spia tra le mie cose.

Azzero la distanza e lo colpisco alla schiena una volta, poi due, poi tre e gli urlo addosso: «L'avevi promesso! L'avevi promesso!»

E quando lui si gira, mi blocca i polsi e mi fissa negli occhi, il mondo si ferma, mentre io comincio a cadere, perché di fronte a me non c'è mio padre. Anche se indossa i suoi vestiti e ha i capelli nascosti, l'uomo che mi stringe e mi squadra e non respira, come non respiro io, è Israel.

È tornato. Di nuovo.

«Cosa ci fai qui?» gli chiedo, improvvisamente disarmata.

«È il compleanno di tuo padre».

«Sono quattro anni che te ne freghi, quindi te lo ripeto: perché sei tornato di nuovo qui?»

Lui abbassa lo sguardo, ma non mi lascia andare i polsi e io non riesco più a rimanere piegata in questa posizione, per cui mi metto in ginocchio.

«Ascolti le mie canzoni» sussurra.

E io mento. «Non uso quel lettore da una vita».

Lo vedo sorridere tra sé e sé, prima che riporti la sua attenzione su di me.

Mi fissa il viso, poi scende sul seno e sulla pancia.

«Troppo».

«Cosa?»

«Tu».

E tutt'a un tratto, nel tempo di un respiro, mi libera e arriva alla porta, lasciando il calore delle sue dita sulla mia pelle e il suo profumo di pulito nell'aria.

«Cosa intendi?» provo a chiedergli, ma è già scomparso, diretto al piano di sotto.

Lo seguo con le vene che ribollono e non so dire se sono troppo arrabbiata o troppo felice o semplicemente troppo incredula.

Forse è uno stato di shock.

Per questo le mie mani cominciano a tremare, e continuano a farlo mentre taglio le mele per la torta che voglio portare in tavola stasera. L'avevo programmata per festeggiare papà, ma sto agendo meccanicamente, come se fossi un robot a cui hanno tolto la facoltà di pensare, di parlare e di tenere le dita salde.

Infatti, il coltello scivola e mi buca la pelle.

Sobbalzo, ma non è niente rispetto alla reazione che ho quando Israel mi viene vicino per verificare cosa sia successo.

Dopo che l'ho trovato in camera mia, scambiandolo per mio padre e tempestandolo di pugni, non ci siamo praticamente più rivolti la parola. Lui si è seduto alla penisola e io ho cominciato a cucinare.

Sono offesa a morte con lui. Viene, va, non dice che torna, non mi dà il tempo di prepararmi psicologicamente, di farmi carina, di...

«Non è niente» biascico con un dito in bocca, mentre mio zio cerca di prendermi la mano per controllare cosa mi sia fatta. Mi irrigidisco e mi obbligo a distogliere lo sguardo dal suo viso, perché *cavolo!*, non posso mostrargli quanto mi agiti averlo così vicino.

Ho sempre amato quest'uomo alto e magro, da che mi ricordi non c'è stato mai un amore così grande nel mio cuore: dapprima era il mio compagno di giochi preferito, quando stavo con lui mi faceva sempre divertire, non vedevo l'ora che passasse un po' di tempo con me; poi, crescendo, è diventato il mio eroe, mi sembrava che avesse il potere di risolvere ogni problema, la complicità con lui era unica.

E infine, nell'ultimo anno, il mio amore puro, da nipote adorante, è diventato qualcosa di diverso. Ci si sono messi di mezzo gli ormoni e tutto si è incasinato.

E ora è qui davanti a me, è riuscito a strapparmi il dito dalla bocca e lo sta fissando come se stesse valutando a quale pericolosa operazione sottopormi, mentre io lo sbircio di sottecchi pensando a quale rischiosa confessione trattenere tra i denti.

'Cazzo, quanto sei bello!'

'Odio il fatto che tu sia il fratello di mio padre'.

'Sei il mio unico sogno'.

'Ho smesso di sentirmi malata perché ti desidero'.

'Stalkero tutto il web per scoprire se stai con qualcuno'.

'La foto in cui sorseggi il *bubble tea* ha creato più danni della visione di Tom Holland in *Spider-Man: Homecoming*'.

'E di Chris Evans in *Avengers: Endgame*'.

'Messi insieme'.

'Se vuoi il mio dito, puoi prendertelo, ma solo se ti prendi anche tutto il resto'.

'Guardami'.

'No! Cazzo, no! Non guardarmi'.

Troppo tardi.

Una volta che ha appurato che non morirò per un taglietto sull'indice, punta i suoi occhi verdi nei miei e io muoio appena un po'. Quel poco che si era salvato quando mi sono trovata i polsi stretti tra le sue mani e il suo sguardo stranito sulla mia maglia corta. Credo sia stato il momento più eccitante della mia vita. Devo raccontarlo a Connor, sono sicura che mi dirà: 'Ti avevo detto di smettere di mostrare troppa pelle', lui è contrario a questo mio moto di ribellione che mi porta a mettermi un po' di più in mostra e a dire becere bugie su dove vado e con chi. Lui odia le menzogne.

E diciamo che *me lo direbbe*, se mai potessi parlargli del fatto che sono innamorata di mio zio. Che ha nove anni più di me e che vive dall'altra parte degli Stati Uniti.

Devo risolvere questa situazione. È chiaro che io per lui sono rimasta 'Batuffolo' e che questa fantasia morbosa sta tutta nella mia testa, così aggrotto le sopracciglia e mi difendo con l'unica arma che ho a disposizione: la rabbia. Gli do un colpo con il dorso della mano e lo spingo via.

«Spostati che devo finire la torta».

'Spostati che mi stai mandando il cervello in poltiglia'.

Israel abbassa il capo e annuisce, poi si va a sedere dall'altra parte della penisola, proprio dietro di me. Posso sentire il suo sguardo bucarmi la schiena, ma non voglio dargli la soddisfazione di capire che mi tremano le gambe e mi va a fuoco tutto, per cui lo ignoro, anche quando comincia a battere le dita sul piano di lavoro e mormora frasi sconnesse che non capisco.

Se potessero estrarre la curiosità e renderla visibile e concreta, dentro questa stanza ci sarebbe un elefante che gli chiederebbe a gran voce: 'Cosa cavolo stai borbottando, Israel?'

Cerco di captare le sue parole, senza che si accorga che ho smesso di respirare pur di azzerare qualsiasi rumore che possa coprirne il suono, ma non serve a niente. Siamo in mezzo a una cavolo di foresta abitata dai più disparati tipi di uccelli che ora dovrebbero fare altro invece di cinguettare alla nostra finestra aperta.

'Fingi indifferenza, Virginie. Fai finta che pensi stia parlando con te e chiedigli di ripetere'.

«Come hai detto?»

Mi giro verso di lui e vedo l'esatto momento in cui torna presente in questa cucina. Stava cantando, forse inventando frasi e, nell'istante in cui era perso nel suo mondo di musica e parole, era più incredibile del solito.

Me lo ricordo, più giovane, i capelli ancora scuri, attento ai suoi fogli mentre io mi spingevo sull'altalena. Lo sguardo concentrato, i denti che torturavano la matita, le dita che battevano il tempo sul ginocchio. È sempre stato bellissimo, ma prima...

Prima era come se fosse il protagonista di una fiaba, come avere di fronte il principe azzurro. E io ero tutta cuore e niente pancia.

«Devo scrivere una canzone. L'ho promesso alla crew».

«Perché sei qui, se devi lavorare? Non torni a casa da...»

Fingo di non ricordare, perché mi vergogno di dire che so perfettamente che sono passati quattro anni, tre mesi e ventuno giorni da quando se ne è andato per non voltarsi più indietro.

Solleva un angolo della bocca. Il suo modo per dire che è cosciente di quanto tempo sia passato dall'ultima volta che è stato qui. Ci può essere qualcosa di più perfetto di quel mezzo sorriso? Be', se esiste, è chiaro che il destino è ben deciso a non farmelo incontrare, perché da che ricordi non c'è mai stato niente come lui.

Neanche Henry Cavill in *The Witcher*.

Be', forse lui...

Il sorriso di Israel si allarga. Abbassa la testa, scuotendola. Non so a cosa stia pensando, ma no, confermo. Neanche Henry Cavill.

«Perché ridacchi?»

Solleva le spalle, riporta gli occhi su di me, e ripete il gesto. Non lo sa, lui.

«Non mi hai risposto».

«Non era una risata».

«All'altra domanda».

«Quale?»

«Perché sei qui».

«Per il compleanno di tuo padre».

«E poi?»

'Quanto rimarrai? Quanto dura questo momento? Quando te ne andrai? Quando mi spezzerai di nuovo il cuore?'

«Ho un contratto con una casa discografica di Philly. Sarò nei dintorni per un po'».

Stringo gli occhi, lo studio e lui deglutisce, come se fosse imbarazzato.

«Puoi rimanere lì, non hai bisogno di venire qui troppo spesso. Non vorrei che ci scombinassi la vita con la tua presenza. Non hai motivo per...»

Okay, sto esagerando. Ma o gli salto addosso o lo riempio di tutta la frustrazione per la sua scomparsa dalla mia vita e per il modo in cui ci è rientrato.

Lui accusa il colpo senza dimostrare di essersela presa e risponde solo: «Famiglia».

'Quale famiglia? Levi? Io? E in questi quattro anni e passa la famiglia dov'era collocata nella tua lista delle priorità?'

Mi volto e gli do di nuovo la schiena. Se non mi stacco da lui, il coltello glielo piazzo in mezzo alla perfetta mano che ha appoggiato sul piano di lavoro.

E poi gliela bacio.

Cazzo, sono andata.

Mi passerà mai questa cotta stupida, che ha avuto l'infame idea di trasformarsi in ossessione e di scendere in profondità che sarebbe meglio non possedere? Che cavolo ne so io di chi è davvero Israel? Che pretese posso avere su di lui, diverse da quelle di migliaia di altre ragazzine?

Taglio le ultime mele in silenzio e le ricopro con succo di limone, mentre nella testa ricapitolo i motivi per cui non posso dire neanche a me stessa che sono innamorata di lui.

Punto primo: è il fratello di mio padre. Il che rende la mia attrazione incestuosa e immorale, anche se ormai me ne sono fatta una ragione. Okay, lo ammetto. Il punto uno, personalmente, è un ostacolo che sono disposta a dimenticare.

Punto secondo: non lo conosco. Non più, almeno. Chi è Israel Silver adesso? Sono quattro anni che non parliamo più come prima.

Punto terzo: sprecare il mio tempo a idolatrarlo e a pensare che lui possa provare lo stesso sentimento perverso che provo io è, appunto, sprecare il mio tempo.

Punto quattro...

«Posso aiutarti?»

Caccio un urlo che spaventa anche me ma, *cazzo!*, non mi ero accorta che mi si fosse avvicinato così tanto.

«Ehi, stai calma!»

Si allontana da me con le mani alzate e torna a sedersi.

Poi mi rendo conto che gli stavo puntando addosso il coltello e lo abbasso.

Devo davvero sembrargli impazzita.

Prima lo aggredisco pensando che sia mio padre, poi dalla mia bocca esce solo veleno, infine lo minaccio con la lama...

Be', in tutta onestà non so più cosa sto facendo.

«Non mi hai detto quanto pensi di stare qui».

«Il tempo necessario».

'Necessario per farmi perdere del tutto la testa?'

'Fanculo, Israel'.

Verso il composto nella tortiera e comincio a decorare con le mele. Quando ho finito, lo infilo in forno e mi volto per fronteggiarlo.

Pessima mossa.

Forse è vero che non posso parlare d'amore, per tutti i motivi che continuo a elencarmi in testa, eppure è il cuore quello che sento battere all'impazzata quando poso gli occhi su di lui.

Non è solo perché è bello – diamine, che lo sia è innegabile! –, lo dicono anche i tabloid: 'Il rapper più bello della storia' lo chiamano. Forse perché non ha tatuaggi in faccia e, a parte i capelli biondo platino, non si concia come un pagliaccio. Forse perché è semplicemente perfetto, come se fosse disegnato.

In ogni caso, non è il puro aspetto fisico a farmi perdere l'equilibrio, ma il modo in cui si muove, come se non volesse rubare spazio allo spazio stesso e quindi si limitasse ai gesti essenziali. Il suo non è un atteggiamento timido, anzi, concentra tutta la sua forza e la sua determinazione, senza disperderle.

Chi può guardarlo senza pensare a come sarebbe sentirlo vicino? A me, per esempio? Il mio volto tra le sue dita. Le sue labbra sulle mie.

«Vee, stai bene? Sei rossa. Hai la febbre?»

«Cosa te ne frega?»

Attacco per difendermi da ciò che non posso controllare: la mia carnagione che si imporpora facilmente e le mie emozioni che si esplicitano sul mio viso.

«Senti, ce l'hai con me?»

'No, caro Israel, avercela con te non esprime minimamente quello che sento'.

'Neanche sapevo di essere tanto arrabbiata con te'.

O forse lo sono con me stessa.

«No. È l'adolescenza».

«A diciotto anni dovrebbe esserti passata».

«Si vede che è arrivata tardi».

Ecco cosa mi frega. Che battibecco con lui e non vedo uno zio.

Ma un uomo che mi guarda e che mi sfida.

Ho troppa immaginazione.

«A parte la torta, cosa prepariamo per cena?» mi chiede.

'La tua testa su un piatto d'argento?'

O su quel piatto ci finisce il mio cuore?

«Cosa vorresti? D'altronde sei tu l'ospite, in questa casa, è te che dobbiamo compiacere. Non funziona così quando qualcuno va a trovare un amico o un parente che non vede da tanto?»

Il mezzo sorriso che aveva sulle labbra si spegne e lo vedo deglutire.

È colpa sua. È lui che se ne è andato e ha smesso di far parte attiva della famiglia.

«Cosa c'è in dispensa?»

Ha un'espressione contrita, ma non demorde. Non è uno che molla, Israel.

Così cedo io.

«Abbiamo delle cosce di pollo e dell'insalata. E in freezer abbiamo dei piselli».

«Patate?»

Annuisco e lui si rende disponibile a preparare della brace nel forno a legna che c'è in giardino per fare un contorno al cartoccio, mentre io mi occuperò del resto.

Meglio, così mi starà fuori dai piedi per un po' e potrò riprendere fiato.

Gli passo il necessario e lo guardo mentre esce.

Appena la porta si chiude dietro la sua schiena, rilascio un sospiro lunghissimo e mi spalmo sul piano di lavoro, senza più forze. E ora, con chi ne parlo?

Quando ero piccola, ma piccola davvero, tutti sapevano della mia adorazione per Israel e nessuno ci vedeva niente di male. Era semplicemente il mio zio preferito, anche perché ne avevo uno solo. Ma io sapevo che non sarebbe stato diverso anche se ne avessi avuti altri dieci.

Solo che di norma, quando si cresce, quel sentimento svanisce, diventa quasi imbarazzante, e si torna a essere ciò che si è nati per essere: semplici parenti, al limite dell'indifferenza reciproca. Il mio invece è mutato, è cresciuto e ho come l'impressione che non ci sia una sola possibilità che un giorno Israel Silver mi risulterà indifferente.

E adesso...

Adesso sono sola a fronteggiare questo casino che sta nella mia testa.

Israel rientra in casa e io scatto in piedi. Mi lancia uno sguardo stranito, in effetti stare semisdraiata sul ripiano della cucina non è particolarmente normale.

«Ho bisogno anche delle spezie e del sale, Vee».

Glieli porgo e, quando esce di nuovo, mi colpisco la fronte con la mano.

Sono un'idiota. Penserà che sono una stupida ragazzina.

'Stupida, stupida Virginie, che cerchi su Internet gli Stati in cui uno zio può sposare una nipote, che ti informi sulla legalità di una relazione con il fratello di tuo padre, che farai una figura di merda dietro l'altra davanti a quello che reputi l'amore della tua vita'.

E sbircio dalla finestra. Israel ha acceso un piccolo fuoco per fare la brace, ora accartoccia le patate nella stagnola, poi le appoggia nel forno e si siede su un tronco tagliato proprio lì davanti, perso nei suoi pensieri.

Darei un penny per poterli ascoltare.

Anzi, darei tutti i soldi che metto da parte, anche quelli nascosti nel doppio fondo del comodino.

Fino a pochi giorni fa era lontano miglia e miglia, ora è a due passi e mi sembra più distante che mai, mentre vorrei solo potergli andare vicino, poggiargli la testa sulla spalla e sussurrargli che non penso ad altri che a lui.

La padella sfrigola sul fuoco e torno a occuparmi della cena. Quando mi giro, il petto di Israel è a un centimetro dai miei occhi. Li alzo e lui abbassa i suoi.

Un istante senza fiato, in cui la mia mente si svuota e il mio cuore si gonfia, battendo così forte che mi aspetto da un momento all'altro di sentirlo rappare a ritmo, poi lui allunga le braccia e il suo torace si avvicina, mentre non mi toglie lo sguardo di dosso. Mi lecco le labbra, fisso le sue, non mi chiedo cosa stia succedendo, mi importa solo che succeda.

'Ti prego, zio'.

'Fallo'.

Sento che apre lo sportello alle mie spalle, si avvicina ancora, non guarda ciò che sta facendo, ma il rumore mi dice che sta toccando i piatti, ne prende uno, credo.

Ma non si allontana.

Dovrebbe farlo, no?

Se si è avvicinato per un piatto da portata su cui appoggiare le patate, dovrebbe spostarsi ora che ce l'ha in mano e ha richiuso l'anta.

No?

E tutt'a un tratto lo fa. Si stacca, si volta, il piatto in mano e lo sguardo colpevole.

«Ciao, *bro*».

Mio padre è entrato in casa e io credo di aver appena sfiorato un orgasmo.

Capitolo 7

Israel

Forse le mie previsioni erano ottimiste.

Ottimiste fuori scala.

Da zero a ottimista, previsioni attestate a livello da studio psichiatrico.

Perché oggi scopro due cose.

La prima è che Bratz aveva ragione quando diceva: «Se l'hai provato una volta, lo sai riconoscere. Se lo provi una seconda, non saprai più farne a meno».

Ho toccato Virginie un milione di volte nella vita, ma pare che qualcosa sia cambiato e che, adesso, io sia condannato a riprovare quell'attimo di quiete silenziosa ogni volta che la sfioro. È successo due giorni fa. Di nuovo quando avevo i suoi polsi tra le mani. E mentre osservavo il suo dito graffiato dal coltello. Ed è successo anche sfiorandola, pochi istanti fa.

La seconda cosa che scopro oggi, per la prima volta in ventisette anni, è il significato vero di eccitazione. La mia prima erezione spontanea, non sollecitata manualmente, l'ho avuta subito. E con subito intendo nel momento in cui ho schivato un pugno destinato alla mia faccia e le ho bloccato le braccia. E se avevo paura di provare quella maledetta, magica sensazione e diventarne dipendente, non credevo che mi sarei sentito attratto da mia nipote, non credevo che avrei perso così la mia lucidità.

Di fronte a Virginie, col fiatone, gli occhi sgranati e una maglietta larga e corta, nella cui scollatura ho intravisto pelle e reggiseno, non ho ben capito chi dei due fosse più scioccato di trovarsi di fronte all'altro. Ma di sicuro ho sentito che c'era molto di cui avremmo dovuto parlare.

In primo luogo, di come cavolo si veste per andare a scuola.

Poi, del perché mi abbia trovato in camera sua.

E infine – ma questo argomento non sarà mai sollevato – del perché il mio cuore, invece di fare come gli avevo ordinato, di dimenticare quel momento, di far scoppiare quella stupida bolla di sapone fatta di sensazioni e paure, abbia deciso di gonfiarla ancora un po'.

Ovviamente non ho avuto il coraggio di dire nulla, Virginie mi è sembrata molto aggressiva quando ci siamo scambiati qualche domanda. Capisco che sia arrabbiata, mi ha trovato nel suo mondo e non sapeva neppure che sarei arrivato a invadere il suo spazio, ma credo anche che la sua ira abbia ragioni più profonde, forse legate al fatto che un terzo della sua già risicata famiglia abbia deciso di scomparire dalla sua vita per un sacco di tempo, per poi tornare, andare via e rientrare ancora da quella porta.

Forse sarei dovuto rimanere lontano, perché tre secondi fa, quando lei era incastrata tra me e il piano di lavoro, stavo per compiere la cazzata tra le peggiori cazzate mai compiute da un uomo. Per fortuna ho sentito il cigolio della porta e mi sono voltato in tempo per evitare di farmi trovare da mio fratello con la lingua nella bocca di sua figlia.

Cristo! Sono malato.

Ma seriamente malato.

Una malattia che ha bisogno di cure, perché non ho mai avuto questo tipo di desideri, prima. E tantomeno dovrei averli adesso. Fare sesso con una ragazza mi è sempre sembrato un dovere per soddisfare le aspettative dell'altra persona. Ora sono io che vorrei soddisfare le mie. Con la persona più sbagliata del mondo.

«Ciao, *bro*».

La voce mi esce roca, ma è una cosa che mi succede spesso,

quindi lui non ci fa caso, mentre io sprofondo in un buco di vergogna e sensi di colpa.

E qualcos'altro a cui non voglio attribuire un nome, ma che un nome ce l'ha eccome.

Levi si sgancia la cintura degli attrezzi e la appende all'ingresso, fa due falcate verso di me e mi abbraccia, poi con la mano destra afferra Virginie e la attira in questo groviglio familiare. «Come sono felice, la famiglia riunita per il mio compleanno!» dice commosso, mentre io ho il corpo di mia nipote addosso e il cervello in bambola che mi ricorda proprio in questo momento che Vee non è mia nipote. Non davvero.

Mio fratello non si accorge della tensione che c'è nei miei muscoli, è talmente contento che io sia qui da non capire che sto diventando un mostro e che dovrebbe cacciarmi di casa.

Mi batte la mano sulla spalla, me la stringe e mi allontana per guardarmi negli occhi, Virginie ancora nel suo abbraccio. Mi fissa anche lei, ma non è lo stesso tipo di sguardo.

Torno su Levi, altrimenti perderò il senno.

«Cosa c'è per cena?» chiede con un sorriso pulito.

Che mi fa sentire lurido.

Indico la padella con i piselli e il forno, poi mi libero dalla sua presa e dico: «Patate».

Lo supero e vado fuori.

Forse la cosa migliore sarebbe oltrepassare il giardino, chiudermi alle spalle il cancelletto, andare a piedi fino a Town Square, prendere un autobus, raggiungere Philadelphia e tornare in albergo fino a quando arriverà la crew, spegnere il telefono e scomparire dalla faccia della Terra, senza alcuna spiegazione.

Correre lontano da qui.

E non voltarmi più indietro.

Se non fosse che creerei un incidente diplomatico dal quale non saprei come uscire.

In effetti, forse l'immobilità potrebbe essere la scelta migliore, molti animali si fingono morti per evitare situazioni complesse e sgradevoli, no?

«Ehm, ciao».

Mi volto verso la staccionata. Con un sacchetto in mano e l'aria imbarazzata c'è una donna che sposta il peso da un piede all'altro in continuazione. O le scappa la pipì o non vorrebbe essere qui.

«È la casa di Levi? Lui è qui?»

«Sì, certo, è in casa. Entra pure».

La tizia apre il cancelletto e lo supera, timida.

Credo abbia qualche anno più di me, ma il suo look castigato le dà un'aria antiquata: una crocchia di capelli stretta alla base della nuca, un paio di ciuffi ribelli che porta dietro l'orecchio con ostinazione, gli occhiali che le scendono sul naso, e un outfit che starebbe bene a una bibliotecaria di ottantacinque anni completano l'immagine di una persona decisamente seria.

«Devo... Io...»

Ho l'impressione che, se il suo viso diventerà più rosso di così, assisterò a un'esplosione, per cui le faccio strada, anche se in casa non ci vorrei tornare.

«Seguimi».

Nel soggiorno su cui affaccia la cucina a vista c'è solo Virginie, che ha messo in tavola il cibo e sta scrivendo sul suo telefono, la faccia dentro lo schermo, i gomiti appoggiati sul piano di lavoro.

Connor.

O un altro.

Stringo il piatto tra le mani e lo poggio vicino alle altre stoviglie, senza troppa delicatezza.

Cosa sia questa morsa allo stomaco non lo capisco. È un groviglio di emozioni che non ho mai provato e che non so sciogliere, ma dentro premono, come se il mio corpo fosse troppo piccolo per contenerle, come se il mio cuore non fosse sufficientemente elastico. D'altronde è tutta la vita che pratica la staticità.

«Dov'è Levi?»

Virginie alza lo sguardo lentamente, come se le costasse fatica, ma sposta subito la sua attenzione da me alla tipa che mi sta appena dietro.

«Miss Alastor?»

«Ehm... ciao, cara».

«Professoressa, c'è qualche problema? Il compito di matematica non andava bene?»

L'espressione di mia nipote è più confusa che preoccupata. Molla il cellulare e ci viene incontro.

«No, Virginie. Non ho ancora corretto la verifica, ma sono sicura che sei andata bene».

«Non devo solo andare bene. Devo assolutamente battere Connor, è una cosa... personale» dice con una tale carica erotica – o è la mia amigdala a vedere tutto in quell'ottica? – da farmi innervosire.

Nella testa mi partono immagini di scommesse sconce e di pegni pagati da chi arriva secondo. È questa la gelosia? Come fanno le persone normali a vivere con un tale fuoco dentro? E come si fa a scacciare questo caos interiore?

Per fortuna sono in grado di nascondere tutti i miei pensieri, mantenendo una vera poker face.

«Vi farò avere i risultati la prossima settimana».

«Allora perché è qui?»

Miss Alastor arrossisce ancora di più, disorienta Virginie, balbetta qualcosa di incomprensibile, poi punta lo sguardo sulle scale da cui sta scendendo Levi, i capelli bagnati e una camicia a scacchi viola aperta sul petto.

«Vicky... Miss Alastor... cosa... cosa ci fai qui?»

Mio fratello si inchioda sui gradini, gli occhi fissi sulla professoressa di matematica di sua figlia e il respiro mozzato. Forse avrebbe bisogno di imparare da me come si celano le proprie emozioni, che ora invece sono dipinte in maniera esplicita sul suo viso: se non hanno ancora scopato, di sicuro lui vorrebbe.

Mi volto verso di lei e posso leggere nel suo rossore che la cosa è reciproca.

«Al colloquio con i genitori hai dimenticato il portafoglio».

«Non è periodo di colloqui. Come mai ne avete fatto uno?»

Virginie non è stupida, anzi l'opposto, però in questo momento non ha ancora interpretato la situazione, e mi fa tenerezza vederla così ingenua, così poco cosciente delle relazioni tra adulti, relazioni che io ho visto e vissuto solo di riflesso. È quello che merita, a diciott'anni: essere ignara delle complessità di una storia d'amore clandestina.

Questo mi ricorda perché, tra i mille motivi legati alla nostra situazione, non posso baciarla e distruggere la sua innocente gioventù.

«Io...» dice mio fratello, infilando i bottoni nell'asola, «volevo solo essere sicuro che andasse tutto bene, che non fossi troppo stressata».

«E non potevi chiederlo a me?»

«Virginie, cara, credo che tuo padre volesse... come dire... una visione esterna».

Mia nipote aggrotta le sopracciglia e passa lo sguardo da Levi a Miss Alastor.

Vicky, nello specifico, per mio fratello.

«Sei stata gentile a riportarmi il portafoglio, grazie».

«Figurati, avevo paura che ti fermassero e ti chiedessero la patente, non volevo disturbare».

«Nessun disturbo, grazie ancora». La voce di mio fratello è cordiale ma tesa, piena di parole nascoste.

«Resti per cena».

Sono stato io a parlare. E questa semplice frase mi associa ai peggiori fratelli della storia, tipo Caino, perché sto sfruttando la situazione per spostare l'attenzione dal mio segreto al suo.

«Non credo sia il caso...» si tutela lei e mio fratello rincara con un mormorato «magari ha da fare», poi Virginie insiste, dicendo che stiamo festeggiando il compleanno di Levi, e a quel punto è dura per Miss Alastor rifiutare senza esibire una significativa scusa, che a quanto pare non si è preparata.

E quindi, cinque minuti dopo, siamo tutti seduti a tavola e ci passiamo i piatti da portata per servirci.

«Posso versarti della birra, Victoria?»

Levi ha abbandonato la rigida formalità, ma non è sciolto come sempre. Chiacchiera con la professoressa, mi coinvolge, io rispondo a monosillabi, faccio cenni con la testa e lui parla ancora. Credo abbia paura di dire la cosa sbagliata, di far capire qualcosa a Virginie, che però è distratta e guarda a più riprese il telefono.

Glielo vorrei buttare. O mi basterebbe anche smettere di spiarla con la coda dell'occhio. Mi basterebbe tornare a essere me. Che non ero tutto dritto prima, ma ora sono peggio. Decisamente peggio.

Invece sto zitto e mi infilo un pezzo di pollo in bocca. Lo mastico per un tempo infinito, mentre il mio sguardo torna su Virginie che sbocconcella una patata e ne porta alle labbra pochi frammenti.

«Israel, anche tu sei stato allievo della Red Oak High School, giusto?»

Annuisco.

«Ho sentito dire che stai facendo carriera nel mondo della musica. Moltissimi ragazzi a scuola sono tuoi fan».

Victoria è una donna gentile, rimane timida e compassata, ma cerca di distendere l'atmosfera.

Scuoto la testa, mormoro un «niente di che».

«Sai, terremo un incontro con alcuni genitori e parenti per raccontare le proprie scelte dopo il liceo e come hanno intrapreso le loro carriere. Potresti venire anche tu, insieme a Levi. Avete due percorsi diversi, ma entrambi interessanti».

Virginie distoglie lo sguardo da quel cellulare e punta gli occhi sulla sua insegnante.

«Miss Alastor, mio zio è molto impegnato, non ha tempo neanche di passare il Natale con noi, figuriamoci di venire a scuola, e poi... nessuno della Red Oak ha intenzione di diventare un rapper, non sarebbe di ispirazione».

Quindi... secondo mia nipote io non dovrei presentare la mia storia ai suoi compagni, o vuole solo che stia lontano dal suo amico?

Da quel Connor.

«Ci sarò».

«No che non ci sarai» mi risponde con un tono che sembra

un avvertimento. Vorrei avvertirla io di non esagerare, perché un conto è non pensare a cosa le succeda a scuola quando sono dall'altra parte del Paese, un conto è che lei mi inviti a evitare il liceo per nasconderci il suo *amico*. Se lo può scordare.

«Perché non vuoi che tuo zio partecipi? Sarebbe una cosa bella».

Victoria lo dice con tono tranquillo, ma getta benzina su un fuoco di cui non ha visto la scintilla iniziale. Lei non l'ha notata, io non ne capisco il motivo, Levi non si rende conto di niente.

«Non è una *cosa bella*, e poi cosa pensa che potremmo imparare? Ad abbandonare la nostra famiglia per inseguire dei sogni?»

La fisso, è di nuovo arrabbiata. La sua ira va a corrente alternata e sembra spegnersi solo quando si concentra sul suo cellulare.

«Io... non pensavo...»

«Genie, per cortesia, non usare quel tono con la tua professoressa. E neanche con tuo zio. Vi chiedo scusa, non so cosa le succeda ultimamente, è intrattabile».

«Papà! Guarda che sono qui! Non parlare di me come se fossi assente e non scusarti al mio posto!» Alza la voce, batte le mani sul tavolo e spinge indietro la sedia. «Sono grande e posso prendermi la responsabilità delle mie azioni! Miss Alastor, mi dispiace se le sono sembrata ostile, ma non ce l'ho con lei. Spero che questa cena non comprometta i miei voti e, con permesso, sono stanca e non ho più fame».

Le ultime parole, per quanto educate e cortesi, sono gonfie di ribellione, così come lo sono i suoi passi pesanti su per le scale e la sua indifferenza quando mio fratello la richiama indietro.

Non ha mangiato niente.

E neppure io ho più fame.

«Vado io. Tu stai qui».

Mi alzo, appoggio la mano sulla spalla di mio fratello che china la testa sconsolato e seguo Virginie su per le scale, lasciando da soli quei due, perché mi sembra ne abbiano bisogno. E poi il casino l'ho causato io e lo risolvo io.

Percorro il corridoio e mi fermo di fronte alla sua porta chiusa.

Potrei bussare, dovrei, ma la mia mano si muove prima che la possa controllare e in un attimo sono nella sua stanza, con lei che mi squadra indignata, incazzata, innervosita e tutti gli 'in' che le possono passare per la testa.

«Vattene».

«Senti, Vee, dobbiamo parlare. Sarò nei dintorni per un bel po', passerò più tempo qui e conviene che cerchiamo di andare d'accordo, non credi? So che ce l'hai con me perché me ne sono andato via e ora anche perché sono tornato senza dirtelo, ma...»

«Tu non hai capito».

«Spiegami».

«Io non voglio spiegarti proprio niente. Non voglio parlare con te. Non voglio avere a che fare con te». Alza la voce, esasperata. Cerco di moderare i toni, mantenendo il mio pacato.

«Addirittura?»

«Sì».

«Virginie...»

«Non parlare».

Faccio due passi verso di lei, che si ritrae.

Eppure non sono minaccioso, voglio solo che capisca, anche se sono il primo a non capire.

Mi fermo a metà della stanza, faccio scorrere lo sguardo sui suoi autoritratti.

«Sei davvero brava, lo sai?»

«Sì, lo so».

«E modesta».

«Non è la modestia che ti ha portato dove sei arrivato, o sbaglio?»

Guarda per terra, sposta il peso da un piede all'altro e io mi chiedo quando smetterà di passare dall'essere una donna determinata e sicura di sé all'essere una ragazzina con i suoi sogni e le sue fragilità. È un connubio conturbante, che mi fa perdere la testa. Quando mi sembra di averla inquadrata, lei cambia faccia con una disinvoltura sorprendente.

«È l'amore per le parole che mi ha guidato. Il carattere è stato solo il mio airbag».

«E io ho un carattere di merda».
«Chi lo dice?»
Mi guarda da sotto le ciglia, lunghe, curve, un invito a leggere tra le righe, o così mi sembra. Ma in realtà, quando mai ho fatto caso alle ciglia di una donna?
«Sai, non è che abbia molti amici a scuola».
«A parte... Come si chiama...?»
Connor. Si chiama Connor.
«Connor è la mia salvezza».
«Mi hai detto che ti ha portata a Philadelphia senza il permesso di tuo padre. Non mi sembra proprio la tua salvezza. Quanto più uno che ha tutte le intenzioni di metterti in pericolo».
Sulle sue labbra si dipinge un sorriso sarcastico.
«Credi davvero di sapere tutto di me. Eppure, se non ricordo male, non ci sentiamo da una vita, escludendo gli auguri ai compleanni. Cosa ti fa credere di poter arrivare qui e dirmi cosa dovrei temere?»
Quando dimentica di avere paura diventa combattiva e coraggiosa. Pessima, pessima combinazione. Perché, quando lo fa, torna a essere donna e dimentica di tenere le distanze.
Persino da me.
Per questo me la trovo quasi addosso, con il dito puntato al mio petto.
«Sono sempre io. Sono stato lontano a lungo, ma ti conosco bene» mi difendo.
Lei ride di nuovo. Il suo sguardo mi sfida. E vince, perché distolgo il mio.
«Conoscevi bene una ragazzina. Che aveva un grande amore per la sua famiglia. Una famiglia piccola, modesta, ma che le dava tutto ciò di cui sentiva di aver bisogno: protezione, fiducia, coccole, attenzioni. Te lo ricordi?»
«Certo che me lo ricordo».
Faccio un passo indietro, perché lei si avvicina ancora. Ora è Virginie a tenermi sotto scacco con le sue insinuazioni.
«E poi? Cos'è successo?»

Mi provoca. Vuole che sia io a dichiarare la mia vergogna.

«Smettila».

«Puoi entrare qui e darmi ordini, mettermi in guardia da un amico, e io non posso farti una semplice domanda?»

«Non è una semplice domanda, Vee. È un'accusa».

«Le parole hanno un peso, Iz the Issue. Non è così che dici nelle tue interviste? Che il tuo è un lavoro di dosaggio, che ogni sillaba va a comporre una ricetta equilibrata?»

«Accusa è un termine preciso e adeguato».

«Anche egoista lo è».

Alzo la testa di scatto. Lei è di fronte a me, i veli sembrano caduti, ma forse è solo una mia impressione, la mia fottuta paura. I suoi occhi, così particolari e di un azzurro chiarissimo, sono incastrati nei miei. C'è più sincerità nei centimetri che ci separano di quanta ce ne sia mai stata nella sua vita, eppure niente è pronunciato, tutto può rimanere ancora nascosto nel mio cuore, taciuto.

«Pensavo che saresti stata felice del mio ritorno».

«Certo, ne sono *grata*, zio. Scusa, purtroppo non avevo pulito il tappeto rosso, perché nessuno mi ha detto che saresti venuto a degnarci della tua presenza. Mi sento in colpa, tremendamente in colpa».

«Okay, ho capito. Vado in camera mia».

Mi volto, ma lei mi blocca con la sua voce. Parla alle mie spalle, ma non sono sillabe, sono stilettate: «Bravo, scappa. Ti viene bene».

Inspiro a fondo, stringo i pugni. Non mi arrabbio mai, davvero mai. Ma le sue parole colpiscono forte. Espiro, rilascio i pugni. Me lo merito.

«Mi dispiace che la mia presenza ti infastidisca così tanto, Vee. Ma possiamo farla funzionare finché dura, che ne dici?»

Non mi sono girato mentre le parlavo, non so quale sia la sua espressione.

Poi scoppia a ridere e mi volto. È incazzata nera e la sua risata è così amara che mi risale per la gola, come fosse caffè col sale.

«Dovevo immaginarlo che non fossi qui per rimanere. Ci hai cancellati con un colpo di spugna una volta che hai cominciato ad avere successo, sei solo di passaggio. E poi parli di famiglia nelle tue canzoni... Ma tu cosa ne sai di come ci si comporta quando si vuole bene a qualcuno?»

«Credi che io non ami te e Levi?»

«Se questo è il tuo modo di amare... be', è davvero un modo povero ed è giusto che qualcuno te lo dica. Forse sei diverso da tuo fratello perché, a differenza tua, papà ricorda bene cosa significhi essere amati da un genitore».

Mi spiazza, non la credevo capace di una tale cattiveria. La delusione si impossessa del mio volto e Virginie capisce di aver esagerato, lo vedo nel suo sguardo, più spalancato del mio.

Apre la bocca, ma io gliela copro con la mano, forse con troppa veemenza, visto che incespica e fa un paio di passi indietro. Sembra un tango, il nostro, ma non è sensuale, è solo triste.

«Stai zitta. Hai parlato fin troppo. Spero che esserti liberata di tutto l'odio che hai coltivato nei miei confronti ti permetterà di dormire bene».

«Mi dispiace» mormora, e le sue labbra battono morbide e umide sulle mie dita.

«È tardi».

I suoi occhi si riempiono di lacrime. I miei rimangono asciutti, ma una ferita si è riaperta. Levi è stato tutto il mio mondo, perché tutto il mio mondo è scomparso quando avevo cinque anni. E gli devo ogni cosa, perché già a quindici anni ha fatto ciò che poteva per non farmi sentire solo, ma nessuno, neppure lui con tutti i suoi sforzi, può cancellare ciò che sono: un orfano che non ricorda il sapore, sfiorato appena, dell'amore di una famiglia.

I bambini!

Vi vogliamo bene.

Levi ha ricordi del sorriso di nostra madre, dell'abbraccio di nostro padre, delle serate davanti alla televisione, dei regali sotto l'albero di Natale. Io ho solo i rumori dell'incidente, le ultime parole che sono state dette, la paura. Suoni costanti che stridono nella testa, che non smettono un solo istante.

E c'è una cosa che Virginie non sa e che sarebbe davvero bello sbatterle in faccia, se solo non sapessi trattenermi, se solo volessi ripagarla con la stessa sofferenza.

Forse è vero che non so cosa significhi 'famiglia', ma io, a soli nove anni, ho rinunciato a far parte di quella di Levi. E l'ho fatto unicamente per lei.

Ho sacrificato l'unico sogno che avevo da bambino per proteggere *lei*.

Sono rimasto a Red Oak Manor, così che Virginie potesse avere ciò che a me era mancato.

Però rinuncio a restituirle il male che mi sta facendo, perché ho a che fare con una ragazzina e non posso dimenticare che tra noi due sono io l'adulto, sono io che ho davvero il potere di distruggere la sua vita.

Per cui incasso, ignoro il silenzio che mi batte addosso, l'assenza del ricordo dei miei rumori, questa maledetta magia che nasce solo quando sono con lei. Lascio cadere la mano e mi sforzo di ignorare il suo labbro inferiore che la segue, come se volesse baciarla. Mi volto, esco dalla sua stanza, mi chiudo la porta alle spalle e metto una distanza tra noi due.

Spero che la notte porti consiglio a entrambi, o mi vedrò costretto a lasciare questa cittadina in maniera definitiva e irreversibile.

Capitolo 8

Virginie

Ho dormito due ore.

Ho pianto, vinta dai sensi di colpa.

Poi ho pianto perché mi sentivo sola.

Perché l'ho ferito e allontanato.

Perché non potrò mai averlo.

E perché niente mi rende davvero felice.

Quando ho terminato le lacrime, ho preso un foglio e, per la prima volta, ho tratteggiato in maniera chiara i lineamenti di un'altra persona, qualcuno che non sono io, qualcuno che non è mia madre. Non ho cercato una fotografia, perché Israel è nei miei occhi, nel mio cuore, tra le mie dita, eppure lontanissimo.

Verso le quattro del mattino sono andata in bagno e sono passata di fronte alla sua stanza. Non era chiusa, la mia è l'unica porta serrata in tutta la casa, perché io sono l'unica a nascondere la vera me stessa, a vergognarmi dei miei segreti e dei miei dubbi.

Una debole luce filtrava dalla finestra con le tende aperte. Gli assurdi capelli color platino di mio zio erano scompigliati sul cuscino, la sua schiena nuda illuminata dal freddo chiarore lunare, le lunghe gambe attorcigliate alle lenzuola, il respiro leggero. Per terra, tra le sue dita che sfioravano il pavimento, c'erano dei fogli pieni di parole. Ho fatto due passi, mi sono avvicinata al suo letto, mi sono inginocchiata accanto a lui, il cuore che batteva forte, le narici invase dal profumo di bagnoschiuma al talco, gli occhi ancora intrisi di lacrime. Ho tentato di intuire cos'avesse scritto, ma la sua grafia è quasi illeggibile. E poi lui si è voltato verso di me, ha aperto gli occhi per un secondo, gelandomi sul posto, e li ha richiusi di colpo.

Sono uscita dalla stanza alla velocità della luce e pochi secondi dopo ero nascosta in bagno. Quando sono riuscita a riprendermi dallo spavento e a tornare in camera, il calo di adrenalina mi ha fatta crollare.

Ma neanche il sonno mi ha dato tregua, perché ora che mi fisso nello specchio e vedo la piccola stramba che sono sempre stata, ma con le occhiaie profonde e la sclera arrossata, ricordo perfettamente il sogno che la sveglia ha spezzato a metà.

Ero su una barca, di quelle lussuose, di notte, per un party elegante. Tutti indossavano abiti da sera e sorrisi smaglianti. Anch'io ero vestita bene, truccata e acconciata. La seta verde mi scendeva addosso come una seconda pelle, scivolando sulle mie curve inesistenti, rivelando a tutti il bluff che tento di propinare al mondo perché mi veda come donna, quando di una donna non ho niente.

I capelli, che ormai mi arrivano al fondo della schiena, erano sciolti, mossi dal vento, fili argentei illuminati dalle stelle. Camminavo scalza sul legno lucido del ponte, scansando adulti soddisfatti e camerieri con flûte di champagne. Non mi sembrava neppure di essere sul mare, perché le onde non influenzavano la stabilità dello yacht e, finché stavo nel centro della festa, potevo fingere di essere sulla terrazza di un locale alla moda, senza ossessionarmi per il fatto che non ho mai imparato a nuotare bene.

Non conoscevo nessuno, erano tutte persone in carriera. Gli uomini mi lanciavano occhiate che non comprendevo se fossero di scherno o di cupidigia, i miei piedi scalzi continuavano a percorrere il ponte per tutta la lunghezza, fino ad arrivare di fronte al vetro che separava gli invitati dal centro di comando. Al timone un uomo anziano, distinto, alto e curato. Occhi chiarissimi e capelli bianchi, puntava lo sguardo sulla festa, fino a quando non sono arrivata proprio davanti a lui e allora l'ha spostato su di me.

I suoi occhi si sono spalancati. Ha fissato i miei capelli, il mio viso, è rimasto a lungo sul mio seno, facendomi rabbrividire di imbarazzo. Ho coperto il mio corpo con le mani, come potevo, tutt'a un tratto troppo nuda, troppo visibile.

Ho fatto dei passi indietro, ma sembrava che non mi spostassi, che il capitano della barca fosse troppo vicino, sempre di più, eppure sentivo il legno sotto i piedi, ero sicura che mi stessi allontanando. Ma lui era ancora dinanzi a me e si leccava le labbra.

L'imbarazzo è diventato paura, la gola mi si è seccata. C'era uno spesso vetro a proteggermi, eppure mi sentivo in pericolo. Quando ho percepito la paratia di acciaio gelido contro la mia schiena, lui era ancora a pochi passi da me e gridava qualcosa. Non sentivo la sua voce, ma il suo sguardo mi terrorizzava, così come l'acqua che potevo sbirciare dietro la mia spalla.

Era scura, spaventosa, sconosciuta.

E lo stesso era l'uomo di fronte a me, tranne per il fatto che era chiaro, chiarissimo, accecante.

Un altro passo indietro.

Poi la caduta.

Senza nessuno a salvarmi.

È stato nel momento eterno del mio volo verso la fine che mi sono svegliata, forse urlando.

Nessuno però sembra essersi accorto di niente.

Quando esco dalla mia stanza per andare in bagno a lavarmi, capisco il perché: papà è già uscito di casa e mio zio sta ancora dormendo.

Dovrebbe chiudere la sua porta, perché vederlo così mi fa del male. E non è solo il profilo del suo corpo longilineo, la pelle chiara e pulita, le labbra socchiuse. È l'impressione di poter entrare nei suoi sogni, spiarne i pensieri, stringerlo mentre lui non è cosciente. Mi partono nella mente dei desideri forse casti, ma di sicuro non sani.

Sono fatta così.

Come chi ha una malattia cronica e ci deve convivere. La mia malattia adesso è Israel Silver, che è tornato per darmi il colpo di grazia. È chiaro che non posso sopravvivere, devo solo decidere se combattere per guadagnare tempo o lasciarmi andare al destino scritto per me e godere di ciò che mi ucciderà.

Mi infilo in bagno prima di scegliere di fare la pazza sul serio, ma lui, indifeso e tranquillo nel letto singolo della sua stanza, rimane incastrato nei miei pensieri e l'acqua della doccia che mi scorre addosso non riesce a rimuoverlo dalla mia pelle e dai miei sensi, fin troppo acuiti.

Mi lavo i capelli, il viso, cerco di riprendermi da questa notte insonne e dai miei desideri.

Quando esco dal bagno, avvolta nell'accappatoio, la situazione in casa è la stessa. Il cottage è silenzioso, risuona appena il respiro di mio zio, che ha cambiato posizione e non è più rannicchiato su se stesso ma adagiato sulla schiena, con una gamba fuori dal letto e l'altra semicoperta dal lenzuolo.

Distogliere lo sguardo dai boxer morbidi che indossa e che non celano la sua erezione mattutina è uno sforzo così titanico che credo non riuscirò ad andare a scuola oggi. Non con quest'immagine impressa nelle retine e molto, molto più in basso.

Vorrei non aver visto ciò che ho visto, perché ora nessuno me lo toglierà mai dalla testa. Morirò pensando a questo momento, a ciò che improvvisamente scopro di volere e che non potrò mai avere.

Mentre mi asciugo i capelli in camera, mi vesto e mi trucco, mi rendo conto che non ho mai pensato a lui proprio in quel modo: il mio amore, fino a stamattina, era quello della ragazzina che sono sempre stata. Ho fantasticato di baciarlo, di guardare le stelle abbracciata a lui, di farmi cantare qualche canzone, di studiare sul mio letto mentre lui componeva.

Tutt'a un tratto mi vedo nel suo, di letto.

Non so esattamente come sia successo, ma so che c'è molta più pelle, ora, nei miei sogni. E non è solo la mia.

Quando ho finito di prepararmi, tiro su le lenzuola, piego il pigiama, riempio lo zaino e mi guardo allo specchio; sono come ieri e sono diversa. Chissà se qualcuno se ne accorgerà.

Apro la porta e, appoggiato con il braccio allo stipite in alto, finalmente vestito, con lo sguardo serio e diretto, c'è mio zio che mi fa prendere un colpo apoplettico.

Forse la questione del morire non è poi così metaforica.

«Cosa ci fai qui fuori... già vestito?»

«Scuola».

«In che senso?» gli chiedo stranita. Oggi non connetto, sarà una lunga e faticosa giornata.

«Ti accompagno».

«No» rispondo.

Pensa di poter decidere lui.

Ma non può.

«Sì».

«No, cazzo!»

«Sì, invece. Fattene una ragione. Ti aspetto di sotto».

Mi molla sulla soglia come un'idiota e non posso fare altro che affacciarmi alla porta e guardarlo camminare lungo il corridoio. Come imbocca le scale lo perdo, ma il cuore non smette di ribellarsi alla sua gabbia.

Prendo due lunghi respiri e li lascio fluire fuori insieme alla mia agitazione, poi lo seguo, come un cagnolino fedele che non sa disobbedire.

Se non fosse lui... Se non fosse mio zio, mi opporrei fermamente all'idea di farmi accompagnare a scuola da un adulto, perché *cavolo!*, sono io per prima un'adulta, non ho bisogno della scorta.

Ma lui non è uno qualsiasi e io non riesco a pensare a lui come a un padre che imbarazza la figlia portandola fino al cancello della High School. Mio zio è... Ogni minuto che posso passare con lui è una disgrazia e una benedizione insieme. E se penso a percorrere Red Oak Town vicini, mi sento felice.

Non ho intenzione di dimostrarglielo, perciò entro in cucina con la faccia scocciata e vado verso la porta senza degnarlo di uno sguardo.

«Non fai colazione?»

«Non ho fame».

«Non hai mangiato neanche ieri sera».

Mi volto verso di lui che è appoggiato col culo al piano di lavoro, le gambe distese e accavallate all'altezza delle caviglie. Indossa un paio di pantaloni della tuta grigi e una delle poche T-shirt di mio padre dello stesso colore, con l'immagine di una rock band famosa, e mi guarda da sopra la tazza colma di caffè che si sta portando alla bocca.

Ci dovrei essere io in quella tazza.

«E non mangerò neppure stamattina. Ti crea qualche disagio? Vuoi obbligarmi anche a fare questo?»

«Vee, pensavo che ieri avessimo deposto le armi».

Gli scocco un mezzo sorriso privo di ogni divertimento e gli rispondo il contrario di ciò che penso: «Mai».

Esco e lo ignoro mentre mi segue e armeggia con la serratura per chiuderla bene. Il tempo che lui finisca e sono già quasi arrivata all'incrocio con Main Street.

Peccato che non possa competere con le sue gambe lunghe, così pochi minuti dopo sono io ad arrancare al suo fianco.

«Dammi lo zaino».

«Scordatelo».

«Testarda».

«Non avevi un lavoro a Philadelphia?»

Sorride. «Tra un po'».

Che cazzo sorride?

Si guarda intorno, è come se in lui ci fosse la volontà di ricordare ciò che appartiene al suo passato e allo stesso tempo la curiosità per i piccoli cambiamenti.

Red Oak Town è molto legata alla propria storia, ma qui e là le cose mutano. Sarebbe bello guardare questa cittadina con gli occhi di chi conosce bene il mondo e le metropoli. Con i suoi occhi.

«A che ora finisci?»

«Alle quattro».

«Ci hai provato, Batuffolo». Mi prende in giro per il mio sciocco tentativo di fregarlo.

«Hai fatto una promessa, una volta le mantenevi. Per cui,

chiamami ancora 'Batuffolo' e ti farò rimpiangere di essere tornato a casa».

Si ferma in mezzo alla strada e mi blocca per un polso, obbligandomi a una piroetta che mi porta proprio di fronte a lui.

«E con quali armi?»

Sento che mi accaldo e forse lo percepisce anche lui, perché di colpo diventa serio e mi molla.

«Dai, sbrigati. Siamo quasi in ritardo».

«Siamo?»

Gli trotterello dietro, maledicendomi per non avergli lasciato lo zaino, e tengo il suo ritmo fino a quando non arriviamo a scuola. Mi blocco a qualche metro dall'entrata e mi aggrappo alla sua maglietta per fermarlo, ma la mia forza è debole e la sua inerzia mi trascina verso il cancello.

«Per favore...» lo imploro.

«Cosa?»

Non faccio in tempo a spiegargli perché non voglio che il ragazzo di cui sono innamorata, che è tremendamente alto, indecentemente biondo platino, sufficientemente famoso ed è anche ex alunno di questa scuola, venga attorniato da schiere di ragazzine allupate, che ciò che temevo si realizza e le mie compagne di scuola, alcune delle quali non mi hanno mai rivolto la parola, si avvicinano a me per chiedermi come sto e sbirciare di sottecchi mio zio.

Il sorriso sulle mie labbra è più finto dei denti del preside Miller, ma si assottiglia ancora di più quando le ragazze cominciano a fare le oche con mio zio come se lui non fosse venuto di fronte al liceo per farsi bello con loro e io non stessi bruciando dalla gelosia. L'attenzione è tutta sul famoso Iz the Issue: cominciano a chiedergli selfie, a dichiararsi sue fan, a toccarlo.

Mio zio non risponde, se non con cenni della testa, acconsente a farsi scattare foto purché io ne rimanga esclusa, non transige su questa richiesta, si accerta che io non compaia in nessun'immagine, declina gli inviti a seguire le ragazze sui social, è sempre gentile, ma lo vedo a disagio.

E ne gioisco.

Poi suona la campanella della prima ora e le mie compagne corrono verso l'ingresso della scuola. Attendo che si allontanino, poi colpisco il braccio di mio zio con un pugno.

«Cos'ho fatto?»

«Per colpa tua prenderò una nota. È la prima volta che arrivo in ritardo».

«Scusa».

Ma che cazzo chiede scusa?

E io, perché non mi muovo per entrare a scuola?

E come mai tutto il mondo sembra scomparire per lasciare a fuoco solo i suoi occhi?

«Vai» mi dice, ma io non riesco a muovermi.

Allora mi prende le spalle tra le mani e mi volta, si avvicina al mio orecchio e mi sussurra: «Buona lezione».

Poi mi sprona a camminare, fino a quando le mie gambe non si muovono da sole. A quel punto mi lascia andare.

Mi obbligo a non voltarmi per sapere se è ancora lì, se mi sta guardando attraversare il cortile e superare la porta in vetro.

Volo nei corridoi come una matta, le aule già chiuse e gli armadietti serrati. Sono l'ultima e mi prenderò una bella ramanzina. Ho il cuore in gola, le mani sudate, ma riesco a posare lo zaino e a recuperare ciò che mi serve. Mi infilo una matita in bocca, l'astuccio lo piazzo tra il quaderno e il petto, e mi dirigo verso la classe. Sto in piedi mentre l'insegnante di fisica segna il ritardo e fa tutta una storia sulla puntualità, poi raggiungo il mio posto che sta tra la finestra e Connor. Poso il materiale didattico sul banco e do uno sguardo distratto all'esterno, forse sperando di vedere la schiena di mio zio tra il fogliame, ma non devo cercarlo: è fermo nello stesso punto in cui l'ho lasciato e guarda la scuola. Ci mette qualche secondo a trovarmi, alza la mano e la agita nell'aria, rimescolandomi il sangue nelle vene. Replico e mi becco il secondo rimprovero della giornata. Quando la professoressa mi molla e torno a guardare fuori, lui è scomparso. Ma non dai miei pensieri.

Israel Silver, uomo bellissimo, con un'erezione indimenticabile, un sorriso timido e una presenza che tenta di riparare tutta l'assenza che mi ha regalato in questi anni, mio zio, il ragazzo dei miei sogni, è qui. A Red Oak Town. Respira la mia aria, dorme in casa mia e fa colazione con una tazza da cui ho bevuto anch'io.

Connor mi colpisce alla spalla e mi salva il culo.

«Dunque, Virginie, puoi rispondere?»

«Poynting» sussurra il mio migliore amico.

E io parto con il pilota automatico.

«La massima potenza dissipabile da un'onda elettromagnetica per ragioni di conservazione dell'energia è proprio l'intensità del vettore di Poynting».

«Puoi spiegare meglio?»

Vado avanti. Il mio cervello fa quanto gli viene chiesto e il mio cuore segue Israel tra le strade di Red Oak.

Capitolo 9

Israel

Entrare al liceo, tanti anni fa, era il momento in cui diventavo una persona qualsiasi, non più l'orfano di Red Oak Manor. Ero un alunno come gli altri, perché a quel punto la città si era abituata alla nostra presenza e gli scherzi sulla nostra provenienza erano diventati piuttosto rari. Poi io tendevo a stare nel mio mondo e si sa che non reagire alle provocazioni è il modo migliore per far smettere i bulli.

Quindi uscivo dall'orfanotrofio, i vestiti usati di mio fratello che erano il mio personale vantaggio perché erano solo di seconda mano e non di quindicesima, i capelli di un biondo fai da te, le cuffiette nelle orecchie e le parole nella testa a rincorrersi e coprire le voci dei miei amici. Prendevo l'autobus con i miei compagni di sventura, attraversavo la città e vivevo per qualche ora la vita di un adolescente qualsiasi. Seguivo le lezioni, mangiavo in mensa, studiavo in biblioteca, andavo a qualche partita il venerdì sera quando Miss Price ce lo consentiva, poi tornavo al maniero e, lungo la salita che mi portava all'istituto, perdevo quel pizzico di leggerezza e vestivo di nuovo i panni di chi doveva ringraziare di avere un tetto sulla testa.

Tornavo Israel, quello che aveva perso i genitori, che aveva sacrificato la propria libertà per proteggere una bambina piccola, che possedeva quattro cose in croce, che doveva sottostare a regole non dettate dall'amore ma dovute al *benessere di tutti*, che aveva la possibilità di farsi la doccia solo a certi orari e che, per distrarsi da quella vita, poteva contare solo sulla propria fantasia o sulla compagnia degli altri orfani.

Quante serate nel bosco dell'istituto o al cimitero passandoci una canna, davanti a un fuoco, osservando gli amori che sbocciavano, le emozioni che si liberavano, gli intrecci degli sguardi. In silenzio, gli occhi sui miei fogli, i sensi a percepire gli altri, i loro sogni, le loro paure.

E quante notti, fiocamente illuminate dai lampioni del giardino, sul mio materasso con lo sguardo al soffitto, nelle orecchie il respiro e il russare dei miei compagni di stanza, nelle narici un misto inquietante tra la puzza di adolescente e il detergente disinfettante, tra le mani una coperta logora, nella mente suoni caotici e sulle labbra rime sussurrate. Ho sempre dormito poco, anche allora, mentre stanotte, dopo tanto rigirarmi nel letto, sono crollato di nuovo.

Rivedere il liceo ha riportato a galla un sacco di ricordi, che snocciolo nella mia mente a ogni metro di Red Oak Town che calpesto mentre attraverso la città.

Ieri sera ho agito in maniera incauta. Ho detto a Levi che rimarrò qui. Che lavorerò da Red Oak Town nel pomeriggio, che dormirò a casa, in modo che lui abbia più tempo per sé. Ho avvisato Veronica che sarò a Philly tutte le mattine per lavorare con loro, ma che devo stare di più con la mia famiglia e, chiuso nella mia stanza, ho ascoltato le sue urla, che piano piano sono andate scemando mentre se ne faceva una ragione. Ho avvisato la compagnia aerea del mio domicilio temporaneo, sperando che ritrovino presto i miei bagagli. Infine, ho richiamato Dylan, uno dei miei compagni ai tempi del maniero. Non lo sentivo da una vita, ma il legame tra noi orfani di Red Oak Manor non si spezza con il silenzio. Gli ho chiesto di procurarmi un'auto, che mi servirà come traghetto tra Philadelphia e questo pezzo di Pennsylvania in cui è racchiusa tutta la mia confusione. Mi ha dato appuntamento a questa mattina, come se fossimo ancora compagni dell'istituto.

Mi fermo al *diner* che c'è all'angolo tra Main Street e la Nona, prendo un paio di caffè da asporto e due ciambelle, e mi dirigo verso l'officina subito dopo Oak Lane Drive. È lì che mi aspetta Dylan. Ovviamente, se voglio evitare di arrivare a casa con la faccia pesta, non potrò dimostrargli la mia gratitudine in maniera troppo melensa. Non lo vedo da una vita, ma non credo che il suo carattere sia cambiato. È sempre stato facile alla rabbia, però era anche uno dei ragazzi più leali che ci fossero a Red Oak Manor.

Quando arrivo, di lui non c'è nemmeno l'ombra.

Leale sì, puntuale mai, in effetti.

Appoggio il culo sul muretto in cemento e in tre bocconi sbrano il mio *donut*, per assumere un po' di calorie e affrontare la giornata.

Dopo circa un quarto d'ora, il rombo di una motocicletta che si sente fin dalla piazza centrale mi fa capire che il mio contatto è per strada. Ha sempre amato le entrate a effetto.

E quando arriva, spegne la moto e scende, con il suo giubbotto di pelle liso e l'andatura che sembra sempre incazzata, penso che si sia calato sempre di più nella parte del poco di buono. A qualcuno potrebbe fare paura, ma io l'ho osservato a lungo negli anni che abbiamo passato insieme e ciò che vedo è un solido scudo di difesa, perché Dylan è una delle persone più ferite che io abbia mai incontrato in vita mia. E ne ho conosciute parecchie.

«Ciao, Iz».

Mi saluta con un tono disinteressato, però mi viene vicino, mi offre una sigaretta, che rifiuto, e mi appoggia la mano sulla spalla. In cambio gli porgo la ciambella e il caffè, ormai freddo, e lui li accetta con un mezzo sorriso, anche se dopo il primo sorso fa una faccia schifata.

Alzo le spalle e indico il grande orologio che campeggia sopra l'ingresso del garage.

Lui mi imita e alza le spalle a sua volta.

«Grazie per l'auto».

«Aspetta di vederla».

«L'importante è che non sia rubata».

Scoppia a ridere. «Bella questa».

Però non mi risponde. Speriamo bene...

Forse capisce dalla mia espressione che non sono molto convinto delle sue parole e alza gli occhi al cielo. «Non ti farei una cosa del genere. Ho spesso qualche mezzo a disposizione per i miei affari. Stavolta ho chiesto a Petey Pete di dare uno sguardo più approfondito, ma di solito mi occupo io della manutenzione, sono sempre stato bravo con i motori».

«Vero, mi ricordo di quando hai aiutato Miss Maribel ad aggiustare la trasmissione del pulmino».

«Non mi far pensare a quel cazzo di coso bianco».

«Perché?»

«Ancora non mi va giù di non essere stato il primo a guidarlo».

«Parli di Amos?»

«E di chi, se no?»

La notte del pulmino è uno dei nostri ricordi memorabili.

«Voleva dimostrare di avere le palle quadre».

«E le aveva».

«Solo che fino a quel momento non lo sapeva nessuno».

Scoppiamo a ridere insieme.

«Ti ha fottuto».

«Già, Iz. Fosse stato l'unico...»

Abbassa la testa e scalcia un sassolino per terra. Poi rialza lo sguardo e il velo di malinconia che permeava le sue ultime parole è già scomparso.

«Vediamo se Petey Pete ti può consegnare l'auto».

Si avvia verso il garage, dentro il quale ci sono mezzi sollevati e alcuni meccanici che si muovono con sicurezza. Mi metto in coda e aspetto a una certa distanza che lui concluda i suoi accordi. Mi ha già detto che se parlerò di soldi mi spezzerà le braccia, che per un amico si fa questo e altro e che dovrò solo invitarlo a un concerto quando sarò famoso.

Quindi sbircio da lontano il passaggio di chiavi e seguo con lo sguardo il dito di Petey Pete che indica qualcosa nel parcheggio. Tra le macchine da sfasciare c'è un unico veicolo che sembra ancora integro. Lo fisso come se fosse un UFO e così rimango, gli occhi spalancati e la mandibola cascata metaforicamente a terra, finché non mi si affianca Dylan.

«Bella, eh?»

«È una mostruosità».

Lui ride, io mi copro la faccia con le mani.

«Guarda il lato positivo: non passerai inosservato» dice con ironia, sapendo che passare inosservato è sempre stato uno dei miei talenti, nonostante i capelli tinti.

«Cristo, è un neon!»

Di fronte a noi, dall'altra parte della strada, c'è un pick-up giallo limone, scrostato in più punti e con un'insegna sopra il tettuccio: 'Sexy Mexy Boy'.

«Ti sembro un messicano sexy?»

«Se tolgo il messicano e provo a mettermi nei panni di una ragazza con pessimi gusti, qualche diottria in meno e la perversione per i capelli ossigenati... Be', almeno sei un *boy*. Non è male di questi tempi essere chiari sul proprio genere».

Rido e mi passo di nuovo la mano sul viso.

«Dovrò accontentarmi».

«Petey Pete dice che la carrozzeria è un po' rovinata, ma il motore regge. Fai solo attenzione quando ingrani la quarta, è dura».

«Lo terrò a mente».

«Quindi ora starai qui per un po'?» Sembra indifferente mentre me lo chiede, ma lo conosco bene: non lo è.

«Farò avanti e indietro da Philly, ho un contratto lì».

«Dai, Iz, cerca di spaccare, così potrai portare finalmente via la tua famiglia da questo posto di merda».

«Non è così male qui».

«Dici?» Il suo sorriso è amaro e mi fa sentire in colpa.

Lui non ha mai avuto dei genitori, è stato lasciato al maniero da neonato ed è rimasto da solo con la sua rabbia. Io ho avuto Levi e qualche ricordo di mia madre. Può sembrare poco, ma fa la differenza quando non hai niente.

«Be', stronzetto, è ora che me ne vada. Se hai bisogno di me, sai dove trovarmi».

Mi mette in mano le chiavi del pick-up e mi fa l'occhiolino.

«E se tu avessi bisogno di me...» comincio, ma lui mi interrompe.

«Non avrò alcuna difficoltà a trovarti, con quell'auto».

Scoppia a ridere, si infila una sigaretta in bocca, sale sulla motocicletta e parte col casco sottobraccio.

Mi avvicino al pick-up e noto che le imperfezioni alla carrozzeria sono vere e proprie crepe: credo che il messicano sexy se la sia ridipinta da solo con del materiale improponibile, sicuramente tossico. Forse è morto per le esalazioni di questa vernice. Preferirei di gran lunga che sembrasse solo un'auto scassata, invece sembra una dichiarazione di intenti e non oso immaginare quanto mi prenderà per il culo mio fratello o cosa penserà di me Virginie.

Quando metto in moto, però, il rombo del motore è forte e rassicurante. Non guido spesso, ma con la temperatura mite, la radio a tutto volume e il gomito sul finestrino mi sento rilassato. Tanto che, invece di tornare a casa, decido di fare un giro a nord. Percorro un pezzo della North Highway e poi mi inoltro all'interno della foresta. Ho il pieno di benzina, il tempo non mi manca e ho anche una manciata di pensieri da lasciare qui, sepolti tra le foglie rosse tipiche della zona.

Dopo un paio d'ore la mia quiete viene interrotta da un messaggio di Veronica che mi ricorda che devo lavorare. Il tono che mi fa capire che, no, non è per niente contenta del mio cambio di programma. In parte ha ragione: non abbiamo fretta, ma tutti gli artisti sanno che il rischio di non trovare l'ispirazione è sempre dietro l'angolo; quindi non si può basare il proprio mestiere su un puro calcolo di ore dedicate a un progetto. Servono impegno e concentrazione costanti, non si può procrastinare dando per scontato che le parole arriveranno perfette e piene di significato.

Per ora è importante ragionare sul primo brano. Da lì, comprendere se produrre un *concept album* o se affrontare varie tematiche, ma finché non è pronto il pezzo che traina il resto, c'è poco da ragionare. Ho sempre lavorato così ed è una struttura che mi consente di essere libero all'interno di una gabbia molto definita e di non distrarmi.

O almeno, così era a Frisco, ma qui mi basta parcheggiare di fronte a casa di mio fratello per rendermi conto che le cose rischiano di essere molto diverse.

Scendo dal mio evidenziatore giallo con le ruote ed entro nel cottage, silenzioso. Levi mi ha avvisato che non torna mai a casa prima di cena, di solito per pranzo si porta un panino o qualcosa del genere, anche se mentre me lo diceva, dopo che mi ero richiuso la porta di Virginie alle spalle e Victoria se ne era appena andata, ha abbassato lo sguardo.

Quindi credo che il panino non lo mangi da solo. Diciamo. E credo che ieri l'incursione di Victoria fosse dovuta alle conseguenze di una specie di festeggiamento per il suo compleanno. Sono sicuro che abbia davvero bisogno di tempo per il lavoro, ma se ci scappa una mezz'ora per se stesso... In tutta onestà, fa bene a prendersela.

Io invece pranzo in solitaria, con un blocco di appunti alla mia destra e una triste insalata mista preparata in pochi minuti alla mia sinistra. Fisso il foglio bianco e sento quella rara ma odiosa sensazione di vuoto cosmico, solo che stavolta non è un vero e proprio vuoto, anzi è tutto piuttosto pieno.

Solo che lo è delle cose sbagliate.

Come stanotte, quando ho scritto rime completamente a caso e tutte legate a colei che non dovrei guardare.

Lavo le stoviglie e le metto a scolare, poi salgo le scale e mi fermo in mezzo al corridoio, tra la mia stanza e la sua, di nuovo chiusa. Ci farò un solco, qui, in questi mesi, ne ho la certezza.

Vorrei entrare, ma sarebbe inutile, lei non c'è, così vado nella mia, dove mi siedo per qualche ora alla scrivania.

Quando è ora di andare a prendere Virginie, il mio conteggio parole sta a zero.

Dire zero non è del tutto corretto, ma nessuna di quelle si potranno utilizzare nel mio brano, visto che ho una lista di due pagine fitte di vocaboli che fanno rima con Virginie.

Veronica non sarà per niente felice della mia improduttività.

Ho sprecato la giornata. Spero di recuperare domani, o comincerò a sentirmi bruciare il culo. Culo che alzo dalla sedia e trasporto di nuovo sul veicolo fosforescente, guidandolo fino al liceo. Mancano pochi minuti e io mi sento come se stessi aspettando una ragazza sotto casa sua per portarla a fare un giro e finire in una zona appartata a baciarci sui sedili posteriori.

Solo che non l'ho mai fatto, quindi non so neanche come posso paragonare questa mia prima volta a qualcosa che non c'è mai stato prima. Ho avuto un paio di storie, ma non mi sono mai innamorato.

Ricordo ancora il mio primo bacio, dato in uno stanzino buio durante *Sette minuti in paradiso* a Opal, una ragazza dell'orfanotrofio. Ero giovane e inesperto, eppure neanche allora mi sono sentito stupido e fragile come adesso, mentre aspetto che Virginie esca da scuola.

Credo che, se dovessi baciare lei, sarebbe del tutto diverso.

Non fosse altro per i sensi di colpa che mi schiaccerebbero.

«Quindi, questa è la tua auto?»

La voce di Virginie mi fa sobbalzare e la sua espressione disgustata mi mette in imbarazzo. Perché, mentre lei fissa con ribrezzo il mostro giallo, io mi obbligo a distogliere lo sguardo, in ordine: dalla sua pancia scoperta, che continuo a ritenere inadatta a una giornata di scuola, dalle sue labbra smorfiose, dalle sue clavicole sottili, dalle dita affusolate appoggiate al mio finestrino e dai suoi occhi così particolari. Così guardo avanti, mentre lei fa il giro del pick-up e sale dalla parte del passeggero.

«*Sexy Mexy Boy?*» chiede con tono beffardo, riferendosi all'insegna sul tettuccio. Si piega e recupera una borraccia dallo zaino che ha piazzato tra le gambe, la spio con la coda dell'occhio mentre alza la cannuccia e se la mette in bocca. *Perfetto.* «Hai scelto apposta questo pick-up, perché hai bisogno di far sapere a tutti quanto sei figo?»

«Ti sembro il tipo?»

«Non so più che tipo sei» replica asciutta, rigirando ancora un po' il coltello nella piaga, ma poi prosegue: «In ogni caso, non hai bisogno di scriverlo a caratteri cubitali. La tua presenza di stamattina ha messo in subbuglio le mie compagne. Mi hanno chiesto se sei single, se sei innamorato, se farai un concerto in città, a chi ti ispiri per le tue rime, se ti ho mai visto nudo...»

Per poco non mi strozzo con la mia stessa saliva. «Che cosa?»

«Sto scherzando, zio. Non me l'hanno chiesto davvero. Sei diventato tutto rosso».

Ride per la prima volta da quando sono tornato a Red Oak e riempie l'abitacolo di leggerezza e giovinezza.

E io non smetto di pensare che una parte di me vorrebbe che potesse rispondere di sì a quella domanda.

«Perché sei ancora qui?» mi chiede a un tratto, tornando seria.

«Ho deciso di rimanere più a lungo del previsto. Farò avanti e indietro da Philadelphia. Avevi ragione, sono stato troppo lontano dalla mia famiglia».

Non la guardo mentre la riempio di verità parziali.

«Quanto più a lungo?»

«Non so quantificare».

Fa una smorfia caustica che registro con la coda dell'occhio. Non è convinta della mia risposta.

'Vee, posso essere onesto? Non ne sono convinto neppure io'.

Capitolo 10

Virginie

Okay, in teoria mio zio che mi viene a prendere a scuola come se fosse il mio fidanzato è un sogno che si avvera. Ma nella pratica è una sottospecie di incubo.

In primo luogo perché si è fatto trovare su un pick-up giallo fluorescente con una scritta imbarazzante.

Poi perché ha attratto l'attenzione di tutti i miei compagni, anzi delle mie compagne, alle quali credo che dovrò cavare gli occhi perché la smettano di fissarlo e asportare la lingua perché non facciano più domande inopportune.

E infine perché, con maggiore lucidità, ho messo a fuoco la situazione.

Ci ho rimuginato a lungo durante le lezioni, mentre mi trattenevo dal mettere in pratica i miei istinti più beceri: forse mio padre si è lamentato di me con Israel e lo zio ha deciso di rimanere qui per controllarmi, come se fossi una bambina piccola, come se scegliere di fare un viaggio a mezz'ora da questa cittadina, a diciotto anni, fosse il male assoluto. Come se mentire fosse un vezzo e non una necessità, quando si è chiusi in gabbia.

Anche se è dorata.

Ecco, ora hanno deciso di rendere quella gabbia ancora più luccicante.

Papà sa quanto fossi affezionata allo zio e quanto mi mancasse, ma non si è reso conto che è passato molto tempo e le cose sono cambiate, e anche parecchio. Se solo sapesse cosa provo veramente per Israel, non credo che gli avrebbe chiesto di farmi da governante, di passare con me tutto questo tempo, di ricordarmi ogni momento della vita che passo fuori da scuola quanto, per me, esista solo lui, come uomo.

Ci ho provato a farmi piacere un altro.

Lucas.

All'inizio dell'anno mi ha invitato al cinema, poi a una partita dei Lions, ed è stato dolcissimo, a ogni punto segnato mi ha cercata sugli spalti con i suoi bellissimi occhi chiari, facendomi un cenno d'intesa. Sono stata invidiata da mezza scuola per tutta la sera e, quando mi ha riaccompagnata dalle parti di casa mia, abbastanza lontani da non essere visti da mio papà, e ha cercato di baciarmi, ho lasciato che poggiasse la sua bocca sulla mia.

E ho pensato a Israel.

Mi sono chiesta se le sue labbra fossero altrettanto morbide o magari più corpose, se mi avrebbe accarezzato il collo allo stesso modo, se con lui mi sarei sentita curiosa o avrei perso la testa.

E ho capito che con Lucas non era cosa, anche se avrei voluto.

Gli ho spiegato la situazione a grandi linee, senza mai fare il nome di mio zio. Gli ho detto che sono innamorata, non ricambiata, e che continuare a baciarlo sarebbe stato prenderlo in giro. Così gli ho chiesto scusa e sono andata via, maledicendo la mia stessa maledizione, e cioè Israel Silver.

Alla fine, per fortuna, tra me e Lucas è rimasta una bella amicizia, visto che si è dimostrato sufficientemente maturo da non andare a dire stronzate in giro, tipo che con me era arrivato in terza base sui sedili posteriori: conosco parecchi ragazzi che lo avrebbero fatto, piccati nell'orgoglio.

Ma Lucas è uno dei buoni e io sono grata per la sua discrezione e per la sua maturità. Neppure Connor sa che ho una cotta per qualcuno, Lucas è l'unico.

Bevo un sorso d'acqua dalla mia borraccia, poi la rimetto a posto, tra i libri e i quaderni nello zaino.

Quando mi rialzo e punto lo sguardo oltre il cruscotto, vedo casa mia. Il breve viaggio, dopo un primo momento di ilarità, è stato piuttosto silenzioso ed è già terminato. Infatti, mio zio parcheggia sul lato della villetta e scende dall'auto. Io lo osservo, chiusa nell'abitacolo, e mi chiedo come cavolo farò a evitare di infilarmi in camera sua nuda e pregarlo di insegnarmi la vita, l'amore, il sesso, la felicità. Forse lui crede che io stia aspettando un gesto di galanteria perché viene verso il lato del passeggero, ma quando capisco la sua intenzione mi agito e apro la portiera prima che possa farlo lui.

Peccato che la mia foga si scontri direttamente con il suo naso e che, dieci minuti dopo, io sia chinata su di lui, sdraiato sul divano del salotto.

Si schiaccia un blocco di ghiaccio sulla faccia e la maglietta, sporca di sangue, si solleva scoprendo il lieve sentiero di peluria scura che finisce oltre il confine dei jeans. Non so se sentirmi in colpa per avergli quasi spaccato il setto nasale o continuare a immaginare ciò che sto fissando, protetta dal fatto che Israel ha gli occhi chiusi.

«Non l'ho fatto apposta» gemo.

«L'hai già detto venticinque volte, e ti ho risposto ogni volta che lo so. Stai tranquilla».

«Come faccio?»

Come faccio? Davvero, come posso stare serena con tutti questi sconvolgimenti nella mia vita? Io devo studiare, scrivere a Connor che lo batterò anche nella prossima verifica di inglese – l'unica materia in cui vado meglio di lui –, pensare al mio futuro lontano da qui... e non dovrei chiedermi se infilargli una mano nei pantaloni potrebbe lenire il dolore che io stessa gli ho procurato.

«Non è successo niente, Vee».

'Non ancora, zio, non ancora'.

E mentre sto quasi per fare la follia di dire quelle parole ad alta voce, suona il campanello ed entrambi sobbalziamo. Qui non viene mai nessuno. Chi cerca papà lo chiama al telefono e il postino lascia le lettere fuori, nella cassetta rossa.

Israel tenta di alzarsi, ma io gli piazzo una mano sul petto e lo costringo a stare sdraiato, per evitare che ricominci a sanguinare.

«Vado io» gli dico in tono deciso.

Mi dirigo alla porta e la apro.

«Buongiorno, sono Adam della American Airlines».

L'uomo di fronte a me non fa in tempo a terminare la frase che mio zio compare dietro di me, barcolla e mi finisce addosso, il suo torace contro la mia schiena, la mia lucidità che se ne va a puttane in tempo zero.

È corso qui perché ha capito che gli hanno riportato le valigie oppure per protezione?

Non ho il tempo di trovare una risposta: mio zio mi sposta dietro di lui e, con la mano libera, firma le carte e congeda il corriere della compagnia aerea. Poi prende uno dei borsoni e lo trasporta dentro. Fa lo stesso con il secondo, prima che possa aiutarlo, poi controlla che il tizio se ne sia andato e si richiude la porta alle spalle.

Sbuffo.

«Posso almeno aiutarti a portarli in camera tua?»

Lui alza le spalle e sale le scale, le dita della mano sinistra che premono il ghiaccio e quelle della destra avvolte alla maniglia del borsone più pesante. Io lo seguo, gli occhi fissi sui jeans che gli avvolgono il culo in modo perfetto. Sbuffo di nuovo, ma stavolta ce l'ho con me stessa.

Il fatto è che, quando sei presa da qualcuno, ogni dettaglio alimenta il fuoco che ti si agita dentro, e in questo momento ad agitarmi sono i jeans di mio padre che racchiudono le gambe magre e lunghe di Israel e il suo sedere appena accennato, tipico degli uomini longilinei.

Vorrei toccarglielo, arrivata all'ultimo gradino, ma riesco a trattenermi e poco dopo siamo in camera sua. Okay, è chiaro. Ho un problema.

E non è il fatto di essere innamorata di lui – o meglio, non solo –, ma il fatto che io non riesca a pensare ad altro se non a lui che mi fa cose e a me che gliene faccio altre, e a noi che ce ne facciamo a vicenda senza smettere un solo istante.

Il suo arrivo ha scoperchiato il vaso di Pandora della mia sessualità.

Un vaso che deve essersi riempito negli ultimi mesi senza che me ne rendessi conto, perché, santo cielo, io non ho mai avuto pensieri così ossessivi sullo spogliare un uomo, o sul farmi spogliare, o su tutto il resto.

Sono immagini confuse, sfocate, ma abbastanza intense da obbligarmi a sedere sul suo letto prima che le gambe mi cedano, tanto le sto tenendo strette.

«Quindi finalmente smetterai di indossare gli abiti di papà?»

«Mhmm, mhmm».

Israel tenta di fare tutto con una mano sola, ma sta combinando un disastro e rischia di sanguinare sui vestiti puliti.

«Siediti, faccio io».

Mi alzo e lo obbligo a invertire le posizioni, ma lui fa di più: si sdraia sul letto nello stesso modo 'accendi libido' che aveva poco prima sul divano. Tento di distrarmi aprendo il primo borsone e tirando fuori magliette, felpe, pantaloni della tuta, pantaloncini, scarpe da ginnastica. Tutto finisce nell'armadio a muro che sta vicino alla porta e che è vuoto da sempre. Seguo un ordine cromatico e, quando ho svuotato tutto il primo bagaglio, l'armadio sembra uscito da una rivista di design. Sono soddisfatta del mio lavoro, anche se Israel non vede niente. Piego il borsone e lo infilo in alto, sollevandomi sulle punte e arrivando all'ultimo ripiano con evidente fatica, facendo versi e saltelli.

«Devo aiutarti?»

«No, ce la faccio» rispondo col fiatone.

Attacco con il secondo e ultimo borsone, ma appena lo apro mi blocco.

In alto, sopra ad altre cose, c'è una foto. Il vetro è solcato da una crepa, ma il difetto non nasconde ciò che non volevo vedere: una ragazza bellissima, con i capelli sciolti, è abbarbicata sulla schiena di mio zio e gli avvolge i fianchi con gambe lunghe quasi quanto le sue. Ride, è felice, e così lo è lui, che la guarda con occhi innamorati.

Cazzo.

Non l'avevo davvero messo in conto: ha la ragazza. Una donna, a dire la verità.

Tutto quello che sentivo fino a un secondo fa – eccitazione, vicinanza, amore – viene spazzato via da un tornado di delusione e tristezza.

Forse è venuto qui per prepararci, per annunciarci che si sposa, anche se a papà aveva detto di no, qualche giorno fa.

Butto di malagrazia la foto sulla scrivania e Israel mi chiede se sia successo qualcosa.

'Tranquillo, mi si è solo spezzato il cuore, niente di cui valga la pena parlare'.

«Quelli della compagnia aerea hanno rotto il vetro della foto che ti sei intelligentemente portato dietro senza proteggerla».

«Ah».

È tutto quello che ha da dire? Ah?

Immagino che questa foto rappresenti la sua famiglia. La sua crew. Ce ne parlava tempo fa, ma non ricordo i loro nomi. Oltre alla tizia che è addosso a lui, ci sono un ragazzo ben piazzato, con lunghi capelli rasta e uno sguardo piuttosto stonato, e altri due uomini di colore: uno tiene in braccio l'altro che peserà la metà, ma, anche se hanno fisicità completamente diverse, sembra quasi di vedere la stessa persona prima e dopo un digiuno forzato.

Ecco qual è il vero posto di mio zio. Con loro.

Noi siamo stati dimenticati.

Sono sicura che a casa sua, a San Francisco, non abbia foto mie o di papà.

Mentre qui... qui ha dovuto per forza portarsi un ricordo di chi si è lasciato indietro. Buono a sapersi.

Prendo i suoi boxer e li butto appallottolati in un cassetto, stessa fine fanno le calze, mentre ficco il borsone a calci sul fondo dell'armadio.

«Tutto a posto?»

«Sì, zio. Buon riposo».

Il mio tono è sicuramente acido, ma non gli do il tempo di replicare, perché esco dalla stanza e filo in camera mia. Mi chiudo la porta alle spalle, mi lancio sul letto e soffoco un urlo nel cuscino.

Frustrazione, odio e invidia.

Li lascio fluire tra le trame della stoffa e poi giù, fino a infilarsi tra le piume, nella speranza che lì restino e non tornino a tormentarmi. Eppure, anche se butto fuori tutto, continuo a sentirmi arrabbiata e delusa.

Per cui prendo il cellulare, mando un messaggio, scendo le scale in punta di piedi e mi infilo le scarpe che ho lasciato all'ingresso. La finestra del salotto è aperta, la spalanco sempre quando torno a casa per arieggiare la stanza, così esco da lì, per non far sentire a mio zio che apro la porta.

Costeggio la casa e passo davanti a quella schifezza gialla con cui mi è venuto a prendere. Tiro un calcio alla ruota e poi un altro, più forte.

Mi volto verso il cottage di mio padre e alzo il dito medio verso la finestra di mio zio, poi comincio a correre nella foresta, seguendo la scorciatoia che ormai conosco a memoria. Mi lascio indietro tutto ciò che amo e che odio, perché ho bisogno di distacco. E se sto così al secondo giorno, non oso immaginare come saranno i prossimi.

'Ho deciso di rimanere più a lungo del previsto. Farò avanti e indietro da Philadelphia. Avevi ragione, sono stato troppo lontano dalla mia famiglia'.

'Non so quantificare' mi ha detto alla fine quando ho insistito per sapere cosa significasse 'più a lungo del previsto'.

Lui non sa quantificare e io non riesco a farmi una ragione del perché questa cosa debba capitare a me: sono una brava persona, sono una figlia obbediente – perlopiù –, sono gentile, non ho più una mamma, ho già pagato un prezzo piuttosto alto nella vita.

Perché mi viene messo a portata di mano il mio più grande desiderio e mi viene detto 'non puoi averlo'? Non bastava che non potessi averlo perché è mio zio? Non era sufficiente che stare con lui avrebbe fatto impazzire mio padre? O che Israel stesso non mi volesse?

Non era abbastanza?

No, certo. Facciamolo anche sposare con una donna bellissima e innamorata.

E facciamoglielo fare mentre dorme a mezzo metro da me.

Grazie, chiunque ci sia lassù, grazie infinite.

Arrivata a mille punti sfiga cosa vinco?

Un biglietto diretto per il Valhalla? Per il paradiso?

Cento vergini che mi aspettano in cielo?

«Hai una faccia poco rassicurante».

Come se potesse leggere tutti i pensieri che ho pestato passo dopo passo arrivando lì, Connor mi saluta così, seduto su una delle due altalene presenti. I bimbi piccoli sono già tornati a casa e il parchetto in cui venivo con mio zio è vuoto, tutto per noi.

«Grazie per essere venuto».

«Hai scritto che avevi bisogno di me e sono qui».

«Misty?»

«È rimasta al maniero ad aiutare Miss Claire per la cena. È la sua punizione».

«Cos'ha fatto stavolta?»

Connor scuote la testa e mi fa cenno di lasciar perdere, poi cambia discorso. «Hai portato a termine i compiti di letteratura inglese?»

«Non ancora».

«Dovresti farlo. Non vorrai prendere un voto più basso del mio».

«E non ne saresti felice?» gli chiedo. Mi siedo sul seggiolino vicino al suo, scalcio il terreno e smuovo l'altalena che comincia a oscillare.

«Mi piace vederti esultare quando prendi A+, Virginie. Dei voti non mi importa. Ciò che è certo è che nelle tesine prendi sempre più di me. Pare che io sia troppo *accademico* e poco *sentito*. Non so cosa intendano ma, in ogni caso, più tu ti distrai, peggio sarà per te» dice senza alcuna emozione, ma io non ci credo che dentro non abbia un mondo emotivo più grande di tanti altri. Non avrebbe detto, altrimenti, che gli piace quando sono così competitiva.

Negli ultimi mesi è più silenzioso del solito. L'arrivo di Misty l'ha un po' scombussolato, facendolo uscire dai suoi schemi, ma quando lei non c'è torna a essere la persona controllata di sempre. Lui neanche si accorge delle tizie che gli girano intorno, di quelle che sospirano quando passa e sognano che un giorno quel ragazzo alto e indifferente, con i capelli che sembrano sempre stropicciati da un bacio, le noti. Grazie al suo atteggiamento scostante ha molte spasimanti, tutte incredibilmente fedeli. Ce ne sono alcune che aspettano di essere viste dal primo giorno di scuola.

Sono come me con Israel.

Senza speranze.

«Comunque, non ho voglia di studiare, sono stufa. Vorrei essermi già diplomata, andare via, lasciarmi indietro questa cavolo di città».

«Tu sei fuori di testa».

Lui non vuole muoversi da qui. E ultimamente è persino arrabbiato per aver saltato un anno di scuola a causa dei suoi meriti. Qui non ci sono atenei universitari, perciò dovrà abbandonare l'unica casa che conosca, ciò che lo rende se stesso, secondo lui.

Tutto l'opposto di me.

Che voglio scoprire chi sono, mentre qui non ci riesco, incastrata in un ruolo che devo recitare alla perfezione, perché anche la più piccola deviazione dallo standard mette in allarme chiunque.

«Vieni con me».

«Dove?» mi chiede, fermo sull'altalena, mentre io ho cominciato a spingermi sempre più in alto, sempre più su, lontana, libera, senza più vincoli.

«Ovunque!» urlo nel vento, che io stessa provoco con il mio movimento.

Agita il capo, come se fossi matta, e non mi risponde. E io capisco che forse tra qualche mese sarò davvero libera, ma sarò anche sola. Più sola di quanto non sia mai stata in vita mia.

Così smetto di spingermi e torno sulla terraferma, mentre

il mio cuore continua a volare, perché è illuso e crede che sarò felice. Non accetta il pensiero che Israel appartenga a un'altra donna, che il mio migliore amico non abbia alcuna intenzione di condividere il suo futuro con me, che mio padre, prima o poi, si stuferà di darmi tutto se stesso.

«Perché sei così triste?» mi chiede Connor.

Io scuoto la testa, con i piedi sposto l'altalena verso di lui e gli appoggio la tempia sulla spalla.

«Virginie!»

Il mio nome viene pronunciato contemporaneamente da due voci.

Una è quasi rassegnata ai gesti affettuosi che non ama ricevere, l'altra è incazzata e proviene da un pick-up impossibile da non riconoscere.

«Non hai detto a tuo zio che venivi qui? Davvero? Di nuovo? Vuoi che qualcuno mi metta le mani addosso?»

E in effetti è quello che sembra Israel stia per fare quando scende dall'auto e viene verso di noi, con una camminata resa ancora più minacciosa dallo stato della sua faccia che sembra sia stata vittima di una rissa.

«Ciao, Connor, ci vediamo domani a scuola».

Mi alzo e vado incontro a mio zio, in modo da evitare che se la prenda col mio migliore amico, anche se mio zio non mi sembra il tipo da fare a botte con qualcuno.

«Che cavolo, Virginie! Era necessario uscire così? Per favore... tuo padre in questo periodo è piuttosto preoccupato per te, non puoi fare queste cose...»

«Queste cose... *cosa*? Ho diciotto anni, sono solo uscita di casa per venire al parco dei bambini senza mettere cartelli ovunque per la città. Wow, certo che sono proprio una ribelle! Che paura devono farvi le mie azioni sconsiderate!»

Lo supero con una spallata e vado verso il mostro giallo, ci salgo e aspetto che lui mi segua. Ma Israel prosegue verso Connor e gli dice qualcosa. Parlano per un po', la situazione non mi sembra preoccupante, entrambi hanno un'espressione tranquilla. Alla fine, il mio amico annuisce e gli stringe la mano.

Solo a quel punto mio zio viene verso di me e sale in macchina.

«Dimmi cosa vuoi».

«In che senso?»

«Facciamo un patto: tu fai la brava ed eviti queste stronzate, e io farò qualcosa per te».

'Amami. Dimmi che per qualche strana contingenza, in realtà, non sei mio zio. Diventa il mio uomo, lascia la tua fidanzata, portami via da qui e... be', sì, amami'.

«Portami via da qui». Dico l'unica cosa che posso chiedere ad alta voce.

«Okay» risponde, poi mette in moto e guida fino a casa. Non appena toglie le chiavi dal quadro, deve leggermi la delusione addosso, poiché, prima che io scenda, aggiunge: «Ero sincero, farò quello che mi hai chiesto».

«Quando?» gli domando con rinnovata speranza.

«Presto».

Ed è l'ultima parola che mi rivolge fino a quando mio padre torna per cena, perché quando superiamo la porta Israel si va a chiudere in camera sua e non ne esce più.

Capitolo 11

Israel

Quattro giorni che sono a Red Oak Town e non ho combinato niente. Il brano che dovrei presentare a Veronica? Un grande, enorme nulla di fatto.

In compenso ho ascoltato podcast su come trattare gli adolescenti e ho capito che devo mettermi nei panni di Virginie, evitare il conflitto, concedere piccole libertà per cementare la sua autostima, riconoscere che non è più una bambina e che ora ha un carattere e dei sogni che possono essere differenti dai miei.

Insomma, mi faccio domande da adulto mentre sento pulsioni da ragazzino.

Levi sta approfittando della mia presenza per lavorare il doppio, così dice, ma non è *tutta* la verità, secondo me. E fa bene. Ha sacrificato la sua giovinezza per amore senza pretendere mai niente per sé, votando la sua vita a sua figlia, costringendosi a una solitudine innaturale per il suo animo nato per la condivisione.

Non è stato facile per me arrivare qui e prendermi sulle spalle alcune delle sue responsabilità, ma ancora meno semplici devono essere stati questi diciotto anni per lui e, se posso concedergli un po' del respiro che merita, lo faccio in silenzio, con le cuffie nelle orecchie e voci esperte che mi spiegano come entrare in relazione con Virginie senza compromettere il fragile equilibrio ormonale e psicologico della sua età.

Al momento, a parte evitarla in casa e cercarla fuori, sono in conflitto persino con me stesso, figurarsi se posso davvero essere d'aiuto a lei, eppure qualcosa mi devo inventare.

'Portami via da qui' mi ha detto e io non l'ho dimenticato.

Quante ragazze della sua età possono dire di non essere mai state fuori dalla propria città?

Be', *quasi* mai.

Perché *Connor*, che per inciso lei sente ogni giorno nonostante passino tutte quelle ore insieme a scuola, l'ha portata a Philadelphia di nascosto da tutti, *lui*. Le ha dato ciò che voleva, l'ha accontentata. E non voglio che sia Connor quello che la rende felice, anche se mi è sembrato un bravo ragazzo e mi ha promesso di avvisarmi se Virginie dovesse fare colpi di testa. In ogni caso lui, come tutto il resto del mondo, rimane una minaccia e io terrò gli occhi aperti.

Siamo noi la sua famiglia, la sua felicità è una nostra responsabilità.

«Levi...»

«Dimmi, *bro*».

Mio fratello, dall'altra parte del telefono, ha il fiatone. O sta sistemando un giardino o si sta divertendo più di quanto farò io nei prossimi mesi. Per essere uno che non è mai stato ossessionato dal sesso, ultimamente ci penso più di quanto abbia mai fatto. Non sono immagini dettagliate, solo la voglia di assaggiare la sua pelle, di farlo mentre le mie voci si spengono.

«Domani vorrei portare Virginie a Philly».

«Non credo che...»

«Ci sono io, non la espongo, lo sai».

«Ne sei sicuro? Basta una cazzata e...»

In sottofondo sento la voce di una donna, quindi il suo fiatone assume un senso più chiaro. Non lo giudico, non mi sento usato, ha diritto di rubare del tempo per sé. Io, nella mia mente, rubo qualcosa di molto più prezioso.

«Non ti devi preoccupare, non la metterei mai in pericolo».

«Lo so. Okay, allora va bene».

«Tu approfittane per...»

«Per...?»

Sorrido. «Per riposarti, per recuperare un po' di lavoro arretrato».

«Sì, certo, lo farò. Ci vediamo a cena».

«Ti aspettiamo».

'Lo faccio per lei' mi convinco. E continuo a raccontarmi questa bugia quando la vado a prendere a scuola, quando rientriamo in casa e stiamo ognuno chiuso nella propria stanza, quando ceniamo insieme in silenzio, da soli, visto che Levi deve concludere *alcune pratiche*, mentre lei lava i piatti e io li asciugo, e quando torniamo nelle nostre camere e ci fermiamo in mezzo al corridoio, a guardarci.

«Domani mattina fatti trovare pronta per le otto» le dico fissando il pavimento.

«Per cosa?»

«Vedrai».

Non le lascio fare altre domande, chiudo la sua porta e mi ci appoggio contro.

Che fatica, cazzo, che fatica!

Io credo che sia questa casa, stare in un'intimità che sprona a una vicinanza scorretta, che mi spinge – e io stupido che me lo concedo – a bussare alla sua stanza chiusa qualche minuto dopo.

Mi apre ed è già in pigiama, una cosetta leggera di cotone che le scivola addosso creando punti in cui aderisce al corpo e altri in cui si allarga nascondendola ai miei occhi. Se di solito non sono suscettibile ai corpi femminili, in questo istante vorrei scoprire cosa si prova a toccare la sua giovane carne, di cosa profumi, che gusto abbia. Vorrei ricreare le forme che non vedo e delineare meglio quelle più esposte. Come fanno le persone normali a convivere con questo tipo di desideri senza impazzire?

«Dovevi dirmi qualcosa?»

Distolgo l'attenzione, spero che i miei pensieri non siano troppo trasparenti e cerco di ricordare il motivo che mi ha spinto fino a lì, quello sensato e credibile, non la voglia di starle vicino e lontano allo stesso tempo, non la solitudine che provo qui con la mia famiglia, qualcosa che non ho mai provato a San Francisco con la mia crew, non le pulsioni impure e scorrette.

«Quindi?»

«Scarpe da ginnastica, abbigliamento comodo e cappellino».

Mi allontano e lei mi blocca tirandomi la maglietta.

«Non mi dici cosa dobbiamo fare?» Parla alla mia schiena ed è troppo vicina. E siamo troppo soli.

Mi volto appena, solo con la testa, per cercare i suoi occhi e rassicurarla. Il casino è che il suo sguardo è uno dei miei problemi, uno dei più grossi, insieme alla curva del suo collo, alla pelle lattea, alle ombre che creano le sue clavicole, alle sue mani delicate e a volte sporche di colore.

«Ti porto via da qui» le dico, e nella mia voce sento una promessa ben diversa da quella che posso offrirle. Perché vorrei davvero portarla via, chiuderla in un posto dove nessuno ci conosce e scoprire perché mi sento così con lei, scoprirlo fino a quando non abbiamo più fiato e siamo diventati una persona sola, fino a quando queste emozioni perderanno intensità e potrò tornare a essere chi ero: Israel, quello che non crea problemi. Un finto *Issue* per una vecchia vita che ora mi sembra finta.

«Torneremo in tempo per il ballo?» mi chiede.

Il ballo? Perché non me ne ha parlato?

«Con chi ci vai?»

«Con Connor. Viene a prendermi per le otto. Sarò pronta in tempo?»

Connor, certo. Domanda stupida.

«Tu ci tieni ad andarci?» le chiedo, provando a non lasciar trasparire ciò che penso.

Fa spallucce, minimizza. Ma quale ragazza della sua età non smania all'idea di partecipare al ballo di fine anno? E quale zio responsabile proverebbe il desiderio che mi sta serpeggiando nelle vene di impedirglielo, inventando qualche scusa?

«Ti riporterò a casa in tempo per prepararti».

Il suo volto si illumina e io mi giro perché c'è troppa ingenuità nel suo entusiasmo: non si rende conto che vorrei strapparle via quella leggerezza e darle un po' del peso che mi porto addosso da quando sono tornato qui.

Ma lei è giovane e pulita e non capisce i miei errori, non percepisce il mio conflitto, così la sua felicità mi dà il colpo di grazia quando la spinge ad abbracciarmi da dietro.

«Grazie» sussurra. È un soffio che scalda e ghiaccia la mia spina dorsale prima di lasciarla orfana di un contatto desiderato e detestato allo stesso tempo.

Perché si può arrivare a odiare ciò che ti viene offerto, quando sai che sei obbligato a rifiutarlo.

Una volta staccati è lei a svanire dal corridoio, lasciandosi dietro solo il rumore della serratura che si chiude.

Rimango in piedi per un tempo che non riesco a quantificare, ascolto i rumori che provengono dalla sua camera: notifiche del cellulare che mi fanno innervosire, una risatina eccitata che mi fa impazzire, musica alta – e le canzoni non sono le mie –, infine il silenzio. Con Virginie sempre alle spalle faccio i due passi che mi dividono dalla mia stanza, ignoro il computer e il telefono e mi butto sul letto, pronto a raggiungerla e a spiarla anche nel mondo dei sogni.

E lo farei, se solo fosse possibile.

Ma visto che non lo è, passo sveglio gran parte della notte. Mi alzo all'alba però, forte dell'autoconvinzione che, se starò lontano da questa casa un giorno intero, se saremo in mezzo alla gente dove nessuno ci conosce ma tutti sono testimoni, questo basterà a bloccare qualsiasi eventuale impulso.

Così mi faccio la doccia sereno, mi asciugo i capelli notando che è ora di dare una ripassata al colore ed esco dal bagno con l'asciugamano legato in vita.

È questo il momento in cui tutta la mia convinzione svanisce, perché a un centimetro da me c'è Virginie col suo cazzo di pigiama, il viso stropicciato e i capelli arruffati. Se togliamo il pigiama, è proprio come immagino si alzerebbe dal mio letto dopo una notte di sesso, e il mio, di sesso, a questo pensiero si agita. Poi penso a come sarà vestita quando andrà al ballo e la situazione si fa più complicata.

Se faccio un passo avanti e lei non si sposta, la tocco. Opzione vietata.

Se rimango qui e non mi tolgo dalla testa certe immagini, non sarà possibile nascondere l'effetto che mi fa.

Non me lo posso permettere.

«Ehm» dico, la gola secca e il sangue che defluisce dalle parti alte del mio corpo per accumularsi altrove.

«Scusa» risponde e si sposta di poco, nello stesso istante in cui mio fratello esce dalla sua stanza.

Non ho mai vissuto un momento così imbarazzante prima d'ora, ma mentre mi infilo in camera mia e chiudo la porta alle mie spalle, tenendola bloccata con la coscia come se qualcuno potesse decidere di venire a controllare la mia situazione dalla vita in giù, ringrazio di avere a che fare con due persone quantomeno distratte.

'È la casa' mi ripeto.

È la casa. Fuori sarà meglio.

Così mi vesto in un baleno ed esco, senza fare colazione.

Mi siedo su un ciocco di legno e aspetto, respirando aria pulita e scacciando le tensioni. Oggi butterò fuori tutto, da domani mi concentrerò sulla scrittura e dimenticherò ognuna di queste stronzate malate che mi invadono il cervello.

E non solo.

«Sono pronta».

Osservo mia nipote, mio fratello che la segue subito dietro e mi chiedo che cavolo sto facendo. Lei è bellissima, indossa una tuta bianco latte con una striscia azzurra laterale. I pantaloni le arrivano sopra l'ombelico e sono stretti in un fiocchetto lezioso; la felpa leggera, invece, sembra tagliata a metà e le copre giusto il seno. In mezzo, un lembo di pelle capace di turbarmi.

Mi alzo, gli occhi a terra per non incrociare quelli di mio fratello, che sarà anche distratto da se stesso e pieno di fiducia in me, ma non è stupido e non voglio mostrargli la mia vergogna. Mi avvicino a loro, prendo il cappellino che Virginie tiene tra le dita e glielo calco bene in testa, cercando di nascondere il più possibile la sua chioma così particolare.

«State attenti».

«Me ne occupo io, *bro*».

Levi bacia la testa di sua figlia e mi porge il pugno da battere.

Ricambio senza entusiasmo, con tanti sensi di colpa, poi faccio cenno a Virginie di precedermi in macchina e la seguo a ruota, affiancandola sul sedile del guidatore.

«Mi raccomando!» urla ancora mio fratello, agitando la mano. Gli rispondo strombazzando, mi infilo gli occhiali da sole e mi presso sulla testa un cappellino simile a quello di Virginie.

«Ora me lo dici dove andiamo?»

«Non ti esaltare troppo. Solo un giro a Philadelphia».

Lei strilla di felicità e io smorzo il suo entusiasmo. «Ci sono delle regole».

«Tutto quello che vuoi».

Certo. *Tutto quello che voglio.*

Espiro lentamente, poi, con gli occhi sulla strada e il braccio sinistro piegato tra il finestrino e il volante, alzo la destra e conto sulle dita.

«Uno: devi ascoltarmi. Sempre». Sollevo l'indice. «Due: non ti devi allontanare».

«Vuoi mettermi il guinzaglio?»

Vorrei una pillola che mi proibisca di creare immagini concrete a partire dalle sue risposte metaforiche.

«Tre» alzo anche il medio, «non devi mostrare i tuoi capelli».

«I capelli? Perché?»

«Quattro» mi affretto a evitare la questione, «niente domande. Goditi il tour, apprezza lo sforzo e fai la brava».

«La brava? Come le bambine di quattro anni?»

Si infila una gomma in bocca e l'abitacolo si riempie di profumo di fragola. Virginie si accomoda sul sedile, raccoglie le ginocchia al petto, appoggia i piedi sul cruscotto e mi fissa, facendo una bolla gigante che, quando esplode, le ricopre la faccia.

Scoppia a ridere e io, no, non ci vedo una bambina in lei. Forse non una donna, ma di sicuro non una creatura senza difese. Non la capisco più, mi sento sotto assedio, eppure sono certo che lei non abbia recepito il mio turbamento, che comunque, devo ammettere, è leggermente meno intenso di quando eravamo nel cottage pochi minuti fa.

«Metti il navigatore?» le chiedo e lei obbedisce, inserendo l'indirizzo che le fornisco.

Dalla parte sud di Red Oak Town alla zona nord di Philadelphia ci vuole poco più di mezz'ora, per cui è ancora mattina presto quando parcheggio vicino all'Hunting Park. L'auto che mi è stata data in prestito non passa inosservata neanche in una città così grande, per cui la mollo con sollievo a due passi dalla stazione della metropolitana: non voglio attirare l'attenzione su di me e quindi su Virginie. Nessuno sa che Iz the Issue è in città, Veronica non ha ancora confermato le voci. Io ho coperto i capelli e indosso gli occhiali da sole. Spero di confondermi tra la folla e i turisti insieme a lei, come se fossimo una coppia – *due parenti, Israel, due parenti* – che passeggia per Philly.

Virginie è ferma, gli occhi sgranati, si guarda intorno come se fosse la prima volta, ma io so che non lo è.

«Dove ti ha portata il tuo amico quando siete stati qui?» Glielo chiedo con finta indifferenza, e con la stessa finta indifferenza le prendo la mano e la tiro verso l'altro lato della strada per scendere le scale ed entrare nel sotterraneo della metro.

«Non avevamo molto tempo. Connor mi ha concesso un'ora di shopping e poi io l'ho seguito al vecchio Asylum, il Pennhurt, quello dalle parti del Bridge Saint Church. Eravamo così di corsa che non siamo neppure entrati, si è accontentato di qualche scatto all'esterno».

«In uno di quelli che ha postato c'eri anche tu» le dico con un tono di rimprovero che mi scappa dalla bocca senza che io lo voglia.

«Solo la mia mano» ripete facendo roteare gli occhi.

Pago i biglietti e la porto verso i tornelli.

«Ha altre foto in cui ci sei tu? A parte quella che ha messo sul social, intendo».

«Immagino di sì. Ma preferisce i soggetti immobil... Ehi!»

L'ho strattonata troppo forte e mi dico che è solo per non perdere il treno che sta passando. Il fastidio per l'intimità con la quale parla di lui non c'entra niente. La rabbia al pensiero che qualcuno possieda fotografie di Virginie nel suo cellulare, neanche.

Il vagone è pieno di gente, così la spingo verso un angolo e mi metto tra lei e il mondo. Lo spazio tra di noi è esiguo e lo sguardo che mi rivolge felice e grato. Mi mordo il labbro inferiore e tiro una pellicina fino a sentire il sapore del sangue.

Virginie mi dice qualcosa, ma il rumore della metro non mi consente di sentirla, così mi abbasso e le permetto di parlarmi all'orecchio. Che sia stata una mossa stupida lo intuisco solo pochi secondi dopo, quando la sua bocca mi sfiora il lobo e mi riempie di brividi.

«Non torturarti» sussurra.

'Troppo tardi, ragazzina, troppo tardi'.

Per fortuna raggiungiamo presto la fermata della Quinta Strada e possiamo uscire da quella bolgia infernale. Una volta tornati in superficie mi preoccupo di verificare che il suo cappellino sia a posto, che le ciocche chiare siano nascoste e mi fermo in una bancarella per turisti.

«Scegli».

Le indico degli occhiali da sole di pessima fattura, venduti a un prezzo esorbitante, e la invito a prendere quelli che preferisce. Mi lancia uno sguardo stupito e felice e torna bambina.

No, io non ce la faccio!

Fuori casa è meglio, ma è meglio ancora se smetto di fissarla.

Pago gli occhiali con la montatura bianca a forma di cuore che ha scelto e le faccio cenno di seguirmi, poi di stare al passo, ma sono presto costretto a rallentare, non perché sia pigra, ma tra la mia statura e la sua curiosità rischio di ritrovarmi a due isolati da lei.

L'itinerario che ho studiato ieri ci porta all'Independence Visitor Center, dove ci mettiamo in fila per visitare la Independence Hall e gli edifici dove fu firmata la Dichiarazione di indipendenza il 4 luglio del 1776.

«I miei compagni sono venuti qui in gita l'anno scorso, ma papà non mi ha dato il permesso». Non è triste, eppure nella sua voce c'è un velo di rassegnazione. «Connor mi ha parlato della Liberty Bell, non credevo sembrasse davvero così vecchia. Le sue foto non rendono».

«Dovresti dirglielo».

«Cosa?»

«Che fa delle foto di merda».

«Non dire così, è bravo!»

Sorride, mi colpisce la spalla con la mano aperta, poi la infila nell'incavo del gomito e mi prende a braccetto. Espiro lentamente col cuore in gola, ma non la respingo, non voglio deluderla. E non voglio che questo istante assurdo finisca.

Quando terminiamo il percorso guidato e usciamo dal Centro, il sole è caldo e abbiamo ancora tutto il giorno da passare insieme. Camminiamo nei dintorni e le mostro la casa di Betsy Ross, la sarta personale del generale Washington, colei che cucì la prima bandiera a stelle e strisce, e le racconto cose che in realtà ho solo letto, perché Philadelphia l'ho vissuta poco, proprio come lei. Pur abitando così vicino, sono state rare le mie incursioni nella grande città: studiavo, scrivevo, facevo da baby-sitter a mia nipote, davo una mano a Levi di tanto in tanto e stavo in orfanotrofio con i miei compagni.

Però è bello fingere di aver già vissuto cose che in realtà Virginie non sa che sto vivendo per la prima volta con lei.

Per esempio, non avevo mai visto dal vivo Elfreth's Alley, la strada storica con trentadue case d'epoca tra le più antiche degli Stati Uniti, né avevo mai mangiato un Philly cheesesteak al Reading Terminal Market. Però, quando porgo trentacinque dollari al tizio indiano e prendo i panini e le bibite, devo sembrare uno che ne ha viste di cotte e di crude.

Virginie crede a ogni mia bugia, rendendo troppo facile rifilargliene una dopo l'altra. È quasi come se le volesse.

'Tienile, sono tutte tue, come le cose che non ti dico'.

Mangiamo seduti su un muretto, i bicchieri appoggiati in mezzo a noi e il panino enorme che facciamo fatica entrambi a gestire, pieno di manzo succulento e formaggio filante. Avrei dovuto assaggiarlo prima, perché è il cibo degli dèi e Virginie concorda con mugolii estasiati e terribilmente erotici.

Quando butta giù l'ultimo boccone e si succhia le dita a una a una per pulirle, mi parte in testa l'immagine di me che mando all'aria tutta la mia vita e la tiro in un vicolo per farla mia. Per evitare di cedere ai miei più bassi istinti, istinti di cui mi vergogno, trangugio la Coca-Cola e mi alzo in piedi.

«Sei pronta? Il giro non è finito».

Virginie scende dal muretto e butta le cartacce nel bidone lì vicino, poi viene verso di me e prende i miei rifiuti per fare lo stesso. Solo che mi sfiora la pelle e io faccio letteralmente un salto all'indietro. Lei inclina la testa e mi chiede: «Tutto bene?»

«Sì, certo. Ma dobbiamo muoverci se vogliamo vedere tutto».

Si sbarazza dell'immondizia, tira fuori dallo zainetto un gel per le mani e se le pulisce.

«Andiamo allora».

Il pomeriggio lo passiamo al LOVE Park, dalle parti di Penn Square. Mi piazza in mano il suo cellulare e mi convince a scattarle una serie di fotografie sotto la AMOR Sculpture, con la scusa di poterle utilizzare per nuovi autoritratti.

L'ultima tappa del percorso che ho programmato ci porta al 1650 di Market Street. Al pianterreno ci accolgono due piedi enormi le cui gambe toccano il soffitto e al secondo piano una receptionist molto gentile alla quale allungo la carta di credito. Da lì prendiamo l'ascensore che ci fa volare fino al cinquantasettesimo piano del grattacielo più alto della città, dove troviamo la testa di Benjamin Franklin. Si dice che l'altezza della sua statua rappresenti la sua elevata caratura morale, in ogni caso oggi è la prima volta che mi rendo conto di quanto sia patriottica Philadelphia.

Virginie corre verso il vetro che affaccia sul Market Street Bridge e ci si appiccica contro, ignorando gli altri presenti e le poltroncine. La raggiungo e rimango dietro di lei, osservando il panorama oltre la sua testa. Il sole sta scendendo e il cielo comincia ad assumere sfumature aranciate.

«Vorrei poter disegnare questo tramonto, per non dimenticare mai questo momento».

«Una foto?»

«Non sarebbe la stessa cosa».

«Pensavo girassi sempre con matita e fogli».

Si volta verso di me, fa cenno al piccolo zainetto che porta sulle spalle e mi regala una smorfia dispiaciuta.

«Di solito me li porto dietro, ma oggi...»

«Oggi...?»

«Volevo concentrarmi sulla vita vera, non credevo che avrei avuto il tempo o la voglia di fare altro che guardare il mondo».

«E ora invece ti penti».

«Non di essere qui con te».

Appena mi sembra di essere al riparo, protetto da una tregua, lei tira delle stoccate fatte di voce, sguardi, labbra...

«Però dovremmo andare, o farai tardi al ballo» le dico, e la mia è insieme una preghiera di non continuare questa cosa e allo stesso tempo di non farla finire mai.

«Potrei avvisare Connor di trovarci direttamente a scuola...»

«Sei sicura?»

«Al cento per cento» mi risponde, senza mai sganciare gli occhi dai miei.

La osservo e mi dico che devo trovare il modo di ripagare quello sguardo, in cui mi perdo, in cui trovo il mio silenzio.

«Arrivo subito».

Mi assicuro che lei torni a fissare il panorama e che intorno non ci sia nessuno che potrebbe darle fastidio. Le infilo una ciocca sfuggita dalla costrizione del cappello nella parte posteriore e mi allontano da lei.

Chiedo a una delle guide se può farmi un favore e scompaio per cinque minuti con una ragazza in divisa. Quando torno, vedo che Virginie si è seduta per terra con le gambe incrociate ed è incantata a guardare gli ultimi raggi di sole che illuminano il cielo. Mi siedo vicino a lei e le passo un bloc-notes e quattro matite di pessima qualità, una nera, una gialla, una rossa e una blu, le uniche che la guida è riuscita a recuperare.

Non la guardo mentre prende dalle mie mani il prezioso bottino ma, quando china la testa e comincia a grattare il foglio con la mina più scura, rimango ipnotizzato dal modo in cui traccia linee che sembrano incerte e invece si trasformano sotto i miei occhi. Lei non fa pause, non controlla se ciò che sta disegnando è coerente con il tramonto che si spegne lasciando spazio alle luci della città, continua a sfumare con i polpastrelli, ripassare contorni, levigare spigoli.

Quando finisce, fuori non è rimasto alcun ricordo del sole, ma tra le sue mani è impressa l'ultima cosa che ha visto prima di portare lo sguardo sul bloc-notes, ed è perfetta, nonostante avesse tra le dita degli strumenti terribili.

Ha talento.

Ed è bellissima.

E siamo rimasti soli.

«È ora di tornare a casa, se non vuoi perderti quello che resta del ballo».

«Grazie, Israel. È stata una giornata stupenda».

«Non mi odi più?» le chiedo sorridendo.

Lei replica il mio sorriso. «Per oggi no».

Appoggia la testa sulla mia spalla e sospira, guardando lo skyline di Philadelphia.

Le concedo qualche minuto così, poi la esorto ad alzarsi e chiamo la guida perché ci riporti a terra. Camminiamo in silenzio per le strade di Philly fino alla più vicina fermata della metropolitana che, a quest'ora, è quasi vuota. Me la tengo comunque vicina, perché a nessuno venga in mente di importunarla, perché è mio dovere proteggerla, perché, anche se vorrei tanto non averla rivista, con la stessa forza sento la necessità di stringermela addosso. Scendiamo alla Erie Station e percorriamo la Old York Road per arrivare all'Hunting Park. A metà strada mi fermo e le mostro un grattacielo.

«Lì c'è la sede della casa discografica».

Virginie alza la testa e segue il profilo del palazzo.

«È la tua grande occasione?»

«La nostra. Mia e della crew».

«E della tua ragazza».

Mi giro verso di lei con uno sguardo confuso, nascosto dagli occhiali da sole che non ho mai tolto, nonostante lei abbia appeso i suoi al colletto della felpa mentre disegnava. Forse dovrei dirle che non ho una ragazza: non l'avevo prima che mi sentivo libero, di sicuro non l'ho adesso che sono vinto da questa irresponsabile ossessione.

Sfilo gli occhiali, mi tolgo il cappello e apro la bocca.

Che si richiude all'istante al suono del mio nome urlato nel bel mezzo della città, impossibile da ignorare. Mi sento sbugiardato, spaventato e con le spalle al muro, finché due labbra non si posano sul mio collo e due braccia non accerchiano il mio torace. Il profumo che riconosco è un effluvio che scioglie ogni tensione dal mio corpo.

«Veronica? Cosa ci fai qui?»

Capitolo 12

Virginie

Philadelphia, aprile 2022

Ci sono giornate che sembrano esistere solo per farti capire che forma può assumere la felicità. Per poi sottrartela con un bacio sul collo e un abbraccio che ti vengono rubati, perché niente mi toglie dalla testa che dovrei essere io quella che sfiora la pelle di Israel con le labbra e stringe il suo corpo tra le mani.

Non Veronica.

La sua ragazza.

O forse la sua fidanzata.

A cui lui mi presenta, chiaramente a disagio, come *sua nipote.*

Chino la testa per non guardare la bellezza dolorosa dell'altra donna e muovo le punte delle scarpe mentre loro parlano come se non ci fossi.

«Perché cazzo non rispondi al telefono, idiota?»

Gli rivolge parole volgari, ma non smette di stringerlo e di guardarlo come se fosse la cosa più bella del mondo. Perché lo è. È innegabile.

«L'ho lasciato a casa, era scarico da un po'».

«Infatti è da ieri sera che ti cerco, volevo avvisarti che saremmo arrivati oggi. La casa è pronta. Abbiamo già portato lì tutta la roba – è un loft bellissimo –, ma volevamo vedere il posto dove si realizzeranno i nostri sogni».

«Dove sono gli altri?» chiede Israel e per la prima volta mi accorgo di quanto la sua voce sia diversa quando si rivolge al resto del mondo. Solida, decisa, morbida ma intensa. Niente imbarazzi, niente tentennamenti, nessuna sfumatura di condiscendenza.

È un leader silenzioso e determinato.

E io sono la nipotina che ha portato a Disney World per comprarle lo zucchero filato: un peso, un dovere, una noia.

Vorrei che ci fosse un teletrasporto per tornare nella mia stanza e dimenticare quanto sono stata stupida a pensare che tra me e l'uomo che ho di fronte, e che non mi guarda più, potesse esserci qualcosa. Del ballo, ora, non mi frega più niente. La mia autostima è a pezzi e non riuscirei a sentirmi bella neppure dopo un makeover professionale.

Ho frainteso i suoi sguardi, oggi. Ho interpretato il suo istinto di protezione come una scintilla d'amore. Ho creduto che quella fiammella, che ho sentito quando mi ha portato i fogli che ora sono piegati nel mio zainetto, potesse un giorno diventare un incendio.

E invece a bruciarmi sono solo io.

«Ecco il nostro Iz!»

Da una traversa spuntano tre ragazzi che avranno approssimativamente l'età di mio zio. Sono gli stessi che ho visto nella foto.

Il primo, Charlie, mi prende la mano e la bacia con un inchino, presentandosi come il fonico del gruppo, colui senza il quale «niente di tutto questo sarebbe possibile», parole sue.

A seguire arriva Seven. Sostiene di essere il gemello di Charlie, cosa che potrebbe anche sembrarmi credibile guardando i loro occhi, ma mi risulta piuttosto difficile da accettare considerando l'estrema diversità dei loro corpi.

Infine, un po' defilato, con un cenno veloce della mano, mi saluta un tizio che dice di chiamarsi Bratz. È alto come mio zio ma ha i rasta lunghi e gli occhi scuri, penetranti, che mi scrutano e mi fanno sentire esposta, almeno finché Israel non si stacca dal gruppo e viene verso di me.

«Noi andiamo» dice e mi afferra il gomito.

Non mi prende per mano, come ha fatto per quasi tutto il giorno quando doveva indirizzarmi. No. Di fronte alla sua ragazza mi prende per un braccio. È delicato, ma in quel gesto io ci muoio.

«Non esiste» dice Bratz.

Veronica gli dà manforte. «Ordiniamo cinese e mangiamo tutti insieme al loft. È a due isolati da qui. Vedrai, Iz, è fantastico e le camere da letto sono una bomba».

«Io non... Virginie deve...» Mio zio non fa in tempo a replicare che i suoi amici ci accerchiano e ci spingono vociando verso l'appartamento che si trova nel palazzo di fronte al parco, dove abbiamo parcheggiato e dove il pick-up giallo spicca come un pugno in un occhio. Vorrei salirci sopra e scappare da qui, ma non so guidare e le chiavi le ha lui, per cui mi rassegno. Li seguo in un montacarichi privato che si aziona con una chiave e che porta all'ultimo piano. Si apre su un salotto che definire enorme e caotico è riduttivo. Credo sia grande come tutta casa nostra ed è pieno di materiale tecnico: computer, schermi, marchingegni che presumo siano consolle da dj, cuffie, cavi.

Sulla sinistra c'è una cucina a vista, mentre a destra c'è una rampa di scale che porta al piano di sopra e che sovrasta un bagno con la porta spalancata. Seven ci entra e se la chiude alle spalle.

«Vieni, Iz, ti mostro le camere».

Veronica afferra le dita di mio zio, le intreccia con le sue e lo trascina su per i gradini, fino a scomparire. Rimango sola con Charlie, che sta approntando un ordine su una app di delivery food, e Bratz, che mi osserva da lontano, appoggiato a una delle finestre.

Ma soprattutto rimango sola con i miei pensieri che convergono tutti sulla mia stupidità e sulla gelosia crescente, perché, diciamocelo, è chiaro che quei due, là sopra, non stanno misurando la planimetria. Stringo lo zainetto nel quale è rinchiuso il ricordo della mia ingenuità e mi viene da piangere.

«Tutto bene, ragazzina?»

È Bratz a parlare, perché Charlie ci ha lasciati soli ed è entrato in bagno dal fratello che gli sta urlando qualcosa come: «Hai mai sentito parlare di privacy?»

«Sì, certo» sussurro imbarazzata, tutto l'opposto dell'enfasi con cui mi risponde lui.

«Togliti il cappello, non vorrai stare tutta la sera in piedi con lo zaino in mano! Puoi sederti e rilassarti, vuoi qualcosa da bere?»

Scuoto la testa e mi guardo in giro: tutte le sedie e le poltrone del salotto sono ricoperte di oggetti, borsoni, maglie. Per cui rimango ferma, ma accetto il suo consiglio e libero finalmente i capelli dalla costrizione che li nasconde da stamattina.

È un sollievo, ma ora capisco perché mio zio sia stato così attento a non farmeli scoprire: ormai gli abitanti di Red Oak Town si sono abituati alla mia diversità, ma lo sguardo che mi rivolgono Bratz, Charlie e Seven, che sono usciti dal bagno insieme, mi fa capire che continuo a sembrare una stramba a chi non mi conosce.

«Wow! Che figata!» esclama il gemello magro.

«Sembrano i capelli di Iz, solo che tu hai anche le radici chiare» rincara il fratello.

«Hai mai pensato di fare qualche shooting fotografico o qualcosa del genere? Hai un aspetto particolare, questa roba adesso piace alle case di moda».

«Nessuno fa foto a nessuno».

Mio zio torna in salotto con un tono imperativo che non mi sarei aspettata da lui, soprattutto non dopo che è stato di sopra con la sua ragazza a fare chissà che cosa.

A dirle quanto la ama, a baciarla appassionatamente, a darle accesso al suo corpo.

Vaffanculo a lui!

«Tu conosci qualcuno che potrebbe essere interessato, Bratz?» gli chiedo, apposta.

«Non qui, ma a Frisco ho qualche amic...»

«Cosa non ti è chiaro, amico? Lei è *off-limits* sotto qualsiasi punto di vista. No foto, no contatti, non parlarle neanche».

«Iz, calmati».

Veronica in due falcate di quelle lunghe gambe lo raggiunge e lo quieta, con una sola mano sulla spalla.

Più la osservo e più capisco perché lui la ami: ha splendidi capelli, unghie laccate e super femminili, tacchi vertiginosi, un fisico da fotomodella e soprattutto... è una donna fatta e finita, in quel suo completo rosso fuoco.

Io, al confronto, sono un chewing gum slavato, preso da una confezione *cheap* di caramelle in svendita. Lei è una cazzo di Red velvet.

Chi mai sceglierebbe un confetto quando può avere tutta la torta?

Abbasso la testa e non mi accorgo neanche di Israel che mi si avvicina e mi strappa il cappellino dalla mano per rimettermelo in testa.

È un gesto brusco, il suo, molto diverso dalla gentilezza con cui mi ha trattata per tutto il giorno. È ovvio che non mi vorrebbe qui, forse non gli bastano quindici minuti con la sua ragazza, vorrebbe scoparsela tutta la notte, ma no, c'è la sua nipotina qui a rompergli le uova nel paniere.

Vorrei scomparire. E mi sto perdendo il ballo. E sono così depressa che nemmeno me ne frega. Mando un messaggio a Connor per avvisarlo che non sono in città e che non sarò presente all'evento di fine anno.

Connor: Mi hai salvato da una catastrofe. Ci vediamo lunedì.

«Iz, aggiungi quello che vuoi, così chiudo l'ordine. Ho una fame che non ci vedo».

«Certo, Charlie, hai mangiato due hot dog solo un'ora fa, è ovvio che tu abbia un buco nello stomaco».

«Seven, non rompermi il cazzo, okay? Ho fame. E di sicuro ce l'hanno anche gli altri».

A turno, infatti, si passano il cellulare per selezionare le portate, ma a me non viene consentito scegliere, mio zio decide per me. Per fortuna azzecca i miei gusti e, quando arriva il food rider e ci sediamo tutti sparpagliati per la stanza, gli spaghetti di soia alle verdure e i *gyoza* alla carne che mi ha preso sono così deliziosi da farmi dimenticare per un attimo la mia disperazione.

Sto in silenzio, guardo il piatto, cerco di non ascoltare ciò che si dicono e il modo intimo in cui lo fanno, ma le pochissime volte in cui Israel interviene, la sua voce mi colpisce. Siamo seduti lontanissimi, lui è vicino a Veronica che parla al suo posto, come se gli leggesse nel pensiero, e ogni volta che lo fa mi sento morire dentro.

Stupida, stupida ragazzina stupida.

Quel legame, la profondità della loro relazione... quello è amore, non ciò che provo io, che non riesco a capirlo neanche quando si esprime, figurarsi quando tace.

A un certo punto scoppiano a ridere e alzo lo sguardo. Non mi aspetto certo di scoprirlo a fissarmi, serio, pensieroso, a dispetto dei suoi amici che non smettono di sghignazzare felici. È uno sguardo tanto intenso che penso sia davvero arrabbiato per la mia presenza e mi sento in colpa per il disagio che evidentemente sta provando.

«Scusate, vado in bagno».

«Vai in quello al piano di sopra, Seven in questo ci è già tornato tre volte, lui e il suo metabolismo accelerato. Evitalo come la peste, fidati!»

Charlie aggiunge ilarità alla situazione già ridanciana ed è come buttare benzina sul fuoco. Solo mio zio non partecipa al clima goliardico e continua a guardarmi, almeno finché non lo supero per salire le scale e me lo lascio alle spalle.

Che fatica essere qui questa sera!

Non riesco neppure più a ricordare le emozioni che ho provato durante la giornata, sono state spazzate via dalla mia mente, sostituite da un senso di inutilità e delusione.

Sono delusa da me stessa, dalle mie stupide aspettative, dai miei sogni infantili. Dal mio cuore che, nonostante l'innegabilità di ciò che vedono i miei occhi, continua a credere possibile l'impossibile.

Percorro tutto il corridoio che affaccia alla mia destra sul salotto, dall'alto, e alla mia sinistra sulle varie camere da letto. In fondo c'è il bagno che chiudo a chiave per ergere un muro di distanza tra me e il ragazzo che non posso amare. Il mondo ha deciso di non lesinare sui motivi per i quali non posso farlo, come se non bastasse il fatto che è mio zio.

Nella mano stringo il cellulare; sono stata tutto il giorno fuori dai radar, ma ora sono triste e ho bisogno di un po' di supporto.

Virginie: Ciao, come va?

Lucas: Tutto a posto. Sei pronta? Noi siamo già qui al ballo, non vedo l'ora di sapere com'è il tuo vestito!

Quella dovrebbe essere la mia vita: io che esco con gente della mia età, nella mia città.

Lucas fraintende il mio silenzio.

Lucas: Prometto che non ti metterò le mani addosso, ma prima arrivi e meglio è, perché qualcuno ha portato l'alcol di nascosto e c'è anche qualche canna, non so fino a che punto sarò in grado di fare il bravo!

Virginie: Non sono a Red Oak.

Lucas: Impossibile, tu sei sempre a Red Oak.

Virginie: Non stasera.

Purtroppo. Ma non glielo dico.

Lucas: Dove sei? Vuoi che ti venga a prendere? Chiedo la macchina a mio padre, se sei nei paraggi.

Virginie: Sono a Philly. Ti ricordi quel ragazzo di cui ti ho parlato?

Lucas: Quello per colpa del quale non vuoi stare con me? E come me lo dimentico?

Virginie: Scemo!

Lucas: Sei con lui?

Virginie: Sì.

Lucas: Ti sta facendo sentire a disagio? Devo venire a spaccargli la faccia? Ti ha messo le mani addosso?

Mi affretto a rassicurarlo. Per fortuna non ho scritto a Connor, o avrebbe chiamato la Guardia Nazionale.

Virginie: No, nessuna mano. Anzi. Siamo con i suoi amici... e la sua ragazza.

Lucas: Che pezzo di merda. Senti, guarda il lato positivo. Ora puoi metterti con me.

Virginie: Scemo!

Lucas: La pianti di darmi dello scemo? Guarda che non tutti i giocatori di football sono stupidi.

Lucas mi fa sorridere per la prima volta nelle ultime due ore. Dovrei dargli davvero una possibilità, sforzarmi di dimenticare chi non mi vuole.

Virginie: Magari stasera mi passa questa cotta e ci riproviamo.

Lucas: Prometto che se uscirai con me mi comporterò come un perfetto cavaliere.

Virginie: Io non sono in grado di comportarmi come una dama, però.

Lucas: Tu vai bene così come sei e, se quell'idiota non lo capisce, peggio per lui e meglio per me.

Virginie: Grazie, Lucas. Avevo bisogno di sentirmi meno sola.

Espiro, guardandomi allo specchio. Slavata. Inutile. Speranzosa. Stupida me.

Qualcuno bussa alla porta e mi fa prendere un colpo.

«Un attimo».

Mi sciacquo la faccia, mi asciugo le mani, riaggiusto i capelli sfuggiti di lato e apro.

Di fronte a me, Israel.

«Torniamo a casa?» gli chiedo.

Ormai sono rassegnata e stanca, voglio solo chiudermi nella mia stanza e non uscirne più fino a lunedì mattina quando, ho deciso, mi alzerò prima che si sveglino gli altri per evitare che mio zio mi possa accompagnare.

«Ormai è tardi per il ballo, mi dispiace».

Faccio spallucce, non ci andrei neanche se potessi.

Poi lui mi spiazza, buttandomi addosso la ciliegina su questa torta fatta tutta di merda.

«Dormiamo qui».

«Non ho niente e non voglio» ribatto. Poi rettifico. «Papà non vuole».

«Lo avviso io. Puoi darmi il tuo telefono, per favore?»

«No, riportami a casa».

«È tardi, i miei amici insistono. Ti prego, non farla più pesante di quello che è».

Sono addirittura un peso per lui. Benissimo.

Gli sbatto il telefono in mano e una notifica suona. Vedo che la legge, fa una smorfia strana e mi lancia uno sguardo incazzato, ma non dice niente. Chiama mio padre e gli comunica che dormiremo nell'appartamento della crew. Gli dice di non preoccuparsi e che saremo di ritorno domattina appena svegli.

Gli suggerisce di godersi la notte da solo e poi mi restituisce il telefono.

«Rispondi al tuo amico Lucas».

La sua voce è uno schiaffo, ma è quando si gira e mi dà la schiena per allontanarsi che fa davvero male.

Lucas: Non vedo l'ora, principessa dei ghiacci.

'Almeno qualcuno mi considera di valore' penso mentre mi richiudo di nuovo in bagno. Ho deciso che starò qui fino a quando non sarà esattamente l'ora di andare a dormire, tanto passerò la notte in bianco pensando a Israel che fa sesso con la stangona.

Finché mio zio aveva una relazione ma non lo *vedevo*, potevo pensare a lui come a un essere asessuato dedito solo al lavoro, alle rime. A me, nei miei sogni migliori. E adesso, che invece ho chiaro davanti agli occhi ciò che sta per succedere, ho deciso che stare nascosta qui come una codarda è la strada migliore.

Ma tutti i nodi vengono al pettine, come si dice, e dopo mezz'ora è proprio la compagna di mio zio a bussare alla porta.

«Ehi, ragazza, dovrei lavarmi i denti, che ne dici di liberare il bagno?»

Sbuffo e le apro.

«Tuo zio ti aspetta nella prima stanza in fondo a destra».

«Grazie».

La sento dire «adolescenti» mentre mi supera. Me lo merito, probabilmente, visto il mio umore depresso. Mi dirigo verso la camera che mi ha indicato Veronica e ci trovo mio zio con una maglietta in mano, in piedi davanti a un letto poco più grande di quello in cui dormo a casa mia.

«Tieni, è di Veronica, è l'unica cosa che potrebbe starti».

Me la lancia, esce e mi lascia sola. Una condizione che conosco bene, ma che stasera mi fa male come mai prima d'ora.

Mi spoglio, piego i vestiti sulla sedia, tolgo il reggiseno imbottito che ho messo sperando di piacergli di più e indosso la maglietta. Inutile dire che mi arriva oltre il sedere e che mi sta larga. Inutile sottolineare che è *rosa*. Il colore che più detesto al mondo. Certo, io non ho le gambe lunghe di Veronica, né le sue tette perfettamente proporzionate, né il suo culo sodo e alto o la sua carnagione olivastra che con il rosa si sposa alla perfezione.

Mi piego per allineare le scarpe e sento la porta richiudersi alle mie spalle.

«Tirati su, ti si vedono le mutande».

«Cosa ci fai qui?» chiedo a mio zio che si è premurato di voltarsi per non guardarmi il culo. Io l'ho già coperto con la maglietta.

«Ci dormo».

«E la tua ragazza?»

«Chi?»

«Veronica, la tizia che è chiusa in bagno».

«Ha la stanza dalla parte opposta del corridoio».

«Non dormite insieme?»

«No».

Le sue risposte monosillabiche mi snervano e mi innervosisce pensare che forse ha rinunciato a una notte di sesso con lei per tenere d'occhio me. Non ho cinque anni, ma forse non merito neanche la fiducia che serve per lasciarmi da sola poche ore.

Incazzata, mi infilo sotto le lenzuola, ma lentamente mi rendo conto di una cosa: mio zio si sta spogliando e il suo prossimo passo sarà quello di raggiungermi qui, in questo letto che non credo sia progettato per dormirci in due.

Un sogno travestito da incubo.

Osservo i pantaloni che scivolano sui suoi fianchi, la felpa che abbandona il suo corpo finendo per terra, e la maglietta che scorre sulla sua schiena scoprendola per il mio sguardo.

Forse non è amore, ma io mi sento esplodere dentro, e se penso che tra pochi minuti quel corpo sarà vicino al mio e non potrò sfiorarlo, toccarlo, baciarlo, mi sembra d'essere finita all'inferno.

Perché dorme con me? Perché non va da chi lo ama e può soddisfarlo?

Perché mi deve torturare?

Domande senza risposte. Quelle me le devo tenere tra i denti.

Quando lo vedo avvicinarsi, mi volto sul fianco, per non dargli la possibilità di scorgere il turbamento sulla mia faccia. Sono triste. Sono eccitata. E non lo ero mai stata così tanto prima.

Sento il materasso che si abbassa sotto il suo peso e le lenzuola che si alzano per poi tornare al loro posto.

«Buonanotte» mi dice.

«Buonanotte» sussurro in risposta.

E poi aspetto di sentire il suo respiro che si fa pesante e lungo.

Ma non succede. Anzi, è sempre più sincopato. E lui si agita. Si mette a pancia in giù, ma immagino che abbia mezzo corpo fuori dal letto. Si gira sul fianco, dandomi la schiena. Prova a pancia in su, ma, anche se sono rannicchiata dalla mia parte, lui tutto non ci sta.

«Possiamo provare...?»

«Cosa?»

«Puoi mettere la testa sulla mia spalla, così riesco a recuperare un po' di spazio?»

Me lo sta sussurrando all'orecchio, appoggiato sul gomito e sporto verso di me. Non posso sopravvivere a questa notte. A questa sua richiesta.

Annuisco e alzo la testa. Sono rigida, ma lascio che infili il braccio sotto il mio collo, senza girarmi verso di lui. Ora sento il profumo della sua pelle, la mia schiena a contatto con il suo corpo e la voglia di allungare la mia mano per incastrare le dita con le sue.

Come sono belle... lunghe, forti, mie...

Vorrei che fossero mie.

«Grazie». Continua a sussurrare e peggiora la situazione. Percepisco tra le gambe qualcosa che non ho mai sentito con Lucas, forse è questo che mi frega. Come si rinuncia a queste sensazioni? Il vuoto che sento dentro non può colmarlo nessun altro. Solo lui.

«Sei tranquilla?»

Perché mi parla? Perché non dorme e mi lascia in pace con la mia ossessione?

Annuisco e sfrego il viso sul suo braccio.

Ha la pelle liscia e i muscoli compatti.

«Mi dispiace per il ballo, ma almeno è stata una bella giornata?»

Annuisco di nuovo. Cosa vuole che gli dica? È stata una bella giornata finché la tua fidanzata non ha distrutto i miei sogni d'amore?

Si volta su un fianco e ora è il suo torace ad appoggiarsi alla mia schiena, mentre la sua bocca è troppo vicina al mio orecchio, perché quando sussurra ancora mi riempie di brividi.

«Il tuo tramonto è stupendo».

«Grazie» gli rispondo e arrossisco, anche se lui non lo sa.

«Chi è Lucas?»

«Un amico». La mia voce non tradisce alcuna emozione. Sono sincera, anche se vorrei non esserlo.

«Come Connor?» indaga lui e io vorrei vederci dentro gelosia, interesse, ma non devo illudermi.

«Non proprio».

«Capisco» risponde, passandomi il braccio intorno alla vita. Poi mi stringe un po' di più. E il mio vuoto si fa più grande.

«Devi dormire, Vee».

«Sei tu che continui a parlare».

«Hai ragione».

Si accoccola con il naso tra i miei capelli, sento ogni suo respiro.

La sua mano che mi preme sulla pancia e non mi molla.

E il suo cuore che batte.

Chiudo gli occhi, li stringo forte.

Forse, se mi addormento proprio in questo momento, potrò sognare che tutto questo sia reale, che si evolva. Che lui mi baci e che mi possieda qui, a pochi metri dalla sua ragazza.

Ed è questo il momento in cui mi rendo conto che il mio amore per lui è cattivo, scorretto, morboso e malato, perché sarei capace di barattare la felicità di un'altra persona pur di sentirlo dire che mi vuole.

«Buonanotte, Virginie».

'Buonanotte, Israel. Continua ad abbracciarmi. Continua a farmi battere il cuore'.

Capitolo 13

Israel

A un certo punto, durante la notte, Virginie si è addormentata tra le mie braccia colpevoli. Perché, seppur vero che non c'era abbastanza posto, la realtà è che non riuscivo più a tollerare tutta quella distanza. Non sono stato in grado di farla sentire a suo agio in mezzo ai miei più cari amici perché ero troppo occupato a occultare le mie emozioni e a proteggerla, a modo mio. E invece ho rovinato la sua giornata speciale, la prima che le era stata concessa.

Ora sono qui che, invece di godermi il silenzio che nasce ogni volta che sfioro Virginie, invece di dormire come dovrei fare, come finalmente *potrei* fare, ripenso a come tutto sia andato a rotoli, mentre le accarezzo la pancia sotto la maglietta, ascolto il rumore del suo respiro e inalo il profumo dei suoi capelli. Abbiamo avuto dei momenti magici, oggi, in cui mi è bastato starle vicino riuscendo a non contaminarla, solo osservando un po' distante la sua bellezza, la sua felicità, il suo stupore.

Mi sono concesso di tenerla a braccetto, di stringere le sue dita tra le mie, ma non l'ho sporcata con i miei desideri sbagliati, ho cercato di non mostrarle la parte malata del mio affetto. Le ho regalato il suo piccolo sogno e mi sono sentito nel giusto.

Fino a quando non sono arrivati Veronica e gli altri.

È stato quello il momento in cui mi è stato presentato il

conto, perché Virginie è ingenua e non vede la parte nera del mio cuore, ma la mia crew... Loro sono svegli, soprattutto Bratz e Veronica. Vedono, anche se tacciono.

E l'unico modo che avevo per nascondermi era tenerla lontana, non guardarla più, fingere che non fosse qui, in mezzo alla mia vita vera, pronta a farla esplodere con un battito di ciglia. Quello che non avevo previsto era che i miei amici avrebbero insistito tanto perché rimanessi a dormire con loro per *inaugurare* la nuova avventura, né che lei si chiudesse in bagno a parlare con l'ultimo arrivato, Lucas... e chissà quanti altri ragazzi le girano intorno.

La stringo più forte, un riflesso improvviso, e lei mugugna, addormentata.

Con la mano continuo ad accarezzarle la pelle, ma la tentazione di salire e coprire il suo seno con il palmo per sentirne la consistenza, il cuore che batte ritmico e lento sotto la cassa toracica, il capezzolo morbido che prende vigore sotto le mie dita, è troppo forte perché io possa resisterle.

I polpastrelli seguono le costole e arrivano alla piega inferiore.

Pochi centimetri e ce l'avrei in mano.

Dorme così profondamente che potrei farlo senza conseguenze, potrei approfittare del momento e soddisfare la mia curiosità. La mia cazzo di voglia.

Percorro il contorno del suo seno, mi mordo forte il labbro inferiore, non trovo la volontà che mi serve per staccarmi da lei, per impedirmi di approfittare del suo sonno innocente e fiducioso, raggiungo il mio desiderio e lo racchiudo nel palmo.

Un secondo, tanto basta per irrigidire la mia erezione e, nello stesso tempo, per alimentare lo schifo che provo per me. Tra tutte le donne al mondo, la mia libido doveva accendersi proprio con l'unica che non dovrei mai e poi mai guardare? Toccare... Cazzo!

Mi alzo di scatto, incastrandomi nelle lenzuola, portandomele dietro e scoprendo Virginie, che si lamenta nel sonno e si mette supina. La maglietta tirata sulla pancia le scopre gli slip, le gambe, l'ombelico. Mi affretto a coprirla e vado in bagno, l'uccello gonfio e una voglia incredibile di spaccarmi la faccia da solo.

Faccio. Schifo.

Lo specchio mi dà ragione.

Ho quasi trent'anni e tocco le tette della figlia di mio fratello mentre lei dorme ignara di tutto. A che livello di depravazione isterica sono arrivato?

Apro l'acqua fredda e mi butto nella doccia senza darmi la possibilità di acclimatarmi al gelo che mi accoglie. Spero che lo sbalzo termico mi faccia tornare in me, mi riporti a una condizione meno volgare, meno imbarazzante.

Però non succede.

Ce l'ho ancora duro quando sento la porta del bagno aprirsi. La luce sopra il lavandino si accende e Veronica spunta dal vetro della doccia che è del tutto trasparente, visto che manca il vapore che sprigionerebbe l'acqua calda. Mi squadra dalla testa ai piedi ma, anche se cerco di nascondere la mia vergogna, non è difficile capire il mio stato fisico che spunta tra le dita, ritto e fiero.

«Abbiamo un problema, Iz?»

«No».

«Eppure a me sembra bello grosso, come problema».

«Vaffanculo, Veronica. Esci dal bagno».

«Esci tu dalla doccia, prima di prenderti una polmonite. Ci lavori con la voce, con la salute. Non ti permetto di trattarti così».

Prende un asciugamano largo e aspetta che io esegua i suoi ordini.

Me lo porge e io sono obbligato a togliere le mani dai miei piani bassi, esponendo la mia erezione ai suoi occhi, che non si staccano dal mio sesso. Non lo sta guardando con desiderio, sta studiando la situazione, l'ultimo tassello che le mancava per capire tutto è proprio lì, in mezzo alle mie gambe.

«Devo darti una mano a risolvere questa situazione?»

«Che cazzo dici?» La guardo disgustato. Veronica è bellissima, ma non ho mai pensato a lei in quel modo, mi sembrerebbe contro natura. E invece lo sarebbe meno di ciò che sto provando adesso.

«Non sto parlando della tua voglia di scopare. Sto parlando dell'erezione che hai avuto dormendo con tua nipote appena maggiorenne. Per come la vedo io, dovresti farti una sega invece di congelarti il culo sperando che ti passi: è decisamente una scelta più salubre».

«Virginie non c'entra niente. Ho solo fatto un sogno...»

«Certo, Iz. Va bene. Ma se mandi a puttane tutto, mandi a puttane anche la crew. Non ti perdonerò se rovinerai il nostro futuro per una ragazzina, che tra l'altro è tua parente».

Lo sguardo di Veronica non è giudicante quanto le sue parole, non le faccio schifo, ma ne faccio a me.

«Lei non c'entra. Te lo giuro».

«È la prima e ultima volta che ti concedo di dirmi una bugia. Vai a dormire sul divano. E cerca di tornare normale, perché, Israel, così mi fai paura».

Abbasso la testa, non insisto perché mi creda, aspetto che se ne vada e mi rimetto i boxer. La situazione ai piani bassi si è raffreddata, come la stima per me stesso. Sono io ad avere paura, ora. Di perdere tutto, di perdere il mio gruppo, la fiducia di mio fratello, la possibilità di guardarmi allo specchio senza odiarmi.

Cosa sto combinando?

Esco dal bagno, percorro il corridoio e supero la camera dove dorme Virginie. Mi fermo giusto un attimo, combatto con l'istinto di mandare tutto a fare in culo, di accettare la mia perversione, e stavolta vinco. Forse perché c'è una porta a dividerci, forse perché quando è troppo è troppo.

Scendo le scale e mi rannicchio sul divano, con una felpa di Bratz addosso, ma non prendo sonno e sto a guardare il cielo che si schiarisce sopra Philadelphia. All'alba mi alzo, mi infilo i pantaloni del mio migliore amico, recuperati da una borsa che ha lasciato in salotto, ed esco con le sue scarpe. Raggiungo lo Starbucks più vicino e ordino una quantità improponibile di *donut*, muffin e fette di torta. Un mocaccino per Veronica, un *bubble tea* per Virginie, un espresso per me. Gli altri si accontenteranno del caffè della macchinetta.

Torno all'appartamento e trovo Bratz seduto al tavolo della cucina; si è già versato una dose importante di caffeina nella tazza più grande che ha trovato.

«Serviti pure» gli dico.

«Come hai fatto tu» mi risponde indicando i miei – i suoi – abiti.

«Non volevo svegliare mia nipote». Cerco di sembrare normale. Di mentire bene.

«Non mi avevi detto che era così bella».

«Non guardarla, non parlarci. Tanto da oggi non la vedrai più».

«Sei strano».

Alzo le spalle e ingoio il caffè bollente in un sorso solo.

Appena Virginie si sveglierà ce ne andremo e, una volta a casa, non farò altro che scrivere e scrivere e scrivere chiuso nella mia stanza. La accompagnerò a scuola e verrò a Philly per lavorare con i ragazzi, tornerò in tempo per darle un passaggio a casa e poi ci rivedremo solo a cena.

Virginie è e sarà come una torta per chi è a dieta.

Posso farne a meno, basta avere la giusta dose di forza di volontà.

Mi sento sincero e solido quando penso queste cose, ma poi lei si affaccia alla balaustra della zona notte con la maglietta di Veronica senza rendersi conto che io e Bratz, dal salotto, riusciamo a vederle le mutande e parte della pancia.

«Vestiti!» ringhio, guadagnandomi uno sguardo perplesso del mio migliore amico, al quale non spacco il setto nasale solo perché non potrei spiegarne il motivo.

Virginie abbassa la testa, sembra delusa, poi si volta, mostrandoci il culo inconsapevolmente, e si richiude nella stanza.

«Dovresti mollare un po' la presa. Sai che le ragazze represse si buttano tra le braccia del primo che dice loro che sono carine? Dopo i concerti posso dire di essermene scopato qualcuna. Timide, insicure, spaventate, ma bisognose di piacere a qualcuno».

«Taci».

Mi alzo e salgo le scale di corsa, infilandomi nella camera di Virginie per prendere le mie cose e dirle di darsi una mossa.

Fare due più due non è mai tanto difficile come quando non stai ragionando, perché ciò che succede sarebbe stato ovvio per chiunque non avesse il cervello in pappa come il mio.

Le ho detto di vestirsi, ma non gliene ho dato il tempo, per cui quando entro vedo ciò che stanotte ho toccato senza averne il diritto. Lei si copre con le mani, io mi volto ma continuo a collezionare immagini e pensieri che vanno in contrasto con ciò che cerco di convincermi a fare: allontanarmi da lei.

Posso non avercelo più davanti agli occhi, ma me lo sono stampato nelle retine, il suo seno: minuto, una rotondità accennata e acerba, le punte rosee e dritte. È uno splendore, ed è un delitto che mi sia proibito toccarlo ancora, guardarlo ancora, dedicargli le mie attenzioni.

«Scusa» mormoro.

«Puoi girarti, mi sono vestita». Il tono della sua voce è dimesso, ma non imbarazzato quanto potrei immaginare. Rassegnato? Triste?

Non ho molte opzioni, per cui faccio ciò che sono venuto a fare: recupero la mia roba, aspetto che Virginie scenda e mi cambio.

Quando torno in salotto, lei è seduta vicino a Bratz, che la guarda sorseggiare il *bubble tea.* Non ha uno sguardo viscido, Bratz, non è un mezzo mostro, lui. E Virginie non è neppure cresciuta tra le sue braccia. Potrebbe fissarle lui quelle labbra che avvolgono la cannuccia e avere pensieri torbidi, invece sono io che lo faccio, sono io quello da cui dovrebbe stare lontano, e sono sempre io quello che se la porta via, salutando frettolosamente e senza farle finire la sua colazione, che la invito a portarsi dietro in macchina.

Si siede accanto a me in silenzio, in silenzio mangiucchia il suo muffin e in silenzio restiamo fino a quando non arriviamo a Red Oak Town.

Quando spengo il pick-up, lei si toglie la cintura di sicurezza e fa per aprire la portiera, ma io la fermo, la mano sul suo polso, lo sguardo dritto davanti a me.

«Scusa».

«Per cosa?» mi chiede.

Non posso dirle tutta la verità, perciò mi limito a ciò che non mi sputtana. «Non sono stato bravo a gestire le cose... non sono abituato che qualcuno entri nel mio mondo».

«Non succederà più».

Quando pronuncia quelle tre parole, mi rendo conto che probabilmente è vero, e mi fa male. Sono ridotto come uno straccio, sono stanco e sono spaventato. E non la sto lasciando andare, il suo polso stretto tra le mie dita.

«Non è stata colpa tua».

«Non importa».

«Sì che importa! Non è stata colpa tua. Sono stato io a rendere tutto pesante».

«Va bene, zio. Ora voglio tornare in camera mia, devo studiare per domani».

«È tutto a posto tra me e te?»

«Certo».

Mentiamo entrambi. E ce lo facciamo andare bene.

Per dieci lunghissimi giorni. In cui siamo sempre più soli in casa, perché con questo maggio appena sbocciato Levi è sommerso di lavoro e, per quanto Vicky non si sia più fatta vedere e lui non ne parli, per me è evidente che lui recuperi del tempo per stare con lei. Vorrei che lo dicesse a Virginie, che potesse vivere questa storia alla luce del giorno, perché la noto quella felicità che gli serpeggia tra le rughe e non gliela vedevo in faccia dai tempi in cui c'era Fiona.

Ero piccolo allora, ma i sorrisi timidi che le rivolgeva erano così nuovi e belli da rendermi chiaro quanto l'amore fosse capace di sanare qualsiasi ferita. Fiona lo salvò dalla morte dei nostri genitori e dal senso di responsabilità che aveva nei miei confronti. Purtroppo durò poco e ora, forse, Victoria lo sta salvando dalla solitudine degli ultimi diciotto anni. O almeno è ciò che spero.

Per questo motivo non gli faccio presente quanto mi pesi

la sua assenza, quanto sia difficile per me concentrarmi sulle rime che non escono fluide dalla mente, dalle dita, perché a un paio di metri da me c'è lei. Da sola.

Lei che mi guarda ma non mi parla mai, che spegne i rumori ma che accende pensieri immorali. Che ha mille emozioni in una e che a volte le filtra e rimane così distante da fare male, e a volte le distilla e me le serve come veleno. Lei che non sa quanto avrebbe diritto di odiarmi per ciò che le ho fatto a sua insaputa, ma che mi odia lo stesso per averle offerto la possibilità di vivere una giornata come una persona normale e aver distrutto tutto in un istante, facendola sentire una fonte di imbarazzo.

Lei che non sa niente di me.

E vorrei che sapesse solo...

«Grazie».

La parola che mi rivolge due volte al giorno: quando la accompagno, prima di scendere dall'auto e lasciarmi al mio viaggio in solitudine verso Philadelphia, e quando torno a prenderla, appena sale sul pick-up.

Sono talmente abituato alla nostra stramba routine che sobbalzo quando parla ancora.

«Oggi devo studiare con Connor. Abbiamo un progetto da finire insieme. Può venire direttamente con noi a casa, così non deve prendere l'autobus?»

'No. Può venire a piedi e metterci abbastanza da dover ripartire subito per non tornare col buio'. Lo penso ma, ovviamente, dico tutt'altro: «Certo».

Così Virginie scende e parlotta con il suo amico che, dopo pochi istanti, si siede sul sedile posteriore.

«Grazie per il passaggio, signor Silver».

Gli lancio un'occhiata dallo specchietto.

Non so cosa ci sia dentro, ma non è un contatto neutrale. Non siamo amici, non sono felice che entri nel nostro spazio.

La sfida di sguardi è unilaterale perché, dopo aver contraccambiato il mio, Connor si mette a fissare fuori, più incuriosito da un panorama che immagino conosca bene che non da me e dalle mie minacce silenziose.

La strada è, come sempre, troppo breve e qualche minuto dopo sono chiuso in camera mia, mentre loro si preparano uno spuntino ridendo e, sempre ridendo, si rintanano nella stanza di Virginie. Li spio protetto dalla porta, ascolto i rumori che fanno, mi rendo conto che, no, non stanno ridendo, ride solo lei a qualche frase o battuta del suo amico.

Con me non ride da Philadelphia.

Con me non parla.

Neanche mi guarda.

Mentre con lui... con lui ride.

E io mastico il cappuccio della penna mentre penso al fatto che non sto concludendo niente: fogli bianchi davanti a me e Veronica che non sa più come chiedermi se ho prodotto qualcosa.

Oggi, quando sono andato via da Philly, mi ha lanciato uno di quegli sguardi delusi impossibili da dimenticare. Non ha più tirato fuori il discorso di Virginie, ma so che non mi ha creduto e che non riesce a capire dove sia finito il ragazzo determinato e sereno che ha conosciuto.

Non lo so neppure io.

Credevo di essere una persona solida, di essere in grado di gestire da solo il rumore che mi scorre dentro, sempre incessante, almeno finché lei non l'ha spento. E da quando sono tornato penso solo a come sarebbe spegnerlo ancora, dentro di lei.

Non riesco a togliermi la sua pelle chiara dalla testa – scrivo '*pale*' sul quaderno –, gli sguardi da cui traspare la sua fragilità – '*frail*' –, devo essere maturo perché lei è una ragazzina, devo proteggerla dalla tempesta che mi squassa dentro – '*gale*' –, devo salvarla, salvarla da me stesso – '*save*'.

Se bastasse scrivere quattro parole in rima per fare una canzone, questi miei pensieri ossessivi potrebbero per lo meno soddisfare Veronica, invece sono sillabe vuote, senza vita, come me. Mi alzo dal letto, perché è da qualche minuto che non sento più niente, se non il mio solito caos interno.

Silenzio, fuori.

Non dovrei continuare a passare in corridoio solo per capire cosa stiano facendo. Tuttavia, ultimamente pare che io non sappia più agire in modo corretto, ma solo limitare il più possibile un istinto traditore.

Quindi esco e mi avvicino alla sua stanza. Appoggio la fronte sul legno e li sento sussurrare, poi un «oh» di stupore e un «ah» di sollievo e un «oh, Dio, sì» e una risata leggera e un altro «oh, sì!» e lui che dice «te l'avevo detto che ci saremmo riusciti».

Ora spacco la porta e poi il suo naso.

Lo faccio, quanto è vero Dio, lo faccio.

Inspiro, trattengo il fiato e salto sul posto quando li sento arrivare alla porta. Filo in bagno e mi ci chiudo dentro proprio mentre loro escono. E davanti allo specchio mi chiedo cosa sto facendo e come ritrovare me stesso.

Ma dura un istante, il tempo di udire i loro passi giù per le scale e le loro voci che attraversano la porta d'ingresso e si spostano in giardino che mi perdo di nuovo e corro in camera sua per cercare le prove di ciò che ho sentito.

Il letto è appena stropicciato, rivela che ci sono stati sopra: seduti? Sdraiati?

Mi avvicino, voglio capire meglio, voglio... Il cassetto inferiore del comodino è socchiuso e non resisto. Cosa ci troverò dentro? Preservativi? Lubrificante? Lingerie?

I miei sospetti vengono spazzati via da ciò che prendo in mano: il faldone con dentro i ritagli che parlano tutti di me. Ritrovarmi nascosto tra le sue cose mi fa sentire fiero, e visto, e amato.

E stronzo.

Perché lei mi rispetta e mi apprezza. Nel suo cassetto ci sono solo io. Che continuo a sbagliare ogni cosa.

Poso il faldone, con l'intenzione di tornare in camera e schiaffeggiarmi fino a rimettermi in pari con tutto ciò che le ho fatto subire da quando sono tornato a Red Oak, ma il suono che fa il legno sotto le mie dita è strano.

Perciò tiro di nuovo fuori il faldone e controllo il fondo del comodino che oscilla. Sollevo un pezzo di compensato e trovo una sezione segreta dove sono nascosti un quaderno, un bracciale antico e una scatolina trasparente che contiene alcune banconote arrotolate. Non troppe da destare sospetti, solo dei risparmi.

Giro la testa per capire se Virginie stia tornando e, quando capisco che è fuori casa, probabilmente ancora in giardino, mi appresto a tradire di nuovo la sua fiducia.

La copertina del quaderno è rossa e logora, segno che lo possiede da tempo. Ci ha scritto 'me' con un pennarello nero, senza decori ma con una cura evidente. Giro con delicatezza la prima pagina ma ci metto un po' a capire cos'ho davanti.

Lettere precise, vergate con attenzione e con colori alternati, nero per le frasi lunghe, viola per i titoli. Alcune parole sono evidenziate in azzurro chiaro, un'espressione dell'impegno e del ragionamento che stanno dietro a questo suo lavoro.

'Chi sono io?' è l'intestazione del quaderno. Segue una serie di appunti. Scorrendo le pagine, ne vedo almeno un centinaio.

Il primo: 'Origini. Amber Millais, nata a Portland nel 1979, figlia di Esther e Arthur Millais, morta alla clinica di Red Oak Town in data 2 gennaio 2004 di emorragia dopo un parto complicato. Dai racconti di papà, mia madre è riuscita a tenermi in braccio e allattarmi per circa due ore, durante le quali la debolezza che sentiva appena sono nata continuava a peggiorare. In quelle due ore non ha mai smesso di ripetermi quanto mi amasse'.

Il secondo: 'Salva. Mio padre oggi si è lasciato scappare che le ultime parole di mia mamma sono state: "sei salva, non sarai mai sua"'.

Alla fine della frase ha disegnato un grande punto interrogativo che si interseca con la scritta 'chi?'

Il terzo: 'Automobile. Oggi papà ha detto che mamma non aveva la patente. Gli ho chiesto come mai e lui mi ha risposto che non ha fatto in tempo a prenderla. "Quando l'ho conosciuta era così piccola" ha sospirato. Ma venticinque anni non sono pochi, per imparare a guidare'.

Il quarto: 'Colori. A scuola abbiamo studiato le leggi di Mendel sulla genetica e c'era uno specchietto sui tratti ereditari.

Tante persone credono che avere gli occhi verdi o azzurri sia molto simile, ma in genetica non è così. E va bene che sono uguale alla mamma, come mi dicono tutti, ma sono completamente diversa da mio padre. E da mio zio'.

Sono così immerso in quello che ho tra le mani che perdo la cognizione del tempo, delle mie responsabilità, dei miei errori, ma ci pensa Virginie a presentarmi il conto.

Le basta entrare nella sua stanza mentre sono in ginocchio di fronte al suo letto, senza fare alcun rumore, e pronunciare poche terribili parole.

«Cosa cazzo stai facendo?»

Capitolo 14

Virginie

Red Oak Town, maggio 2022

«Virginie...»

«Taci!»

«Io...»

«Stai zitto!»

Israel continua a seguirmi per la casa e non so come seminarlo. Non capisce che scappo da lui per arginare l'istinto di spaccargli una mazza da baseball sulla faccia. Aggiro il divano e lui è sempre dietro di me. Non molla, continua a chiamarmi, a cercare di scusarsi, ma doveva pensarci prima, cazzo. Prima.

Prima di tornare a casa, prima di fare lo stronzo a Philadelphia, prima di venire qui a torturarmi, a darmi false speranze per poi rimarcare la nostra distanza. Certo, sono stata stupida io a fidarmi, a interpretare in modo inesatto il suo animo, ma non credevo che sarebbe arrivato a tanto.

«Smettila di seguirmi».

«Fammi parlare!»

«Ti odio!»

Faccio la mossa sbagliata, perché mi infilo nella zona della cucina che, però, non ha una via d'uscita se non quella che ora lui mi sta bloccando. Sono incastrata tra la penisola alla mia destra e i fornelli alla mia sinistra. Di fronte a me, la sua faccia contrita che mi fa incazzare oltre ogni limite.

«Senti, ho capito da un pezzo che sei qui per fare il cane da guardia. Prometto di non fare mai più niente che vada contro le *flessibilissime* regole di mio padre». Apre la bocca, ma lo zittisco e conto sulle dita. «Non uscirò di nascosto, non andrò fuori da Red Oak Town fino al diploma, non mentirò, non respirerò se non mi viene concesso. Puoi andartene, ora».

Fa un passo verso di me e mi appiattisco contro il piano di lavoro. Se mi viene più vicino, gli do un pugno sul naso.

O lo bacio.

O entrambi.

E poi lo mordo.

I suoi occhi sono pentiti e mi confondono.

Quasi mi scordo il motivo per il quale sono così arrabbiata con lui. Poi Israel parla e mi infiammo di nuovo.

«Non capisci, Virginie. Ora meno che mai posso lasciarti da sola».

«È proprio per ciò che hai fatto che non hai il diritto di rimanere. Ti rendi conto della gravità delle tue azioni?»

Fa ancora un passo avanti e scarto alla mia sinistra, cerco una via di fuga, ma non c'è. Ci sono solo lui e la sua invadenza. E il suo odore. E ancora i suoi occhi, inquieti, tristi.

«La profondità delle tue indagini. Ecco cosa mi preoccupa davvero».

«Non sono affari tuoi, né di mio padre. Non potete controllare tutto, non potete entrare nei miei pensieri più intimi. È una violazione della mia privacy, è come se io ti spiassi mentre...»

Che cavolo di immagini mi vengono in mente? È necessario, ora, pensare a lui che fa sesso con la sua fidanzata?

«Lo so, ho sbagliato, ma quello che hai scritto nel tuo quaderno è... è falso». Distoglie lo sguardo per un istante, poi lo riporta su di me. «E se Levi scoprisse i tuoi dubbi... gli spezzeresti il cuore».

«Ho tenuto tutto nascosto in un doppio fondo per anni. Non ho intenzione di condividere con lui questa cosa, come ragioni? Vattene e lasciaci alla nostra vita normale. Vattene, ti prego».

«Perché?» mi chiede mentre fa un passo verso di me. È

troppo vicino e tutto si sfoca, non vedo più i contorni nitidi e perdo i dettagli delle sue espressioni, non riesco a ragionare e a chiedermi il motivo per il quale mi faccia questo tipo di domanda. A cosa sta puntando?

«Perché senza di te sto meglio».

Lo ammetto: in questa mia affermazione si nasconde una mezza bugia.

'Senza di te sto meglio perché non posso averti, perché entri nel mio mondo, entri dentro di me, ma sempre con un piede fuori dalla porta, guardando altrove, appartenendo a qualcun'altra'.

Le mie parole lo colpiscono, lo percepisco dal suo fiato che mi sfiora la fronte ed è irregolare, come il battito del mio cuore. Quando ha azzerato lo spazio che ci divideva? E come scappo, ora?

Come mi butto tra le sue braccia?

Come fuggo dai miei desideri?

«È tutto sbagliato, lo capisci?»

Lo capisco, eccome, più di quanto lui possa comprendere, visto che non legge nei miei pensieri. Così come io non leggo nei suoi, ma la sua vicinanza mi confonde, proprio come è successo la notte a Philadelphia, quando mi sono addormentata cullata dal suo respiro e protetta dal suo abbraccio, e mi sono svegliata sola in un letto vuoto.

«Tu... io...»

«Non devi niente a questa famiglia, vai a farti la tua vita. Farò la brava fino al diploma, poi me ne andrò, lascerò libero papà e scoprirò com'è stare nel mondo vero».

«No». Allunga la mano e mi afferra una ciocca di capelli. Se la attorciglia sul dito.

«Cosa vuol dire 'no'? Io voglio andare alla scuola d'arte, non posso morire qui a Red Oak. E poi a te cosa frega?»

«Il mondo è una merda». Tira la ciocca e io sono costretta a seguirlo, ritrovandomi il dorso della sua mano sulla guancia. Il suo viso è a pochi centimetri dal mio. Vorrei che si avvicinasse e allo stesso tempo non voglio dargliela vinta.

«Non mi sembra che a te sia andata così male, lì fuori».

«Tu non sei me».

«Io non sono te?» gli chiedo stranita. Cosa vuol dire che io non sono lui? «Guarda che posso fare tutto ciò che voglio, sono brava, sono forte, sono capace».

«Non sai niente». Mi lascia i capelli e mi avvolge il viso con il palmo. Il pollice mi accarezza, lento. Sensuale. Ho i brividi, ma non mollo il punto: io non rimarrò qui chiusa in una bolla di sapone mentre il resto delle persone crea carriere, famiglie, aziende.

«Troverò chi me lo insegnerà».

«No!» È perentorio, sbagliato e sexy tutto insieme. Se questo discorso me lo stesse facendo chiunque altro, gli avrei dato una ginocchiata nelle palle, ma è lui. Ed emana un'energia strana, che non sembra quella di qualcuno che vuole comandarmi, ma quella di chi si preoccupa davvero per me. Mi stringe il mento, i suoi occhi sono l'unica cosa che riesco a vedere, le pupille hanno preso possesso delle iridi. Ho l'impressione di essere io quella forte, in questo momento, nonostante sia chiusa in un angolo senza poter scappare, perché lui mi sembra fragile, spaventato.

«Di cosa hai paura?»

«Di tante cose. Alcune le avevo dimenticate, altre le avevo solo immaginate. E ora sono tutte qui a chiedere il conto».

«Non voglio pagarlo io, quel conto».

Annuisce, abbassa la testa e smette di toccarmi, ma non si sposta.

«Hai ragione».

«Allora lasciami libera. Vai a Philadelphia, pubblica il nuovo disco, sposati con Veronica, io farò la mia vita e ci vedremo qualche volta a Natale, finché...»

«Finché...?»

«Finché non ci dimenticheremo che esistiamo».

«Credi davvero che potrei scordarmi di te?»

Vorrei credere alla sua espressione scioccata, vorrei credere che la mia frase sia inconcepibile per lui, perché il solo pensiero di non vederlo più, come è stato negli ultimi anni, o che io per lui non esista, mi fa venire un groppo in gola e le lacrime agli occhi. Senza di lui mi rimane solo mio padre, dopodiché sarò davvero sola, del tutto, senza nessuno da chiamare se avrò bisogno di aiuto, se avrò paura, se vorrò sentirmi parte di qualcosa, se vorrò ritrovare le mie radici.

Mi abbraccia all'improvviso, schiaccia contro il suo petto la malinconia che invade i miei pensieri e la culla, proteggendomi da me stessa. Ma c'è qualcos'altro che scorre tra di noi, forse sono io a essere ossessionata, eppure lo sento, lo percepisco sulla pelle, non possono essere solo allucinazioni.

«Vorrei solo che fossimo come eravamo un tempo» confesso con il viso nascosto nell'incavo della sua spalla.

«Lo siamo».

«Non è vero. È cambiato tutto». Le sue dita mi accarezzano la schiena, mentre con l'altra mano mi circonda la testa e mi tiene stretta a lui. «Non sei più tornato».

Stringe di più quando cerco di lanciargli quell'accusa anche con gli occhi e mi impedisce di cercare il suo sguardo. Ha paura, proprio come me. Ma non è lo stesso motivo che ci spaventa, lui non vuole accettare che io non lo veda come uno zio e io... io ho il terrore che se ne vada via di nuovo, anche se gliel'ho chiesto allo sfinimento fino a cinque minuti fa.

«Ero impegnato con la musica, con lo studio di registrazione».

«Non pensavo fossi così bravo a mentire. O a rubare. O a spiare».

Lo spingo via. Se pensa di blandirmi con qualche carezza e di farmi accettare le cazzate che dice, sbaglia, sbaglia di grosso.

Cerco di oltrepassarlo, ma lui si sposta e mi preclude qualsiasi spiraglio per la fuga.

«Ho sbagliato ad aprire il tuo cassetto».

«Non l'hai solo aperto, tu hai forzato il fondo. Era chiaro che lì ci fosse qualcosa che non volevo che gli altri vedessero. Quel quaderno è solo mio».

«Sai una cosa?» mi dice, improvvisamente spazientito.

«Sono felice di aver scoperto il tuo segreto, perché è un segreto meschino. I tuoi dubbi sono del tutto infondati e tu devi toglierti dalla testa qualsiasi idea del cavolo».

Stringe i pugni, non mi guarda negli occhi, è aggressivo. E spaventato.

«Perché te la prendi tanto? Un sacco di persone a un certo punto si chiedono se il loro passato sia proprio come gli è stato raccontato».

«Non io. Non tuo padre. Noi dei genitori li avevamo e li abbiamo persi. Da un giorno all'altro non c'era che lui per me. Non mi sono mai chiesto da dove venissi, perché non importava. Importava solo dov'ero. E non ero certo in una bella casa, con un padre amorevole e uno zio che ti...»

Spalanca gli occhi e si morde le labbra, poi dà un colpo a mano aperta al frigorifero e si allontana.

'Che mi...?'

'Che mi... cosa?'

«Finisci la frase».

«Che ti vuole bene» sputa, senza guardarmi, le sue spalle che si alzano e si abbassano, inquiete.

«Non si può parlare con te» lo accuso. «Non sei mai sincero».

«Lo sono».

«No! Sei solo un bugiardo. Te l'ho già detto e te lo ripeto: vattene via da qui. Torna dalla tua fidanzata e lasciami in pace. Stavo meglio quando non c'eri, stavo meglio quando...»

Lo spingo da dietro per sfogarmi e trattenere tra i denti serrati le parole che vorrei buttargli addosso. Perde l'equilibrio, fa un passo avanti e si volta, mi fronteggia e sembra arrabbiato quanto lo sono io.

«Stavi meglio senza di me? A farti i cazzi tuoi con Connor, con Lucas e con chissà quanti altri ragazzi? È per questo che mi vuoi fuori dalle palle?»

«Non sono fatti tuoi» sibilo per ferirlo, anche se probabilmente non gliene frega niente. Lui ha Veronica, io posso scoparmi tutta Red Oak Town, per quanto gli compete.

Mi viene vicino con un'energia tale da respingermi indietro

anche senza toccarmi e mi ritrovo di nuovo all'angolo, nessuno spazio per potermi sottrarre al suo sguardo infuriato.

«Sono anche fatti miei se vai a fare la stronza in giro. Se inviti i ragazzi nella casa di tuo padre per farti sbattere mentre io sono nella stanza accanto. Credi che non ti abbia sentito con Connor? 'Oh, Dio, sì, oh, sì! Te l'avevo detto che ci saremmo riusciti'». Cantilena le nostre voci e non smette fino a quando il mio schiaffo non lo raggiunge, forte, implacabile.

«Connor è come un fratello e se ci fossi stato in tutti questi anni lo sapresti bene!»

Lui non reagisce come mi aspettavo, accusando il colpo e lasciandomi da sola, troppo ferito per replicare. Non è lo stesso Israel di qualche giorno fa, quello che ha ingoiato le mie parole cattive, interiorizzandole e rispondendomi con calma e a tono. È un uomo che ha perso le redini, ora, proprio come le ho perse io quando l'ho colpito.

No, non me lo aspettavo.

Però succede. Mi dà tutto ciò che pensavo non avrei mai più potuto avere dopo una discussione come questa: mi bacia.

E non è un bacio qualsiasi. Si avventa su di me, mi circonda il mento con la mano e mi solleva il viso mentre mi spinge contro i pensili della cucina. Mi sollevo sulle punte per seguire il suo movimento veemente e apro la bocca non appena le sue labbra colpiscono le mie. È una lotta, non un semplice bacio, mi punisce cercando la mia lingua, imprigionandomi con le mani, con i pensieri, con il suo corpo teso che preme contro il mio. Mi costringe a una resa liquida, mi sfaldo tra le sue dita e mi prendo tutto ciò che ha inaspettatamente deciso di darmi. Allungo le braccia oltre le sue spalle e lo tiro a me, mentre mi schiaccio addosso a lui che mi rende sua. Ogni volta che chiude un bacio ne riapre un altro, ogni volta che si ritira dalla mia bocca ci ritorna con più passione, con un'intensità che mi strazia, mi fa a pezzi, e vorrei solo che lui si incastrasse più a fondo nei vuoti che crea, per poterlo trattenere, perché questo momento non finisca mai.

Le sue mani mi stringono, non accarezzano, prendono il mio

corpo tutto intero, come se potessi scivolargli tra le dita. Non mi lascia andare. Mi assorbe, mi scopre, mi rende viva. Dio, ecco cos'è l'amore. E se non è questo, io me lo faccio bastare lo stesso, perché è più di ciò che sia mai riuscita a immaginare. È più eccitante, più potente, più lancinante.

E ora capisco perché le ragazze della mia età hanno già fatto sesso.

Perché più lui mi bacia, più io sento uno spasimo proprio lì e vorrei solo che lui lo placasse, che mi completasse e mi facesse sua. 'Prendimi' vorrei dirgli, 'insegnami tutto ciò che non ho voluto imparare da altri, scordati che sei mio...'

«Zio!» mi sfugge dalle labbra, incontrollabile.

Se gli avessi buttato un cerino addosso dopo avergli rovesciato in testa una tanica di benzina, si sarebbe spostato da me con più lentezza. Se solo non avessi rovinato tutto con tre stupide lettere del cazzo, ora non starei fissando i suoi occhi atterriti o la sua mano che si tocca le labbra gonfie, come a verificare la loro colpevolezza.

Si sta facendo delle domande. E lo vedo allontanarsi come in quei film dove è la macchina da presa a cambiare angolazione e prospettiva. È fermo, ma sta scappando dall'orrore di ciò che ha fatto.

Che per lui è orrore.

E per me è amore.

«Scusa» mi dice, con la voce tremante. Si guarda intorno, si cala di nuovo nella realtà e ripete: «Scusa, non so come sia potuto succedere».

'Non sai come sia successo? Non sai come hai potuto tradire la tua fidanzata? Baciare la tua nipotina? Non lo sai? È stata solo una cosa estemporanea?'

'Non hai alcun motivo per volermi baciare?'

'Quello era un bacio senza significato?'

'E allora come lo fai quando ami qualcuno? Gli asporti il cuore e gli liquefai il cervello?'

'Cosa sono stata io? Un errore senza spiegazione?'

«Vaffanculo, Israel».

«Vee, io...»

«Vaffanculo!» gli ripeto urlando, gli do uno spintone e corro in camera mia. Mi ci chiudo dentro a chiave, ma stavolta lui non viene a bussare.

E così rimango a piangere per ore, inondo il mio cuscino di lacrime e penso ossessivamente al fatto che ciò che ho provato era falso. Come puoi fidarti degli altri se la tua stessa mente è pronta a confonderti con emozioni che si basano sul nulla più totale?

Non ho mai provato una delusione così cocente, prima d'ora. Non è stato facile crescere senza una madre, non è stato semplice, da adolescente, scoprirmi innamorata di mio zio, né sentirmi invischiata nella sua melassa fino al collo, come ora, ma questo... questo supera ogni dolore mai provato, ogni dispiacere. Mi sento rotta dentro, finita, e so che non dovrei permettere a nessun uomo di farmi sentire in questo modo, ma è così che mi sento.

Una voragine nello stomaco che risucchia tutto il bello della mia vita, che fa scomparire la felicità che provo quando disegno, gli abbracci belli di mio padre quando ero piccola, il sapore delle fragole mature e il calore della bocca di mio zio sulla mia.

Fino a oggi, quando pensavo a Israel, mi ritrovavo a maledire il mio sangue perché rendeva impossibile che noi due fossimo un noi, ma ora mi rendo conto che non è la nostra parentela a renderci due entità separate che non possono fondersi, bensì il fatto che lui non sappia neppure come gli sia venuto in mente di baciarmi, quando ha una donna che lo aspetta domani mattina a Philadelphia e con la quale ha progetti in comune, un futuro sensato.

Perché lo ha fatto?

Cosa gli è scattato nel cervello?

Vuol dire che almeno gli piaccio fisicamente?

Mi alzo e mi guardo allo specchio; lo faccio spesso, mi cerco nei miei stessi lineamenti, traccio i contorni delle mie origini, studio le possibili somiglianze con mio padre, immagino mia madre, come sia stato per lei innamorarsi, essere felice e vedermi nascere. Mi chiedo se sia morta soffrendo o soddisfatta di ciò che aveva avuto nella vita. Se abbia avuto il tempo di amarmi, di guardarmi e di riconoscermi, di sorridermi.

Mi chiedo se lei fosse una di quelle ragazze di cui non riesci a togliere il sapore dalla lingua una volta che le baci, di quelle che si spogliano sotto la pioggia ridendo, di quelle davanti a cui nessuno si tira indietro guardandole nude, se si sia sentita sempre *abbastanza*, se il mondo le abbia regalato venticinque anni di pace e soddisfazioni prima di portarmela via, oppure se fosse proprio come me, e non solo nei lineamenti.

Una che non è mai al posto giusto, che non è mai la persona giusta, e non per colpa degli altri ma perché non sa trovarsi lei stessa.

Perché mai dovrebbe volermi, uno come Israel? Perché dovrebbe rischiare la sua relazione, la sua reputazione, il suo rapporto con mio padre, per una come me? Una cosina insignificante, sbiadita e senza esperienza. Ecco cosa sono.

Vorrei scappare, ma dove cavolo vado? E dopo quanto tempo i miei cani da guardia verrebbero a riprendermi? Mi rassegno a stare qui, chiusa in camera mia, senza uscire. Salterò la cena e sbircerò in corridoio quando dovrò andare in bagno, per non incontrarlo mai più. E domani mattina uscirò prima, così non mi dovrà accompagnare a scuola. Non posso guardarlo di nuovo in faccia, dopo avergli dimostrato in modo così palese quanto cazzo sono innamorata di lui.

Sobbalzo col cuore in gola quando qualcuno bussa alla porta.

Mi avvicino, un passo alla volta, i piedi scalzi sul parquet, ma non sento rumore fuori. Appoggio l'orecchio al legno e cerco di captare il respiro, le voci, ma niente, solo silenzio.

Apro piano e mi affaccio. Lampadari spenti e camere chiuse. Per terra c'è un vassoio con sopra una bottiglietta d'acqua, un panino e una mela. Nessun biglietto, nessuna presenza, ma non sono da sola in casa. Una lama di luce proviene dalla stanza di mio zio. Vicini e incredibilmente lontani.

Il girone dell'inferno degli innamorati non corrisposti.

Capitolo 15

Israel

Alla fine mi sono preso ciò che volevo, senza più pensare, togliendo tutti i filtri. Ho vissuto il momento più bello della mia vita. E ho rovinato ogni singola cosa.

Se Levi scopre che ho baciato sua figlia, mi uccide. O peggio, smette di essere mio fratello e mi ritrovo senza più una famiglia. Perdo lui, perdo lei e finisce tutto in merda.

Come mi è venuto in mente di sbatterla contro il piano della cucina e arrivare a un passo dallo spogliarla e portarla in camera mia per togliermi dalla testa l'immagine di lei che fa l'amore con un altro?

Non è mia, ma voglio così tanto che lo sia da dimenticarmi che non può esserlo e non lo sarà mai, perché lei merita di più, perché io non posso.

'Non posso'.

'Non posso'.

'Non posso'.

Ogni volta che lo penso, che me lo ripeto nella testa, la sbatto contro il muro, dapprima piano, poi più forte. Ho combinato un casino. Uno di quelli da cui non si torna indietro, capace di radere al suolo un'intera esistenza, di non lasciare neppure un piccolo spazio per ricostruire. E il peggio, la cosa più grave, è che vorrei rifarlo. Vorrei attraversare il corridoio, sfondare quella porta e mangiare tutta la sua rabbia strappandogliela dalle labbra. Il fatto che Levi mi abbia avvisato che tornerà tardi sembra voler fomentare il mio desiderio e rendere più complicato obbligarmi a stare qui, a un passo da lei, distante una vita.

Mi trattiene solo il pensiero che lei mi odi.

La *certezza.*

'Vaffanculo' mi ha detto dopo il bacio del secolo. 'Vaffanculo', mentre io cercavo di riprendere coscienza e tornare con i piedi per terra dopo aver perso completamente la testa. 'Vaffanculo', e io mi chiedevo come far funzionare questa follia.

Poi mi sono reso conto che non le ho chiesto il permesso, che l'ho spinta dove lei non voleva andare, che quel 'vaffanculo' significava: 'Cosa ti passa per la testa, zio?'

Ho baciato una ragazza che non lo voleva. L'ho toccata mentre dormiva. Chi sono diventato? Mi faccio schifo da solo, soprattutto perché vorrei farlo ancora. Sono malato. Malato sul serio.

Appena vedo Levi gli dico che me ne vado, che qui non riesco a lavorare, cosa vera, peraltro. Guardo il panino che mi sono fatto, gemello di quello che ho lasciato davanti alla porta di Virginie, ma non ho fame. Mi siedo al tavolo e osservo il foglio bianco. Con alcune matite colorate lei è stata capace di ricreare le emozioni di un tramonto; in quattro settimane io non sono riuscito a scrivere che poche parole insignificanti.

Prendo la penna, faccio uno scarabocchio che sembra una H. Allungo la coda della lettera e scrivo '*heritage*'. Tutto quello che lei rappresenta, tutto quello che non sa di se stessa, tutto quello che dà sostanza alla nostra vita e che adesso mi sembra così fragile.

'*Heavy*'. Il peso di quello che rappresenta nella mia vita minaccia di schiacciarmi.

'*Privilege*', il suo modo di essere unica, senza nemmeno saperlo.

'*Damage*', il pericolo di perdere tutto, di distruggerla con i miei desideri.

'*Cottage*', questa casa che è diventata troppo piccola per noi due.

'*Pretend*', le finzioni che sono costretto a inscenare per nascondere il mio peccato.

'Another girl', vorrei che potesse essere chiunque altra. Chiunque. Ma non lei. Non io.

'Forget', non posso dimenticare il ruolo che avrei dovuto avere per lei. Avrei dovuto essere colui che la proteggeva, non l'uomo che sono stato, preda dei suoi desideri.

'Off-limits', devo ripetermi che non posso averla, ma non riesco a smettere di pensare a lei. A un noi che non dovrebbe esistere.

Vado avanti così, passando da una parola all'altra, in fila indiana, senza significato. Continuo, continuo, continuo senza sosta, come in trance, e quando albeggia non so neppure se mio fratello è rientrato e se Virginie si è mossa dalla sua stanza, ma di fronte a me ho la prima canzone dell'album. E si intitola *Heritage.*

La riporto al computer e la spedisco alla crew. Oggi potremmo lavorare sul *flow*, adattare le sillabe, cominciare a darle forma. Avrò un'ora scarsa di sonno alle spalle, passata con la testa appoggiata sulla scrivania, ma sarà sufficiente.

Livello di soddisfazione per questa impresa compiuta? Zero. Ma la canzone è buona, Veronica ne sarà felice.

Vado a pisciare nel silenzio tombale di questa casa, intravedo Levi disteso a croce sul suo letto matrimoniale e la porta di Virginie chiusa, per proteggerla da me, ora, come nuovo significato.

Torno in camera, mi butto sul materasso e chiudo gli occhi, pronto ad alzarmi tra poco per cominciare la mia solita routine.

Non sogno, sono troppo stanco, piegato dalla giornata, dalla notte passata seduto su una sedia scomoda, e quando mi sveglio la luce è fin troppo forte perché siano le sette e mezza.

E infatti è l'una passata. Non dormivo così tanto da un secolo, è come se avessi rubato il silenzio dalla sua bocca, me lo fossi portato dentro e mi fosse sceso nelle vene, consentendomi una pace inaspettata.

Poi mi ricordo dei miei doveri e in un attimo ritorno alla realtà, lasciando indietro il silenzio che sto cominciando ad amare sempre di più.

«Cazzo!»

Mi alzo e corro fuori dalla stanza. Quella di Virginie è chiusa. A chiave. Busso, ma non sento rumori, lancio un'occhiata alla camera di Levi ed è vuota. Chiamo Vee più volte e lei non risponde, ma non capisco se non lo faccia perché è uscita di casa per andare a scuola da sola o se sia dietro questo legno e non voglia avere a che fare con me.

Busso ancora, la chiamo ancora. Provo a sbirciare nella toppa, ma non si vede niente e non riesco a comprendere se ci sia la chiave dentro o qualcosa appeso alla maniglia dall'altra parte.

Mi vesto in apprensione, senza guardare cosa mi infilo, e corro alla macchina saltando a piè pari la colazione. E il pranzo.

Salgo sul pick-up e guido per qualche isolato, fino a raggiungere la scuola di Virginie. Parcheggio alla meno peggio e scendo giù per correre dentro.

Il corridoio in cui mi trovo è vuoto e io sono completamente solo.

Guardo l'orologio appeso al muro e faccio mente locale per ricordare cosa facessi io a quest'ora, ai tempi del liceo. Quando ritrovo la memoria, giro a destra e scendo le scale, fino a trovare la mensa che è piena di ragazzi: chi seduto, chi già a chiacchierare sulle panchine che sono giusto al di fuori delle vetrate e chi ancora in fila con il vassoio in mano.

Ci metto meno di due secondi a trovare mia nipote, che spicca in quel marasma per i suoi colori insoliti. Ha il viso malinconico e il suo amico Connor la guarda e scuote la testa; di fronte a loro, una ragazza spettinata, chinata sul piatto con l'espressione corrucciata e, in piedi al loro fianco, un tizio alto e biondo che sta dicendo qualcosa a Virginie e le sorride.

Lei alza gli angoli della bocca, ma gli occhi non seguono quello sforzo e ne viene fuori una maschera ancora più triste.

Faccio una strage.

Oppure no, oppure me ne vado a Philadelphia, stasera torno e parlo con mio fratello, recupero le mie cose e mi levo di mezzo una volta per sempre. È la cosa migliore da fare. Però i miei piedi si muovono da soli e mi ritrovo dal lato opposto del tavolo rispetto al tizio che fissa Virginie con la speranza nello sguardo.

È un attimo, tutti e quattro si voltano verso di me, come al rallentatore, ma io vedo solo lei, che sbianca, arrossisce, diventa paonazza, si alza e se ne va, costringendomi a seguirla, senza neppure verificare la reazione degli altri.

Scompare nel corridoio prima che riesca a raggiungerla e sono costretto a salire le scale e compiere un paio di svolte prima di vederla infilarsi in una delle classi, al momento tutte vuote.

Entro e mi chiudo la porta dietro.

«Non ce la faccio. Per favore, basta» sussurra, dandomi le spalle. Ha le mani appoggiate al davanzale e guarda fuori dalla finestra.

«Volevo solo essere sicuro che stessi bene, la porta di camera tua era chiusa a chiave e tu non rispondevi».

«Sto bene, vattene, lasciami in pace».

Vorrei scusarmi per ieri, ma non sarei sincero, perché anche adesso le andrei vicino, annuserei i suoi capelli, la stringerei a me. Immagino persino di spogliarla e di affondarle dentro mentre è sdraiata sulla cattedra, come in uno squallido film pornografico ambientato al liceo.

Solo che lei non sembrerebbe un'attrice fuori età e con una paresi facciale. Lei sarebbe perfetta nel ruolo e il suo viso esprimerebbe ogni singola emozione.

Il ribrezzo nei confronti delle mie pulsioni, per esempio.

«Me ne vado. Scusa».

Lo dico, poi rimango fermo. Lei sa che sono ancora qui, per questo non si volta: per punirmi, per evitarmi. È come se le avessi dato il mio cuore e lei lo stesse sminuzzando in briciole. Ha tutte le ragioni per odiarmi, mi basterebbe riuscire a trovarne una sola per non farlo, ma non so più cosa dire.

A un certo punto mi accorgo che le sue spalle hanno dei sussulti e che lei si sta abbracciando da sola. Se sta piangendo per colpa mia, mi butto di sotto, lo giuro sulla mia vita.

Mi avvicino, la accarezzo, lei si scansa. La finestra mi attrae.

Un salto e libero tutti dalla mia malattia. Però poi lei si volta di scatto e mi abbraccia, riversando su di me tutti i suoi singhiozzi. Devo stare qui, almeno finché non si calma, finché le sono utile per sfogarsi, poi tornerò con i pensieri al vuoto che c'è a pochi passi da noi.

La maglietta mi si impregna di lacrime, lei mi stringe più forte, io non capisco più niente.

«Perdonami» la imploro e le infilo le dita tra i capelli, le passo una mano sulla schiena, una replica di ciò che ieri mi ha portato a superare il limite. «È stato un momento di squilibrio, è stata solo colpa mia, tu non hai fatto niente di sbagliato. Ti prego, non odiarmi».

Virginie piange più forte, mi si spezza il cuore.

«Tu sei perfetta, sono io a essere stato scorretto, ho compiuto un errore, dimentichiamolo, per favore. Oppure odiami, ma non sentirti responsabile».

«Ti odio». A malapena capisco le sue parole, rotte contro il mio torace.

«Va bene, puoi farlo. Me lo merito».

«Ti odio così tanto» singhiozza.

«Scusami. È stato un errore imperdonabile. Non avrei dovuto approfittare di te. Me ne vado, ti lascio libera, come mi hai chiesto. È il minimo che possa fare, ora».

«No!» grida e mi spinge via.

Poi mi dà un pugno sul petto e mi fa male. Un secondo: mi chiudo d'istinto. Così il terzo raggiunge la spalla. Li dà storti, sbagliati, senza tecnica, ma ferisce ogni volta, dentro, dove fa più danni.

«È meglio se vado via, ho già fatto troppi casini».

«Cosa fai? Torni dalla tua crew? Da Veronica? Cancelli tutto così, come se non fosse successo?» È incazzata, è triste, ha la faccia solcata da lacrime e rabbia.

«È meglio per tutti».

«È meglio per te, egoista del cazzo. Se te ne vai, lo dico a papà».

Ammutolisco e mi congelo.

Fa un passo verso di me, si asciuga le lacrime col polso. È determinata, bellissima e inquietante allo stesso tempo. «Se te ne vai» ripete con voce più ferma, «lo dico a mio padre. A tuo fratello».

«Non puoi» mi esce dalle labbra, sfiatato.

«Mettimi alla prova, *zio*. Fallo».

In che modo vuole punirmi, tenendomi accanto a sé? Forse ha capito quanto soffro a non poterla avere e spera che io paghi per quel bacio rubato desiderando l'impossibile? Oppure mi inchioda qui perché...

Non posso pensarci, non voglio instillare idee perverse in una testa già troppo ingarbugliata.

«Ci vediamo dopo». Occhi e voce bassi, mi giro e vado verso l'uscita.

«Puoi scommetterci».

Sembra una minaccia, non una promessa, ma mi lascia andare. Sono a pezzi e non c'è più tempo per raggiungere Philadelphia, così torno a casa e organizzo una chiamata con i ragazzi.

Quando Skype si connette, trovo quattro finestre diverse, perché nessuno di loro vuole stare appiccicato all'altro, quindi usano un dispositivo a testa, ma solo Veronica ha il microfono aperto.

«A parte il fatto che stamattina non ti sei presentato al lavoro e che abbiamo dovuto mentire a uno degli addetti della Splendid Records che è venuto a farci visita in studio, ti devo dire una cosa a nome di tutti: bentornato tra i vivi, Iz the Issue».

I miei amici mi regalano un applauso muto e non ho il coraggio di dire loro che non mi sento per niente vivo, che anzi sono morto. Sono fottuto e non capisco più niente della deriva verso cui sta andando la mia vita.

«Andava bene?»

«Bene? È una bomba, una storia di sofferenza e rabbia e colpa. Le ragazzine la ameranno, sarai il nuovo idolo, altro che quella fighetta moscia di Harry Styles».

«Styles non è male».

«Ma lui è un umano, tu sei un dio».

«Veronica, di cosa ti sei fatta?» le chiedo. Non è da lei eccedere con i complimenti.

Bratz accende il microfono, sembra stizzito. «Stanotte non è tornata a casa. Ecco perché è così felice».

«Fatti i cazzi tuoi, tu. Non è affar tuo dove passo il mio tempo quando non lavoro».

Il mio migliore amico, quello a cui sto tacendo tutti i miei pensieri, si alza di scatto e se ne va, lasciandomi da solo ad ascoltare l'entusiasmo della mia manager e le prime proposte di *flow* da parte di Charlie, mentre Seven ha qualche idea per la melodia e me la sottopone. Stiamo online per un'ora abbondante, senza più vedere Bratz, poi li lascio per andare a prendere Virginie, come le ho promesso.

Quando arrivo davanti al liceo, ottengo le solite occhiate curiose, alcune più timide, altre più esplicite, ma le ignoro tutte, perché non riesco a staccare la mia attenzione da Virginie che mi viene incontro a testa alta, con lo sguardo ancora incazzato.

Sale e non mi dice il solito 'grazie', anzi si infila gli auricolari e mi evita per tutto il viaggio. In men che non si dica mi ritrovo nella stessa condizione di ieri sera: lei chiusa in camera sua e io nella mia.

Mi manca l'aria al pensiero che mi basterebbe una decina di passi per inginocchiarmi davanti a lei e pregarla di perdonarmi, o per baciarla ancora e strapparle quel perdono dalle labbra, dalle cosce, dalla gola.

E mentre sono qui che mi tormento, pensando a come replicare la performance artistica di stanotte e rendere questo pomeriggio infernale quantomeno produttivo, qualcuno bussa alla mia porta.

Guardo l'ora; è presto per Levi, e il cuore fa le corse per arrivare prima di me ad aprire la stanza. Ma io non mi alzo, sono terrorizzato da lei, da noi, da me.

«Sì?» chiedo, cercando di non farmi tradire dalla mia stessa voce.

«Posso entrare?»

«Vieni».

La osservo mentre si avvicina a me con un foglio in mano e me lo porge, senza guardarmi. Virginie è tutta emozioni e io mi sento nel bel mezzo di un ciclone, ma amo ogni sfaccettatura del suo modo di essere. Si lascia travolgere da ciò che prova e lo mostra senza filtri. Ora è timida, nervosa, frenata.

Prendo il foglio, ma non faccio in tempo a leggerlo che lei si è già voltata per andarsene. È un lampo, un istinto che non controllo, quello che mi fa afferrare il suo polso per bloccarla. Sbaglio, sbaglio di continuo con lei, è come se ci fosse un'altra persona in me che agisce al posto mio e che non so trattenere.

«Cos'è?»

Lei non si volta, rimane ferma con la sua pelle delicata sotto le mie dita e la schiena dritta che mi fa venire voglia di scostarle i capelli e morderle la nuca, piano, per farle sentire che ci sono, che la desidero, poi appena più forte per scoprire se dentro le sue vene scorre latte invece del sangue, se è candida anche dentro. Riesco a frenarmi, ma è dura.

«Ti ricordi che la mia professoressa di matematica ti ha invitato alla presentazione dei mestieri dei propri genitori?»

Taccio, ma rammento bene che Virginie non voleva che ci andassi.

«Be', è domani. Ma se devi tornare a Philadelphia...»

Il movimento che la attira a me è impercettibile, quasi non mi rendo conto di averlo fatto, ma lei lo asseconda. Mi alzo in piedi e ce l'ho così vicina che mi pare di crollare.

«Tu ci tieni?»

«Non lo so».

«Decidi tu» le sussurro con gli occhi chiusi e una voragine nel petto in cui mi sembra di cadere senza alcun freno.

Strattona il braccio per liberarsi, stizzita, ma non si muove. «Hai paura che racconti a papà ciò che è successo? Per questo mi assecondi?»

'Ti assecondo perché non so fare altro in questo momento'. Lo penso, ma sto in silenzio.

Mi piego su di lei e appoggio la guancia sui suoi capelli. Pagherò ogni stronzata che faccio, ma ora non so evitarne nemmeno una. Perciò la abbraccio e lei avvolge le sue mani attorno ai miei bicipiti, lasciandosi andare all'indietro fino a quando non è completamente appoggiata al mio torace.

«Non ho mai odiato qualcuno così tanto» mi dice, e una lacrima si infrange sul mio polso.

«Io invece...» 'credo di amarti' «ti voglio bene. Tu e Levi siete la mia famiglia».

«È anche per questo che ti odio».

«Quello che è successo...»

Si volta di scatto, mi fissa con occhi lucidi e gonfi di un pianto che rimane lì, appeso, e non si libera del tutto. «Dimmi che lo volevi».

Non so cosa risponderle, non so neppure cosa vuole che le confessi.

Tentenno, schivo il suo sguardo, ma lei mi afferra il viso, lo riporta su di lei e mi obbliga allo strazio della mia incomprensione. Ho il terrore che, se sarò sincero, Virginie guarderà con ribrezzo al mio desiderio inopportuno.

Ma non so se sono in grado di mentirle così, mentre lei mi scruta e mi toglie qualsiasi velo, come se fosse ciò che ha sempre fatto: scoprire le mie bugie per poi buttarmi in faccia la mia incapacità di proteggerla dalla verità.

«Ti senti in colpa?» insiste, scava, fa terra bruciata nel nascondiglio del mio silenzio. «Ti vergogni di ciò che hai fatto?»

Abbasso la testa, un assenso muto.

«Se io non fossi... chi sono... mi vorresti?» Mi mette all'angolo e non so rispondere ai suoi colpi, sono inerme, senza difese. «Io...» comincia, poi tace. A lungo. Una suspence che mi obbliga a riportare i miei occhi su di lei, che ha le guance rosse e si morde le labbra, pensierosa. «Se tu non fossi chi sei e se non fossi così difficile da capire...» Si interrompe ancora, sposta lo sguardo. «Vorrei farlo ancora. Se fosse per me, io manderei tutto a quel paese, pur di averti».

Con poche parole mi immerge in un mondo di possibilità. Possibilità che devo rifiutare. «E tuo padre?» mi strozzo mentre pronuncio quelle tre semplici parole.

«Non riesco a pensare anche a lui».

E in questo momento capisco che è proprio così: lei non riesce a pensare. E qualcosa, dentro, si spezza, perché mi rendo conto che è tutto nelle mie mani. Sono io l'adulto che può salvare la situazione, sono l'unico che può evitare di sconvolgere la vita della persona che ha sacrificato la sua per noi. Riconoscenza, debito, amore. Cose che Virginie ha scordato, che in parte non è neanche consapevole di dovere a suo padre.

Però io non posso scordarmi della realtà. E cioè che due di noi sono al corrente della verità, mentre lei è all'oscuro di ogni cosa. Che io so quanto devo a Levi, mentre lei non lo può capire.

«Io sì» sussurro, poi, di fronte alla sua perplessità, spiego meglio ciò che provo: «Io ci penso a lui. E a te». Le accarezzo i capelli, ma è troppa la tentazione di fare di più. Di sbagliare ancora. E non fermarmi mai. Perciò faccio un passo indietro e recido il nostro contatto. «Questa cosa» indico prima me e poi lei «è una catastrofe. È la bomba che cade su Hiroshima e spazza via tutto. Non posso farlo, tuo padre non lo merita e neanche tu».

Vedo che si sta incazzando e mi affretto a continuare, prima che scappi e metta un muro tra di noi, perché lo farà ed è giusto così, ma ho bisogno di dirle ancora una cosa.

«Tu non ti rendi conto di cosa proveresti a perdere la tua famiglia». Tenta di parlare e la zittisco. «E non lo sai perché Levi è sempre stato qui con te, anche quando aveva vent'anni e avrebbe voluto andare a ballare o alle feste del college, anche quando magari sognava un nuovo amore, ma quello per te era sempre più importante. Levi è stato con te ogni istante, sbagliando, provandoci, amandoti. E, in qualche modo, ha fatto lo stesso anche con me. Non possiamo...» Un sussulto del cuore sottolinea che sto parlando per due, sto pensando a un 'noi', un 'noi' che sto per spezzare, un 'noi' che vorrei più di ogni cosa al mondo. «Non possiamo fargli una cosa simile».

«Non c'è bisogno che lo sappia...» mormora e implora. Ma non sembra una donna che elemosina, solo una che chiede ciò che merita, ciò che desidera. E rendermi conto che è me che brama mi dà una fitta proprio laggiù.

«Vuoi che ci trovi qui, mentre ti sbatto contro il muro? Che lo scopra per caso?»

«Sì» geme, preda come me dell'immagine che ho proiettato nelle nostre menti. «No» si riprende. Fa un passo avanti e io uno indietro, ma poi accelera di colpo e mi si butta tra le braccia. «Dimmi che lo volevi» torna all'attacco, e io ho più brecce che difese.

Sono sul baratro: se cado, la spoglio; se la spoglio, ci faccio l'amore; se ci faccio l'amore, non la lascio più.

Se ci faccio l'amore, distruggo la mia famiglia.

«Lo volevo». Tremo mentre lo ammetto. «Lo voglio. Ti voglio. Ma no, Vee. *Noi* non è un'opzione. *Noi* non esiste. *Noi* siamo un problema».

Mi si struscia contro, si alza sulle punte dei piedi e mi butta le braccia dietro il collo.

«Credo nell'impossibile» sussurra. Ed è una promessa. Ed è una minaccia. Le sigilla entrambe con un bacio delicato sulle mie labbra chiuse. «Domani sarai nella mia classe. Domani non vai a Philadelphia. Domani sei mio».

'Sono tuo per sempre, Vee'.

Capitolo 16

Virginie

Okay, la mia vita si è appena incasinata più di quanto pensassi mai possibile, ma sto saltellando di felicità nella mia stanza. È ovvio che ho perso la ragione, ma in tutta onestà non pensavo che la pazzia fosse così dolce. E calda. E umida proprio lì, tra le gambe, dove il vuoto che sento quando penso a Israel o gli sto vicino richiama la necessità di essere colmato da tutto l'amore che può darmi.

'Lo volevo. Lo voglio. Ti voglio', le parole più belle che io abbia mai sentito in tutta la mia vita. Non dimentico tutt'a un tratto che ha una ragazza, che è mio zio e che ha detto che, no, non ci sono possibilità per noi. È solo che... ora mi sento bella, mi sento vista e desiderata. Ricambiata.

Non sono più la ragazzina stupidamente innamorata di un uomo che vive dall'altra parte del Paese e che non ci pensa proprio a lei. Ho visto nei suoi occhi la difficoltà di trattenersi, la paura, la vergogna. Il desiderio.

Ha tentato di nascondermi ogni cosa, ma non ci è riuscito, perché quando ci si riempie di emozioni, alla fine, non si può che esondare. E lui ha rotto gli argini. Poche gocce, ancora non straripa del tutto, ma lo farà, o almeno lo spero.

E lo so che papà non sarebbe felice che suo fratello mi baci, ma non c'è bisogno che ne venga a conoscenza, basta che stiamo attenti, che ce ne andiamo da questa città. Okay, di nuovo. Sto correndo troppo con la fantasia. E non solo con i sogni d'amore, perché Israel accende istinti mai avuti prima. Vorrei urlare, spogliarmi e saltare in mezzo alla stanza fino a svenire.

E poi vorrei che lui venisse a prendermi. Che mi portasse a casa sua a San Francisco, lasciando la sua ragazza qui in Pennsylvania, e che facesse l'amore con me ogni istante di ogni minuto, di ogni ora, di ogni giorno.

Mi butto sul letto, il cuore in gola, lo sguardo al soffitto, un sorriso stampato sulle labbra.

Sarà difficile, ne sono cosciente, ma ora penso solo al suo sguardo su di me. E sono finalmente felice.

Mi volto di pancia sul letto, apro il comodino e prendo un blocco da disegno e un paio di matite, una nera e una bianca. Quest'ultima la metto tra i denti finché non mi servirà. Graffio il foglio, incido, soffio, sfumo col polpastrello, traccio linee, curve, schiarisco, ombreggio, stringo le gambe mentre il viso di mio zio nasce dalle mie dita, non smetto di sorridere, sento mio padre arrivare e urlare un saluto dal piano di sotto e continuo a disegnare, senza smettere di infilare la mia felicità tra le trame della carta e la polvere della mina.

Mi interrompe la voce di papà che ci chiama per la cena. Stasera è tornato prima del solito, oppure io ho completamente perso la cognizione del tempo. Uno sguardo fuori, e l'evidenza che il sole è tramontato da parecchio tempo mi conferma la seconda ipotesi.

Mi alzo dal letto, rimetto via blocco e matite, mi sgranchisco la schiena e le gambe, poi esco dalla stanza e scendo le scale. Mi blocco a metà e mi nascondo dietro il muro che copre parte dei gradini. Di sotto, le voci di mio padre e di mio zio che decido deliberatamente di spiare.

«Cosa cazzo hai combinato, *bro*?»

È papà che si rivolge a Israel, con un tono disgustato.

«Mi piace, non posso farci niente».

«Dio, fai schifo. Non pensavo che una persona potesse arrivare a questo punto».

«Non farne una tragedia» risponde mio zio, molto più calmo di oggi pomeriggio. Mi appiattisco contro la parete.

Cosa ne è stato del 'Levi non lo deve sapere, bomba di Hiroshima, catastrofe, tragedia, apocalisse'? Non poteva avvisarmi?

Faccio due passi indietro, poi li sento ridere.

«Sei rivoltante» dice mio padre, senza fiato.

«Dovresti provare a fartela anche tu» replica Israel, di cui non sento le risate da anni.

«Sarebbe la cosa più sbagliata di questo mondo. Sei pazzo?»

«Del tutto fuori di testa. L'ho persa, ormai».

Mio padre sghignazza, mi affaccio di nascosto e lo osservo piegato sulle ginocchia e con le lacrime agli occhi, mentre Israel ha le mani sul piano di lavoro e mi dà la schiena, che sussulta preda di un'irrefrenabile ilarità.

«Io ordino una pizza».

«Chiedila con l'ananas» biascica ridendo mio zio.

«Meglio di quella merda che hai davanti» risponde mio padre, poi si volta verso il piano di sopra e urla «Genie!» un secondo prima di vedermi. «Eccoti! Tuo zio mi ha appena proposto di cenare con la sua torre di sandwich».

Israel si volta, e ha un'espressione tremendamente seria. A disagio. Tutte le risate svaniscono quando mi vede, ma quando mio padre si gira verso di lui stira la bocca in un sorriso che è tutto tranne che sincero.

«Dai, *bro*, dille cosa avevi pensato di propinarci».

Lui mi mostra quattro fette di pane farcite, ma da qui non ho idea di cosa ci sia dentro.

«Burro d'arachidi, banane, cetrioli sott'aceto e formaggio spray» risponde serio.

«Dice che è una prelibatezza e che se non lo provi non puoi saperlo» sghignazza papà asciugandosi le lacrime.

«Io passo, grazie». Rabbrividisco al pensiero di infilarmi quella schifezza in bocca. Ma, in modo differente, pure al pensiero di ciò che è successo poche ore fa.

«Non potete lasciarmeli finire da solo, senza neppure averli assaggiati!»

«È una questione di sopravvivenza» sentenzia mio padre.

«Non avete coraggio» replica Israel, che si merita la mia frecciata sparata dritta in faccia.

«Ne hai tu per tutti quanti noi, non è vero?»

A quel punto ammutolisce e la situazione torna calma. Io e papà ordiniamo due pizze e guardiamo schifati mio zio che spazzola quella roba immonda che ha nel piatto.

Papà ci racconta della sua giornata; da quando non siamo più da soli mi sembra meno preoccupato e più rilassato. È proprio vero che non sapere è il modo migliore per essere felici.

Quando finiamo la cena, ci sediamo sul divano per vedere un film insieme – non lo facciamo da una vita –, ma Israel si accomoda sulla poltrona, più lontano, e sta in silenzio finché non andiamo a dormire. Saliamo tutti e tre le scale e mio padre ci chiede se può usare per primo il bagno perché ha bevuto troppa birra, così io e mio zio rimaniamo da soli in corridoio.

«Hai già pensato a cosa dire domani mattina a scuola?»

«Che sono una persona orrenda e di non seguire i miei passi» mi risponde sussurrando.

Alzo gli occhi al cielo e mi avvicino a lui. Gli poggio le dita sul collo della maglietta e lui indietreggia, fino a rimanere spalle al muro.

«Se vuoi puoi combattere contro questa cosa al posto mio: io non ho nessuna intenzione di farlo».

Mi sollevo sulla punta dei piedi e avvicino le labbra alle sue. La porta del bagno si apre, lui volta la faccia e gli bacio la guancia, che pizzica appena perché oggi non si è rasato.

«Buonanotte, zio» gli dico, poi mi volto verso mio padre, lo abbraccio e ripeto l'augurio.

Filo in bagno e mi sento forte e vincente.

Forse non è finita la guerra, ma qualche battaglia la sto portando a casa.

«Buongiorno, ragazzi, come sapete oggi è il giorno in cui i vostri parenti ci parleranno della loro esperienza dopo il liceo. Molti di voi» dice la professoressa Alastor dal centro del palco dell'aula magna «hanno già le idee chiare sul loro futuro, ma a volte non è sufficiente la scelta della scuola giusta o dell'indirizzo più adatto a noi. Importante è *il modo* in cui affrontiamo la nostra vita. Per questo, tra di noi, non abbiamo soltanto persone laureate o ex alunni di università prestigiose, ma un variegato numero di adulti che hanno raggiunto – o stanno raggiungendo – i loro obiettivi».

Victoria Alastor sarebbe una bella donna se solo non si mortificasse con colori spenti e abiti dal taglio mediocre. È una di quelle che sicuramente stanno meglio nude che vestite, perché ha un portamento elegante, una voce dolce e profonda e due occhi unici.

Per questo non mi stupisce che i miei compagni ne siano attratti e che molti dei padri invitati a questa riunione la guardino senza staccarle gli occhi di dosso.

Connor, seduto alla mia destra in prima fila, è abbastanza impassibile. È sempre stato immerso nei suoi silenzi, in qualcosa che non mi dice e io... be', io sono distratta da chi sta due posti alla mia sinistra. Stamattina Israel mi ha accompagnata a scuola in silenzio e ha annuito appena quando gli ho detto che ci saremmo visti qui, più tardi. Le due ore di letteratura inglese sono state eterne e le ho passate continuando a immaginarmi nella sua stanza a lottare, piangere e far l'amore. È davvero dura non poterlo toccare, ma almeno è qui e non dalla sua ragazza, e per oggi mi faccio andare bene questa piccola soddisfazione.

Per primo sale sul palco il sindaco. Non ha figli che vengono in questa scuola, che io sappia, e non è neppure stato alunno del liceo comunale, è andato all'istituto privato che sta a nord-est, però *ci tiene* a raccontarci la sua storia. Al suo fianco la futura moglie, Serena Bowem, una delle donne più altolocate della città. Lei sorride come se non avesse fatto altro in tutta la sua vita, lui è diretto ma gentile.

Poi è il turno della mamma di Tyler, la signora Blake, che ci dà una panoramica su come è diventata infermiera dopo un training alla Nurse Aide, il Community College di Philadelphia. Quando scende dal palco, suo figlio si alza in piedi e la applaude entusiasta con tanto di fischio, come se ci avesse raccontato di essere andata su Marte e ritorno.

Ammiro che non si vergogni di dimostrare il suo affetto e il suo supporto. Mi appresto a dare il mio a mio padre che sale i gradini e si affianca alla professoressa Alastor. Li vedrei bene insieme, anche se mio padre sembra intimidito vicino a lei, sul palcoscenico.

«Non è stato facile arrivare a creare la More Than Garden. Ai tempi ero poco più di un ragazzino, ero rimasto da solo con una bimba piccola e un fratello di dieci anni più giovane. Mi portavo Virginie nel marsupio e avevo sempre una culletta con me, la mettevo al sicuro e mi occupavo dei giardini della maggior parte delle vostre famiglie». Mio padre è un uomo incredibilmente affascinante, forse è per questo che le mie compagne, con evidenti *daddy issues*, e le loro madri stanno ad ascoltare la storia del vedovo più sexy di tutta Red Oak Town con gli occhi a cuoricino. Non c'è nessuna foto del suo matrimonio con la mamma, ma lui continua a portare la fede: un anello di un metallo sconosciuto che nel tempo si è scurito e rovinato. «Il consiglio che posso darvi è di non pensare mai che il destino vi debba ripagare di ciò che vi ha tolto. Il futuro è nelle vostre mani, nella vostra forza di volontà e nel vostro spirito di sacrificio. E, se per caso non siete ancora clienti della More Than Garden, potrete scoprire direttamente cosa significhino questi valori per noi e come li applichiamo nel nostro lavoro».

Quando scende i pochi gradini, scatta un timido applauso, la platea sta carburando. L'ultimo a presentarsi probabilmente riceverà fischi e urla, anche se si dichiarerà disoccupato.

Infatti, mentre sfilano altri parenti, il ghiaccio si scioglie, cominciano alcune risate e gli spettatori sono sempre più coinvolti.

«E ora, un ex alunno di questa scuola che sta facendo carriera nel mondo della musica. Fate un applauso a Israel Silver, meglio conosciuto dai più giovani come Iz the Issue».

Mormorii eccitati, mani che battono, sospiri, tutto il corollario di 'è arrivata una celebrità in città'. Mi mordo il labbro per non urlare a queste quattro stronze di smetterla di sbavare su mio zio.

«Ciao, Israel, grazie per aver accettato il nostro invito. Chiediamo a tutti i presenti di non fare foto e di non postarle sul web, questo è l'accordo che è stato fatto tra la scuola e il suo ufficio stampa» dice la professoressa Alastor, e una compagna sul fondo, tra qualche mormorio di dissenso, grida senza vergogna uno svenevole «grazie Dio per averci dato Iz!» Se la becco, le strappo i capelli. «Come hai iniziato il tuo percorso da rapper?»

Israel è imbarazzato, sposta il peso da un piede all'altro, parla ma ha il microfono lontano e non si sente niente. Se non ci fosse la sua faccia sui dischi, nessuno crederebbe che sia lui. Uno che sul palcoscenico ci dovrebbe saper stare, eccome!

«Dovresti avvicinare... ecco, sì, alla bocca. Grazie, se no non sentono».

La professoressa è gentile con lui, cerca di metterlo a suo agio.

«Scrivevo da ragazzo. Ero ossessionato dalle rime e...»

«Iz, ti amo!» urla un'altra ragazza, insinuando nella mia mente istinti omicidi.

«Canta per noi!» lo incita qualcuno dal fondo, e da lì parte un coro: «Canta! Canta! Canta!»

Lui si schermisce dicendo che non ha la base, che non può, allora un ragazzo corre verso il palco, mostra che ha trovato su Internet la versione karaoke di una canzone del suo ultimo album e dice che può diffonderla con le casse, così che lui ci possa rappare sopra.

Succede tutto così velocemente che non so se sia più stranito Israel o se lo sia chi non sta partecipando all'allestimento di un concerto improvvisato. Fatto sta che in pochi minuti c'è un faro sul suo viso, il palcoscenico è stato liberato e il ragazzo di prima aspetta un cenno di mio zio che, in realtà, non mi pare abbia approvato questa situazione.

Però alla fine accetta di cantare per noi e, quando fa un cenno con la testa, parte la base della sua canzone più famosa: *Scary Mirror*.

I'm lost
I'm scared
Exhausted and bared
In the mirror of a lift
Full of people going drift
Can't look to my reflex (pale)
I've never been someone's ex (wail)
Used to sing all along, dying alone on my solitary throne
I'm not a fucking clone.

Mi sento perso
Pieno di paura
Sfinito e messo a nudo
Nello specchio di un ascensore
Pieno di gente che va alla deriva
Non riesco a guardare il mio riflesso (pallido)
Non sono mai stato l'ex di qualcuno (gemito)
Cantavo sempre, agonizzando sul mio trono solitario
Non sono un maledetto clone.

All'inizio tiene gli occhi chiusi, molleggia sulle gambe e si piega in avanti, chino sul microfono che tiene in mano come un professionista. È un po' legato, ma piano piano si scioglie e le sue movenze diventano inconsapevolmente sensuali, acquista sicurezza, si raddrizza con la schiena e fa scorrere lo sguardo sulla platea buia, fino a individuarmi tra tutti.

Mi inchioda alla sedia mentre canta.

And nobody knows my pain
The history in my veins
The voices in my brain
The fear in my DNA.

E nessuno conosce il mio dolore
La storia che mi scorre nelle vene

Le voci nella mia testa
La paura nel mio DNA.

Un nodo si scioglie dentro di me e tutto ciò che trattengo da ieri scivola verso il basso, per scontrarsi con il cotone dei miei slip. Se fossi da sola, lo pregherei di darmi piacere, invece sono qui, bloccata su una sedia, con mio padre al mio fianco e le cosce che sfregano cercando un sollievo che non arriva.

«Tutto bene?» mi sussurra Connor all'orecchio.

«Tutto a posto».

«Sembra tu sia seduta su una graticola».

«Ho messo un perizoma di pizzo, mi dà fastidio» mento.

Lui si acciglia, sembra inorridito, e torna a guardare dritto di fronte a sé, come faccio io che mi trovo davanti una versione intensa di Israel. Il testo della canzone si adatta al suo sguardo, ma io ho l'impressione che ce l'abbia con me.

And I would only like that someone'd say
Stay
So please don't scare me
Don't tease me
Don't fight me
Don't leave me
Just be there and look into my eyes
On the other side of this scary mirror.

Vorrei soltanto che qualcuno mi dicesse
Resta
Quindi ti prego non spaventarmi
Non ingannarmi
Non combattermi
Non lasciarmi
Resta soltanto lì e guardami negli occhi
Dall'altro lato di questo specchio che mi fa paura.

L'ultima strofa me la butta addosso, la sento come se mi stesse stringendo con le sue mani, come se mi stesse ficcando quelle rime sotto la pelle, come se stesse facendo l'amore con me in maniera brutale.

La musica finisce e lui è in affanno, alza la testa ed è come se si ricordasse solo ora di dov'è. L'applauso è un boato, non ha niente di timido, c'è anche una standing ovation. Io non mi alzo, rimango a fissare una goccia di sudore che gli scende lungo il collo e si infrange sulla maglietta, con l'insana voglia di leccargliela via.

La professoressa Alastor torna sul palco. «Grazie, Israel, per la tua performance. Sei un ragazzo di poche parole, ma si vede tutta la tua passione quando ti esibisci. Ti va di rispondere a qualche domanda del pubblico?»

Mio zio annuisce e un microfono viene passato nella platea.

Il primo interrogativo fa scoppiare tutti a ridere. «Sei fidanzato?»

Israel mi lancia un'occhiata fugace, una di quelle che non riesci a trattenere, poi risponde un laconico «no». Mi chiedo se a Veronica stia bene che lui neghi sempre la loro relazione, ma in fondo non me ne frega niente, perché sta negando anche me e questo, anche se razionalmente giusto, mi fa molto più male.

«Hai dei nuovi progetti?»

Mio zio muove la testa su e giù. «Entro la fine dell'anno ci sarà un nuovo disco» dice con una timidezza seria che non gli colora le guance ma gli cambia la postura.

«Sapevi da sempre che avresti fatto il rapper?» chiede un ragazzo in quarta fila con una penna in mano e un bloc-notes. È uno dei tizi del giornale scolastico e sta approfittando dell'occasione per un'intervista improvvisata.

«Diciamo che quando ero ragazzino... non avevo molto con cui divertirmi. Non so quanti di voi lo sappiano, ma sono cresciuto a Red Oak Manor e ai tempi bisognava ingegnarsi per passare il tempo. Io amavo le parole e la musica, il *beat* e il *flow*, ascoltavo sempre quel genere di canzoni, ma non credevo che sarei diventato famoso». Gli si è sciolta la lingua nel parlare del lavoro che ama. «Infatti mi sono iscritto a un Community College per avere un piano di riserva e non rischiare di pesare sulla mia famiglia, su mio fratello Levi. Poi ho avuto la fortuna di incontrare la mia crew e il loro sostegno».

«Quanto è importante per te l'amicizia?» La domanda del cazzo la fa una tipa del primo anno, ma non credo gliene freghi davvero qualcosa. Prima che lui possa rispondere aggiunge: «Secondo te da un'amicizia può nascere l'amore?»

Alzo gli occhi al cielo, mi pare di essere alla posta del cuore. Anche Israel sembra stranito dalla domanda, mentre un tizio che si alza sbuffando e lasciando la sala rende chiaro a tutti che la questione è stata posta per lanciare un messaggio personale.

Mio zio decide comunque di rispondere. «L'amicizia è fondamentale, soprattutto per chi, come me, ha passato gli ultimi nove anni sempre con le stesse persone. Per quanto riguarda l'amore tra due amici, credo che sia possibile».

Ovviamente sta parlando della sua Veronica, la persona che più di tutte vorrei che scomparisse da questo mondo. Non può trovare un altro e lasciare Israel a me?

La professoressa ne approfitta per chiudere la riunione, visto che la campanella che annuncia l'ora di pranzo è suonata da cinque minuti abbondanti, e Israel scende, per poi raggiungerci.

«Noi andiamo, Genie» mi dice mio padre abbracciandomi. Quando mi libera, lancio un'occhiata a Israel che è subito dietro di lui. Mio zio scuote la testa, si passa la mano sulla faccia e si morde il labbro inferiore.

Dio, quanto è bello. E quanto è difficile vederli andare via insieme senza neppure voltarsi.

Devo tenere duro. Tra poco più di tre ore lo vedrò di nuovo. E saremo soli. In una casa vuota. Con degli istinti difficili da tenere a bada.

'Lo volevo. Lo voglio. Ti voglio'.

'Io di più. Ancora di più'.

Capitolo 17

Israel

Non sono un santo. Non posso resistere a lungo in questa situazione. Da quando tra me e Virginie è successo quello che è successo e lei mi ha estorto una confessione sulla mia volontà reale di baciarla, la mia vita è diventata un vero e proprio incubo, perché lei non ha alcuna intenzione di ragionare sulle conseguenze della nostra attrazione.

Per questo motivo, da poco più di due settimane, ho smesso di dormire a casa di Levi. Seven mi ha mandato a fare in culo quando ho preteso che mi lasciasse la stanza in cui ho passato la notte con mia nipote, ma alla fine hanno accettato di buon grado che io arrivi in tarda serata, dopo aver cenato con la mia famiglia ed essermi assicurato che tutti dormano. Prendo la mia auto, raggiungo i ragazzi, a volte lavoriamo fino a notte fonda, poi la mattina andiamo in studio. Alle tre del pomeriggio sono davanti al liceo di Virginie ad aspettare che esca, la faccio salire in macchina e passo le successive cinque ore a sperare che lei non sia in uno di quei giorni che io chiamo 'assalto senza pietà'.

Non è esplicita, ma fa come adesso: si siede di fronte a me, mi fissa negli occhi mentre si infila un chicco d'uva tra le labbra e mi provoca l'insano desiderio di esserci io in quella bocca, con la lingua, con le dita e...

«Vado a farmi la doccia». Sbuffo, distogliendo lo sguardo. Non dovrei essere qui, è sabato. Tutta colpa di Levi che oggi doveva lavorare al giardino di Sherman, perché stasera è prevista una cena con invitati e cazzi vari.

«Mi sembra che ce ne sia una bella larga nell'appartamento di Philadelphia. Cos'è, la tua fidanzata non ti lascia in pace neppure quando vai in bagno?»

All'inizio non avevo dato peso al fatto che mi credesse innamorato di Veronica. Ora sfrutto questa sua fissa per giustificarmi mentre la tengo a distanza.

«Ho solo voglia di farmene una in completa solitudine».

«Peccato» mi risponde, assottigliando gli occhi. Poi distoglie lo sguardo e lo porta al cavallo dei miei pantaloni. Dalla tasca proviene la suoneria del mio cellulare. Lo recupero e mi aggiusto ciò che si stava per svegliare in maniera del tutto inappropriata.

«Ciao, June».

Appena sente il nome della mia amica, Virginie lancia lo sguardo al cielo, prende i resti del grappolo d'uva che stava mangiando e li butta nell'immondizia, sbattendo l'armadietto.

Vado fuori dal cottage, il sole mi scalda la pelle e mi rilassa, mentre dall'altra parte della cornetta June mi spiega che Miss Price, la precedente direttrice del Red Oak Manor, è morta e che lunedì pomeriggio si terranno i funerali.

«Ci sarete?» mi chiede.

«Non è che me ne freghi molto. Era una stronza».

«Ah» risponde delusa.

«Ma sicuramente Levi vorrà esserci. Con lui aveva un rapporto decente e, quando il signor Baker è stato male, è stata lei a dargli l'opportunità di rimanere con me al maniero, finché è durata. Per cui, sì. Ci saremo».

«Grazie» sospira.

«Va tutto bene?»

«Come al solito».

«Senti, cosa ne dici se dopo il funerale andiamo a bere qualcosa al pub? Ti avevo promesso un'uscita e poi le cose si sono un po' complicate...»

«Problemi?»

Sospiro in silenzio. «No, solo tante cose da fare per il disco».
«Va bene. Ho bisogno di staccare un po'».
«Andata».
Attacco e sbuffo. Virginie mi rende distratto anche nei confronti delle persone a cui voglio bene e non è per niente una cosa buona.
Mi volto e mi trovo di fronte mia nipote con le braccia conserte che sollevano di poco il suo seno minuto e perfetto, motivo del mio improvviso e inaspettato periodo da segaiolo nella mia stanza a Philadelphia. Una vera e propria ossessione che mi soffoca ogni volta che sono nel letto in cui ho toccato la sua pelle nuda.
«Cosa fai *con June*? Veronica lo sa che esci con lei?»
«June è solo un'amica» le dico con sincerità, ma lei non si sposta e io sono inchiodato qui, senza poter rientrare in casa.
«E io cosa sono?»
«Ne abbiamo già parlato. Non posso neanche pensare a te, ho mille motivi che mi impediscono di considerarti come la ragazza che mi ha fatto perdere il controllo per un attimo».
«Un attimo, eh?»
Se la prende sempre, per qualsiasi cosa io dica, perché non è ciò che vorrebbe sentire da me. Lei vorrebbe udire la verità che celo e io non posso concedergliela.
Si avvicina, un passo, un altro, fino ad arrivarmi sotto, a un centimetro dal mio corpo. Mi fissa, alzando la testa; io vorrei evitare il suo sguardo, ma alla fine mi arrendo e aspetto il colpo di grazia.
«Se è stato solo un attimo, perché sei sempre a disagio con me?»
«Perché...» Deglutisco quando mi accarezza le spalle, poi sale con le dita lungo il collo.
«Dimostrami che è stato davvero solo un attimo di follia. Che è tutto passato». Che la sua sia una recita o che il suo animo sia davvero così spavaldo, davanti a me c'è una donna che sa come mettermi alle strette, non una ragazzina intimidita.
«Come faccio?» le chiedo, perché non so davvero come po-

terle dimostrare qualcosa che non è vero, ma vorrei poterlo fare, così da chiudere questa porta e continuare a soffrire in silenzio, ingoiare la bomba atomica e farla scoppiare dentro di me, per limitare i danni al resto della mia famiglia.

Lei ci pensa, poi sorride maliziosa. Ha un piano in mente. Spero non sia troppo assurdo.

«Ora ti vengo più vicino, così vicino da poterti baciare, ma non lo faccio. Se resisti e non azzeri *tu* la distanza, capirò che non mi desideri e che io ti ho solo frainteso».

Ho la gola riarsa e il sesso che pulsa. Tremare appena, e nascondergielo, non è una scelta ma un'inevitabile conseguenza. «E se non ci riesco?» Il tono della mia voce esce sicuro, non pensavo d'essere così bravo a fingere.

«Verrò anch'io ovunque volessi andare con June».

Si solleva sulle punte, si avvicina, ma io le blocco i polsi tra le mani e mi guardo intorno.

«Non qui. Non dove ci possono vedere tutti».

«Siamo alla fine di una strada chiusa, attorniata da una foresta. Devi avere una paura fottuta di cedere...» È spavalda, un altro dei tasselli che formano il suo mondo emotivo. Un caleidoscopio di colori impazziti, che si danno il cambio così velocemente da mostrare solo il bianco, abbagliante, spaventoso, delirante.

Come il mio cuore, fuori controllo.

Cambia la presa e incastra le dita tra le mie, per poi trascinarmi in casa. La seguo come un automa. Una volta chiusa la porta a chiave, mi spinge sul divano e sale a cavalcioni su di me.

«Sei pronto?»

Non ho le forze per rispondere, per cui taccio e la osservo mentre sta per distruggermi.

Le sue labbra sono umide, invitanti, è seduta proprio sul mio inguine... Ed è senza reggiseno, la forma dei capezzoli si intravede sotto la stoffa leggera, io sto per morire.

«Vee, non possiamo...»

«Mi basta assicurarmi che tu lo voglia, per ora».

«È sbagliato».

«Dirlo non cambia ciò che desidero. Che forse desideri anche tu».

Si avvicina, mi posa le mani sulle spalle e fa leva per accomodarsi meglio, proprio sul mio uccello che ormai è del tutto sveglio. Impossibile che lei non se ne accorga.

Non può farsi bastare questo inequivocabile segno di resa?

«Basta, Virginie».

Lei ondeggia, mi provoca. Chissà chi le ha insegnato a fare così... Lucas? Qualcun altro?

Le mie mani si muovono animate da una gelosia inopportuna, si aggrappano ai suoi fianchi e la spingono ancora di più verso il basso. Lei geme e io precipito.

'Ti sto dimostrando quanto ti voglio, ora basta...'

Non esprimo neppure più a parole la mia preghiera di smetterla, tanto ormai mi è chiaro che non mollerà fino a quando non avrà ottenuto ciò che brama. *Me.*

Le pulsazioni nel mio sesso aumentano, la voglia di venire è a livelli mai raggiunti, ma rimango fermo, immobile, sotto il suo attacco.

Le sue labbra si avvicinano, ancora e ancora e ancora, fino a sfiorare le mie. Sento il profumo dell'uva, ricordo la consistenza della sua bocca e la morbidezza della sua lingua. Devo solo resistere. Pochi minuti e tutto sarà passato e Virginie dovrà accettare che sono più forte del mio desiderio.

Trascorrono istanti eterni e io sono fiero della mia resistenza, perché, giuro, questa è l'impresa più difficile che abbia mai dovuto compiere, ma sto tenendo duro e posso...

No, non posso, perché lei gioca sporco. Molto, molto, molto sporco.

Mi sfiora le labbra, chinandosi su di me, e i suoi occhi riempiono tutto il mio spazio visivo, per cui non capisco cosa stia facendo finché la stoffa bianca della sua maglietta non interrompe il nostro contatto, passando veloce tra i nostri visi per essere lanciata sulla parte destra del divano.

A quel punto, proprio quando lei sta per staccarsi da me e mostrarmi, di nuovo, ciò che non mi fa dormire da settimane, io mi rendo conto che non posso permetterglielo, per cui la abbraccio forte e la tiro a me, con una veemenza eccessiva che me la fa cadere giusto sulla bocca.

Il contatto involontario dura pochi secondi, sostituito da tutto ciò che invece vogliamo sul serio: lingua contro lingua, gemiti, strusciamenti. È bastato poco per crollare, ho resistito più che ho potuto, ma Virginie non aveva mai attaccato con così tanta convinzione. E scorrettezza.

Una volta che perdo il lume, non riesco a tornare indietro. E dire che pensavo di essere un uomo tutto d'un pezzo, ma ora devo ammettere che l'unico motivo per il quale sono sempre stato un bravo ragazzo è che non ho mai provato niente di simile per nessuno al mondo.

Anche se quasi non mi rendo conto di quello che sto facendo, che le sto succhiando il collo, che non mi accontento più di stringerle la schiena, che ho il suo capezzolo tra le dita, che con l'altra mano la sto spingendo contro il mio uccello, ho la netta impressione che ricorderò ogni dettaglio di questo pomeriggio e che pagherò ognuno dei ricordi che sto collezionando.

«Sapevo che mi volevi» ansima e io sento ogni movimento della sua gola sotto i miei denti, affondati nella pelle chiara.

«Vee...» Il mio è un ammonimento a non esagerare, una preghiera di non fermarsi e allo stesso tempo di cancellare questo enorme sbaglio.

«Israel...» geme lei e cerca la mia bocca. Con le lingue che si danno battaglia, senza mai staccarmi dalle sue labbra, la sposto sotto di me e mi incastro tra le sue gambe, che avvolge intorno ai miei fianchi. Mi struscio sui suoi jeans, premo di più e lei mugola di piacere.

Con le mani le avvolgo il seno, abbandono il suo viso e mi infilo un capezzolo tra i denti, lo lambisco piano con la lingua e mi muovo sopra di lei. Sta godendo, grazie a me.

Per colpa mia. Ma non riesco a smettere, voglio che venga mentre le succhio le tette, mentre glielo spingo addosso, voglio che urli il mio nome nel suo orgasmo.

Israel.

«Oh, mio Dio!» grida. «Sì, ancora. Ti prego, non smettere».

Non posso, non posso più, ho superato ogni limite.

Succhio più forte, premo più forte, più veloce, e poi lei viene, di colpo, si tende allo stremo e urla. Non un nome qualsiasi.

«Oh, sì. Sì, Israel, sì».

Mi blocco all'improvviso, la consapevolezza di un desiderio che si avvera, un desiderio che non avrei dovuto mai esprimere, ma è troppo tardi, ci siamo spinti troppo oltre e il suo capezzolo è ancora tra le mie labbra e lei si sta contorcendo sotto di me, continuando la frizione sul mio uccello.

Vorrei morire.

E invece vengo, insieme a lei, senza neppure esserle entrato dentro.

Vengo e crollo sulla figlia di mio fratello.

Quando mi passa le mani tra i capelli, scoppio a piangere e le inondo il petto delle mie lacrime inutili. Piango sul mio stesso reato.

«Non fare così» sussurra. È preoccupata, ma non riesce a nascondere la felicità nella sua voce.

«Sono un mostro, Vee».

«Per me non lo sei».

Mi sollevo per guardarla in faccia, ho un cipiglio confuso, lei mi asciuga le lacrime.

«Come fai a ritenere giusto tutto questo?» le chiedo. E me lo chiedo anche io: come fa a non avere nessun riverbero di quanto tutto ciò sia sbagliato?

«Me lo dice il mio cuore. E non solo». Arrossisce e sorride.

La guardo perplesso.

«È stato molto... intenso». Distoglie lo sguardo e la sua espressione è timida ma estasiata.

«Non... I tuoi ragazzi non ti hanno mai fatto provare questa... cosa?»

«No, mai».

Dentro il petto nasce una forma di orgoglio, poi però l'orrore del mio comportamento sale di livello.

Ho provocato il primo orgasmo alla figlia di mio fratello nel suo *living room.*

No.

Mi alzo di colpo e mi guardo in giro. Lì giocava nel suo box, vicino alla penisola c'era il suo seggiolone, sullo spigolo del camino ha sbattuto la testa procurandosi la cicatrice che ha nascosta tra i capelli.

Mi sento morire.

«Vado a farmi una doccia» dico, con il tono più asettico che riesco a produrre, mentre un marasma emotivo mi fa tornare in mente, come temevo, ogni dettaglio, compreso il mio seme che si appiccica sul cotone dei boxer.

«Posso farla con te?»

«No, Virginie. Te lo ripeto: io e te non siamo possibili». Ogni sillaba che pronuncio è velata di colpa.

Lei si solleva sui gomiti e mi sfida con lo sguardo. «Sembravamo molto possibili giusto due minuti fa, qui, su questo divano. Sembravamo possibili mentre mi facevi sentire quanto eri duro per me. E mentre mi succhiavi dappertutto».

Abbassa gli occhi su se stessa e, ora che sono un pochino più lucido, vedo sulla sua pelle chiarissima i segni della mia passione. È piena di cerchi rossi e viola, hanno tutti la forma della mia bocca.

Inorridito, indietreggio.

«Mi hai marchiata» dice sorridendo. «Ora sono tua».

«No, no. Non sei di nessuno. Io... ho sbagliato di nuovo».

«Io non sono uno sbaglio» ribatte con un broncio incazzato.

«Allora lo sono io. Lasciami andare».

Sospira, depone le armi. «Solo se mi prometti di non scappare e di non tornare a Philadelphia, stasera». Abbassa lo sguardo e attende la mia risposta.

Annuisco, ripeto il mio assenso con la voce e salgo le scale. Sulle spalle una condanna all'esilio che vorrei autoinfliggermi.

Gradino dopo gradino, prendo consapevolezza che sono rovinato.

E che ho sporcato la figlia di mio fratello.

Capitolo 18

Virginie

«Per me un'altra Coca-Cola, grazie».

La cameriera di turno stasera al Red Passion ha le guance rosse e lo sguardo troppo felice.

Non sa dove guardare e in effetti non le si può dare torto. A partire da mio zio, seduto dal lato opposto del tavolo vicino alla sua *amica* June, passando da mio padre, al mio fianco, e finendo con gli altri due uomini, entrambi a capotavola, qui ci sono quattro maschi decisamente attraenti.

Che tutta questa gente sia stata invitata solo per impedirmi di riscattare a pieno la scommessa che ho vinto e rompere le uova nel paniere alla serata tête-à-tête che aveva organizzato Israel con June, poco importa. Ora sono qui anche questi loro amici, uno nel suo completo elegante, del quale ha tolto la giacca per arrotolare le maniche della camicia, e l'altro tutto vestito di nero, con uno sguardo penetrante e indagatore.

Quest'ultimo è Amos, ma non so molto altro di lui, perché finora è stato quasi sempre in silenzio.

L'altro, invece, si chiama Noah. Lui non è taciturno, anzi, sembra essere l'anima della festa. È seduto vicino a mio padre e continua a scambiare con lui ricordi d'infanzia e brindisi. È un uomo molto bello, con un atteggiamento rilassato che in parte stona con la sua eleganza e in parte denota una sicurezza che farebbe girare la testa a moltissime donne.

Non a me, che tengo d'occhio mio zio per verificare, costantemente, la situazione tra lui e June.

Lei è silenziosa e di cattivo umore, Israel è attento e gentile. Le ha scostato la sedia per farla sedere, a volte le dice qualcosa all'orecchio – con la scusa della musica alta –, strappandole un timido sorriso. Sorriso che sul mio volto è finto, tirato, perché vorrei sentire cosa si dicono e intromettermi; invece, sono incastrata tra mio padre che chiacchiera e beve e Amos che fissa tutti, appoggiato allo schienale, con gli occhi azzurri socchiusi a fessura e un mezzo sorriso sarcastico sul viso.

«Ti ricordi quella volta» ride Noah «in cui ci hai trovati fatti di brutto dietro al cimitero e hai rincorso Israel tra le tombe?»

Mio padre trattiene la birra tra le labbra, ma è uno sforzo immane, perché si vede che questo racconto è particolarmente esilarante, persino June sorride con più intensità, mentre Amos nasconde una risata nel bicchiere di whisky che porta alla bocca.

«Ormai si è stufato di farmi la ramanzina» dice Israel serio.

«Ma quella volta avevamo esagerato. Ed eravamo così piccoli...» replica June, arrossendo.

«Tutto merito – o colpa – di Dylan. A proposito» risponde Noah, «peccato che non sia venuto, stasera, non abbiamo avuto tempo di parlare al funerale. Come gli vanno le cose?»

Amos posa il bicchiere e si sporge sul tavolo, appoggiando i gomiti, per poi passarsi una mano sul mento, curioso.

Mio padre li aggiorna su quell'altro compagno dell'orfanotrofio. Dice che lavora per Sherman, che lo vede quando si occupa del giardino dell'*ex proprietario del maniero* e, proprio quando pronuncia quelle quattro parole, June si alza di colpo dalla sedia e farfuglia un trattenuto «vado un attimo in bagno».

Mio zio fa per seguirla e io non lo posso permettere, quindi dico la prima cosa che mi viene in mente, immersa in questo clima di ricordi: «Ma raccontatemi un po' delle storie d'amore che avete vissuto quando eravate insieme. Zio, tu con chi stavi ai tempi del liceo? Non me l'hai mai raccontato».

Il mio sguardo dev'essere abbastanza eloquente, non gli consento di correre dietro a June quando io sono qui e lui mi sta ignorando da tutto il giorno. Passi per il funerale, durante il quale siamo stati tutti zitti. Lo scuso anche per aver invitato queste persone per pararsi il culo, ma non deve esagerare: sono pronta a fare una piazzata nel bel mezzo del locale se non comincia a considerarmi.

«Non avevo una ragazza».

«Be'» ridacchia Noah, «a parte Opal. Ma lei era di un altro livello».

«Chi era di un altro livello?» chiede June di ritorno dal bagno, mentre si siede di nuovo vicino a mio zio.

Bevo un sorso di Coca-Cola e lancio un'occhiata di avvertimento a Israel.

«Parlano di Opal» dice, abbassando lo sguardo.

So che non è corretto odiarlo per avere avuto un'altra ragazza o per averne una oggi che sta a una mezz'ora da qui, o anche solo per avere un'amicizia speciale o chissà cosa con June. Però quello che provo non conosce giusto o sbagliato.

«C'è qualcuno tra di noi che l'ha vista di recente...» replica June e alza il bicchiere per un brindisi verso Noah.

«Diciamo che... ha organizzato il mio matrimonio» risponde lui e si guadagna una serie di occhiate stupefatte. Tutti guardano il tizio elegante, tranne Israel, che fissa me, come per ammonirmi. Mi passo la lingua sulle labbra, gli sorrido e lui distoglie l'attenzione e la porta sul suo amico. Sembra che siano passate ere geologiche da quando mi ha baciata l'ultima volta, ma è stato solo due giorni fa. Odio che mi ignori.

«Ti sei sposato?» gli chiede mio padre, incredulo.

«Ieri».

«E che cazzo ci fai qui con noi durante la tua luna di miele?»

Tutti concordano con quella domanda, ma June, ancora col bicchiere alzato, richiama la loro attenzione. «Quindi festeggiamo?»

Tutti insieme rispondono «festeggiamo!» e fanno tintinnare i bicchieri con entusiasmo.

Io replico il loro gesto, ma tanto nessuno è interessato a me, tranne il tizio alla mia destra che ogni tanto mi studia. Come fa con tutti gli altri, del resto.

«Ma chi ha avuto il coraggio di sposarti, Noah? Chi è questa matta?» chiede mio padre.

«Lasciamo perdere e beviamo ancora, che è meglio».

Noah alza il braccio, i muscoli si tendono e la cameriera lo nota subito, così corre verso di noi, scansando un gruppo di ventenni che sta ballando in mezzo al locale.

Con voce melliflua chiede di cosa abbiamo bisogno, sporgendosi in avanti più di quanto consentito dalle leggi della fisica per mostrare meglio le tette, ma Noah le dà un'occhiata disinteressata, deludendo le sue aspettative. Allora la tizia si rimette in posizione eretta e prende le nostre ordinazioni.

Non ho mai visto mio padre bere così tanto. Non che stia esagerando, forse regge meno di quanto la sua stazza faccia prevedere, o forse ha solo mangiato poco, ma ride di continuo e sembra brillo, per quanto io ne capisca di gente ubriaca.

Mi chiedo se dovrei dirgli di darsi una calmata, poi penso che lui mi cambiava i pannolini quando avrebbe potuto divertirsi e mi dico che può permettersi una serata spensierata, tanto c'è Israel che può guidare al ritorno e lui sì che sta facendo il bravo. Ha appena finito la prima birra, mentre June è alla seconda e comincia a essere più rilassata. Ovviamente a me non è consentito bere alcolici, ma non è che ne senta la necessità.

La cameriera se ne va verso il bancone e io guardo Israel che sta con la testa bassa, senza dire niente. In un certo senso mi sento in colpa per il suo umore, però sono anche arrabbiata, perché io non riesco a togliergli lo sguardo di dosso e lui invece fa come se non esistessi.

Credevo che quello tra di noi fosse stato un momento unico per entrambi, ma ogni volta che mi sembra di avvicinarmi e di legarmi a lui l'eco della mia insicurezza aumenta sempre più in fretta, fino a prendere tutto lo spazio dei miei pensieri, e c'è una voce nella mia testa che mi ripete che è solo una stupida attrazione sessuale e che in quei baci non ci devo vedere qualcosa che non c'è. Il fatto che lui cerchi di trattenere la sua eccitazione non significa che dietro ci siano dei veri sentimenti. Alla fine, è un uomo.

«June!» Mio padre alza il bicchiere quasi vuoto come per brindare. «Stasera sei una favola!» Lei arrossisce, imbarazzata, e sorride. Un solo complimento e mio padre le ha cambiato l'umore. «Se avessi avuto dieci anni in meno, ci avrei provato con te».

Lo dice scherzando, per lusingarla, forse, ma io non l'ho mai sentito parlare di un'altra donna, né tantomeno ho mai saputo che gli piacesse qualcuna quando era giovane. Per me papà ha amato e voluto solo la mamma, e ora scopro che non è così.

Il malumore che avvolgeva June si sposta su di me, soffocandomi. Non ho più voglia di ascoltare i loro racconti, né di provocare mio zio. Pensavo che sarebbe stato divertente farlo, che avrei rivisto quel desiderio, invece mi sembra un animale in trappola e il suo carceriere sono io. Mentre vorrei essere la sua fonte di felicità.

Felicità che è stata risucchiata dai suoi baci, lasciandomene del tutto priva.

«Ehi, Virginie! Cosa ci fai qua?»

Mi volto, girandomi sulla sedia, e di fronte a me ci sono Lucas, altri quattro giocatori dei Lions e Tyler, il Leone d'oro, che fa un cenno con la mano a June. Li saluto.

«Non pensavo di trovarti, è una bella sorpresa». Lucas è davvero contento di avermi incontrata e mi sembra la via di fuga migliore per allontanarmi da tutto il mio dispiacere.

«Sono qui con mio padre e i suoi amici, ma magari posso unirmi a voi per un po'...»

«Se a lui non dispiace...»

Probabilmente in un altro momento papà avrebbe opposto resistenza, ma è troppo rilassato e distratto per dire di no, per cui mi alzo e seguo i miei compagni di scuola, senza neppure voltarmi per scrutare la reazione di mio zio. Se notassi la sua indifferenza, mi si spezzerebbe il cuore, e non posso giurare che troverei altro sul suo viso.

Lucas mi mette la mano sulla schiena e mi indica il tavolo

che Charlie, il proprietario, gli ha riservato. Non è la stessa cameriera di poco fa quella che ci viene a servire, così come non è lo stesso tipo di ordinazione che viene richiesto. Niente birra né whisky per gli sportivi minorenni, ma una quantità improponibile di hamburger e patatine fritte, litri di bevande gassate e svariate porzioni di anelli di cipolla.

«Avete fame, eh?»

«Oggi il coach ci ha ammazzati con un allenamento punitivo» dice Tyler, esagerando la sua stanchezza con uno sbadiglio contagioso.

«Come mai?» chiedo.

«È colpa del Leone d'oro. A volte diventa un Leone un po' coglione...» rivela Lucas, e per tutta risposta il suo amico gli lancia una patatina addosso. Gli altri membri della squadra ridacchiano e Tyler li sommerge di occhiatacce. Messaggio recepito: è un segreto. Come se a me fregasse davvero qualcosa, quando ho la testa al tavolo che sta in fondo alla sala.

«Io comunque non sono così distrutto». Lucas sorride e mi tende la mano. «Finché non arriva da mangiare ti va di ballare?»

Inizialmente sono indecisa, poi do uno sguardo ai ragazzi che saltellano nella zona del locale in cui ci si può sfogare a tempo di musica; sono normali, si divertono, non mostrano di essere schiacciati dai loro pensieri e sono piuttosto sicura che nessuno di loro voglia andare a letto con il proprio zio.

Annuisco e afferro la mano che mi porge. Non lo faccio per ingelosire Israel – mi pare chiaro che ho sbagliato i miei calcoli –, ho solo intenzione di scordarmi di lui per qualche minuto.

Dalle casse esce *MONTERO (Call Me By Your Name)* di Lil Nas X, una canzone che andava fortissimo l'anno scorso, il cui ritmo mi prende subito. Comincio a muovere i fianchi, sollevo le braccia e Lucas, più impacciato, mi segue, a giusta distanza. Le sonorità arabeggianti mi spingono a essere più fluida di quanto pensassi ed effettivamente confermo che stare qui scioglie parte dei miei pensieri. Lucas si avvicina; è davvero un bel ragazzo e pagherei per perdere la testa per lui, piuttosto che aver dedicato il mio cuore a chi non mi vuole. Un paio di canzoni si susseguono e muovere il culo a tempo con tutta questa gente intorno mi fa accaldare, per cui tolgo il golfino bianco. Forse era un po' fuori luogo per un funerale, ma non amo vestire di altri colori. Lo lego alla vita, sopra l'abito candido che indosso e che lascia scoperta la mia inutile scollatura, e noto che Lucas mi guarda perplesso le tette. Okay che non sono grandi, però non è necessario dimostrare il proprio disappunto in modo così palese. Eppure è così che mi dà l'impressione che reagisca, infatti rallenta e, quando *Up* di Cardi B finisce, mi fa cenno di tornare al tavolo, anche se gli hamburger non sono ancora arrivati.

Anche i ragazzi, quando mi siedo, mi guardano straniti. Cerco di non dare peso ai loro giudizi velati e prendo un sorso da una delle bibite che invece sono già state servite, perché mi sento in autocombustione. Questo maggio è particolarmente caldo e ora che ho anche ballato non ci penso proprio a rivestirmi, non saranno certo sei giocatori di football a farmi sentire a disagio per le mie tette piccole.

«Come mai siete qui, tu e tuo padre? Non vi si vede mai in giro» mi chiede Tyler.

«Papà è sempre al lavoro fino a tardi, ma oggi c'è stato il funerale della tizia che dirigeva l'orfanotrofio. Non lo sapevi?»

«Ah, già. Mia madre me l'ha detto, ma quella stronza non era tra le mie persone preferite, non so se rendo l'idea. Piuttosto che andare al suo funerale, ho preferito stare a casa a giocare ai videogiochi» risponde lui, poi mi osserva con attenzione, fissando i miei abiti. «Per caso tuo padre ti ha raccontato di quanto la vecchia fosse sgradevole, Fiocco di neve? È per questo che ti sei vestita di bianco come al solito? Per mandarle un bel 'vaffanculo'? O per mettere in risalto...» Fa un gesto indicandomi le tette.

Gli altri ridono e brindano alla sua battuta, anche se a me non sembrava divertente, così alzo gli occhi al cielo e mi agito sulla sedia.

Lucas non parla più e non mi guarda. Non so cosa potrei avergli fatto, ma non è sicuramente questo il momento di indagare in merito. Mi rendo conto che questa non è la mia giornata, sembra che io riesca a essere fuori luogo ovunque, senza sapere perché.

Rimango con i ragazzi per un'oretta, ma fatico sempre di più a partecipare alle loro conversazioni, quindi li saluto e torno al tavolo di mio padre, dove la situazione è peggiorata: Amos ha preso il mio posto e sorride sarcastico con un bicchiere in mano, mentre sul tavolo ce ne sono almeno quattro vuoti; mio padre ride e si scambia pacche sulle spalle con Noah, che mi pare essere nelle sue stesse condizioni; June appare stanca e persa nei suoi pensieri, con la testa appoggiata alla spalla di mio zio che le accarezza il braccio con la faccia triste. Quando mi vede, spalanca gli occhi, mi fa un cenno che non capisco, scuote la testa e beve un sorso della birra che ha davanti. Mi siedo vicino a lui, nell'unico posto rimasto libero, e saluto il gruppo, ma solo Amos mi guarda.

«Levi, ma lo sai che tua figlia si fa fare i succhiotti sulle tette?»

Israel sputa la birra e comincia a tossire, io mi affretto a coprirmi con il golfino e solo ora capisco cos'abbia infastidito Lucas e stranito gli altri.

Idiota! Ecco cosa sono, un'idiota. Chissà che cazzo penseranno tutti.

Per fortuna mio padre ride e non capisce, devo sperare che domani non si ricordi di questo momento.

Amos dà uno sguardo a me che mi rivesto al volo e uno a Israel che si sta pulendo. Replico alzando il mento, fingo una sicurezza che non ho, non mi lascio intimidire dalla situazione. Ho diciotto anni e posso farmi marchiare la pelle da chi cavolo voglio.

Ma Israel sembra che stia per vomitare dall'ansia, per cui raggiungo il suo ginocchio sotto il tavolo e glielo circondo con la mano. Lui stringe gli occhi e me li punta addosso; è spaventato e io non so se lo odio perché fatica a starmi vicino o se lo amo di più in questa sua veste fragile. Salgo di qualche centimetro, lui mi raggiunge e mi afferra il polso: ha paura che faccia qualcosa di inappropriato, ma non era quella la mia intenzione. Non ora.

Lo voglio solo rassicurare, farlo sentire meno terrorizzato, anche se sono la causa della sua preoccupazione. Accarezzo la pelle del suo palmo, voltando la mia mano, e dopo qualche secondo siamo legati, le dita intrecciate, i battiti dei nostri polsi che si sincronizzano in una corsa folle. Amos mi dà l'impressione di aver intuito la strana tensione che si è creata, ma anche di essere il tipo di persona che si farà i cavoli suoi annegando la sua intuizione nel liquido ambrato. Mio padre fa un altro brindisi con Noah e finisce l'ennesima pinta, sbattendo poi il bicchiere sul tavolo.

«Cameriera!» urla. «Un altro giro».

Noah si accoda a lui, ma Amos fa un cenno di diniego e anche June è d'accordo. Si alza e dice a mio zio di stare seduto – perché lui ovviamente era pronto ad alzarsi per andare con lei –, poi raggiunge il bancone per chiedere il conto.

Israel mi lascia la mano e si sporge verso suo fratello. «Levi, forza, è ora di andare».

Papà si lamenta, sembra un bambino e mi fa tenerezza vederlo così fuori controllo, lui che non si è mai consentito di lasciarsi andare. Quanti sacrifici ha fatto per me... e io lo sto tradendo in un modo così becero.

Lo penso, ma non sono in grado di rinnegare i miei sentimenti. Sono scorretta, lo so. Gli chiederò scusa fino alla morte, mi farò perdonare, ma ciò che provo è puro. Non si può odiare chi ama, quindi lui alla fine accetterà i miei errori.

Noah afferra il polso di mio zio. Lo guarda in faccia e biascica: «Come rapper sei troppo pulito, lo sai?» Porge il braccio a mio padre e gli chiede di togliergli l'orologio. «Oro. Ecco cosa rende un rapper un *vero* rapper» sentenzia.

Amos ride. «Non era saper cantare?»

«O scrivere le rime...» replica Israel.

«Nah!» continua imperterrito Noah, e prende l'orologio dalle mani di mio padre che non smette di ridere. Lo infila a mio zio e riesce a chiuderlo dopo talmente tanti tentativi che June è già tornata e li osserva perplessa.

Quando Noah riesce nel suo intento, esulta, attirando l'attenzione degli avventori rimasti.

«Comincia da questo, Iz the Issue. È un cazzo di Rolex da trentamila dollari. Vai sul palco e spacca il culo a tutte quelle mezze cartucce. E spediscimi il tuo prossimo disco, o ti vengo a cercare per riprendermelo».

«Noah, non è necessario...»

Amos sorride. «Lascia perdere, Israel, non tentare di ridarglielo».

«Se me lo restituisci, ti sparo» dice Noah, prima di scoppiare in una risata sguaiata e contagiosa.

Questa è una serata davvero assurda. Mentre usciamo mi avvicino ai miei compagni, li saluto con la mano, poi seguo i grandi. Fuori ci accoglie un'aria molto più fresca di quando siamo entrati.

Noah propone agli altri di fumare una canna, ma tutti rifiutano, così ci comunica che tornerà nella sua stanza all'Old Bell Inn, mentre Amos ci avvisa che si metterà in viaggio per tornare a New York e declina la proposta di ospitalità di June, nonostante lei lo preghi di evitare di mettersi in macchina visto che ha bevuto.

«Sono più sobrio io di te» dice e sembra vero. «Non ti preoccupare. Ho un'elevata tolleranza all'alcol. E poi non è detto che non mi fermi per strada. Ho alcuni amici tra qui e New York».

Noah urla: «Amiche, intendi?» e gli dà una pacca sulla spalla. Tutti ridono, June smette di insistere e ci segue alla macchina, dopo aver salutato gli altri. Mio padre sale sul sedile posteriore con me e lo aiuto a tenersi dritto; ora che gli è scesa l'adrenalina da compagnia è crollato e ci mette pochi istanti ad addormentarsi contro il finestrino. Israel guida in silenzio e in silenzio sta June, seduta vicino a lui.

La invidio. Lei, se solo volesse, potrebbe averlo. Non ha legami familiari con lui, ha un'età simile alla sua, è bellissima, è determinata – almeno così ho sentito dire da Connor in merito all'orfana che ha preso in mano un intero istituto e l'ha trasformato in un posto che sa di casa e di famiglia –, è libera.

Quando arriviamo al maniero, lei va ad aprire il cancello per permettere a Israel di percorrere la lunga salita con l'auto. Poi, una volta di fronte al portone, entrambi scendono per salutarsi. June agita la mano verso di me, ma io non le rispondo. Però non smetto di osservarli. Lui le dice qualcosa e le prende il viso per obbligarla a guardarlo negli occhi.

Provo a immaginare il loro dialogo.

«Speravo che saremmo rimasti da soli, stasera» dice June, dispiaciuta.

«Scusa, mia nipote mi sta creando dei problemi, ma è con te che avrei voluto passare questa serata».

«Sono anni che aspetto che tu sia libero per me. Ma è sempre il momento sbagliato». Questa è lei che gli risponde, delusa, con uno sguardo triste.

«Se non ci fossero stati gli altri, ti avrei portata nella foresta».

«E cosa mi avresti fatto?»

«Ti avrei fatta urlare dal piacere».

Lei chiude gli occhi e poggia la mano sulla sua, inclinando la testa nel suo palmo.

«Oddio, quanto ti voglio, Israel».

«Anche io ti ho sempre voluta, June».

«E tua nipote?» Riapre gli occhi e si stacca da lui.

«Ma chi? Quella ragazzina? Io voglio una donna vera».

«Ti amo, Israel Silver».

«Anche io Lily-Rose June».

June gli si fionda tra le braccia e lui la accoglie.

Dentro mi monta una rabbia incredibile, mischiata a un senso di tradimento, alla delusione, alla disperazione e alla tristezza.

Quando mio zio rientra in auto, rimango in silenzio e, stizzita, mi asciugo qualche lacrima di nascosto, perché non si renda conto di quanto mi fa soffrire anche solo guardarlo mentre abbraccia una donna senza preoccuparsi che qualcuno lo possa vedere.

Sto in silenzio anche quando arriviamo a casa e, insieme, aiutiamo mio padre, mezzo morto di sonno, a raggiungere il suo letto, sul quale lo lasciamo vestito con l'unica camicia monocolore che ha e i jeans buoni. Gli tolgo giusto le scarpe, poi chiudo la porta perché temo che stanotte russerà alla grande.

Mi volto in corridoio e vedo che Israel è già andato in bagno, per cui mi infilo in camera mia e mi tolgo i vestiti. Allo specchio, in slip e reggiseno, guardo lo scempio che ha fatto sulla mia pelle, ciò che ho mostrato senza riguardo ai miei compagni, che ora penseranno vada a letto con qualcuno.

Sto ancora analizzando la mia figura quando lo intravedo nello specchio, appoggiato allo stipite che mi osserva.

Rimango impietrita.

Non ho chiuso la porta, ma non mi aspettavo certo che mi venisse a cercare, non dopo la serata appena trascorsa.

«Non possiamo continuare così. Stasera sono stato costantemente in angoscia che tuo padre capisse qualcosa. E venire al tavolo con quei succhiotti in bella vista è stata una mossa stupida».

«Non ci ho pensato» replico sincera e mortificata.

«Be', almeno uno di noi due deve farlo, quindi piantala con questi capricci o me ne vado e non torno più. So che non avrai il coraggio di dire una cosa così orribile a tuo padre».

«Mettimi alla prova» lo sfido, ma sto mentendo. Bluffo come la prima volta, solo che lui non ci casca più.

«Le regole sono cambiate. Se vuoi che rimanga, devi smetterla».

«Di fare cosa?»

«Io e te non possiamo esistere. I nostri errori vengono cancellati ora».

Mi volto verso di lui, la rabbia riprende possesso delle mie vene e ripenso a quel semplice abbraccio dato a June.

«Io non sono un errore» sibilo.

«Tu no, io sì, te l'ho già detto». Alza la voce ma la abbassa immediatamente dopo. «Io sono un problema, il peggiore che ci sia stato in questa famiglia, che pure ne ha avuti di incommensurabili».

Mi avvicino e lui fa un passo indietro: la nostra solita danza.

«Stammi lontana». È perentorio, ma la sua voce non è così compatta, si sfibra.

«Se è quello che vuoi... Sai una cosa, *zio*? Vaffanculo. Vai a scopare con Veronica, con June o con la cameriera. Puoi avere chi vuoi, hai fin troppe galline nel tuo pollaio. Non pensavo che fossi così. Pensavo di essere speciale per te, che sarei stata l'unica. Se non posso esserlo, non voglio essere niente. Finalmente ora ho capito».

«Che cosa?»

I suoi occhi verdi sono stretti a fessura.

«Che non devo più sperare, devo andare avanti».

«Cosa significa?»

«Lo vedrai».

Gli chiudo la porta in faccia, sbattendola, poi giro la chiave per rendergli chiaro che rispetterò ciò che mi ha chiesto.

Io e lui non esistiamo.

Il cuore mi si è spezzato.

Ora devo solo trovare il modo per ricomporlo.

Sono troppo stanca e troppo arrabbiata per passare la notte a piangere, per cui mi addormento profondamente senza sognare.

Perché i miei sogni se li è portati via tutti lui.

Capitolo 19

Israel

Philadelphia, giugno 2022

Mi sveglio nella mia stanza al loft, faccio colazione, vado a correre al parco, torno a casa, mi butto sotto la doccia, scrivo, penso a lei, scrivo ancora, rendo felice la mia crew, torno a Red Oak Town, aspetto mia nipote fuori da scuola, la porto al cottage in silenzio e seguo il programma che mi ero dato all'inizio: mi chiudo in casa, scrivo ancora, riascolto i brani, mi chiedo quanti potrebbero capire di cosa – di chi – parlino davvero, penso a lei, correggo parole, cerco le più adatte, levigo, smeriglio, limo, lucido i miei pezzi, penso a lei, non esco dalla stanza se non per pisciare e per la cena. Non aspetto neanche più che vada a dormire, mi accontento di sapere che ci sia Levi in casa e scappo a Philadelphia.

Passo le notti insonne.

E ricomincio.

Per qualcuno, nel mondo, sedici giorni sono pochi. Per me sono eterni e infernali.

Ma so che sto facendo la cosa giusta.

Lei è una malattia da cui posso guarire.

'Mi basta tenere gli occhi bassi' mi dico, anche se ricordo ogni centimetro della sua pelle, soprattutto i lividi che ormai sono scomparsi.

'Mi basta non ascoltare la sua voce' mi ripeto, anche se appena chiudo gli occhi sento lei che ansima.

Mi basta, *mi basta*, e invece non basta un cazzo.

«Iz, sei tra noi?»

Veronica mi sta addosso. È soddisfatta del mio lavoro, ma non è solo la nostra manager, è la mia più cara amica e si preoccupa per me. Non mi ha mai visto in queste condizioni, perché in effetti io non ho mai provato niente del genere.

Amore, ossessione, attrazione irresistibile.

Non so cosa sia, so solo che mi sta logorando. E che mi sta distraendo da tutto il resto.

«Iz, mangia. Mi sto incazzando».

Bratz si alza e sbuffa. «E non rompergli i coglioni, Veronica».

Loro due hanno sempre avuto un rapporto borderline, amore e odio, risate e litigi. Proprio come Seven e Charlie. Io ero l'ago della bilancia, ma ora la mia assenza mentale pare stia compromettendo la situazione. E forse, se non stessi passando ciò che sto passando, avrei capito prima che ultimamente il loro modo di discutere è cambiato. Chissà quando si è innestato il seme di questo peggioramento e da quale pianta è caduto.

Veronica sbatte le mani sul tavolo e segue Bratz su per le scale, togliendomi gli occhi di dosso. Sospiro, allontano il piatto e Charlie ci si avventa sopra.

«Fratello, anche meno. Hai già fatto il bis. Per favore, piantala di mangiare».

Charlie mugugna, ma non smette di masticare i maccheroni al formaggio che ho abbandonato. Persino per i suoi standard questa quantità di cibo è eccessiva, forse anche lui accusa lo stress, come tutti noi. Seven scuote la testa e comincia a sparecchiare: sembra l'unico a reggere la tensione.

Dal piano di sopra, intanto, provengono voci alterate e colpi contro il muro che, conoscendo il mio amico, sta tirando lui per sfogare la rabbia. Veronica è davvero ostinata e non sa mollare, neppure quando porta le persone all'esasperazione.

Mi alzo, salgo i gradini senza alcuna forza, le spalle basse e la fatica di questa mia nuova vita. Dovevamo essere felici per l'occasione finalmente arrivata, invece siamo tutti più incasinati di prima.

Quando arrivo davanti alla stanza di Veronica, dove i due si sono chiusi, non busso: non c'è mai stato bisogno di questi formalismi tra di noi. Però non mi aspetto di trovare Veronica in lacrime e Bratz con il fiatone, nell'angolo, con le nocche insanguinate, proprio come il muro alla sua sinistra.

«Che cavolo sta succedendo?»

«Fatti i cazzi tuoi, Israel». È Bratz a parlarmi e lo vedo sull'orlo dell'esaurimento.

«Veronica, puoi lasciarci soli un attimo, per favore?» le chiedo con gentilezza.

Lei non ha mai staccato lo sguardo dal mio amico, né ha smesso di singhiozzare. L'ho vista piangere solo al funerale di suo padre, ma era un pianto più contenuto; ora ha le guance completamente bagnate e arrossate. Non so cosa sia successo tra di loro, però è chiaro che la situazione è grave e questo mette in discussione tutto il nostro percorso qui a Philadelphia con la Splendid Records. Noi funzioniamo solo insieme e, se uno dei nostri ingranaggi va a puttane, la Bitches Crew sarà un nome profetico.

«Veronica» ripeto calmo, e ottengo ciò che voglio: la nostra manager esce dalla sua stanza e ci lascia da soli. «Cosa succede, Bratz?» gli chiedo di nuovo.

«Lasciami perdere».

La tensione che percorreva i suoi muscoli completamente tatuati si è sciolta e lui si è lasciato cadere sul pavimento, senza forze. Si prende la mano e se la porta al petto, coprendola con l'altra.

«Tu lo faresti con me?»

«È da quando ci hai detto che saresti partito prima che lo sto facendo. O pensi che io sia un coglione che non capisce quando il suo migliore amico ha dei grandissimi cazzi per la testa?»

«Be', io non sono come te. E non sono capace di rispettare...» muovo le mani indicando la stanza «questo casino. Cos'hai fatto a Veronica?»

«Perché dai per scontato che sia io il colpevole?»

«Perché non l'ho mai vista in quello stato».

«È tutta colpa sua» mi dice lui, con lo sguardo serio e ferito.

«Si può recuperare?»

«Non lo so, Iz. Sto pensando di mollare, dopo il disco. Tengo duro ma, quando uscirà, me ne andrò fuori dal cazzo. Ho un amico in Nuova Zelanda che ha uno studio di registrazione, potrei ricominciare da lì».

Dove sono stato mentre qui succedeva la catastrofe? Ah, sì, a pensare a come potermi scopare mia nipote senza distruggere la mia famiglia. E nel frattempo l'altra mia famiglia, quella che ho costruito negli anni, si sfaldava.

Bratz mi guarda mentre mi siedo sul pavimento accanto a lui; i suoi occhi scuri, che trucca di nero, sono laghi profondi e tristi.

«Non posso continuare a stare nel gruppo e vedere Veronica che si comporta come...»

«Cosa c'è tra voi due?» Non ho visto cosa stava succedendo, eppure ora che comincio a intuirlo è come se si fosse accesa una luce potente su un angolo buio.

«Nulla. Proprio nulla. Lei preferisce giocare con i ragazzini, non prende mai niente sul serio, evita di impegnarsi. Si fa scopare da un post-adolescente, se l'è portato dietro, capisci? Esce da qui e va a farsi fottere da uno che ha l'età che avevo io quando l'ho conosciuta».

«Da quant'è che ti piace?»

«Da prima che incontrassimo te, Seven e Charlie».

Resto in silenzio e ricapitolo tutti gli indizi che mi sono passati sotto gli occhi.

«Scopate da *nove anni*?»

Lui abbassa la testa e se la prende tra le mani.

«Avete una relazione aperta?»

Annuisce, ma non vede il mio sguardo perplesso, ancora tutto chiuso in se stesso.

«La notte che abbiamo firmato il contratto della Bitches Crew le ho chiesto di fare sul serio».

«Ma eravate a casa mia!»

«Abbiamo scopato contro il frigorifero, quella volta. E in giardino. E sul tavolo da pranzo».

Mi passo le mani in faccia.

«Ah, e anche nella tua doccia».

«Complimenti per la resistenza, amico».

«Grazie».

«E lei cos'ha risposto quando glielo hai chiesto?»

«Mi ha esposto il suo piano *geniale*».

«E quale sarebbe?»

«Ha detto che avremmo dovuto avere una relazione aperta, per evitare quel tipo di esclusività che porta a gelosie e possessività. Che il nostro gruppo era più importante di tutto. Bastava che questa cosa tra di noi rimanesse abbastanza leggera da non compromettere il nostro progetto».

«E tu?»

«E io l'ho stupidamente accettato».

Aspetto che Bratz ritrovi la calma, poi gli passo una mano sulla spalla e me lo porto vicino.

«Sei incazzato perché credi lo faccia per egoismo?»

«Sei fuori strada, Iz».

«Spiega».

«Lei crede in te. Crede in noi. Crede nel nostro percorso artistico e lo protegge in qualsiasi modo sia in grado di farlo. È decisa a sacrificare me e lei insieme pur di non sputtanare tutto. Solo che evidentemente la fine che dovevamo fare era quella in ogni caso. Perché, se accetta di stare con me, lei è convinta che il nostro sodalizio artistico andrà a puttane. Ma se non mi ama abbastanza, se vengo sempre per ultimo, be', lo hai capito anche tu: finiremo comunque».

«Non puoi lasciarci, senza di te siamo da buttare. Ognuno di noi ha un ruolo in Iz the Issue».

«Troverete qualcun altro. Io non posso farcela. Sapevo che ogni tanto si vedeva con qualcuno, ma che se lo sia portato dietro... Che gli paghi una stanza e che mi prenda per il culo... Se si è innamorata di quello, io... Dio, Israel, quanto si può stare male per amore?»

'Tanto, amico. Troppo'.

Taccio, non è ora di parlare di me.

«Sono stufo che lei rifiuti di stare con me perché voi non vi accorgiate di noi e che vada a scoparsi un altro, con cui non è solo un'avventura. È uno fisso, capisci? Ho raggiunto il limite della sopportazione. Non posso farcela. Mi viene da vomitare».

«Parlerò con lei. Tu prenditi qualche giorno libero, vai a San Francisco e per quando tornerai avrò risolto tutto. Te lo prometto».

«Non si può risolvere niente. Finiamo il disco e mi levo dai coglioni».

«Fidati di me. Troverò il modo».

Mi alzo e lo aiuto a fare lo stesso, lo accompagno in camera sua e sto lì finché non termina di preparare una delle sue valigie. Nel frattempo gli prenoto un volo.

Quando abbiamo finito, scendiamo e avviso gli altri che sto accompagnando Bratz all'aeroporto. Mentre il mio amico sta zitto, io rassicuro Seven e Charlie. Veronica è non pervenuta, le parlerò al mio ritorno.

Il viaggio fino al check-in si svolge in silenzio, poi abbandono il mio amico al suo destino che tenterò di raddrizzare, e riparto per Red Oak Town, dove un'altra parte della mia vita è in bilico.

Al posto del passeggero, Bratz viene sostituito da Virginie e il casino nella mia testa si complica. È uno dei momenti peggiori, perché nell'abitacolo sento il suo profumo, portato alle mie narici dal vento che entra dal finestrino. Perché vedo la sua pelle chiara, ormai guarita. Perché i suoi abiti sempre bianchi parlano di tutti i colori che porta dentro, così tanto agitati da scomparire. Perché sento la sua presenza, come se mi fosse entrata sottopelle.

E perché il sangue si ribella alla sua naturale circolazione per concentrarsi nei posti sbagliati: il cuore e il cazzo.

Quando arriviamo, aspetto che scenda dall'auto e le do un po' di vantaggio prima di seguirla in casa, così, una volta dentro, lei è già chiusa in camera sua e io posso evitarla ancora. Come sempre, spero che basti, ma così non è, perché sul divano me la sono quasi scopata, in corridoio abbiamo discusso, dietro la sua porta chiusa l'ho vista quasi nuda, nella mia stanza le ho confessato di volerla, nel bagno mi sono dato piacere pensando a lei.

Posso dirmi quanto voglio che è il luogo che riaccende il mio desiderio, ma la realtà è che questi frammenti si sono infilati come schegge taglienti nei miei ricordi e non smettono di sanguinare, neanche quando sono lontano. Mi butto sul letto, esausto, e accendo il computer, ma dopo pochi minuti crollo in un sonno profondo: saperla vicina alimenta la mia adrenalina a corrente alternata. Certe volte me la toglie del tutto e io cedo, nel silenzio che mi provoca la sua vicinanza.

Mi sveglia la voce di mio fratello, felice ed entusiasta.

È ora di cena e ho sprecato un pomeriggio intero, però l'ho anche passato indenne e ho recuperato un po' di energie. Scendo al piano di sotto, da dove arriva un buon profumo di pollo al forno, e mi blocco a metà scala.

Di fronte a me, che passo inosservato, c'è Virginie che piroetta su se stessa con addosso una toga e in testa il tocco. È un'anteprima di come sarà vestita il giorno della cerimonia del suo diploma, che si svolgerà questo fine settimana.

Mio fratello la guarda con uno sguardo che spezza le ginocchia, perché più profondo e altruista del mio. Perché il suo amore è legittimo, mentre il mio è un furto.

«Non posso credere che sei diventata così grande, figlia mia».

Si passa il dorso della mano sotto l'occhio destro, la sua commozione alimenta i miei sensi di colpa. Poi si accorge di me e mi dà il colpo di grazia. «*Bro*, vieni a vedere quanto è bella» mi dice orgoglioso.

'Lo so quant'è bella tua figlia, fratello. So anche com'è senza la toga, so com'è fatto il suo seno e conosco la consistenza della sua bocca. So come mi tira i capelli mentre la succhio, posso raccontarti la sonorità dei suoi gemiti e posso condividere con te tutte le fantasie malate che mi stanno venendo al solo pensiero di fare sesso con lei mentre indossa quella specie di mantello nero, proprio dietro il palco su cui terrà il suo discorso'.

A forza di ingoiare i miei pensieri e seppellirli sempre più in fondo, arriverà il giorno che mi marciranno dentro, portandomi a una lenta morte per eccesso di silenzio.

«Stai molto bene» confermo, senza guardarla.

Lei spara un gelido «grazie» e fa per sfilarsi la toga.

«No, aspetta! Tienila... Facciamo una foto! Israel, ce la fai tu?»

Mostro le mani vuote e Levi prende il telefono dalla tasca, per poi accorgersi che la batteria si è scaricata. «Usa quello di Genie, è lì sul tavolo!»

Mio fratello tira Virginie verso di sé e si mette in posa, senza darle modo di opporsi, ma mi basta uno sguardo della ragazza che mi fa perdere il senno per capire che non vorrebbe che toccassi il suo cellulare, per cui, quando lo faccio, mi prendo il tempo di capire cosa vorrebbe nascondermi.

Non è difficile comprenderlo, è sufficiente cliccare sull'icona della galleria perché mi si aprano di fronte delle foto di addominali scolpiti e pettorali glabri, di bicipiti in tensione e sorrisi spontanei.

Lucas.

Un corpo completamente diverso dal mio.

È questo che le piace?

«Dai, scatta! Cosa aspetti?»

Faccio scorrere qualche altra fotografia per verificare se Virginie sia stata tanto incauta da rispondere con immagini sue, magari mezza nuda, ma Levi insiste e sono costretto a dare un freno alla mia curiosità.

Inquadro la mia famiglia e immortalo mio fratello al settimo cielo e mia nipote con un broncio nascosto da una smorfia forzata che vorrebbe assomigliare a un sorriso.

Faccio più scatti, cercando la luce migliore, il taglio più adeguato, poi riapro la galleria per tornare alla mia ricerca, ma il cellulare mi viene strappato dalle mani.

Virginie è a pochi centimetri da me e sussurra per non farsi sentire da suo padre: «Fatti gli affari tuoi».

«*Sono* affari miei» ribadisco con lo stesso tono basso.

Levi sale in camera sua per mettere in carica il telefono, per cui quando lei fa per allontanarsi mi sento libero di bloccarla.

Basta prenderle il polso e tirarmela contro per vanificare gli sforzi di due settimane.

«Non svenderti per fare un danno a me, lo faresti solo a te stessa».

«Forse il mio vaffanculo non è stato abbastanza potente, Israel? Devo ripeterlo? Più forte? Sto andando avanti senza di te, mi sto riabituando a non averti nella mia vita».

Beata lei che si sta adeguando alla situazione. Io, invece, mi sento morire.

«Non mandare in giro tue foto nuda. I ragazzi sono dei coglioni. Promettimi solo che non lo farai».

Sento i passi di mio fratello e la lascio andare, con il cuore in gola e una voglia incredibile di spaccare tutto.

«Mangiamo?» dice allegro e la macchina della cena si mette in moto.

Levi prepara il tavolo, Virginie controlla le pietanze in silenzio, ma mi è chiaro che ho di nuovo acceso la sua rabbia e la sua volontà di punirmi, perché, con tono leggero, dice a suo padre: «Sai che cosa è successo a una ragazza della High School privata?»

Si tratta di un'altra persona, ma è come se parlasse di se stessa, per cui il tono di mio fratello è apprensivo. «Cosa?»

«Ha mandato al suo fidanzato una foto nuda e quello l'ha mostrata a tutta la squadra di football. Solo che c'era anche il fratello di lei ed è finita a botte».

«Per fortuna che ti ho insegnato a non fare queste cazzate» risponde lui, «ma se ti succedesse una cosa simile... altro che botte!»

Non ho mai visto Levi picchiare nessuno, neppure ai tempi del maniero, neppure per difendere me. Ma sono sicurissimo che, se qualcuno facesse del male a Virginie, non ci penserebbe due volte a colpire duro.

Questo mi fa ricordare che, al momento, sono il candidato migliore per i suoi pugni.

«E tu, *zio*?» Calca sulla parola 'zio', la stronza.

Perché, sì, certe volte Virginie è proprio una stronza.

«Cosa?» chiedo, fingendomi distratto.

«Anche tu mi difenderesti se qualcuno mostrasse in giro una mia foto nuda?»

Non so dove appoggiare lo sguardo. Su di lei, no. Su mio fratello, no. Sul divano, meno che mai. Se mi giro, proprio lì, nell'angolo, l'ho baciata.

«Ovviamente» balbetto.

Il mio tempo qui si è esaurito, per oggi.

«Se siete a posto, io vado» dico.

«Non resti neanche a cena?» mi chiede mio fratello. È un po' di giorni che non lo faccio, ma siccome lui non ne sa le motivazioni continua a provarci.

«No, preferisco lavorare ancora con i ragazzi, stasera».

Bugiardo. Ecco cosa sono. Con la crew spezzata a metà e il mio cuore nelle stesse condizioni io riesco solo a mentire. A scappare.

«Aspetta un attimo! Oggi ero al maniero per potare le siepi e riparare il loro tagliaerba e ho trovato una cosa, ce l'ho su in camera, voglio dartela».

Levi porta in tavola una birra e poi va al piano di sopra, lasciandoci soli.

Osservo la toga appoggiata su una poltrona, poi Virginie che la guarda a sua volta.

«Ci sarai?» mi chiede sottovoce.

«No».

Annuisce, pensierosa, poi mi guarda delusa. «Non avevo dubbi».

E invece li aveva. Aveva speranze. Che io ho distrutto.

«Devo... Ho da fare».

«Certo».

«Mi dispiace».

«Sicuramente».

Non so più cosa dire, così rimaniamo a fissarci.

Nella mia fantasia ci stiamo spogliando e io sto per farla mia, per toglierle dalla faccia quel cipiglio incazzato, per sentirla ansimare il mio nome. Ma la realtà è un'altra, e Levi che torna dal piano di sopra ne è la testimonianza.

«Ecco! Li ha trovati Simon, erano sul fondo di un armadietto che hanno smantellato per sostituirlo con uno nuovo, anche se June mi ha detto che per ora con le migliorie si dovrà fermare. Non mi ha spiegato il perché».

Tra le mani ha dei fogli spiegazzati e invecchiati male, ma anche in quelle condizioni li riconosco. Anno 2009, Virginie aveva cinque anni. Io ne dovevo compiere quattordici.

Lì sopra ci sono scritte rime colme di contrasti: solitudine, famiglia, amore, ormoni, primi baci, un senso di diversità dagli altri. Parole scritte, tutte quelle taciute.

Magari c'è qualcosa di salvabile, ma io non sono più la stessa persona.

Mentre prendo quella specie di reliquia, causa di un mese intero di rabbia silenziosa per averla persa, mi rendo conto di una cosa davvero triste: sono una persona peggiore di quella che ero tredici anni fa.

«Grazie» gli dico, fissando la carta rovinata.

Lui mi passa il braccio sulla schiena e mi attira in un abbraccio. Chiudo gli occhi per non guardare Virginie, il cuore mi fa male. Troppo.

«Ora vado. Ci vediamo domani».

Levi annuisce e chiede a sua figlia se la cena è pronta.

Salgo le scale, recupero lo zaino e ci infilo dentro i fogli.

Come un ratto di fogna, saluto a mezza bocca e scappo dalla casa in cui continuo a rubare cibo, affetto e fiducia.

Mi porto dietro questo senso di disfatta e abbandono Red Oak Town.

Che brutto scherzo mi ha fatto il destino. Oppure Dio. Mi sembra una cosa tipica: ecco qui la mela, uomo, non mangiarla.

Virginie è la mia mela.

E io sono il fottuto uomo che tutt'a un tratto non vuole che ficcare i suoi denti nella polpa del frutto proibito.

Capitolo 20

Virginie

Red Oak Town, giugno 2022

«Il diploma è un momento di svolta, o almeno così dicono. Non so cosa ne pensino i miei compagni, ma io oggi non mi sento diversa da ieri. E non era cambiato niente neppure quando ho compiuto sedici anni. O diciotto».

L'unico momento in cui mi sono sentita *diversa* è stato quando mio zio mi ha baciata. Ma questo evito di dirlo dal palco su cui io e Connor, i migliori del nostro anno scolastico, faremo il discorso finale.

Un discorso che io personalmente ho scritto e stracciato duecento volte. L'ultima pochi minuti prima di rivolgere uno sguardo dolce a mio padre, salire i pochi gradini del palcoscenico che si trova in mezzo al campo da football e sedermi, in attesa di dire la mia.

Ho buttato i fogli nel primo cestino che ho trovato quando dalle casse è partita di nuovo *Scary Mirror*, la canzone che per me ormai è un'ossessione. Israel ha mantenuto la sua parola e non è venuto. È rimasto a Philadelphia dalla sua ragazza a comporre frasi d'amore per lei, a costruirsi un futuro in cui non sono contemplata.

«Eppure, da oggi ci viene chiesto di essere adulti. Di progettare la nostra carriera, di accollarci debiti che ci porteremo addosso per una vita, di essere ragionevoli e razionali. Non so quanti di voi adulti, ai vostri tempi, si sentissero pronti, non so neppure quanti dei miei compagni la pensino come me. Quello che credo è che, dentro il nostro cuore, tutti noi abbiamo l'ambizione di cavarcela da soli e la speranza di non esserlo davvero, soli».

Che io lo sia e che lo sarò ancora di più è un dato innegabile. Sono stata accettata in sei scuole d'arte, tutte con borsa di studio, e solo tre di queste sono sulla East Coast. Una mia scelta quella di aprirmi alla possibilità di allontanarmi il più possibile da Red Oak Town, da mio padre. Non mi resta che decidere.

«Michigan, California, Georgia, Illinois, Connecticut, New York. Ecco le mie opzioni. Quante di queste sono a due passi dalla mia famiglia? Stiamo per essere buttati nel mondo dei grandi, con un bagaglio che la Red Oak High School ha provveduto a rifornire, qualche insegnante di più, altri di meno». Lancio uno sguardo alla professoressa Melville che fa finta di non notarlo. «Ma anche coloro che non sono stati *maestri*, nel senso più alto del termine, ci hanno dato degli strumenti. Ed è proprio grazie ad alcuni di loro che posso dire a tutta la mia classe e agli altri ragazzi che sono presenti: non mollate. Mai. Se qualcuno vi vuole abbattere, faticate il doppio. Se non vi apprezza, ponete l'attenzione sulla vostra autostima. Se vi sminuisce, cercate in voi stessi la consapevolezza. E lavorate il triplo. E se proprio non ci riuscite...»

Cerco Connor con lo sguardo; è seduto composto, la toga cade a pennello sulle sue spalle larghe e il tocco non riesce a nascondere i suoi stropicciati capelli biondo rame. Annuisce.

«Se da soli non ci riuscite, cercate qualcuno che vi ascolti, che vi capisca. E che ci sia per voi. E, una volta insieme... lavorate il quadruplo. Buon diploma!»

Non aspetto che l'applauso finisca e vado a sedermi vicino al mio amico. Sulle tribune, più lontano, ci sono i ragazzi del terzo anno. Lucas mi fa un cenno per dirmi che sono stata brava, e io ricambio con un sorriso. Dall'altro lato c'è mio padre, invece, che si asciuga una lacrima con il dorso della mano e poi alza il pollice verso di me. Ho tre possibilità di rimanergli relativamente vicina. E tre di scappare lontanissima e buttarmi nel mondo senza protezione. Senza di lui.

Ma l'unico pensiero che riesco a formulare è che, ovunque andrò, vicino a me non ci sarà la persona che amo. Non è venuto neppure qui, dove sarebbe stato normale che ci fosse, e mi ha ferita, ancora, come se non bastasse tutta la delusione che mi ha provocato finora.

La cerimonia va avanti, ascolto il discorso di Connor che è il diplomando con la media più alta, e alla fine la Graduation Ceremony termina dopo la consegna delle medaglie e dei diplomi. Tutti giriamo la nappa da destra a sinistra, ascoltiamo le parole di un ex alunno, ora docente di una cattedra a Yale, e quando la parte istituzionale si conclude lanciamo in aria il tocco e ci prestiamo a fotografie, dirette sui social – da cui mio padre mi allontana –, videochiamate con parenti lontani – non io – e saluti.

Piano piano il campo da football si svuota, tutti gli studenti vanno a festeggiare con la famiglia, il che significa che io andrò a cena con papà al *diner*, che stasera ha un menù speciale e tutti i tavoli prenotati. Mentre sto in disparte, in attesa che mio padre concluda le sue pubbliche relazioni e saluti con troppo affetto June, che è con Connor e Misty, vengo raggiunta da Lucas. È elegante, indossa un paio di jeans scuri e una camicia azzurra con le maniche arrotolate. I capelli biondi sono tirati all'indietro ed è abbronzato, visto che ora la squadra di football si allena con il sole sempre più caldo.

«Dopo cena ti va di venire con noi al confine nord della foresta? Sai dove c'è il capanno vecchio? Hanno messo le lucine, ci portiamo la musica, qualche bibita, niente di che, ma siamo in parecchi del terzo e quarto anno. C'è anche Tyler, non sta passando un bel periodo e ha bisogno di distrarsi un po'».

«Non so se papà mi darà il permesso» rispondo con tono dispiaciuto. In realtà sono così giù che neanche me ne frega di rimanere, come al solito, segregata in casa. Però apprezzo che non mi abbia tenuto il muso per la serata al pub. Mi ha chiesto se stessi vedendo qualcuno e ho risposto di no, poi ho mentito dicendo che mi sto togliendo dalla testa il tizio dei succhiotti e da lì abbiamo ricominciato a parlare, con più confidenza.

«Se vuoi glielo chiedo io, non potrà dire di no a un bravo ragazzo come me». Mi sorride e mi fa l'occhiolino, e in lui vedo la leggerezza che non ho mai percepito in mio zio. Una normale diciottenne che esce con un normale quasi diciassettenne, che va a una festa normalissima, dove fa cose normali. *Questa* dovrebbe essere la mia vita.

Lucas si avvicina a mio padre e gli sfiora la spalla, facendolo voltare. Saluta anche Connor e Misty che, insieme a June, fanno per andare via, ma vengono intercettati da Tyler che rimane a chiacchierare con June per qualche minuto. Papà ascolta le parole di Lucas, che io non riesco a udire perché sono rimasta a distanza di sicurezza, e guarda me, mi scruta, mi studia e torna su Lucas. Lo vedo annuire, poi puntargli il dito contro, poi fissare di nuovo me, poi ripuntare il dito con più fermezza. Lucas si porta una mano sul petto e gliela porge, reprimendo una smorfia quando mio padre gliela stringe.

Quando torna verso di me, ha un largo sorriso.

«Ha detto che, se tu hai veramente piacere di venire, ti accompagnerà lui dopo cena, e poi ti riporterò io a casa».

Lo fisso sospettosa. «Tutto qui?»

«Mi ha detto anche che, se ci tengo alla mia carriera nel football, farò meglio a non sfiorarti con un dito». Ridacchia imbarazzato e si passa la mano sulla nuca. «Gli ho promesso che non l'avrei fatto, ma intendevo non contro la tua volontà».

Roteo gli occhi al cielo, come se fosse tutto uno scherzo, ma sento le mie guance arrossire. Non sono abituata a sentirmi esplicitamente desiderata. Credo che i miei compagni mi reputino di ghiaccio e non solo per il colore dei miei capelli, della mia pelle e dei miei occhi, o perché mi vesto solo di bianco: non do corda a nessuno, ma non è per disinteresse nei loro confronti, bensì per eccessivo interesse nei confronti di chi, quell'interesse, non lo merita e non lo vuole.

«Allora, ci vieni?»

«Sì».

È un 'sì' che mi costa parecchio, è un 'sì' che decreta con certezza che ho deciso di credere a mio zio quando ci ha definiti impossibili. È una resa triste, anche se sul mio viso campeggia un sorriso felice, finto, come ho l'impressione che sarà la mia vita da qui in avanti.

Lucas mi dice che mi aspetterà lì e di non fare tardi, poi raggiunge Tyler. Io mi avvicino a mio padre che è al telefono, voltato di schiena, ma mi fermo appena sento la sua voce e capisco con chi sta parlando.

«È andata bene, *bro*. Mi è dispiaciuto che non ci fossi» dice, senza sapere che lo sto ascoltando. Senza sapere che suo fratello non è qui perché tra me e lui c'è un casino senza precedenti. «È cresciuta sotto i miei occhi e io me ne rendo conto solo ora. È diventata una donna. E sono fiero di lei».

Le parole di mio padre mi commuovono. Non mi dice spesso che mi vuole bene o che è orgoglioso di me, ultimamente parliamo poco e, comunque, sono sempre stati i suoi gesti a dimostrarmi il suo amore.

«Stasera esce con un ragazzo. Ti rendi conto?»

Il cuore mi si ferma in gola.

Se fossimo nel mio film, adesso Israel farebbe una scenata e in mezz'ora sarebbe qui, bruciando tutti i record di velocità con la sua *Sexy Mexy Car*. Mi porterebbe via e accetterebbe che non possiamo respingere i nostri sentimenti.

Ma non siamo in un film.

«Sì, Lucas. Mi sembra un bravo ragazzo. Tu cosa ne pensi? Sto sbagliando a dirle di sì?»

'Digli che mi proibisci di vedere un altro. Digli che sono tua'.

«Hai ragione, è grande, prima o poi farà le sue esperienze. Devo lasciarla libera».

Mi ha appena lasciata libera.

Non mio padre.

Israel.

Non gli si è smosso niente.

È finita.

Quando papà si gira, nascondo il mio dispiacere mimetizzandolo in un grande sorriso.

Come un'attrice celo il dolore che mi fa venire voglia di vomitare e mi accingo a recitare la parte che tutti si aspettano da me: un'adolescente felice di aver finito il liceo, felice di festeggiare con la propria famiglia e felice di andare a una festa con altri adolescenti.

Cosa sono in realtà? Una ragazza che porta sulle spalle la disillusione di una vita che non sarà mai corrispondente ai propri sogni.

Mi tocca cambiarli a forza, questi sogni.

Lo devo a me stessa.

E me lo ripeto per tutta la cena, durante la quale mio padre cerca di capire quali siano i miei piani per il futuro e di convincermi a non andare a New York. Ovunque, ma non a New York. Come al solito, nessun perché, solo un «fidati di me».

Dopo un'abbuffata delle famose alette di pollo speziate di Ma' Martha e una doppia porzione di torta ai mirtilli, arriva l'ora di lasciare il *diner* e il suo clima festoso.

«Sei ancora dell'idea di andare alla festa?» mi chiede papà, guardando per terra.

È imbarazzato, non dev'essere facile, ma non sa quanto mi costi dirgli di sì, con un finto entusiasmo che meriterebbe l'Oscar.

Quando mi lascia sul limitare della foresta a nord, vedo che vorrebbe accompagnarmi, controllarmi, ma si trattiene. In lui è chiaro il conflitto tra l'amore e ciò che reputa giusto, cioè la mia libertà. Mi sarebbe bastato vederne un briciolo in mio zio per non mettere in atto le mie prossime mosse, ma non c'è nulla in Israel. Nulla per me.

«Niente foto, niente social, niente baci, niente imboscate, niente alcol e, soprattutto, coprifuoco a mezzanotte».

«Papà, sono le dieci e mezza!»

«All'una. Non più tardi. Ti aspetterò sveglio».

«Okay».

Gli bacio la guancia ruvida e lo abbraccio, poi abbandono l'auto e mi butto nella mia nuova vita.

Lo spiazzo dove si trova la festa è a un centinaio di metri di distanza, dentro la foresta, ma il tragitto è illuminato da lampade appese ai rami, per cui non mi è difficile raggiungere i miei compagni che sono sparpagliati nel punto in cui gli alberi creano un largo cerchio vuoto. Quando arrivo lo trovo già pieno di ragazzi, casse da cui esce musica recente e bibite. Non si vedono alcolici, ma credo che possano essere nascosti nelle vicinanze, magari nel torrente che scorre non troppo lontano, per tenerli in fresco.

Lucas è vicino a Tyler e a un gruppo di cheerleader, non mi stupisco che un paio di loro si stia strusciando come gattine con gli occhi sognanti, sono due dei ragazzi più belli della scuola, sono liberi e sono atleti di alto livello.

Rimango ai margini, osservando come si comportano in queste occasioni i miei compagni, cercando di capire cosa sia normale. Connor non è venuto e io non sono abituata a queste occasioni sociali.

Le lucine colorate che circondano il perimetro di questa specie di discoteca all'aperto illuminano sguardi felici, sguardi brilli, sguardi innamorati e poi me. Pelle pallida che spicca nel buio della notte, capelli bianchi raccolti e strani occhi sgranati. Sembro un animale bloccato davanti ai fari di un'automobile.

Poi, per fortuna, Lucas mi vede, si scrolla di dosso una delle ragazze, fa un cenno a Tyler che risponde con una smorfia infastidita e mi raggiunge con poche falcate delle sue gambe lunghe. «Sei venuta davvero! Ho appena vinto venti dollari. Tyler era sicuro che mi avresti tirato il pacco».

«E invece...» Sorrido e guardo per terra.

Lui mi solleva il mento con un dito e risponde al mio sorriso con il suo, più brillante e sincero. «E invece sei qui. Sono contento».

«Posso chiederti una cosa?» dico e deglutisco, l'ansia mi fa sudare le mani e spostare il peso da un piede all'altro. Ma ho deciso e non torno indietro.

«Tutto».

«Ti... ti va di uscire con me?» Lo osservo sgranare gli occhi e cercare di collocare le mie parole, forse non è ciò che desidera anche se pensavo di sì. «So che ti ho detto che sono... ecco, che c'è stato un altro, però... lui non c'è più e tra qualche mese io sarò via e tu sei un bravo ragazzo, io ti voglio bene e...»

Lucas interrompe il mio sproloquio afferrandomi la nuca e fiondandosi sulle mie labbra.

Le sue sono morbide, piene, gli lascio spazio quando cerca la mia lingua e spengo tutti i miei pensieri. O almeno ci provo. Perché le dita che mi accarezzano non sono quelle di Israel. Il sapore non è lo stesso. La reazione del mio corpo è fredda, niente a che vedere con il fuoco che sprigiono quando ho mio zio vicino.

Allungo le braccia e mi aggrappo al collo di Lucas, alzandomi sulle punte dei piedi, lo cerco, non lo mollo e lui mi dimostra la sua passione stringendomi più forte, baciandomi più a fondo, spingendomi verso l'albero più vicino.

«Ti stavo aspettando, Virginie» ansima sulla mia bocca.

«Sono qui» rispondo, forzandomi a credere io stessa alla mia bugia.

E lascio che mi sfiori, che mi senta sua, che sfoghi il desiderio che aveva di questo evento. Ci baciamo a lungo, sotto gli occhi di tutti, se c'è qualcuno interessato. Io non vedo, serro le palpebre e cerco di far scomparire tutte le immagini di Israel, sostituirle con questi nuovi ricordi, darmi la possibilità di ricostruire me stessa, senza di lui.

Lucas si stacca, la mano appoggiata alla corteccia dietro di me e la fronte contro la mia. «Wow...» Le sue iridi brillano, il suo sorriso è contagioso. «Molto meglio dell'ultima volta». Mi prende in giro, ma capisco che è felice che abbia ricambiato, che mi sia dichiarata pronta a voltare pagina.

Mi accarezza i capelli, mi dà un bacio sulle labbra e mi prende la mano, intrecciando le sue dita con le mie. Le osservo, come se stessi guardando il mio corpo dal di fuori. Non provo niente, ma posso dare indicazioni al mio cervello di ricambiare la stretta.

«Vieni, prendiamo da bere» mi dice.

Lo seguo e, come immaginavo, ci inoltriamo nel bosco, in direzione del torrente. Ci guida il rumore dell'acqua che scorre e diventa più forte quanto più ci allontaniamo dalla musica.

Lucas recupera qualche lattina da un anfratto protetto, una specie di piccola piscina, ma non so neanche se stia scegliendo qualcosa o stia pescando a caso, perché qui è tutto parecchio buio. Me ne porge una e io la apro, poi bevo, senza sapere di cosa si tratti.

Ecco la seconda regola che infrango: è birra.

Niente baci, niente alcol.

A mio padre è bastato lasciarmi libera una sera per ritrovarsi una figlia che non segue le sue direttive. Cosa mi succederà se andrò lontana?

Bevo un altro sorso e seguo Lucas, che raggiunge i suoi amici e consegna loro il resto delle lattine. Tyler, accerchiato da un gruppetto di ragazze, si smarca, gli dà una pacca sulla spalla poi viene verso di me.

«Mi raccomando, Fiocco di neve, trattalo bene, o verrò a cercarti» sghignazza indicando l'amico. Nonostante la sua sia una battuta, per qualche motivo ho l'impressione che contenga un bel po' di serietà. Alzo la birra, fingendomi sicura di me, e lancio un brindisi, dopo il quale Lucas si siede e mi invita ad accomodarmi tra le sue gambe.

«Sono curioso: cosa ti ha detto?» mi chiede mentre Tyler torna dalle cheerleader.

«Di trattarti bene. Sembrava minaccioso».

Lucas ride e scuote la testa. «Il solito esagerato...» Il suo torace aderisce alla mia schiena e ogni tanto mi regala qualche carezza sulla nuca mentre chiacchiera amabilmente con gli altri, che io osservo in silenzio.

«A che ora devi tornare a casa?» mi chiede, sussurrandomi all'orecchio.

«Entro l'una».

«Allora tra un po' andiamo, voglio salutarti come si deve».

Il 'come si deve' me lo dimostra sui sedili davanti dell'auto dei suoi, una mezz'ora dopo. Sposta tutto il mio schienale all'indietro e lo abbassa fino a quando non sono sdraiata, poi mi sale sopra e riprende da dove si era fermato.

Mi infila una mano sotto la maglietta, la lingua in bocca e si spinge contro di me, i suoi jeans che fanno attrito sui miei.

«Sei bellissima» ansima tra un bacio e l'altro.

«Anche tu» rispondo con troppo fiato tra le sillabe. Cerco di imitare la sua eccitazione, la mia interpretazione non è male, lui alla fine è soddisfatto e felice. E io ho messo il primo tassello per la mia nuova vita.

Come dicono? 'Sorridi allo specchio, ogni giorno quel sorriso diventerà più sincero'. Una cosa del genere, no?

Se mi convincerò di poter provare qualcosa per Lucas, alla fine succederà. E comunque, io tra pochi mesi sarò lontana da qui e lui lo sa, quindi, anche se quando arriviamo di fronte a casa mia mi saluta fin troppo entusiasta – ma ben attento a non fare cose sconvenienti per evitare le possibili, anzi probabili, ire di mio padre –, è ben consapevole che questa è una cosa a termine.

È un bravo ragazzo, ma anche lui ha i suoi secondi fini, tra i quali uno in comune con me.

Divertirsi.

Solo che lui lo fa perché a quest'età è normale.

E io...

Io perché, se non esco dalla mia ossessione per Israel, avrò una vita orribile.

Capitolo 21

Israel

Philadelphia, giugno 2022

Virginie è a una festa con Lucas e io sono in una stanza con Veronica, mezza nuda, mentre il mio migliore amico è lontano miglia e miglia.

Le cose non dovevano andare così.

La mia manager è in mutande, una maglietta corta le copre il seno, e mi sta abbracciando, sdraiati sul suo letto.

«Smettila di piangere» le dico, accarezzandole i capelli.

«Non ci riesco, ho... abbiamo rovinato tutto. Lo capisci? Se anche ci fosse stata una possibilità per me e Bratz... ora non c'è più».

«Tutto si può recuperare».

Tranne me e Virginie. Noi siamo irrecuperabili.

La pelle mi freme se mi concedo il permesso di immaginarla tra le braccia di quell'atleta da quattro soldi. Così stringo Veronica.

«Non credevo che saremmo arrivati a questo punto».

«Cosa credevi che sarebbe successo? Spiegamelo, perché io non riesco a capire cosa ti sia passato per la testa».

«È solo che...» Veronica si tira su di scatto. La mia pelle è fradicia del suo pianto. «Lui mi piace da sempre. Dal primo giorno che l'ho incontrato in facoltà, ma ai tempi stava con una tizia con cui suonava, così siamo diventati amici. Amici davvero, quella persona che entra nella tua vita e da subito sai che niente e nessuno potrà mai corrompere il vostro rapporto».

Annuisco e mi metto a sedere. Prendo un pacchetto di fazzoletti dal comodino, facendo lo slalom tra quelli sporchi, e glielo porgo. Lei si pulisce gli occhi struccati e si soffia il naso.

«Ero innamorata, Iz, innamorata persa, ma di lui come essere umano. Non avevo solo voglia di fare sesso, era proprio qualcosa di più profondo. Volevo il suo bene».

Lo capisco. E so anche quanto sia doloroso lasciare andare qualcuno perché non hai diritto di possederlo, di chiedergli di essere tuo.

«Poi sono arrivati Charlie e Seven e abbiamo conosciuto te. Lui si è lasciato con la sua ragazza ed è successo che siamo finiti a letto qualche volta, ma nel frattempo... be', era partito il progetto, voi avete cominciato ad amarlo quanto lo amavo io e non potevo permettere che tutto andasse a puttane. Dovevo proteggere la vostra amicizia, il nostro futuro e il mio cuore».

Comprendo le sue scelte fino a qui, non sono poi così diverse da quelle che sto compiendo io, ma c'è qualcosa su cui invece siamo su posizioni opposte.

«Come ti è venuto poi di proporgli una storia aperta? Non ti fa morire dentro il pensiero che Bratz vada a letto con un'altra? E tu come fai a scopare con qualcuno che non sia l'uomo che ami?»

Veronica tira su col naso e abbraccia le proprie ginocchia.

«La prima volta che abbiamo fatto l'amore è stato nella tua stanza al college».

La mia smorfia schifata la fa sorridere.

«È stato come se tutti i tasselli di una vita intera andassero al proprio posto, come se tutte le ferite guarissero e noi fossimo diventati il vero nucleo del mondo».

«E...?»

«Mi sono spaventata. E ho detto una frase sbagliata e lui ha annuito e da quella cosa non siamo più tornati indietro».

Perché l'amore sa essere così dannatamente complicato?

«Io mi sono arroccata sulla mia posizione, mi sono convinta che fosse la scelta giusta, pensando che lui comunque non mi volesse. E ogni volta che Bratz, negli anni successivi, ha buttato lì l'idea di fare sul serio, io mi sono ripetuta che, se mi avesse avuta, si sarebbe stufato e avremmo mandato a puttane il gruppo».

«Ma perché ti sei portata dietro il ragazzino?»

«Avevo paura di non resistere. Tu sei fatto a modo tuo, Charlie e Seven sono due cazzoni che passano la vita in simbiosi e saremmo rimasti solo io e Bratz. Volevo un motivo per non stare chiusa in casa con lui tutte le notti, ma non credevo che... che...»

Veronica scoppia a piangere e si butta con la faccia sulla mia coscia, inzuppandomi i pantaloni della tuta.

«Senti, è facile. Tra di voi non ci sono impedimenti: non ci sono regole che vi vietino di stare insieme, non siete studente e insegnante, lui non è un prete e tu non sei una suora, non siete... parenti». La voce mi muore un po', ma per fortuna in questo momento Veronica è troppo concentrata su se stessa. «Il gruppo sopravviverà se proverete a stare insieme e non funzionerete. Ciò a cui non possiamo sopravvivere è questo casino. Per cui...»

Sto in silenzio qualche minuto, digito sul cellulare e intanto la mia manager smette di piangere e mi fissa.

«Hai un volo prenotato per domani mattina all'alba. Pulisciti la faccia, fatti bella e vai a San Francisco. Sorprendilo e ditevi tutto quello che dovete dirvi. Io non mi muovo da qui finché non tornate. E voi non tornate finché non avete risolto».

Veronica spalanca gli occhi, spaventata. Con un filo di voce mi chiede: «E se non lo trovo da solo?»

A questa sua domanda un'immagine di me che apro la porta della camera di Virginie e la trovo sotto Lucas mi fa venire un conato di vomito.

«Stai bene?» mi chiede tirando su col naso, e io mi rendo conto che non so più celare le mie emozioni.

«Sì. Dammi due minuti per assicurarmi che non ti succeda una cosa del genere».

Mi fiondo in bagno, evito il mio riflesso e faccio partire una videochiamata per Bratz. È da solo, distrutto, a casa sua. Intorno a lui lattine di birra vuote e in sottofondo la televisione accesa su una replica di *Game of Thrones*.

«Alzati, fatti una doccia e vai a dormire. Ascolta il tuo amico saggio».

Mi faccio promettere che seguirà il mio consiglio, torno in camera di Veronica e le consegno le chiavi di casa del mio migliore amico. Punto la sveglia a un orario consono per portare la mia manager all'aeroporto e mi metto a guardare i social della scuola di Virginie.

Ci sono le foto della cerimonia, qualche video. Lei è quasi sempre coperta da mio fratello che le ha fatto nascondere i capelli nel tocco, per prudenza. Ma c'è una sequenza di foto in cui in lontananza, sullo sfondo, c'è lei da sola, alle spalle di Levi, poi Lucas che la raggiunge e le accarezza una spalla.

Faccio uno screenshot e la guardo per ore, fino a quando i pixel si dissolvono e restano solo le mie fantasie, quelle malate in cui le strappo i vestiti di dosso e affondo in lei, e quelle dolorose, in cui è Lucas a fotterla sul sedile posteriore di un'automobile.

Come quasi tutte le notti, non dormo. Ascolto la casa: Charlie che russa, Seven che guarda porno con le cuffie a un volume tale da portare alla sordità precoce e Veronica che continua a girare per casa e a tirare su col naso.

Alle cinque scendo al piano di sotto, preparo un caffè da portare via e, quando la mia manager scende, usciamo insieme per prendere la mia macchina.

«Sei sicuro che sia la cosa giusta da fare?»

«Sicuro quanto il fatto che questo pick-up sia la cosa più brutta che io abbia mai visto».

«Allora è una certezza». Sorride. Il suo è un sorriso timido. Veronica, da qualche giorno, non è più la tizia tosta che prendeva a testate il mondo, è solo una ragazza innamorata che non sa come rimettere a posto le cose. Mi fa tenerezza.

La lascio al gate e le strappo una promessa prima che scompaia oltre la zona del check-in. «Giurami che non smetterai di parlargli finché non sarai convinta che in ciò che vi state dicendo non ci sia dentro un'oncia di paura, di orgoglio o di ripicca. Siete Veronica e James, non Knowles la tosta e Bratz il cazzone».

«Ci proverò».

«Ne va della tua felicità. Ne va del gruppo. Ditevi tutto, scopate fino a che non vi va a fuoco ogni parte del corpo e confessatevi ogni stupido segreto, okay?»

«Okay».

Se rimettere a posto la mia vita fosse complicato come ricucire il loro strappo, sarei comunque un passo avanti rispetto a come sono ora.

Perché lo so. La scuola è chiusa.

E Virginie dovrebbe essere a casa e io, non so come, mi accorgo solo quando è troppo tardi per tornare indietro che sono sulla strada di Red Oak Town e che non sto andando all'appartamento da Charlie e Seven.

La mia volontà è distrutta.

Quando arrivo a casa di Levi, lui mi fa cenno di non fare casino. Sta per uscire e mi porge una tazza di caffè, proprio mentre finisce di sorseggiare il suo.

«Non svegliarla, è tornata all'una, poi le ho fatto il terzo grado e siamo stati a parlare fino alle tre. È stanca».

«Cosa vi siete detti?» chiedo con fare distratto.

Levi ha abbandonato le camicie a scacchi, ormai fa troppo caldo. Si infila una canotta nei pantaloni e stringe la cintura porta-attrezzi.

«Le ho ripetuto quanto sia importante che rimanga fuori dai social e, quando mi ha detto che lei e Lucas si sono messi insieme ufficialmente, le ho dato delle regole».

Per poco non mi strozzo con il caffè bollente, ma cerco di non darlo a vedere. Pochi colpi di tosse, trattenuti, di cui Levi non si accorge.

«Quali sono?»

«Coprifuoco alle undici in settimana e all'una nel weekend, deve sempre dirmi dove va e con chi e poi...»

«Poi...?»

«Poi le ho fatto il discorso».

Butto il caffè rimasto nel lavandino e do le spalle a mio fratello.

«Contraccezione, malattie veneree e gravidanze indesiderate».

«E lei?»

Lei che probabilmente sa già tutto, che non aveva bisogno della lezioncina, che potrebbe scrivere un opuscolo informativo sugli anticoncezionali e le malattie veneree, ma che non aveva mai avuto un orgasmo, prima di me.

«Ha detto che non mi devo preoccupare. Ti pare?»

Fingo una mezza risata e lo tranquillizzo che la terrò d'occhio.

«Be', non potrai quando sarà con Lucas».

Se ne va via così, lanciandomi una freccia dritta al cuore.

Quando esce, svuoto i polmoni, come se mi fosse caduto un quintale di piombo sulle spalle, sciacquo la tazza e salgo le scale, la schiena curva, l'umore a terra.

Passo davanti alla porta chiusa di Virginie e non resisto. Abbasso la maniglia senza fare rumore, socchiudo e sbircio dentro. Le imposte chiuse lasciano filtrare la luce che taglia trasversalmente il corpo di mia nipote, illuminandone porzioni scoperte, richiamandomi verso la sua pelle.

Resisto a quel richiamo, ma spalanco la porta e, in silenzio, vado verso la mia stanza. Mi butto sul letto, da dove posso vedere quello di Virginie, e sto a guardarla finché non mi addormento anche io.

Quando mi sveglio, lei non c'è, ma la porta è rimasta aperta.

Scendo le scale e, dalla finestra del salotto, la vedo in giardino. Sta disegnando, sdraiata sull'erba, i piedi in aria e la pancia sul terreno. Il culo in bella vista, il mio cazzo che ricomincia a tirare.

Se le sto vicino, sto male; se mi allontano, sto di merda.

Guardo l'ora e decido che preparare il pranzo sia il diversivo di cui ho bisogno.

Nel frattempo, rispondo ai messaggi di Charlie, che si è svegliato con il suo gemello in una casa vuota e non sa come portare avanti il lavoro. Gli do alcune indicazioni, in modo che possano rendere produttivo il pomeriggio, poi mi metto ai fornelli.

Non dico niente a Virginie quando passa per tornare in camera sua, né mi lamento quando si chiude la porta alle spalle. Cerco di ascoltare cosa dice al telefono, ma siamo troppo lontani e quindi torno a concentrarmi sul cibo.

Virginie scende vestita e truccata di tutto punto, proprio mentre sto mettendo in tavola.

«Ho preparato il pranzo». La mia voce è incolore, reprimo tutte le emozioni in un tono piatto.

«Sto uscendo».

«Ma ho preparato anche per te!» Mi sfugge una nota di disappunto, cui lei risponde con uno sguardo infastidito.

«Non mi hai chiesto se avessi dei programmi...»

E come sempre, lei mi provoca e io strabordo.

«Ti devi vedere con il tuo ragazzo? Come si chiama...?» Lucas. Lucas del cazzo Reed. L'ho cercato sul sito della scuola.

«Sai benissimo come si chiama. Papà ti ha chiesto una tua opinione sul fatto che ci uscissi insieme e tu non hai mosso obiezioni».

Le guance le si colorano di bordeaux, stringe gli occhi, non riesce a trattenere la rabbia. Sono sempre io quello che gliela causa.

«Avresti voluto che gli dicessi che non potevi avere un appuntamento con un altro ragazzo?»

«Da te non voglio proprio niente» dice, ma il suo corpo, il suo sguardo, il suo tono... tutto mi dice l'opposto. Il petto che tende un top corto, bianco, quel maledetto bianco, le dita strette a pugno, la schiena dritta.

«Ti arrabbi con me se ti lascio libera, ti arrabbi se ti sto vicino, ti arrabbi se sono irrazionale e seguo il mio istinto, e ti arrabbi anche se cerco di essere lucido».

Sul suo volto la sfida. Mi sta chiedendo di dare fuoco a tutto, di radere al suolo le nostre esistenze, affrontare il resto del mondo pur di dimostrarle il mio amore.

Ma lei è una ragazzina, probabilmente una volta ottenuto

ciò che vuole mi abbandonerebbe qui, a fare i conti con tutta la distruzione che ci lasceremmo alle spalle.

«Non è solo colpa mia, lo sai, vero?» le chiedo con voce gentile. «Questa situazione l'abbiamo creata insieme e, sì, mi prendo la maggior parte della responsabilità, perché sono io l'adulto tra di noi, ma tu non hai fatto niente per...»

«Di cosa parli?» mi urla addosso.

«Di te che ti spogli, di te che mi baci, di te che insisti perché siamo qualcosa!» sbotto e me ne pento subito. Abbasso il tono. «Credi che per me sia facile?»

«Certo che lo è!»

Fa due passi e mi viene sotto. Io ho ancora i piatti in mano, ormai il cibo è freddo e la fame mi è passata.

«Lo è» ripete, «perché quando torni a Philadelphia ti sfoghi per bene con Veronica. Dimmi, quante volte te la sei scopata stanotte? Hai pensato a me almeno una di queste? Perché io, ieri sera, a te non ci ho pensato neppure una volta».

«Vaffanculo, Virginie». Scaglio un piatto sul pavimento. «Vaffanculo». Anche l'altro fa la stessa fine. Non ho gridato, ma la veemenza con cui ho pronunciato quelle parole e il rumore della ceramica per terra l'hanno spaventata. Muove due passi indietro e mi fissa inorridita.

Calpesto i cocci mentre incalzo verso di lei, che arretra fino a trovarsi spalle al muro.

«Tu non sai nulla di me. Sei solo una ragazzina stupida che va a scopare col primo che le fa gli occhi dolci, perché non sa gestire una situazione complicata».

«Queste lezioni di vita dalle alla tua fidanzata».

«Sei così stupida... Veronica è la mia manager, la mia migliore amica. Non l'ho mai toccata con un dito».

Evito di dirle anche che l'unica che vorrei toccare è lei. La sua pelle lattea, il suo seno perfetto, le sue gambe magre. Vorrei morderla, affondare dentro di lei, vederla godere.

«Sei... Lei... L'hai detto tu che state insieme».

«Non l'ho mai fatto! Ho solo evitato di correggerti quando *tu* l'hai definita 'la mia fidanzata'».

«Perché...?» Ha lo sguardo smarrito, ma io non riesco ad avere pietà di chi mi sta straziando l'anima, per cui la inchiodo alle sue stronzate, sbattendo la mano sul muro che sta dietro di lei.

«Perché io ragiono. E mi accollo la difficoltà di non saltarti addosso, perché *non è la cosa giusta*». Fa per aprire bocca, ma la interrompo. «E so che non sempre ci sono riuscito, perché tu sai tirare la corda fino a farmela spezzare in mano, ma ci provo. Ingoio la voglia, ti guardo da lontano, lascio che qualcun altro ti faccia sua perché quel qualcun altro non può rovinarti la vita. Io sì».

Gli occhi le si riempiono di lacrime, ma lei trasforma sempre tutto in rabbia, per cui è con quella che mi colpisce al petto, senza smuovermi di una virgola.

«Ti stai raccontando un sacco di bugie. Tu sei solo un codardo e Lucas non lo è. Lui mi vuole e non si nasconde. Non si vergogna di me, di ciò che desidera».

Sbatto anche l'altra mano sul muro, sono al limite, in questo momento vorrei schiaffeggiarla. Fletto i gomiti, mi avvicino alla sua bocca, inspiro il suo profumo e muoio.

«Allora vai da lui». Mi spingo indietro e la lascio libera.

Entrambi siamo nervosi, con il fiato corto, e non so cosa provi lei, ma io sento che potrei rimettere a posto i miei pensieri solo afferrandole i capelli, obbligandola a salire le scale e buttandola sul mio letto.

Sono più forte dei miei maledetti istinti. Devo esserlo per entrambi, anche perché lei non si muove, cerca di capire se sono serio o se sono sul punto di far esplodere questa polveriera. Mi fissa, il suo maledetto seno che si alza e si abbassa, si lecca le labbra stizzita per poi mordersi l'interno della guancia.

«Ti sta aspettando. Sono sicuro che non veda l'ora di darci dentro».

«Almeno lui mi vuole» ribatte lei per ferirmi. Ci riesce.

«Buon per te».

Mi volto e chiudo la conversazione. Mi chino a raccogliere il disastro che ho combinato e fisso i suoi anfibi che schiacciano alcuni cocci, per poi portarla via da me.

Sono stanco come se avessi fatto quattro concerti di seguito.
Sono triste come se fosse morto qualcuno.
E sono eccitato come se lei si fosse appena spogliata per me.
Invece sta per farlo davanti a un altro uomo.

Capitolo 22

Virginie

Red Oak Town, luglio 2022

«Mi dispiace».

Lucas guarda per terra, scalcia un sassolino, afferra la portiera, in piedi di fronte a me che sono seduta nella sua automobile, pensa alle mie parole, poi torna su di me e sorride. Se c'è una qualità che non gli manca, è di sicuro la determinazione.

«Un'ultima sera. Non ti chiedo nient'altro».

Le cose tra di noi non sono andate bene. Abbiamo cercato di farla funzionare per più di due settimane, ci sono stati momenti divertenti, ma alla lunga anche lui ha capito che siamo meglio come amici che come fidanzati. Forse perché si è reso conto che non riesco a lasciarmi andare e che la passione, nella nostra storia, l'ha portata solo lui. La mia è rimasta tutta a casa, contro il muro del salotto, nello sguardo di mio zio, nelle immagini impure che tempestano la mia mente.

«Non voglio che tu ci rimanga male».

«Mi passerà. Tra poco compirò diciassette anni, l'anno prossimo sarà il mio ultimo anno qui, sono tra i candidati per il Re del ballo, anche se probabilmente vincerà Tyler... Ovvio che speravo finisse diversamente tra di noi...»

«Mi dispiace».

«Smettila di ripeterlo. E vieni con me alla festa, domani. Passiamo una bella serata e poi ci diciamo addio. O arrivederci a quando io sarò nella NFL e tu starai esponendo nelle gallerie più prestigiose del mondo».

«Io voglio pubblicare graphic novel, te l'ho già detto».

«Quello che sarà».

«Sei sicuro che mi vuoi con te, domani? Nonostante tutto quello che...»

«Sono sicuro».

Annuisco e con le dita stropiccio il bordo della T-shirt che indosso. È di Lucas, me l'ha regalata una volta che, nella foga, ha strappato la mia, togliendomela. L'auto dei suoi genitori ci ha visti mezzi nudi, ma non sono mai riuscita ad andare oltre ai baci, più o meno casti, e non mi sono mai tolta gli slip.

So che Lucas avrebbe voluto fare sesso e c'è stato un giorno in cui ero particolarmente arrabbiata con Israel... Siamo arrivati a tanto così dal farlo, poi sono scoppiata a piangere. Delusione, tristezza e rabbia si sono mescolate, ma Lucas mi ha presa tra le braccia e mi ha consolata.

È un ragazzo speciale, mi sento così stupida a non essere riuscita a innamorarmi di lui.

«Allora domani ci sarò. Devo portare qualcosa?»

«No, non ti preoccupare, hanno organizzato tutto alcuni ragazzi della squadra con l'aiuto delle cheerleader. Ti vengo a prendere nel pomeriggio, così facciamo il bagno nel lago».

«Non so nuotare tanto bene, io...»

«Ci bagniamo appena, accendiamo il falò e parte la festa per tutta la notte!»

«Ho il coprifuoco».

«Ti riporto a casa io. Ho solo una richiesta».

«Quale?»

Si sporge sul sedile del passeggero su cui sono ancora legata con la cintura, nonostante siamo fermi in una zona boschiva dove di solito veniamo a baciarci. Questa sera, invece, è stata testimone del mio sproloquio sul perché non possiamo più stare insieme.

Non ho mai nominato Israel, ma è lui l'elefante nella stanza, o meglio, nell'abitacolo. C'è sempre stato, dalla prima volta.

«Questa è la mia unica condizione: che ti lasci andare. Che non pensi a quello a cui pensi sempre».

Appoggia le labbra sulle mie, aspetta di capire se accetto questo suo approccio e, quando gli concedo di approfondire il bacio, lui manda indietro il sedile, sale in macchina, si chiude la portiera alle spalle e mi slaccia la cintura.

Essere desiderata, anche se non ricambio i suoi sentimenti, mi fa sentire meno sbagliata di quanto non mi senta quando incrocio mio zio a casa.

Non ci parliamo più. Lui ha di nuovo cambiato le sue abitudini: adesso mi aspetta seduto sul portico, non importa a che ora ritorno. Appena mi vede scendere dall'auto di Lucas si alza e se ne va. Ci incrociamo a metà del giardino, non ci salutiamo, non ci guardiamo nemmeno negli occhi. Di giorno non so mai quando arriva, l'unica certezza che ho è che va in camera sua, si mette le cuffie e sta chino sui suoi strumenti, con centinaia di fogli volanti su cui scrive con foga.

Papà ha creato una chat di famiglia in cui mi è stato chiesto di comunicare tutti i miei spostamenti: se vado in centro con Connor, se esco con Lucas, dove sarò e a che ora. Ed è così che comunico con mio zio, che risponde sempre e solo con l'emoticon del pollice alzato.

Il mio cuore ormai si tiene insieme solo con i ricordi, con le fantasie e con la distrazione che rappresenta il ragazzo che mi sta baciando il collo mentre si struscia sopra di me. Ha le mani sotto la maglietta che indosso, le dita hanno abbassato il reggiseno e stanno giocando con i miei capezzoli. Ansima un po' più veloce, spinge il suo bacino contro il mio e io gli vado incontro, perché è un bravo ragazzo e non ho nient'altro da offrirgli se non la mia finta partecipazione.

Gli ho promesso un'ultima sera, ma so già che mi mancherà far parte di qualcosa, anche se non era ciò che desideravo, anche se non mi eccita, anche se non mi fa nessun effetto.

Quando alla fine si rilassa, gli bacio le labbra e lo abbraccio, ascoltando il suo cuore che scalpita contro il mio, che pare morto.

«Sei fantastica, Virginie» sussurra al mio orecchio. «E il ragazzo a cui pensi quando sei con me è un'incredibile testa di cazzo. Se avessi anche solo una chance, non me la farei scappare».

«Non ci penso più a quello lì» mento. «È solo... è Red Oak Town. Devo andare via da qui e scoprire chi sono davvero».

«Sei una persona meravigliosa. E il mondo ti accoglierà a braccia aperte».

Gli sorrido. Lo seguo con lo sguardo mentre scavalca la leva del cambio, si siede al suo posto e si riordina i capelli biondi e folti in cui pochi minuti fa ho affondato le mani. Sono del colore del grano, caldo, non un bianco gelido come quello di Israel.

Eppure, non è lui che riesce a infiammarmi.

Quando Lucas parcheggia di fronte a casa mia, tengo lo sguardo basso, mi proibisco di controllare se mio zio è lì che mi aspetta.

«Allora ci vediamo domani pomeriggio. Va bene?»

Annuisco, le punte dei piedi che sfregano l'una contro l'altra.

Apro la portiera, la luce dell'abitacolo si accende, ma Lucas mi ferma mentre sto per scendere e mi bacia. Non l'aveva mai fatto prima, forse preoccupato che mio padre mettesse in atto alcune delle minacce che ciclicamente gli rivolge quando lo incontra per strada.

Non è un bacio casto, neppure una replica di quelli che mi ha dato in auto, tuttavia dura a sufficienza perché, una volta scesa, mi trovi davanti Israel, proprio sul cancelletto che separa il giardino dalla strada sterrata.

Stavolta non ci incrociamo dove c'è spazio per superarci senza toccarci. Uno dei due si deve per forza spostare per far passare l'altro. Però non ci muoviamo. Immobili, l'una di fronte all'altro.

Alzo la testa e incrocio il suo sguardo.

In questo momento, con il rumore dell'auto di Lucas che si allontana in sottofondo, il mio cuore riprende a battere. E io vorrei piangere, perché mi sento viva solo con lui. Lui che non mi vuole, che non mi accetta, che non mi ama.

Trattengo le emozioni che salgono veloci, i miei ghiacciai che si sciolgono, riempiendomi fino all'orlo.

«Ti sei divertita». La sua non è una domanda. Ha il sapore dell'accusa. Recrimina. E io ci leggo amore. Se la stupidità potesse avere un nome, sarebbe senza dubbio il mio.

«E tu? Hai passato una bella serata sul portico?»

Non so fare altro che alimentare il fuoco che lui accende.

«Niente male. Di sicuro non all'altezza della serata di Lucas, ma la vita non è tutta divertimento e spensieratezza. E sesso in automobile».

«Si fanno delle scelte, zio. La nostra vita ce la creiamo noi».

Sul suo volto si dipinge una rabbia trattenuta. Vorrei poter disegnare il suo viso, adesso, riportare sulla carta l'intensità che reprime e che, insensatamente, desidero che sfoghi su di me.

«Almeno è stato bravo?»

«Vuoi davvero sapere se Lucas Reed scopa bene?»

Israel stringe così forte il legno che ci divide che le sue nocche sbiancano. Serra la mandibola e mi incenerisce con lo sguardo.

«Sì, voglio saperlo».

«È bravissimo».

Tutta la tensione nel corpo di mio zio scompare, in un secondo. Le spalle crollano, lui molla la presa, apre il cancelletto e mi supera, senza più guardarmi. Volevo ferirlo e invece è lui, come sempre, a lasciarmi a terra KO. È un istinto che non riesco a trattenere, quello di afferrargli la T-shirt sulla schiena per bloccarlo.

«Cosa vuoi?» mi chiede senza girarsi.

«Non lo so». 'Te, Israel Silver. Sempre e solo te'.

«Non ne hai avuto abbastanza? È tutto un gioco per te? Vuoi solo sentire che piaci a qualcuno, che gli fai perdere la testa, che sarebbe pronto a sacrificare ogni cosa per te? Non ti basta Lucas?»

Non riesce a capirmi, non sa leggermi.

«Quando ci siamo allontanati così?» gli chiedo, triste.

«Quando ti ho pregata di non provocarmi e tu ti sei spogliata? Quando ho tradito mio fratello?» Israel trattiene la rabbia tenendo la voce bassa, ma quella trapela da ogni sillaba, trasformandosi in un proiettile silenzioso che colpisce dritto al cuore. «Quando hai cominciato a uscire con un altro, nonostante tra di noi ci fosse questa cosa così speciale da valere la pena di mettere a repentaglio ogni dettaglio della mia vita?»

«È anche la mia, di vita!»

Si volta e mi strappa la stoffa dalle mani.

«Tu te la stai godendo alla grande, la tua vita. Nel bosco a nord-ovest a darci dentro con il tuo ragazzo».

«Come fai a sapere...?»

«Perché mi fai perdere la testa! E devo essere sincero, Virginie, comincio a odiarti per questo motivo».

Rimaniamo in silenzio a lungo, a fissarci; io che tento di mettere in fila tutti i miei pensieri, lui che mi studia, e ho l'impressione che lo faccia per cercare prove di ciò che crede abbia fatto con Lucas.

«Ti sta bene la sua maglietta» mormora roco. «Odio che ti stia così bene».

Poi si gira e se ne va, lasciandomi sola nella notte a guardare i fari del suo pick-up che si allontanano.

Entro in casa, distrutta. Papà sta già dormendo, rassicurato da un messaggio di Israel sulla chat di famiglia in cui gli confermava che mi avrebbe aspettata lui sveglio. Chiudo la porta della sua stanza e mi dirigo in quella di mio zio, dove mi spoglio, recupero una sua maglietta dall'armadio e la indosso sulla pelle nuda. Mi fermo in mezzo alla camera e osservo lo spazio che di solito occupa lui. Mi manca. Raggiungo il letto e mi infilo sotto le sue lenzuola, là dove permane il ricordo del suo profumo, quello che vorrei sentirmi addosso dopo aver fatto l'amore con lui.

Chiudo gli occhi e immagino che lui sia lì con me, che mi sfiori le costole facendomi rabbrividire, che mi morda le spalle, che si spogli e che mi faccia sua, spingendosi dentro di me e ripetendomi come una litania quanto mi ama, quanto mi desidera, mentre ondeggia i fianchi e io gli vado incontro, stavolta senza vestiti, con le gambe avvinte ai suoi lombi, ignorando il dolore che posso solo supporre di provare, aggrappata al suo collo, alla sua schiena.

Lo imploro di non smettere, di dimostrarmi tutto l'amore che prova per me, di donarmi il secondo orgasmo della mia vita. Mi sfioro le labbra, le schiudo e mi accarezzo lì dove vorrei che entrasse, che prendesse possesso di me. Non l'ho mai fatto così, nuda, con le dita.

Ma la sua rabbia mi infuoca e non posso dormire con questa lava che mi percorre le vene.

Una falange entra dentro di me, piano, è una sensazione strana che non quieta quel senso di vuoto, ma il palmo struscia sul clitoride e mi riporta a quando Israel ha perso la testa, in salotto, e si è dimenticato di tutti i motivi per cui non può essere mio. Mi strofino più forte e immagino che sia la zip dei suoi jeans gonfi a provocarmi quel piacere, mentre lui succhia la mia pelle, la addenta e il suo fiato ansimante accende il mio desiderio.

Avrei voluto che si spogliasse, quel giorno, che mi mostrasse ciò che ho solo intravisto nei suoi boxer, che me lo facesse assaggiare, che mi insegnasse come renderlo felice. Avrei voluto che mi inchiodasse alle sue voglie, che si prendesse tutto di me, che si perdesse proprio lì, dove mi sto toccando senza più capire cosa e come, rincorrendo delle onde che salgono e si infrangono dentro di me, in un punto che è riuscito a raggiungere solo Israel.

Ed è il suo nome che sfiata tra le mie labbra quando le onde raggiungono il culmine.

Io mi irrigidisco e poi crollo, come le sue spalle quando gli ho sputato in faccia che Lucas è bravo a letto. Siamo cattivi l'uno con l'altro, per ferirci, per punirci di essere fonte di un desiderio proibito.

Una lacrima solca la mia tempia. Mi giro sul fianco e mi rannicchio su me stessa. Singhiozzo, persa nei miei pensieri. È come se con l'orgasmo si fosse sciolto qualcosa dentro di me – qualcosa che avevo soffocato perché troppo rumoroso, troppo doloroso – e ora ne venissi travolta.

Riverso tutto sul suo cuscino, soffocando col mio pianto ogni pensiero, ogni cosa intorno a me. Poi, dal nulla, il peso di una persona sul materasso mi congela. Spegne tutte le lacrime e mi fa scoppiare il cuore nel petto.

Chi c'è nella stanza con me? Chi si è seduto sul letto?

Sento il rumore delle scarpe che cadono sul pavimento, poi il fruscio di una maglietta che viene sfilata e quello di un paio di pantaloni che scivolano su due gambe lunghe.

Sono grigi quei pantaloni. Li ho visti mentre si portavano via l'uomo che amo.

Il lenzuolo che mi copre, che copre le mie cosce nude, la mia intimità umida, la maglietta che non mi appartiene, si alza e qualcuno pretende spazio nello spazio esiguo del letto.

Mi sposto verso il muro, ma non mi volto.

La schiena di Israel si appoggia alla mia, siamo come allo specchio, e io sono ancora immobile che mi chiedo da quanto tempo lui sia qui, cos'abbia visto, cos'abbia capito.

«Se tuo padre si alza e ci trova così, ci ammazza».

Non rispondo. Se aprissi bocca ora, rovinerei tutto come al solito.

«Non volevo farti piangere» continua e si sposta ancora verso di me, aderendo di più alla mia schiena. «Non riesco a ragionare quando ti sto vicino. Volevo chiederti scusa per la mia rabbia e dirti che non ho diritto di farti scenate».

Fatico a respirare, ripenso al suo nome tra le mie labbra mentre venivo. È possibile che fosse già qui? Non ho mai aperto gli occhi, non l'ho sentito entrare.

«Non ti ho trovata nella tua stanza e allora...»

Il fuoco dentro si riaccende, sentirlo così vicino mi fa pulsare tra le gambe, nel ventre, sul cuore.

«Allora sono venuto qui. E tu...»

E io...? Cos'ha visto? Cos'ha sentito? Cosa pensa di me?

«Eri bellissima, Virginie. Non... non dovresti essere così bella, alla luce della luna».

«Cosa...?»

«Tutto. Le tue mutandine per terra, insieme al resto dei vestiti. Il mio armadio aperto e il collo della mia maglietta preferita che si tendeva sulle tue spalle mentre ti inarcavi e sussurravi il mio nome».

Deglutisco, gli occhi spalancati, il terrore di muovere un muscolo.

«Mi vuoi davvero così tanto?»

«Di più» confesso.

«Non so quanto potrò resistere ancora. Mi stai facendo perdere la ragione».

«Io non l'ho mai avuta, con te».

Rimaniamo in silenzio, ogni respiro mi costa fatica, rimane trattenuto nei polmoni perché non riveli, insieme al fiato corto, il battito incessante del mio cuore.

«Dormi».

«Non ci riesco».

«Devi. Devi dormire».

«Abbracciami e lo farò».

«Se ti addormenti tra le mie braccia, non posso garantire che riuscirò a non sfiorare la tua pelle».

Vorrei dirgli che può farlo anche se sono sveglia, che il mio corpo è suo, ma capisco che non è il momento di premere sull'acceleratore. Non voglio che se ne vada.

«Mi sono già addormentata fra le tue braccia, eppure...»

Il suo respiro corto e la mancanza di una risposta mi fanno schizzare i battiti.

«È già successo prima?» gli chiedo, con la speranza che mi dica di sì, che mi confessi che, almeno di notte, quando nessuno può sapere la sua verità, lui quella verità me l'ha impressa addosso.

Annuisce e sussurra. «A Philly».

Ora capisco perché mi sono svegliata e lui non c'era.

«Non fa niente».

«Non hai capito...» dice lui con la voce rotta.

«Fai tutto quello che vuoi. Basta che mi abbracci».

E lui lo fa. Si volta verso di me e passa il braccio sotto la mia testa. La mano destra corre subito al mio ventre e con le dita mi accarezza la pancia.

«La tua pelle è la cosa più delicata su cui abbia mai posato gli occhi. È così dal momento in cui sei nata. Sembravi fragile, ma avevi uno sguardo fiero». Israel sussurra al mio orecchio e mi riempie di brividi. «Eri speciale. Unica».

Apro la bocca, ma la sua mano mi stringe la carne e mi esce solo un gemito dalle labbra.

«Non farlo più, Virginie. Promettimi che non emetterai mai più un suono come questo».

Non rispondo, ma sulla mia schiena si infrange il riverbero del battito del suo cuore, rapido, sincopato, forte come non mai. Mi mordo le labbra per non gemere ancora.

«Dormi, per favore» implora e io annuisco.

Poi fingo.

Regolarizzo il respiro, lo lascio fluire ritmato, pesante, e rimango immobile, mentre lui passa le dita sulle mie gambe, sui miei fianchi, percorre ogni solco delle costole, prende in mano il mio seno, si spinge contro di me, piano, con delicatezza; posso sentire chiaramente la sua erezione, dev'essere gonfia e dolorosa, ma resto immobile, non voglio rompere questo incantesimo.

Oscilla contro di me, io continuo a mistificare il mio sonno, mi strizza un capezzolo, ne accarezza la punta con l'indice, mentre con il pollice e il medio lo tiene stretto. Ansima, è meno delicato, mi passa la lingua sul collo, sussurra il mio nome.

Diventa difficile rimanere in silenzio, non reagire al suo tocco, mi perdo e non resisto più quando lui afferra la mia coscia e la porta sulla sua, spalancandomi le gambe.

Non riesco più a trattenermi quando passa i polpastrelli tra le pieghe bagnate del piacere che ho provato pensando a lui, e gemo.

«Ti avevo detto di dormire, ti avevo detto di non farlo più» dice e preme lì dove volevo sentirlo.

Non è come quando l'ho fatto da sola. Ora brucia, le sue dita sono fiamme e il calore che ho dentro è insostenibile. Gemo ancora e lui mi tappa la bocca con la mano libera.

«Basta» ringhia.

Vorrei rispondergli che è colpa sua, che non deve smettere, che starò zitta, ma il suo palmo mi blocca e io riesco solo a baciarglielo. Mi contorco tra le sue braccia.

«Siamo sbagliati» dice e mi spinge addosso la sua erezione. «Siamo egoisti» continua e incurva una falange dentro di me. «Siamo un errore di sistema».

Sono le ultime parole che pronuncia prima di farmi perdere la testa. Oscilla contro il mio sedere, oscilla dentro di me, ansima nel mio orecchio ripetendo il mio nome, stringe la mia bocca e mi porta così in alto con quelle onde che quando vengo mi sento cadere da un'altezza vertiginosa, ma Israel è lì, pronto a riprendermi.

Mi libera la bocca e mi richiude le gambe. Sono senza forze, una bambola tra le sue dita.

«Non ho mai provato niente di simile».

«Non ho mai provato niente di simile».

Lo diciamo contemporaneamente e mi spunta un sorriso. E un altro quando mi bacia la testa. E un altro quando tira giù la maglietta che indosso per coprirmi.

«Tu sei ven...?»

«Come se avessi ancora diciott'anni e tu fossi la prima con cui faccio certe cose».

Mi mordo il labbro per trattenere la mia felicità.

«Girati».

Obbedisco e mi trovo di fronte i suoi occhi illuminati dalla luce che filtra dalla finestra.

«Ora ti porto in camera tua, faccio scomparire ogni traccia di ciò che è successo e poi me ne vado».

Aggrotto le sopracciglia e lui mi bacia le labbra.

«Se rimango qui, non risponderò di me. E non voglio scoparti con Levi a due passi da me».

«Sarebbe solo questo?»

«Questo cosa?»

«Sesso».

Indietreggia con la testa e mi guarda. «Lo pensi davvero?»

«Non so cosa pensare, Israel. So solo cosa provo».

«E cosa provi?»

Lo chiede, ma vedo nel suo sguardo che ha paura della risposta. Risposta che non faccio in tempo a dargli perché lui si alza in piedi, scosta il lenzuolo e rimane fermo un attimo a guardare le mie gambe. Poi mi prende in braccio e, come se fossi una sposa, attraversa il corridoio e mi porta fino al mio letto.

«Ti sta meglio la mia maglietta» dice e si porta il labbro inferiore tra i denti.

Lo guardo dal basso; il suo corpo sembra disegnato da un *mangaka*, è longilineo, muscoloso e ha le spalle larghe. E la sua erezione non sembra spenta. L'unica prova del fatto che non mi ha mentito è un'area più scura sul tessuto chiaro dei boxer.

È venuto per me.

Sorrido. «Sto meglio senza, forse».

«Non tirare la corda, Vee».

Prendo i lembi inferiori della T-shirt e la faccio scorrere sul mio ventre. Scopro i seni e la sfilo dalla testa. Sono nuda, ora, di fronte al suo sguardo eccitato.

«Spogliati anche tu».

«C'è tuo padre di là».

«Ha la porta chiusa e io voglio solo guardarti».

Israel scuote la testa e se ne va, attraversando di nuovo il corridoio. Sdraiata sul letto, lo osservo raccogliere i miei vestiti, riportarmeli in camera per poi tornare nella sua stanza e voltarsi verso di me.

In piedi, di fronte al suo letto, infila le dita nell'elastico dei boxer e li fa scivolare verso il pavimento. Non vedo quando lo toccano, perché sono fissa su di lui, nudo, di fronte al mio sguardo eccitato.

«Sei bellissimo» sussurro.

«Niente in confronto a te».

Ci dividono pochi metri e neanche uno strato di stoffa.

Ci divide la famiglia, ma nei nostri occhi c'è solo desiderio.

Ci accarezziamo con lo sguardo, incapaci di distogliere l'attenzione l'una dall'altro.

Mi fa cenno di alzarmi in piedi e io, ancora, obbedisco.
Poi aspetto.
E aspetto ancora.
E poi lo seguo in una nuova follia.

Capitolo 23

Israel

Ci sono delle sfide che un uomo non può vincere.

La mia è Virginie nuda nell'altra stanza, a pochi passi da me che mi mostra il corpo che desidero così tanto da farmi male.

Sono andato via come una furia e come una furia sono tornato da lei. Quando non l'ho trovata nella sua stanza mi sono spaventato, credevo fosse scappata con Lucas, ma poi l'ho sentita ansimare, e il suono veniva dalla mia camera.

Non mi aspettavo di trovarla lì, né che si stesse toccando, né tantomeno che sarebbe venuta sotto i miei occhi gemendo il mio nome.

Sapevo che non stava dormendo quando ho cominciato a toccarla, ma esiste un limite di sopportazione per ogni essere umano e io il mio l'ho superato mesi fa.

Il problema con Virginie è che scombina tutto il mio assetto interiore, come adesso che sono di fronte a lei, con il corridoio a dividerci, e la sto invitando a toccarsi, a farmi vedere come si dà piacere, mentre io faccio lo stesso.

Lei si passa le dita sul seno – quel seno che mi fa perdere il sonno – e io ripercorro la sensazione della sua pelle sotto i miei polpastrelli. Porta una mano al sesso e io ricordo le contrazioni del suo orgasmo sulle mie dita. Io accarezzo la mia lunghezza e immagino come sarebbe permetterle di toccarmi, di baciarmi, in ginocchio, ai miei piedi.

Non è sesso quello che stiamo facendo.

Non per me.

Non so cosa sia ciò che ha fatto stasera con Lucas, le luci nella macchina erano spente e potevo solo intuire, ma non credo possa essere paragonabile a noi che ci amiamo a distanza, solo con gli sguardi.

Virginie mi sta perdonando ogni cosa, mentre si sfiora per me e fatica a tenere gli occhi nei miei perché comincia a provare piacere. Di nuovo.

Mi perdona di non riuscire a starle lontano e allo stesso tempo mi perdona perché non le permetto di avvicinarsi. Mi perdona di averla lasciata tra le braccia di Lucas, ma anche di averla seguita ogni volta che è andata nel bosco a fare sesso con lui. Mi perdona di volerla e di non poterla avere.

Mi perdona soprattutto del fatto che non sono sopra di lei, ma che la amo da qui, con il chiarore lunare che colpisce il mio corpo in tensione, la mia mano che va su e giù, che segue il ritmo della sua, impegnata a disegnare cerchi sul suo sesso.

La peluria bionda è chiarissima, spicca nel buio della notte, vorrei tuffarci la lingua, farla urlare, ma non si può. Niente di ciò che siamo, di ciò che facciamo, *si può*.

«Non resisto più» sussurro. «Vieni per me».

«Parlami» mi chiede, con un filo di voce, rotto dall'eccitazione.

«Ti voglio, Vee. Sei l'impresa più ardua che abbia mai dovuto affrontare».

«Se io non fossi chi sono, cosa mi faresti?»

Faccio un passo avanti, appoggio la mano in alto sulla porta, mentre con l'altra stringo la mia asta e chiudo gli occhi, per un solo secondo, poi torno su di lei. È bellissima. Sembra una ninfa.

«Ti obbligherei a gemere ancora, come prima».

Il suo respiro si fa sincopato, aumenta il ritmo delle dita. «Così?» Rilascia un gemito che è la quintessenza dell'erotismo, distillato in suono.

«Fallo ancora» la imploro.

E lei replica, per me. Glielo domando ancora e ancora, finché non devo più chiederglielo e i suoi gemiti si susseguono. Li posso sentire solo io, ma crescono, si inseguono. Le gambe le tremano, Virginie manda la testa all'indietro e viene ancora, vibrando. Per me. Per me che la guardo, che la amo, che aspetto che lei torni a fissarmi per restituirle ciò che mi ha donato.

«Tu» sussurra col fiatone.

Annuisco e aumento il ritmo. Mi basta fissarla per arrivare al limite e rilasciare il mio piacere sul pavimento. I suoi occhi seguono le gocce che cadono e si infrangono sul legno, quello sguardo prolunga il mio orgasmo all'infinito e capisco che, quando dico che non ho mai provato niente di simile, in realtà voglio dire che è impossibile che mi succederà mai, neanche in futuro.

«Vai a dormire» le dico, il respiro spezzato.

«Vuoi che ti aiuti?»

«No. Pulisco io».

«Rimani?»

Scuoto la testa.

«Perché?» mi chiede.

«Perché, se non vado via, stanotte io distruggo la nostra famiglia».

Abbassa lo sguardo, annuisce e va nel letto. Si rimette la mia maglietta e le mutandine e si copre col lenzuolo. Mi guarda mentre mi rivesto e rimuovo le tracce del mio tradimento dal parquet. Rifaccio il letto e vado nella sua stanza, mi inginocchio sul pavimento e la osservo.

I called a cyclone by your name
Not you, but the longing came
And since then, I'm dying in the flames
Of desire and shame.

Ho chiamato un ciclone col tuo nome
Non tu, ma il desiderio è arrivato
E da allora, sto morendo nelle fiamme
Del desiderio e della vergogna.

Lei sorride e io bacio quel sorriso.

«Vado».

«Non dimenticarmi domani» sussurra quando sono già sulla porta della sua camera.

La mia risposta non la sente, perché la pronuncio che sono già in macchina.

«Mai, Virginie. Mai».

«C'è una novità succulenta!»

Veronica saltella vicino al mio letto, svegliandomi. Do uno sguardo all'orologio sul comodino: mi sono addormentato due ore fa. Alle sei. Dopo aver pensato e ripensato a cosa ho combinato stanotte e a come tornare da Virginie per finire ciò che abbiamo iniziato.

Si è rotto qualcosa dentro di me, ho perso la mia bussola morale e riesco solo a chiedermi come far funzionare questa storia senza spezzare il cuore di mio fratello.

«Sono solo le otto, non ho dormito abbastanza per la tua esuberanza».

Da quando i miei più cari amici sono tornati da San Francisco, mano nella mano, con la faccia di chi ha passato più ore a scopare che a fare qualsiasi altra cosa, la mia manager sembra rinata. E Bratz ha perso la cupezza dell'ultimo periodo.

Il ragazzino che ha messo a repentaglio la loro storia è stato rispedito a casa e adesso, ufficialmente, nel nostro gruppo c'è una coppia.

«Dopo questa notizia tu dovrai baciare la terra su cui cammino, venerare la mia effigie, consacrare l'aria che respiro».

«Basta che tu non mi dica di avermi procurato l'ingaggio per fare il giudice in un talent».

Mi siedo e poso i piedi per terra. Flash di me, nudo, di fronte a Virginie, mi increspano la pelle e devo scuotere la testa per tornare lucido.

«Tu non hai idea di quale miracolo sia riuscita a fare con la Splendid Records. Tu non...» Saltella emozionata e Bratz si affaccia alla porta e la fissa con aria sognante.

«Senti cosa ti ha combinato la mia donna».

Veronica arrossisce e fa un sorriso che mi acceca.

Troppa felicità per un uomo sull'orlo del baratro.

«Spara».

«Devi scrivere una ballad con un ritornello da urlo. E, se il manager sarà d'accordo, lo duetterai con...»

«Con...?»

La fisso dal basso e mi chiedo quale star sia riuscita ad assoldare per lanciare il disco, ma non ho idea della portata della cosa finché non sputa il nome dell'artista più quotata e mainstream del momento.

«Nyx!»

Devo avere un'espressione scioccata che manda su di giri Veronica.

«Quella Nyx?»

«Grammy come miglior esordiente, Grammy per il miglior album dell'anno, non so quanti dischi di platino, dieci milioni di streaming del suo singolo in prima giornata. *Quella* Nyx!»

«Quella!» ripete Bratz.

«E ora, devi alzarti, renderti presentabile perché sembri uno zombie e andare in sede. Ti aspetta con il suo manager alle cinque, oggi pomeriggio, e se magari cercassi già di capire che tema affronterai nella ballad...»

«Stai scherzando? Non ho ancora chiaro il concept dell'album».

«La dipendenza» sentenzia Bratz. «Non è di questo che parlano tutte le canzoni che hai scritto finora? *Heritage, Brat you have become, How sick we are, Endless rehab*».

Non posso dire al mio amico che è di Virginie che racconto nelle mie strofe. Della dipendenza che ho da lei. Ma il suo ragionamento mi fa capire di cosa voglio scrivere.

«Okay, ho un'idea. Datemi un po' di solitudine e di silenzio, e per le cinque sarò pronto».

«Ricordati di renderti *più che presentabile*. Quello che vogliamo è che a Nyx venga voglia di scoparti, così sarà più propensa a firmare il contratto».

Alzo la testa e la inclino verso di lei. «Cosa stai dicendo?»

«Sesso, Iz, sesso. So che tu non lo capisci, ma è ciò che muove tutto il mondo, soprattutto quello del business. E poi pensa se doveste piacervi davvero! Sarebbe un gossip da prime pagine dei giornali».

Veronica batte le mani e chiude la conversazione. Va verso la porta e, quando la raggiunge, Bratz le mette una mano sul culo e la bacia. È strano vederli andare via così, affiatati, felici, liberi.

Tutto ciò che io non posso e non potrò mai avere con Virginie, perché, se anche superassi il casino di mio fratello, ci sarebbe sempre la questione di sua madre che non deve saltare fuori per niente al mondo.

Sono fottuto.

Ma ho l'idea perfetta per la ballad che mi è stata richiesta.

Così comincio a scriverla e vado avanti con la testa bassa, perdendo il senso del tempo.

Le lettere si accavallano, vengono cancellate con una foga tale da strappare il foglio, che è macchiato di inchiostro, stropicciato e si somma ad altra carta, nella testa le immagini di Virginie che si spoglia per me, il suono dei suoi gemiti, la consistenza delle sue labbra perfette, la follia di una vita insieme, nascosti dal mondo.

Scrivo, traccio righe lunghe, annullo il mio lavoro e lo ricreo, lo plasmo sulle mie emozioni, comincio a sentire il suono che potrebbero fare le mie parole, mormoro la melodia del possibile ritornello. Ogni mio sforzo è dedicato a mia nipote e all'amore che, non posso negarlo, provo per lei.

La mia resistenza è crollata ieri, ma non ero cosciente del fatto che non sarei riuscito a ricostruirla, perché solo ora mi rendo conto che non sarò in grado di trattenermi ancora.

Il suono del telefono mi strappa dalla mia concentrazione, proprio mentre Veronica si affaccia alla porta ricordandomi che manca solo mezz'ora, per poi rimproverarmi del fatto che sono ancora in boxer e non mi sono fatto la doccia.

«Sesso, Iz, sesso! Dio mio, è davvero impossibile farti capire quanto sia importante!» urla, sbattendo le mani a tempo per farmi capire che devo darmi una mossa.

Di solito la parte di pubbliche relazioni se la accolla la mia manager, ma ci sono dei compromessi necessari, soprattutto quando si parla di *major* e di collaborazioni di alto livello. Una ballad rap con Nyx può fare il giro di tutte le radio, conquistare le classifiche e spedirmi in una zona di notorietà mai raggiunta prima.

Raccolgo i fogli e le idee, mi butto sotto la doccia e cerco di scrollarmi di dosso Virginie. Ho bisogno di concentrazione e di riuscire a sputare fuori quattro parole senza sembrare un emerito idiota. Quando esco dalla doccia, trovo degli abiti sul mio letto: Veronica è andata a fare shopping e ha deciso come mi devo vestire per fare colpo. Una camicia azzurra dal taglio moderno da portare aperta fino a metà petto, jeans strappati più stretti di quelli che indosso di norma, ma almeno potrò tenere le mie solite scarpe da ginnastica.

«È necessario che metta gli occhiali da sole?» le urlo, affacciandomi alla porta.

«Mistero, sesso, Iz, non capisci un cazzo! Dai, che è tardi!»

Obbedisco e mi guardo allo specchio, scompigliandomi i capelli.

Non so se a Nyx piacerà ciò che sto guardando, però so che non è a lei che vorrei mostrarmi.

Prendo il telefono e scendo le scale. Mi blocco a metà dei gradini.

Nella chat di famiglia ci sono dei messaggi.

Virginie: Vado al lago con Lucas e altri ragazzi, c'è la festa del 4 luglio.

Levi: A che ora torni?

Virginie: All'una. Coprifuoco dei giorni festivi.

Levi: Bro, tu riesci a tornare a casa? Sto facendo un lavoro fuori città e pensavo di fermarmi qui.

Ci sono dieci minuti di silenzio, quelli in cui io mi stavo preparando, poi Virginie risponde ancora. E io ci leggo delusione e la sua solita rabbia.

Virginie: Lo sai che è impegnato. E io sono in grado di dormire da sola, per una notte. Al massimo potrei chiedere a Lucas di dormire sul divano, se siete preoccupati.

Mi provoca. Questo perché, come al solito, sono scomparso e non le ho fatto capire quanto sia stato importante per me ciò che c'è stato tra di noi stanotte.

Levi: Non ci pensare neanche. Tornerò io. Sarò a casa per l'una.

Virginie: Come vuoi.

«Muoviti, Iz. Dammi quel cellulare!» Veronica sale gli scalini con furia, mi strappa di mano il telefono e se lo mette in borsa. Mi prende il viso tra le dita e mi toglie gli occhiali da sole. «Concentrati. Tutto il resto può aspettare».

Credo che riesca a leggere la mia angoscia, che capisca quanto sia difficile per me essere presente.

«Togliti questo dente e poi risolvi il resto, okay? Tu sei più importante di qualsiasi altra cosa e hai lavorato sodo per arrivare qui».

«Lo sai che...»

«Che non te ne frega niente della fama, che vuoi solo scrivere e cantare, lo so. Però vuoi far ascoltare le tue parole e questo è il modo migliore per farlo. Quello che hai prodotto oggi, com'è?»

«Da rimettere a posto».

«Ma...?»

«Ma può funzionare» ammetto. Inspiro, guardo i miei amici che sono nel *living* e aspettano solo me, sono colui che può far svoltare le nostre vite e glielo devo. Annuisco, riprendo gli occhiali da sole e me li rimetto in faccia. «Andiamo».

«Bravo, così ti voglio!»

Usciamo tutti insieme dal palazzo e attraversiamo le strade per arrivare alla Splendid Records. Nella mia mente parte una musica tensiva, sulla quale ho l'impressione che, pur non potendo udirla nella realtà, tutti ci siamo allineati per camminarci sopra a tempo. Sembra che la gente si sposti quando passiamo, pare di essere in un film. Stiamo andando incontro al nostro destino, un destino che Veronica ci ha servito su un piatto d'argento.

Attraversiamo la hall del grattacielo, il portiere ci riconosce e ci accompagna all'ascensore, su cui saliamo.

«Sicuri che non sforiamo il peso?» chiede Seven.

«Vaffanculo, fratello».

Charlie mette su il muso, il suo gemello gli fa il solletico e, in un attimo, parte della tensione è svanita. Quando le porte si aprono sulla sala d'aspetto della casa discografica, noi stiamo sorridendo e sembriamo completamente a nostro agio.

Come dico sempre, ognuno di noi è parte di un ingranaggio perfetto e Seven ci ha appena fornito l'occasione di fare un ingresso degno di nota. Nyx e il suo manager sono già lì e, quando ci notano, penso vedano un gruppo di ragazzi che credono in se stessi, che non sono arrivati per elemosinare una collaborazione ma per offrire un prodotto che può portare valore anche alla carriera di Nyx.

E questo è un punto segnato.

Nyx, Adelina Pizarro, pop star di origini messicane, con una coda alta di lunghissimi capelli biondi, mi porge la mano e mi scruta incuriosita.

Le parole di Veronica mi ballano nella testa.

'Quello che vogliamo è che a Nyx venga voglia di scoparti'.

Produco il migliore dei sorrisi, ma taccio, perché se apro bocca dirò l'unica cosa che non devo dire: 'Sono innamorato di mia nipote'.

I nostri manager si accodano a quelli della casa discografica e, tutti insieme, veniamo condotti in una grande sala riunioni. A prendere la parola sono 'i grandi', quelli che si occupano di business, che cominciano a sciorinare date di *release*, ipotetici obiettivi e stronzate varie, durante le quali mi estranio.

Vorrei allungare la mano verso la borsa di Veronica, che è appoggiata sul tavolo, vicino al suo laptop aperto, prendere il telefono e scrivere alla mia famiglia che tornerò in tempo, ma rimango immobile a fingere che mi interessi ciò che stanno dicendo.

«E tu cosa ne pensi, Iz?»

Guardo Nyx con un'espressione perplessa che gli occhiali da sole non nascondono.

«Della nostra collaborazione. Credi che possiamo funzionare, insieme?» Scosta la lunga coda dalla spalla e mi sorride.

«Chiunque vorrebbe duettare con te».

«Anche tu?»

Mi tolgo gli occhiali e li appoggio sul tavolo, con studiata calma.

«Sì, Adelina».

«Hai già una canzone pronta?» mi chiede, leccandosi le labbra.

In questo momento, qualunque uomo eterosessuale avrebbe un'erezione. Il suo seno è tondo e perfetto, spinto all'insù da un body rigido, il suo sguardo è provocante, la sua coda un richiamo per le mani.

Ai miei piani bassi, invece, non succede niente. Deve avere un nome questa cosa che mi impedisce di avere desideri sessuali per qualcuno che non sia Virginie.

«Ho buttato giù qualcosa».

«Ovviamente». Nyx inclina la testa e allunga la mano, appoggiandola a metà del tavolo. Poi muove le dita, invitandomi a consegnarle le mie rime.

Annuisco e mi sporgo verso Veronica per recuperare i fogli che ho scritto stamattina. Non resisto e prendo anche il cellulare. Sporgo la carta verso Nyx e, mentre lei cerca di decifrare la mia calligrafia disordinata, mi alzo, chiedo scusa ed esco dalla stanza. Chiamo mio fratello sotto lo sguardo incazzato di Veronica al di là del vetro.

«Ciao, *bro*. Torno in tempo. Stai pure dove sei».

Levi mi risponde con un tono colpevole. «Sicuro? Perché non è vero che sono al lavoro, posso tornare, ma Vicky mi ha chiesto di stare con lei per festeggiare il 4 luglio insieme».

«Stai dove sei. A Virginie ci penso io» lo rassicuro dicendogli la verità.

Ed è questo a rendermi il migliore dei bugiardi e il peggiore dei fratelli.

Rientro nella sala riunioni, mormoro delle scuse e restituisco il telefono a Veronica, che me lo strappa dalle dita.

«Mi piace. *Kiss in the backseat.* Di cosa parla nello specifico?»

Da quando sono arrivato, ho pronunciato undici parole. Ora mi si chiede di spiegare il mio tormento interiore.

«D'amore, credo».

Veronica si fa restituire i fogli e li legge velocemente. Lei conosce bene la mia calligrafia e non incontra le difficoltà di Nyx. In pochi secondi inquadra la storia e tenta di spiegarla a Adelina.

«Di un ragazzo innamorato che, facendo un giro in un bosco, si trova proprio dove la tizia in questione è andata a imboscarsi con il suo fidanzato. Da quel momento continua a fissare ciò che vorrebbe vivere, diventa la sua ossessione, la sua droga. Guarda lei fare l'amore con un altro e immagina di esserci lui, in quell'auto, a baciare la ragazza sui sedili posteriori».

«Mi dici il ritornello che dovrei cantare, Iz?»

Nyx ignora la mia manager e rende chiaro che ora stiamo parlando tra artisti. E rende chiaro anche altro, cui non do peso.

Under the moonlight
In the middle of the woods
You and him in the fire-sex mood
Me staring at your life
Thinking that you're mine
I can feel your heart, the beat, the heat.
I would kiss you in the backseat.

Sotto la luce della luna
Nel mezzo del bosco
Tu e lui eccitati
Io spio la tua vita
Pensando che sei mia
Posso sentire il tuo cuore, il battito, il calore.
Vorrei baciarti sul sedile posteriore.

«Mi piace! Paul, per me è okay». Si alza, si mostra in tutto il suo splendore e mi dice: «Non vedo l'ora di lavorare con te, Israel Silver. Ora vieni qui, lo annunciamo ai miei followers sui social».

«Adelina, non ti sembra prematuro?» chiede il suo manager e vedo che anche la mia non è particolarmente d'accordo con questa mossa pubblicitaria.

«Paul, taci. Vieni, caro, sbrigati che devo farmi bella per la festa di stasera».

Non do a Veronica la possibilità di mettersi in mezzo, non voglio che Nyx la tratti come il suo Paul, perché la mia Veronica non abbozzerebbe come fa lui.

Mi avvicino a lei, lascio che chiacchieri della nostra futura collaborazione in un video e mi mostri come se fossi il suo nuovo giocattolo. Le permetto persino di baciarmi la guancia e di accarezzarmi il petto.

'Sesso, Iz, sesso! È quello che vuole il pubblico, è quello che vogliamo che Nyx voglia'.

Le faccio dare il nickname dei miei social da Veronica – li segue lei, in modo che io possa essere taggato – e saluto la mia nuova partner, una delle donne più desiderate d'America, senza provare niente se non la smania di tornare a Red Oak Town prima di subito.

Ma se alla star viene concesso di abbandonare la riunione, a me no. Quindi è buio quando usciamo dalla casa discografica in un giorno festivo, quando tutte le famiglie sono riunite per celebrare il 4 luglio.

Mi sono sorbito indicazioni chiare su cosa posso e non posso scrivere nel testo, su quali messaggi non posso lanciare perché non in linea con la figura social di Nyx e stronzate varie. Ho sentito percentuali, numeri, proiezioni, con sempre maggiore impazienza, perché, anche se so che è sbagliato, io riesco solo a pensare che non voglio che Virginie si faccia toccare ancora da Lucas.

Non dopo ciò che è successo tra di noi.

«Posso andare, adesso?»

«No, Iz, non puoi. Ci hanno appena dato gli inviti per una festa VIP, ci saranno i più famosi produttori, musicisti d'eccellenza, cantanti da classifica. Tu ci devi essere, fa parte del tuo lavoro».

«Me ne vado prima di mezzanotte».

«Quando finiscono i fuochi».

«Prima di mezzanotte».

«Alla fine dei fuochi».

«No».

Di solito vado avanti all'infinito a battibeccare con Veronica e alla fine l'ha comunque vinta lei, ma stavolta non posso concederle ciò che chiede. Sarà già abbastanza dura contare i minuti che mi separano da Virginie.

Capitolo 24

Virginie

Da fuori sembro una ragazza come tutte le altre.

Shorts di jeans, crop-top e sneakers, una coda alta e un sorriso stampato sulle labbra, mentre il fuoco mi illumina, abbracciata a Lucas.

Dentro?

Un concentrato di tristezza.

Perché è scomparso? Perché non ha scritto che tornerà a casa pur di non sapermi da sola con un altro? Perché ogni volta che credo di averlo scopro che non è così?

Bevo un sorso di birra, non mi piace, ma sto recitando un ruolo e questo fa parte del mio copione. Tyler lascia la cheerleader a cui è abbracciato e balza sopra a un masso per farsi vedere da tutti, poi allarga le braccia, una bottiglia ben salda in mano.

«Vogliamo animare un po' questo 4 luglio?» grida sollevando un coro di sì entusiasti e, quando si spengono, aggiunge: «Appena partono i fuochi, bagno nel lago!»

Lucas approva. «Vieni anche tu» sussurra al mio orecchio e poi mi bacia sul collo.

Un'ultima sera.

Posso fingere ancora un po'.

«Ma non è pericoloso, col buio? Io... Lo sai che non so nuotare bene. E poi non ho il costume».

Tyler si avvicina e beve un lungo sorso prima di parlare. «È proprio questo il bello, Fiocco di neve: più è pericoloso, meglio è».

A me sembra un gesto di autolesionismo, mentre gli altri ci vedono solo un atto di coraggio, infatti una ragazza, felice, squittisce: «Il bagno lo si fa nudi!»

«Puoi tenere l'intimo, è come avere il costume». Lucas sussurra e io lo ringrazio per la sua attenzione nei miei confronti.

Annuisco e abbasso lo sguardo per terra.

Non voglio spogliarmi davanti a tutta questa gente, non voglio sentire battute su quanto sono abbagliante alla luce della luna, né sentirmi chiedere se anche lì sotto mi crescono i peli dello stesso colore dei capelli.

Un urletto ci sorprende alle spalle, mi volto e c'è una ragazza che sta fissando lo schermo del telefono e lo mostra alla sua amica. Anche l'altra urla di stupore e il cellulare passa tra alcune delle mie compagne di scuola.

«Cosa succede?» chiedo a Lucas, stupidamente. Cosa può saperne lui?

Infatti, fa spallucce, ignaro del motivo di tanto fermento.

Rimango con la mia curiosità e osservo il fuoco che scoppietta, qui dove hanno creato il falò, a pochi metri dal lago.

«Virginie!» mi richiama la prima ragazza che ha urlato. «Perché non ce l'hai detto?»

«Che cosa?» replico, senza capire.

«Di tuo zio!»

Il sangue mi si gela nelle vene.

«Che... che cosa?»

«Non fare la finta tonta! Ormai lo sa tutto il mondo!»

«Non capisco di cosa tu stia parlando...»

«Guarda i suoi social!»

Mi passa il telefono, aperto su una pagina di Instagram. C'è una storia ripostata, l'originale è di Nyx, la pop star più famosa del momento.

Alzo il volume per sentire di cosa stia parlando, ma la mia mente non connette. I miei occhi passano dalla camicia di mio zio aperta sul petto ai suoi capelli stropicciati ad arte, alle unghie di Nyx che si infilano sotto il cotone, alla sua bocca che gli bacia il collo.

«Hai visto? Faranno un duetto!»

Un'altra ragazza replica: «Non solo quello, mi sa. Guarda le storie successive, sono andati alla festa esclusiva della Splendid Records. Insieme».

«Dio, sono perfetti!»

«Sai che sono nati nello stesso anno?»

«E poi lei è Pesci e lui Vergine, insieme fanno scintille».

«Ti immagini un figlio da quei due? Verrebbe fuori un angioletto».

«E poi possono scrivere un sacco di hit».

«Vivere in una villa a Malibu».

«Se io fossi in lei, non lo farei alzare dal letto».

«Virginie, ma come fai a viverci insieme? Cioè, io lo drogherei e poi lo obbligherei a fare sesso con me».

Le ragazze si parlano l'una sopra l'altra, stordendomi.

«È mio zio» sussurro per rispondere, ma nessuna mi sta davvero calcolando. «È mio... mio zio».

Le voci continuano, ma ormai non riesco più a capire cosa dicano, posso solo riguardare il video e dare ragione alle mie compagne: sono perfetti, insieme. E quando Nyx gli bacia il collo, di nuovo, il primo fuoco d'artificio esplode.

Tutti smettono di parlare ed è un caos di magliette buttate per terra, pantaloncini lanciati in aria e boxer sfilati mentre i ragazzi corrono verso il lago.

Lucas mi porge la mano.

«Vieni anche tu!»

Come un automa, gliela stringo e mi alzo, con il suo aiuto. Sto ferma mentre si spoglia, restando, per fortuna, con i boxer addosso.

«Dai, Virginie, sbrigati» mi incalza, ma io non riesco a fare niente.

Lui si avvicina, mi bacia e aggancia il bordo del mio top bianco, per poi sfilarmelo dalla testa. Slaccia il bottone dei miei shorts chiari e me li fa scorrere lungo le gambe. Scalcio le scarpe e a quel punto lui mi prende in braccio, le mie cosce agganciate ai suoi lombi.

«Sei pronta?»

«Cosa vuoi fare?»

«Meta» dice con un sorriso provocante. Mi bacia di nuovo e poi corre verso il lago, tenendomi stretta.

L'acqua è gelida quando mi ci trascina dentro e, per un attimo, mi schiarisce le idee. Ma poi il buio mi ricopre e io torno nella mia stanza a fissare mio zio che si spoglia e si tocca guardandomi.

Quando riemergo con la testa, l'acqua è increspata dagli schizzi dei ragazzi che giocano e illuminata dagli scoppi colorati nel cielo, e io mi faccio trascinare dall'entusiasmo altrui, fingendo di averne anch'io, aggrappata a Lucas per paura di affogare.

Invece sto morendo.

Di freddo.

Di rabbia.

Di tristezza.

Un senso di inadeguatezza serpeggia lungo tutto il mio sistema nervoso.

Vorrei scomparire o uccidere qualcuno.

Sì, vorrei decisamente uccidere qualcuno.

Tipo la persona che mi sta chiamando a gran voce dalla riva del lago e che non dovrebbe essere qui, considerato che poco fa girava stories sui social a una festa da urlo.

Stringo le mandibole.

È bellissimo, cazzo. Più bello che mai.

Ha la camicia sotto la quale Nyx ha infilato le mani.

Un paio di pantaloni strappati che gli fasciano le gambe e stringono sul bacino.

Uno sguardo deciso che mi fa contrarre le cosce.

«Virginie, vieni fuori!»

Ha tolto il 'per favore' che ha usato la prima volta.

Faccio due passi verso di lui, come in trance, ignoro il chiacchiericcio che si leva, la mia attenzione tutta rivolta alle sue espressioni. Mi guarda il seno, stringe le dita a pugno, serra le labbra, aggrotta le sopracciglia. L'acqua mi scopre la pancia, un fuoco d'artificio bianco illumina la mia pelle e lui deglutisce. Lucas mi trattiene per il polso e Israel fa un passo avanti.

«Virginie, sei in ritardo per il coprifuoco».

Non è vero. È una scusa per portarmi via senza spiegare perché è piombato qui.

«Digli che ti accompagno io tra poco» mi suggerisce Lucas, ma mio zio fa un altro passo avanti, l'acqua del lago gli lambisce le suole delle scarpe.

«Non importa» rispondo. «Rimani qui a divertirti».

«È la nostra ultima sera...» si lamenta.

Gli faccio una promessa, purché mi lasci andare senza che Israel faccia una scenata di fronte a tutti. «Facciamo che te ne devo ancora una, va bene?»

«Va bene». Sorride, mi abbraccia e mi bacia.

Il tutto dura pochi secondi, perché poi mi sento strattonare. Lucas mi lascia e mio zio mi solleva, infilando la spalla all'altezza della mia pancia e sollevandomi in aria. L'acqua gli arriva alle cosce e mi porta via così, col sedere all'altezza della sua faccia, come un sacco di patate.

«Mettimi giù» gli dico. «Vengo con te».

«Ci puoi scommettere».

«I miei vestiti» mi lamento mentre fisso il terreno sotto di me che scorre velocemente.

«Te li porterà Lucas, ne sono sicuro».

Si inoltra nel bosco, mi porta senza fare fatica, con le mani che mi stringono le cosce, i miei capelli che gocciolano sulla sua schiena e il mondo che si è capovolto.

Vorrei chiedergli mille cose, ma la mia voce viene fuori a scatti per via degli scossoni che mi dà la sua spalla nel ventre, per cui taccio e smetto anche di protestare. Sento che sale una collina, ancora immersi tra le piante che circondano il lago, mi tiene più stretta, mentre il suo fiato si ingrossa.

Poi, senza che abbia dato l'impressione di rallentare o che fossimo prossimi a fermarci, mi mette a terra, con una mossa agile. Perdo l'equilibrio e faccio un passo indietro, andando a sbattere contro la sua auto, parcheggiata in uno spiazzo nascosto. Da qui si vede perfettamente il falò, ma da sotto non si nota nessun pick-up.

«Neanche un giorno?»

Lo guardo, mentre cammina avanti e indietro, con le mani nei capelli.

«Di cosa parli?» chiedo, le braccia sotto il seno. Comincio ad avere freddo, sono ancora bagnata, soprattutto i capelli. Anche la sua camicia è fradicia.

«Di Lucas. Del tuo ragazzo. Pensavo che...»

«Che...?»

«Che ci fosse un significato in quello che è successo tra di noi».

«Lo pensavo anche io. Ma sei scomparso, come fai sempre. E poi sei ricomparso, sui social. Con una pop star famosa e bellissima che ti baciava».

«È lavoro, Vee. È solo lavoro».

«Non sembrava *lavoro*».

«Davvero? E dimmi...» Si avvicina, osserva la mia pelle increspata, poi i miei occhi e mi inchioda. «Era come quando ti toccavo nel mio letto? Hai percepito quel desiderio? Da un social? Da un video? Cazzo, Virginie! Sei proprio una ragazzina».

Ha ragione. Sono stupida, gelosa, infantile.

Ma lui è come me.

«E tu? Che mi sei venuto a prendere come un uomo delle caverne? Ti sembrava che fossi presa da Lucas? Lo guardo come fisso te? Non siamo diversi, siamo solo troppo testar...»

Non mi fa finire di parlare, mi afferra per le cosce e mi solleva. Aggancio le gambe sui suoi fianchi e lui si fionda sulle mie labbra. Torno a vivere, a sentire che esisto davvero a questo mondo, che non sono un involucro con una bella faccia capace di fingere di essere al posto giusto, perché questo è il vero posto giusto, per me: tra le braccia di mio zio.

Mi fa appoggiare il sedere sul cofano del pick-up e continua a baciarmi. Mi sgancia il reggiseno e lo butta per terra, le mani che corrono a riempirsi di me mentre mi lecca il collo e scende, scende, fino a farmi mugolare. Gli strattono i capelli quando mi morde, piano, un capezzolo. Sono umida e non è più l'acqua del lago a rendermi tale, sono le dita di mio zio che rimuovono le mutandine e le lasciano cadere sulle foglie, è la sua lingua che schiude la mia intimità, sono le sue mani che mi strizzano il sedere.

«Sai quante volte ti ho guardata con Lucas? Sai quanto mi hai fatto soffrire?» mi chiede e il suo respiro scatena vibrazioni inarrestabili tra le mie gambe. «Mi hai fatto morire di gelosia».

«Scusa». Sono stremata, così taccio quando ricomincia a leccarmi, a creare quelle onde che mi fanno dimenticare il mondo, che mi impediscono di rendermi conto che siamo all'aperto e io sono nuda, sdraiata sopra un pick-up giallo limone, con la testa di mio zio tra le cosce.

Ansimo e lui succhia.

Ansimo e lui mi sfiora.

Ansimo e lui usa i polpastrelli dentro di me.

Questa parte verrebbe censurata nel film di Netflix sulla mia vita, eppure è quella in cui mi sento più viva.

Quando sento l'aria fresca della notte raffreddare la saliva di mio zio, alzo la testa e lo osservo mentre si apre i jeans, strattonandone i lembi verso l'esterno per poi tirare fuori il suo sesso. È incredibilmente eccitante vederlo fuori controllo, mi sento così tanto desiderata, ma non voglio farlo qui, in mezzo al bosco, anche se nessuno può vederci. Non voglio perdere la mia verginità su un cofano, ma non voglio neppure rovinare il momento.

Istintivamente chiudo le gambe quando lui si avvicina.

«Non vuoi?» chiede stranito.

«Sì, voglio. Sì» mi affretto a smentire il suo dubbio. «Voglio».

Israel mi accarezza le caviglie, i polpacci, e quando arriva alle ginocchia le separa con un movimento deciso ed eccitante.

«Sei bellissima». Quando lo dice, mi viene da piangere, perché nel suo sguardo vedo che lo pensa davvero, che ha buttato via ogni remora, che è con me, sul serio, ed è questo che mi fa impazzire. La verità scompare ogni volta che non ce l'ho davanti, ma io so qual è: siamo legati, non importa cosa dice il sangue, è qualcosa di più profondo, di più vero.

Si appoggia contro di me, senza mai recidere il contatto visivo, spinge appena e io mi ritraggo. Un balzo all'indietro, che faccio senza volerlo.

«Va tutto bene, Vee?»

Annuisco, ma non è così.

Lo voglio, Dio solo sa se lo voglio. E quanto.

Israel fa un passo indietro, ha lo sguardo di chi sta cercando di sciogliere un enigma. È veloce il movimento con il quale si richiude i pantaloni ed è ancora più repentino il cambiamento dell'espressione sul suo volto.

Cazzo! Sbaglio sempre qualcosa.

«Entra in macchina, ti porto a casa».

«Aspetta...»

Scendo dal pick-up, le foglie scricchiolano sotto i miei piedi mentre lo raggiungo e lui si scosta. «Aspetta» ripeto.

«L'hai fatto con lui, vero? È per questo che non vuoi. Perché sei andata a letto con Lucas Reed stasera».

«No!» La voce mi esce stridula, non so se rifletta la mia indignazione o se sembri una bugia, fatto sta che lui non sembra credermi. «No!» ripeto con veemenza. «È solo...»

«Cosa?»

«Possiamo andare a casa per... per farlo?» Abbasso lo sguardo per terra.

«Mi stai chiedendo di scoparti a casa di mio fratello?»

«A casa mia. È casa mia» puntualizzo.

«Perché?»

Dico una mezza verità: «Perché è lì che ti sogno sempre».

Rimane scettico, ma lascia che mi avvicini, che appoggi la testa sul suo cuore che scalpita nel torace, che gli cinga i fianchi con le braccia.

Sospira, mi accarezza i capelli, mormora: «Mi fai perdere la testa. Cosa mi è venuto in mente di farlo qui, all'aperto? Scusami».

«A casa» lo imploro.

Annuisce. «Hai ragione. Andiamo».

Mi scosta e si slaccia i polsini della camicia, poi i bottoni sul ventre. Allontana i lembi e scopre la sua pelle. Mi sento tremare le gambe quando mi appoggia la stoffa sulle spalle.

«Mettitela».

«E la biancheria?»

«Raccoglila, ma non indossarla. Ti voglio nuda».

Va verso l'auto e io osservo la sua schiena, il modo in cui finisce in quei jeans stretti. Lo seguo, la camicia tra le mani per tenerla chiusa. Lui accende il motore e ingrana la marcia, poi mi mette una mano sulla coscia e parte.

Guida con la sinistra, quando cambia tiene il volante fermo con il ginocchio, mentre le sue dita risalgono con carezze delicate. Ogni tanto mi stringe la gamba e io mi sento sempre più gonfia, sempre più eccitata, pronta perché lui mi faccia sua. Attraversiamo Main Street, dove i lampioni spezzano il buio che ha protetto la mia intimità. Guardo fuori: Red Oak Town è quasi deserta, ma io mi aspetto da un momento all'altro che qualcuno capisca cosa sta per succedere. E una parte di me vorrebbe poter urlare che, sì, sto per fare l'amore con l'uomo più bello del mondo, con Israel Silver, Iz the Issue. Mio zio.

Lui, che ora svolta a destra e guida sicuro sulla strada sterrata che porta al nostro cottage.

Spegne l'auto di fronte allo steccato e scende, veloce, voglioso, o almeno così mi pare quando apre la mia portiera e mi prende in braccio.

«Se vuoi fermarmi, questo è il momento giusto. Fallo tu, perché io ho perso ogni capacità di resisterti».

«Scomparirai domani?»

«No, Vee. No».

«Allora non c'è niente da fermare».

Lo bacio sulle labbra per sigillare il nostro patto. È un bacio delicato che esplode in un incontro di lingue, di fiamme, di tutto ciò che amo di lui.

Non guardo la strada, non so come lui riesca ad aprire la porta, salire le scale e fare ogni cosa continuando a tenermi in braccio e a baciarmi, ma so che è arrivato il momento quando mi appoggia sul letto.

«Tolgo la camicia?»

«Non ancora» mi dice, «voglio farlo io».

La luna fuori illumina il suo corpo che si svela sotto i miei occhi mentre si spoglia per me.

È teso, eccitato, pronto per possedermi e farmi sua.

E io ho paura e la paura mi fa stringere le gambe e sentire ancora di più la mia eccitazione.

Lo voglio, più di qualsiasi altra cosa al mondo.

Sono sua.

Sto per essere sua.

Sarò sua per sempre.

Capitolo 25

Israel

La perfezione che rappresenta Vee sdraiata sul suo letto, sotto il chiarore della luna, con una camicia che le va grande, si riflette negli autoritratti che ci circondano. Non ho resistito. Sono andato via dalla festa, causando il disappunto di Veronica, prima di quanto le avessi promesso. Continuavo a pensare a Virginie che abbracciava Lucas sul sedile posteriore della sua auto, ma non mi aspettavo di ritrovarmi a fissarli mentre lui la spogliava e se la portava nel lago.

Non posso dire che sia stato quello a rompere ogni argine, la realtà è che gli argini non ci sono mai stati e mi sono aggrappato al nulla per resistere, ma la corrente mi ha portato via da tempo e ora sto solo seguendo il destino in cui mi sento trascinare.

Il letto è piccolo, scomodo, ma io, sopra di lei, mi sento meglio di quanto sia mai stato.

Mi sembra finalmente che tutto sia scomparso. Domani torneranno i sensi di colpa, le mie paure, la sua rabbia, forse, ma in questo momento ci siamo solo io e lei. E lei è davvero bellissima.

Ha le guance rosse, è eccitata, mi vuole.

«Provi le stesse cose con Lucas?»

Glielo chiedo perché non mi capacito che sia possibile, quando per me ciò che c'è tra di noi è roba di un altro pianeta. Qualcosa che non ho mai, mai provato prima.

«La smetti di parlare di Lucas?»

«Ti dà fastidio? È il tuo ragazzo...»
«Ci siamo lasciati» mi dice, sviando lo sguardo.
«Prima o dopo che ti spogliasse? Che toccasse questa pelle?»
Le accarezzo la coscia, il fianco, le stringo un seno.
Mugola.
Una fitta al basso ventre.
Sono in procinto di perdere del tutto la lucidità.
«Rispondimi» le intimo e mi tuffo a succhiarle un capezzolo. Forte, abbastanza da farla gemere di dolore e piacere insieme. «Rispondimi».
«Fallo ancora, ti prego».
«Dimmi ancora che l'hai lasciato e quando».
Lecco la punta turgida e la prendo tra i denti.
«Ieri, prima di tornare a casa. Questa doveva essere l'ultima sera».
Succhio ancora e lei mi manda in orbita sussurrando il mio nome con voce tremante.
«Doveva?»
«Tu mi hai portata via».
«Pensi di vederlo ancora?»
Le strappo un gemito infilandole le dita nella carne. È bollente, è stretta, è bagnata.
È perfetta.
«Come amico. Solo come amico».
Forse Virginie non ha capito come stanno le cose.
Perciò credo sia necessario che lei comprenda che mi ha dato la risposta sbagliata.
E glielo spiego bene, con la testa tra le sue cosce, il clitoride tra le mie labbra e le dita tra le sue, di labbra. Si contorce, senza riuscire a trattenere il piacere che le sto provocando. La porto all'apice, la sento contrarsi e mi fermo, soffiando sulla mia stessa saliva, inondandola di brividi.
«Pensi di vederlo ancora?» chiedo, la voce roca, dura, come il sesso tra le mie gambe. Lecco. Mi fermo e soffio.
«Come amico?» ripete, ma stavolta la sua è una domanda.
Lecco, mi fermo e soffio. Di nuovo.

«Pensi di vederlo ancora?»

Alza la testa, mi fissa, la guardo mentre torno a leccarla, non mi fermo e lei urla ciò che avrebbe dovuto dire dall'inizio: «No. Ti prego, non smettere».

E io non lo faccio.

Le strappo il piacere dalla gola, che produce i gemiti più eccitanti della storia e glielo succhio dal ventre che si fa liquido sulle mie dita.

La guardo, sfatta, con il capo reclinato sul cuscino e la bocca aperta, in cerca dell'aria che ha usato per gridare il mio nome. Salgo con le labbra: monte di Venere, pancia, ombelico, costole, seno, collo. Bacio, mordo, lecco.

E mi incastro tra le sue gambe.

Mi struscio sulla sua umidità, la faccio mia per poterla penetrare meglio, più a fondo.

Mi punto su di lei, che spalanca gli occhi.

«Lo vuoi?»

Prego perché non dica di no. Ho buttato all'aria tutte le mie remore e ora voglio amarla, voglio che diventiamo uno. Uno spettacolo. Un evento. Un'eccezione.

Annuisce e spingo.

È stretta, non riesco a scivolarle dentro.

«Sei troppo tesa, sei sicura...?»

«Baciami. Baciami e mi sciolgo».

È una promessa, la prendo come tale e mi fiondo sulla sua bocca, le mani dappertutto, fino a quando la sento ansimare, rilassare le gambe e gemere di desiderio. È allora che le affondo dentro. La sua eccitazione mi accompagna fino a quando non siamo congiunti, ma sento che si irrigidisce di nuovo e soffoca un lamento.

La situazione sta diventando strana. Non che io abbia tutta questa esperienza, ma la differenza tra il piacere e il dolore la so riconoscere e non capisco come si possa passare dall'uno all'altro senza che io abbia fatto niente di strano. A meno che...

Sollevo di poco il bacino e guardo lì, dove siamo connessi.

Sono fermo, con il sesso metà fuori e metà dentro la donna

che amo, e fisso le tracce scure che percorrono le vene del mio uccello. Non so dire se sono clinicamente in stato di shock, ma che sono immobile e gelido come una statua lo posso ammettere senza problemi.

«Israel...» mi richiama lei, ma la sua voce è lontana, ovattata, mentre io sto facendo i conti con qualcosa che non avevo proprio messo in conto.

«Israel, guardami».

'Ti sto guardando, Vee, cazzo se ti sto guardando, ma c'è qualcosa che ha mandato in cortocircuito la mia sicurezza, che mi eccita e mi spegne allo stesso momento'.

«Israel, per favore...»

La sua è una supplica che devo accogliere, perciò punto lo sguardo sui suoi occhi spalancati. «Non è niente, torna su di me, fai l'amore con me».

«Perché non...? Io credevo... Tu e Lucas...»

Non riesco a finire una frase, sto cercando di calcolare le implicazioni di ciò che è appena successo. Il mio corpo vuole continuare, il mio cuore si sente al settimo cielo, ma la mia testa cerca di tenere a bada ogni emozione.

«Ci sei solo tu» dice lei, le lacrime agli occhi, il petto che si alza e si abbassa.

Quattro parole e il mio cervello viene messo a tacere, blindato in una camera isolata, lontano da dove sono io.

Da dove siamo noi.

Da dove io comincio e finisco in lei.

Quando la bacio e mi ricongiungo al suo corpo, le lacrime si ribellano alla costrizione delle ciglia e lasciano le sue iridi, mentre lei sorride. Vado piano, piano come se potessi romperla, mi cullo nel suo ventre e lei segue il mio ritmo, mi viene incontro. È un richiamo animale quello dei suoi fianchi che cercano i miei, non c'è niente di artefatto o di volontario, sta solo ascoltando le sue sensazioni, ne sta cercando di nuove e io posso darle tutto ciò che vuole.

«Non sono brava» sussurra. «Scusa».

Non sa cosa sta dicendo, la mia Virginie, non sa quanto

mi sia costato, in passato, provare questo stesso piacere nel corpo di un'altra. È perché *è lei* che devo trattenermi. È perché sono innamorato *di lei* che sento che mi sto perdendo senza alcuna possibilità di ritrovarmi. È perché *lei è l'unica* sulla faccia della Terra a farmi sentire così eccitato da dovermi fermare, più volte.

«Non ti piace?» mi chiede. Timida, preoccupata. Bellissima.

«Mi piace troppo, Vee. Tu. Tu mi piaci troppo».

Mi sorride ed è insieme donna, ragazzina, felice, mia.

Mia.

Mi sfilo da lei. «Girati su un fianco».

Adoro quando fa quello che le dico.

Adoro anche quando non lo fa.

Ma stavolta mi obbedisce senza fare storie, perché mi vuole quanto la voglio io.

«Così è come quando mi... quando...»

«Quando ti ho toccata». Soffio sul suo collo e porto la sua gamba destra sulla mia, aprendola al mio volere.

«Ti batte forte il cuore» sussurra. Lo sente sulla sua schiena, appoggiata al mio torace.

Le accarezzo il seno, la stuzzico. «Anche il tuo non scherza».

«È perché sono con te».

Appoggio la mano sul suo ventre e la tiro verso di me, entrandole di nuovo dentro.

Geme.

E io mi fermo.

Cazzo, non ho alcun autocontrollo.

«Puoi... puoi farlo di nuovo e... toccarmi come l'altra volta. Puoi?»

'Posso fare tutto ciò che desideri, amore mio'.

Sfiorarla, spingermi in lei e pensare quelle due semplici parole, mi manda pericolosamente al limite, per cui sto fermo, oscillo appena mentre mi concentro sui brividi che le increspano la pelle, sul ritmo dei suoi gemiti, su come mi cerca spostando indietro il bacino. Chiudo gli occhi e stringo tra i denti la carne del suo collo, trattengo, trattengo, ogni volta che si spinge verso di me, quando accelera il respiro, quando si muove in cerchio sul mio uccello per dare indicazioni alla mia mano. E trattengo ancora quando si irrigidisce e mi stringe in una morsa.

Ma poi non trattengo più quando urla il suo piacere e la mia condanna. «Oh, Israel, ti amo così tanto».

Mi sfilo e la stringo forte tra le braccia mentre sporco la sua schiena, sussurrando il suo nome, come una litania. La parola più bella che io abbia mai pronunciato: 'Virginie'.

Sono senza fiato, senza pensieri, senza rimorsi.

Una cosa tanto bella non può essere sbagliata.

La nostra felicità non può essere un errore.

Con il naso affondato nei suoi capelli unici, mi cullo nel rincorrersi sempre più lento dei nostri respiri e abbandono ogni remora, tenendola stretta tra le mie braccia.

Lascio che i pensieri svaniscano.

Levi, ciò che gli dobbiamo, la paura che lei scopra la verità, il terrore che scappi, che qualcuno la prenda. Che la porti via.

La stringo ancora e mi abbandono al silenzio.

Mi abbandono all'amore.

«No, non alzarti».

È giorno quando sento che tenta di scivolare via dalle mie braccia. La trattengo.

«Ehm... mi scappa la pipì».

Ridacchio contro il suo collo, latte puro, viene voglia di leccarlo.

«Mi fai il solletico». Virginie si agita, io la mordo appena e il mio mondo si risveglia di colpo. «Ti prego, lasciami andare, se no me la faccio addosso».

«Poi torni?»

«Subito».

La osservo sfilare, nuda, verso il bagno, poi controllo il disastro che abbiamo fatto nel letto. Le lenzuola sono macchiate, così come lo erano le sue gambe lunghe, così come lo sono io. Mi alzo e tolgo la biancheria con un gesto veloce. C'è una piccola macchia a forma di cuore sul materasso e io mi rendo conto di quanto sono stupido a trovarla romantica, ma non ci posso fare niente e lascio che il sorriso mi spunti sul volto. Porto le lenzuola in bagno e trovo Virginie sotto la doccia.

«Avevi detto che saresti tornata subito» la rimprovero, mentre studio ogni piccola parte del suo corpo senza più dovermi nascondere. Senza nascondere l'effetto che mi fa. Mi sento libero.

E felice.

«Ero sporca». Arrossisce. «Lo sei anche tu». Indica il mio sesso teso e macchiato della sua purezza.

«Allora fammi spazio».

Entro nella doccia e la prendo tra le braccia. È calda, liscia. Mia.

Non mi serve molto, in questo momento, se non lasciare che la nostra pelle si fonda, che le nostre labbra si cerchino, bagnate, avide, perfette.

«Dovrei lavare i capelli» mugugna mentre le succhio il collo, forte, per lasciarle un altro segno, oltre a quelli che sfioro con le dita e che le ho impresso stanotte con le mani, con i denti, con la bocca.

«Girati».

Solo un sussurro, ma è sufficiente, perché Virginie da ieri è arrendevole. Ha dismesso ogni volontà battagliera, ha ottenuto ciò che desidera. Me.

Le insapono i capelli, ciocca per ciocca, mi prendo il tempo per renderci *uno*, nei piccoli gesti, per curarmi di lei come ho sempre fatto, ma ora di più, mi prendo il tempo per lasciare andare tutto ciò che non siamo noi.

Giusti, vivi, insieme.

Sciacquo la sua chioma, la sua schiena ormai pulita, le sue natiche perfette che mordo, in ginocchio, strappandole un gemito, poi la volto. È perfetta, Virginie. Il suo seno minuto è una tentazione cui non posso resistere, così come lo sono le sue labbra rosse e come lo è il suo sesso. La schiudo con le dita e la trovo proprio come la voglio: pronta.

«Secondo te è saggio rifarlo?» le chiedo. Non voglio farle male.

«Ho diciott'anni, non faccio cose sagge».

«Me ne sono accorto» replico, entrando in lei con delicatezza, studiando tutte le espressioni sul suo viso, sentendo il riverbero del silenzio che si anima nel mio cuore.

Virginie è schiena al muro, sta sulla punta di un piede, mentre l'altra gamba la sorreggo io, ma nei suoi gemiti non c'è dolore, né fatica, solo un crescendo di desiderio, di piacere.

Con la mano le sfioro la bocca, la apro e mi approprio della sua lingua mentre le scorro dentro, teso come non mai, incapace di mettere un freno al nostro amore che si alimenta a ogni colpo.

«Sento che...» ansima, senza riuscire a chiudere la frase, la testa reclinata, un gemito che si sussegue all'altro. Quando l'orgasmo esplode, osservo ogni micro-espressione del suo viso, gli occhi che si stringono, lei che si morde le labbra e trema. È troppo. Mi spingo dentro di lei e vengo, stretto tra i suoi muscoli che pulsano e mi trattengono.

«Forse... forse non dovremmo farlo così» sussurra a mezza voce, imbarazzata, quando, dopo esserci ripuliti, la attendo fuori dalla doccia con un accappatoio in cui l'avvolgo.

«No, non dovremmo». Non è il caso che lei rimanga incinta a diciott'anni e io devo ritrovare la testa prima di fare cazzate più serie di quella che ho combinato ieri sera. O stamattina.

«Sai, soprattutto per la questione dei problemi legati al mischiare i geni tra parenti...»

«Già» rispondo, e tutte le mie bugie tornano a galla. Lei non sa. Non deve sapere. Odio doverle mentire. «Prenderemo precauzioni».

«Quindi ora... ora stiamo insieme?»

La abbraccio da dietro, la stringo e le dico ciò che non dovrei dire, che non dovrei neppure pensare: «Sì».

Lei si volta e mi poggia la mano sul cuore, come quando tutto è cambiato tra di noi. Tutto tace, tutto è semplicemente perfetto, quieto.

«Genie!»

La voce di Levi spaventa Virginie a tal punto da impedirle di trattenere un gridolino che denuncia la sua posizione. Per cui non mi stupisco quando la maniglia si abbassa e mio fratello apre la porta del bagno e ci trova insieme, io con un asciugamano sulla vita e sua figlia avvolta in un telo bianco che copre i segni che le ho lasciato.

Siamo riusciti a staccarci in tempo: lei è in piedi, impalata, e io sono appoggiato al lavandino, ma in ogni caso l'immagine è abbastanza straniante da far aggrottare le sopracciglia a Levi e spezzargli le parole in bocca.

«Non... Perché siete...?»

Prendo la situazione in mano e faccio una cosa che va contro a ciò in cui credo, ma che ormai non posso evitare: mento. E mi condanno all'inferno dei bugiardi.

«Vee ci stava mettendo una vita e io devo tornare di corsa a Philly. Ho bisogno urgente di radermi. Sono in fottuto ritardo, ho una riunione tra quaranta minuti. Così appena ha finito ed era presentabile sono entrato anche io».

Parole su parole, troppe, dovrebbe accorgersene. Menzogne su menzogne che Levi accetta con un mezzo sorriso rassicurato. Mi viene da vomitare al pensiero della mia anima che si sporca, del tradimento che sto perpetrando ai danni della persona più buona che conosca, del fatto che sto trascinando con me nel fango la ragazza di cui sono innamorato.

«Dai, uscite tutti, che entro dieci minuti devo essere in macchina».

Virginie segue suo padre, si volta solo un istante e mi lancia un'occhiata interrogativa.

Non era previsto che tornassi a Philadelphia stamattina, ma non posso certo rimanere qui dopo la cazzata che ho raccontato.

Appena la porta si chiude faccio partire la lavatrice per rimuovere le tracce di questa notte dalle lenzuola di Virginie. Mi rado velocemente e in maniera approssimativa e mi vesto. Levi è in camera, con la porta aperta, mentre sua figlia è chiusa nella sua, così non ho modo di comunicare con lei, di salutarla come si deve. Di rassicurarla. Mi tocca dare seguito alla mia bugia e scappare a gambe levate. Con un «ciao» veloce, controllo che mio fratello non abbia mantenuto il sospetto che gli ho letto negli occhi quando è arrivato e mi butto fuori dal cottage, direzione Philadelphia.

Ovviamente, il cuore lo lascio qui.

Capitolo 26

Virginie

Israel era già andato via quando sono uscita dalla camera e si è portato via un po' della felicità che ho provato con lui, molta della mia sicurezza e la mia verginità. Non rimpiango niente. Se anche dovesse scomparire e spezzarmi il cuore, non mi pentirò mai di aver fatto l'amore con lui, perché è con lui che doveva succedere.

Papà è stato gentile con me quando ci siamo trovati in cucina a preparare i sandwich che si è portato via per il pranzo, non ha capito cos'è successo tra me e lo zio e io l'ho abbracciato più forte, perché il suo affetto è così puro, la sua anima così pulita che, se possibile, oggi lo amo ancora di più. Se mai dovesse scoprire quello che ho fatto e i miei desideri, so che si sentirebbe tradito, ma la verità è che tradirei me stessa se rinunciassi ai miei sentimenti e so che non è ciò che mio padre vorrebbe per me.

«Iz non ha detto quando torna, ma stasera non dovrei fare tardi. Mi raccomando, Genie, fai attenzione e niente social. Okay?»

Rassicuro mio padre e accarezzo la sua guancia ispida. «Sei felice?» gli chiedo a bruciapelo e lui si fa rosso.

«Abbastanza, sì».

«Anche io, papà».

Mi bacia la fronte e mi sorride, poi mi lascia sola.

Sospiro, chiudo gli occhi e lascio che per un secondo tutto si fermi, cristallizzando questo fragile momento in cui è tutto calmo e vero. Poi mi volto e salgo le scale di corsa, mi spoglio e guardo allo specchio i segni della mia prima volta. E della seconda.

Non mi fa male, Israel, quando mi morde o mi succhia, ma la mia pelle è delicata e si arrossa facilmente. Non sono mai stata felice di questa mia caratteristica, ma ora mi permette di ricordare ognuno dei baci che mi ha dato, ognuna delle sue spinte, la sua voce che dice il mio nome, le sue labbra che si appropriano delle mie, il suo piacere sulla mia pelle, dentro di me.

Dobbiamo stare più attenti, perché la genetica non mente. L'amore può superare ogni barriera, ma la scienza non è un gioco e non voglio mettere al mondo un figlio con il DNA incasinato.

Mi sdraio sul letto e prendo il telefono. C'è un suo messaggio.

Israel: Mi dispiace di essere scappato così. Ti penserò tutto il giorno.

Virginie: Stanotte dormi qui?

Israel: Non credo sia saggio. Se rimango lì, non rispondo di me. E se Levi ci scopre...

Virginie: Ti uccide.

Israel: Probabile.

Virginie: Ma torni?

Israel: Per forza. Devo vedermi con June, mi ha scritto che ha bisogno di un amico.

Ci penso a lungo prima di rispondergli. Sedo il nervosismo, ma il messaggio successivo contiene un po' della mia rabbia.

Virginie: Non ho capito.

Israel: Cosa?

Virginie: Perché tu puoi uscire con June e io non posso vedere Lucas. Punto.

Rinforzo.

Israel: Forse perché Lucas ti vuole scopare? O perché fino a due giorni fa era il tuo ragazzo? O forse perché a me fa impazzire vedervi insieme?

Virginie: Non sei l'unico a stare male se vede l'altro con una persona del sesso opposto.

Israel: Ti prego, Virginie, non fare la ragazzina.

Virginie: E tu non uscire con June.

Israel: È una mia amica e ha bisogno di me.

Virginie: Anche io ho bisogno di te.

Ma lei viene prima, a quanto pare.

Israel: E io ci sono, Virginie. Ci sono. Dormirò a casa, così capirai che sei l'unica che voglio. Punto.

Virginie: Come vuoi.

Israel: Arriverò dopo cena. Aspettami.

Virginie: Okay.

Ma non è okay niente. Passo tutta la mattina e tutto il pomeriggio tra pensieri confusi, altalene emotive da far spaventare una persona sana di mente, chiusa nella mia stanza tra i ricordi di questa notte e la paura che Israel mi sfugga tra le dita. Mi chiedo come farò a stare con lui davvero, se anche solo il fatto che esca con una sua vecchia amica mi tortura in questo modo? Come farò con le fan, con i giornali, con i flirt inventati?

Sono alle prese con qualcosa di troppo grande, dovrei scappare, preservare la mia serenità, ma poi... Io l'ho visto, l'amore nel suo sguardo, l'ho sentito nelle sue dita, nel suo battito cardiaco, nei suoi sussurri. Come posso farne a meno, come posso vivere qualcosa di così forte con qualcun altro?

Il telefono trilla mentre sto guardando il soffitto. Sono qui nel letto da ore, a martellarmi il cervello.

«Ciao».

La voce di Connor è senza inflessioni, potrebbe chiamarmi per dire che il maniero ha preso fuoco o per chiedermi se ho deciso a quale scuola iscrivermi e ricordarmi che manca poco alla scadenza dei moduli che ho ricevuto.

«Come stai?»

«Arrabbiato, ma non è importante».

«Misty?»

Sospira. «Parliamo di te. Credevo fossi partita senza dire niente».

«No, sono ancora qui».

«Hai deciso...?»

Lo interrompo. «No, non so cosa fare».

«Devi farlo».

«Anche tu».

«Già fatto».

«Davvero? Allora fallo anche per me» scherzo.

Aspetto che mi risponda, ma sento solo silenzio, poi un rumore di fogli.

«Cosa fai?»

«Analizzo le tue opzioni e preparo uno schema statistico per la verifica delle ipotesi. Creo un rettangolo di Parsons per capire gli errori 'alfa tipo' e 'beta tipo' e risolviamo in un attimo».

Connor è sempre stato bravo con la matematica, ma queste sono cose che esulano dal programma avanzato.

«Ma non ce n'è bisogno e poi lo sai che preferisco decidere con il cuore».

«Mi sembra una soluzione poco saggia, ma la vita è tua».

«E...?» lo incalzo.

«E io sarò dalla tua parte, qualsiasi scelta compirai».

«Lo stesso per me. Ti voglio bene, Connor».

«Non era necessario dirlo in maniera esplicita. Vado. Buona serata».

Replico al suo augurio e torno a fissare il soffitto, le ombre che si allungano e i colori che si spengono. Israel non mi ha più scritto. So che sta lavorando, ma vorrei sentirlo, vorrei che mi rassicurasse, che mi dimostrasse il suo interesse.

Forse è per questo che faccio una cazzata, o forse è solo che non mi piace avere conti in sospeso, o forse ancora è perché non ne posso più di stare qui a piangermi addosso.

Virginie: Ciao, va bene questa come ultima sera?

Non devo attendere molto. Lucas non è impegnato quanto mio zio, così dopo una decina di minuti ricevo la risposta che mi aspettavo.

Lucas: Certo che sì. Ieri sei scappata, ti devo anche restituire i vestiti. Tuo zio poi ti ha sculacciata per aver fatto tardi?

Segue emoticon di un tizio che ride e una di qualcuno che sbuffa. Io invece devo stringere le gambe al ricordo di Israel e di ciò che è successo dopo che mi ha trascinata via dal lago, i pantaloni bagnati e la voglia che lo ha indotto a spogliarmi in mezzo al bosco.

Virginie: Mi sono presa una lavata di testa, ma niente di irrecuperabile.

Lucas: Ti distraggo io. Passo a prenderti alle otto, andiamo al diner.

Confermo l'appuntamento, scendo dal letto e avviso mio padre, in privato, che sarò fuori a cena ma tornerò presto. Infilo una gonna chiara con fiori in tinta, gli anfibi neri slacciati e un top a collo alto, corto sulla pancia, bianco. In questo modo riesco a coprire quasi tutti i segni che ho, tranne un paio sulle spalle che posso giustificare con un colpo preso in casa. Nascondo la prova del mio amore proibito, ma non dimentico per un solo istante che, ancora più di prima, ora sento di appartenere a mio zio.

Lucas passa a prendermi puntuale e quando arriviamo al *diner* ci sono parecchi tavoli vuoti. Siamo tra i primi, per cui possiamo scegliere. Indico una zona tranquilla, lontana dal bancone, e mi siedo con le spalle al muro. Lucas indossa una maglietta aderente blu che segna due pettorali da uomo, anche se è solo un ragazzo. Mi sorride, è spensierato come non ricordo d'essere mai stata io in vita mia.

«Sto organizzando la mia festa di compleanno. I miei mi hanno concesso un budget più alto di quanto pensassi e vorrei fare qualcosa di epico...»

«Immagino che Tyler ti stia aiutando». Quei due sono sempre attaccati, neanche fossero gemelli siamesi.

«Assolutamente sì, la facciamo insieme, come ogni anno. Tu ci sarai?»

Faccio una smorfia e alzo le spalle.

«Dipende da cosa deciderò di fare per l'università».

«Ancora senza idee?»

Scuoto la testa e nascondo la mia vergogna.

Non sono indecisa a causa della scuola da scegliere ma perché non so cosa succederà tra me e Israel, e questo mi impedisce di prendere una qualsiasi strada a cuor leggero. Come potrei andare a New York sapendo che lui vive sulla costa opposta? E come posso scegliere un'università vicina a lui per poi magari pentirmene quando si stuferà di me?

«Quand'è la scadenza per le iscrizioni?» mi chiede, poi fa un cenno verso la cameriera per ordinare e proprio in quel momento dalla porta entrano Israel e June.

Perfetti.

Ecco la prima parola che mi viene in mente.

Lui è rilassato, sorride nel suo modo appena accennato, le appoggia una mano sulla parte bassa della schiena e le indica un tavolo piuttosto distante dal nostro. Le scosta la sedia, attende che si sia accomodata e fa lo stesso sul lato opposto.

Poi alza la testa e mi vede.

La sua espressione si incupisce in un istante, ma fa in fretta a spostare lo sguardo per non attirare l'attenzione su di me. Non è altrettanto bravo a nascondere il suo turbamento, perché vedo che June gli accarezza una mano e immagino gli stia chiedendo se va tutto bene.

Andrebbe tutto meglio se non lo toccasse. Se Lucas e June e tutto il resto del mondo potessero scomparire ora. Se io e lui potessimo rimanere soli.

«Cosa prendete, ragazzi?»

'Una vita nuova, diversa, grazie mille'.

«Per me un frappè, delle patatine fritte e la torta di patate».

Rispondo a Ma' Martha, la proprietaria del locale che ama fare la cameriera così tanto da pagare qualcuno che gestisca il *diner* mentre lei fa il giro dei tavoli.

«E tu, giovanotto?»

'E tu, Lucas, avrai un menù fatto di occhiate in tralice, pugni che vorrebbero abbattersi su di te e distillato di gelosia'.

E Israel... Israel stasera si ciberà della voce di June e dei miei sguardi, con ognuno dei quali lo spoglio: via la camicia carina che si è messo per lei, via i jeans che non sono gli stessi di ieri, via il gel dai capelli perché li voglio scompigliare con le mani, e via ogni ombra dal suo viso, gliele voglio portare via tutte a suon di baci.

Ma' Martha torna qualche minuto dopo con le bibite e Lucas continua a chiacchierare di cose senza importanza, sorride, è sereno. Non si rende conto che io sono altrove, dall'altra parte del ristorante, seduta sulle gambe di mio zio, che mi struscio su di lui, fregandomene di tutti gli altri commensali. Il mio corpo è qui, sullo stesso divanetto rosso, ma la mia mente è altrove.

E anche quella di Israel. Lo vedo.

Lui fissa June, la ascolta, è davvero con lei, ma il suo ginocchio che si alza e si abbassa a ritmo, la mano che continua a passare sui jeans, gli sguardi fugaci che mi rivolge sono tutte dichiarazioni d'amore. O almeno è così che le interpreto.

«Virginie...» Lucas mi richiama all'attenzione. «Volevo dirti che sono felice che siamo stati insieme, anche se non ha funzionato tra di noi. Sei una ragazza diversa da tutte le altre. Sei una tipa *Oceano*».

«In che senso?»

«Sei memorabile. E pericolosa. Ma soprattutto memorabile» ridacchia.

«Non me l'avevano mai detto». Arrossisco e Israel balza in piedi. Mi passa a fianco per andare in bagno, rallenta appena quando ci è vicino, proprio mentre Lucas continua il suo discorso.

«Non ti si può dimenticare, perché sei profonda e dentro ti porti un mondo tutto da scoprire. E poi baci benissimo».

Cenere.

Se potessi diventare cenere per uno sguardo di fuoco, è ciò che sarei.

E non è quello di Lucas che, in modo contorto, mi dice quanto gli piaccio, ma quello di Israel che ha sentito le parole del mio ex ragazzo.

«È passato tuo zio, l'hai visto?»

«Sì, è qui con June, del maniero».

Quando pronuncio il suo nome, Lucas si volta di scatto, rimane qualche istante a fissare i capelli biondi dell'amica di mio zio e l'abito che le cade a pennello, che le lascia scoperta parte della schiena, dritta e fiera. Poi torna su di me, ma ha uno sguardo perso.

«Anche lei è una ragazza *Oceano*, eh?» lo provoco.

«Tuo zio è fortunato. June è tipo il sogno erotico di tutta Red Oak Town. Pare che anche il sindaco McAdam abbia un debole per lei da anni».

Mi sorride e io vorrei dargli un pugno. E non perché è con me e parla di un'altra, ma perché ha riacceso la mia gelosia, perché ora penso a Israel che vuole andare a letto con June, perché mi sento di nuovo una ragazzina illusa.

«Buonasera, signor Silver».

Mio zio si ferma, spiazzato dal cortese saluto di Lucas.

Mi rivolge un'occhiata di sbieco, fissa il livido che mi adorna la spalla e si lecca le labbra, inconsapevolmente. «Torna presto» dice con voce roca, la stessa con cui ieri invocava il mio nome. «Ti tengo d'occhio».

L'ultimo avvertimento lo lancia a Lucas, che reagisce deglutendo a vuoto.

«Tuo zio è inquietante, lo sai? Quasi peggio di tuo padre, perché tuo padre dettaglia tutte le sue minacce, più o meno sai a cosa vai incontro, invece lui... Sono davvero iperprotettivi con te».

«Sono l'unica femmina in famiglia» minimizzo.

«Non ti manca... sai, avere una mamma?»

«Ogni giorno».

La conversazione si spegne e ci mettiamo a mangiare, ma è come se al tavolo ci fossimo io e Israel, che continuiamo a fissarci da lontano. Io che mi incupisco ogni volta che gli vedo fare un sorriso o un gesto gentile nei confronti di June, lui che aggrotta le sopracciglia tutte le volte che mi infilo la cannuccia in bocca. Mi sta dando degli avvertimenti che io ignoro volutamente, provocandolo senza sosta.

«Ma tu che voto mi daresti? Cioè, se una nostra compagna ti dovesse chiedere com'è stare con me, che valutazione mi concederesti?»

«Dieci» dico sovrappensiero.

«Devi rispondere in maniera sincera».

«Dieci» confermo.

«Se io fossi un dieci, ti saresti innamorata di me, non credi?»

«Non è questo... è solo che...»

«Che sei innamorata di un altro. Pensavo ti fosse passata».

«Ci ho provato così tanto... ma non passerà mai».

È una confessione, la mia, che faccio anche a me stessa. Lo sento nel ventre, nel cuore, nel cervello e sulla pelle che non potrò mai e poi mai liberarmi del mio amore per Israel. Per come mi guarda, in questo momento. Per ciò che mi promette di farmi dopo, solo fissandomi da lontano. E non è solo sesso.

È pura e semplice appartenenza.

Ormai si è preso il mio cuore, e non è qualcosa che si possa restituire integro.

«Cos'ha di speciale questo ragazzo?»

«È intelligente, parla poco, ma quando lo fa è come se dicesse sempre la cosa giusta, ponderata. È affascinante il modo in cui si muove, come tiene la testa quando mi guarda...» Proprio come in questo momento. «Il modo in cui prendo fuoco se mi sfiora. E poi...»

«E poi?»

«E poi ha un'anima bellissima. Ferita ma forte. Ha lo sguardo di chi ha perso tutto, ma sa continuare a donarsi».

«Cavolo, tante cose per un adolescente. Non è che lo stai immaginando più di quello che è?»

«No. È così». Sono mortalmente seria quando rispondo.

«Ma non ti vuole. Il che significa che non è intelligente come dici».

«Diciamo che è complicato».

Lui scaccia l'aria con la mano. Non può capire la situazione, per cui la sminuisce. «Se vi amate, niente può essere d'ostacolo».

Faccio spallucce, nascondo il rossore chinando la testa e inventando una scusa. «Vado un attimo in bagno».

«Okay, io esco a fumare una sigaretta».

«Non dovresti!»

Si mette un dito di fronte alla bocca e sussurra: «Me ne concedo qualcuna alla settimana e di nascosto, se no il coach mi ammazza».

Gli rivolgo una smorfia perplessa, ma accetto di buon grado che mi lasci un po' da sola. Mi infilo nella toilette e vado verso il lavandino. Questa serata è faticosa e non posso dare la colpa a nessuno, se non a me stessa. Apro l'acqua e mi chino per sciacquarmi il viso, ma quando mi alzo lo specchio riflette due persone e non più solo me. E una delle due persone è allo stremo della sua capacità di trattenersi. E quella non sono io.

«L'hai fatto apposta?» La sua voce è carica di elettricità.

«No» rispondo rassegnata alla sua rabbia.

«Perché?»

«Ti ho detto di no!» La mia replica è sicura, ma non sortisce l'effetto sperato.

Lo specchio è macchiato: sugli spigoli c'è un po' di ruggine e al centro schizzi d'acqua che si sono seccati, ma nessuna opacità può spegnere l'ardore del suo sguardo.

«Se questo per te è un gioco, devi dirmelo subito, perché io sto rischiando tutto».

«Credi davvero che io stia giocando?» gli chiedo. Mi volto lentamente e mi trovo i suoi occhi verdi di fronte. Sbagliavo, da vicino sono ancora più caldi, più furiosi. E io sono più umida.

«Vee, tu devi capire che non è facile per me. Non lo è mentire a Levi, non lo è vederti con un altro, né correre avanti e indietro da Philadelphia senza sapere in che rapporti saremo, se litigheremo fino a non parlarci più, se mi farai fare una cazzata irreparabile, e sì, ho bisogno anche io di conferme, perché c'è tutto in ballo, c'è...»

Gli lancio le braccia al collo e lo bacio, zittendolo.

Israel rimane spiazzato un secondo, poi prende le redini e mi trascina nel cubicolo del gabinetto, chiudendosi la porta alle spalle e appoggiandomici contro, muovendomi come se fosse padrone del mio corpo, oltre che del suo.

Con le dita mi sfiora il livido scoperto e ci preme sopra, facendomi lamentare sulle sue labbra. «Mi fai arrabbiare» ansima.

«Anche tu».

«Non rientrare in casa quando ti riporta Lucas, aspettami nel bosco, vicino alla vecchia quercia caduta».

«Perché?» lo provoco, accarezzando la sua erezione.

«Perché dobbiamo parlare di noi».

«Parlare?» Lo stringo, ma il riverbero della sua eccitazione mi colpisce dritta tra le cosce.

«Anche» dice spingendosi verso di me, poi si stacca, repentino come è iniziato tutto, mette una fine e se ne va. Prima di uscire dalla toilette, si gira e mi dice: «Nel bosco».

Annuisco e lo osservo scomparire.

Sono di nuovo felice.

Abbiamo un appuntamento.

Lucas mi ha portata a casa, dopo la cena. Mentre pagavamo ho avuto gli occhi di Israel addosso tutto il tempo e questo non ha fatto che alimentare le mie aspettative. Mi sono fatta lasciare all'incrocio con Main Street, fingendo di non volermi far vedere da mio padre, e ho percorso a piedi la viuzza che porta a casa mia. L'ho superata e mi sono inoltrata nel bosco, fino a raggiungere la vecchia quercia, che è stata tagliata anni fa in seguito a un temporale. È così antica che il diametro del tronco è lungo quanto me, quando mi ci sdraio sopra. Guardo in aria, il fogliame mi impedisce la vista delle stelle, ma ci sono delle lucciole che si accendono e si spengono intorno a me. Sono sempre più rare, ma qualche volta si riescono a scorgere e io, in silenzio, da sola, mi godo la loro incredibile bellezza.

«Sei come loro: preziosa, insolita, unica».

«Lo dici solo per portarmi a letto».

«Non solo. Anche. Che è diverso».

«Vuoi fare ancora l'amore con me?»

«Per tutta la vita, Vee».

Le nostre voci si rincorrono nello spazio libero, ma Israel non si è ancora avvicinato abbastanza perché lo possa vedere senza voltarmi. Sento le foglie calpestate, sta arrivando da dietro, percepisco che si accuccia vicino a me e poggia la testa sul tronco, vicino alla mia.

«Per tutta la vita» mi sussurra nell'orecchio.

«Cambierai idea. Quando mio padre ci scoprirà, o quando sarai troppo famoso per ricordarti da dove vieni, o quando Nyx ti chiederà di fare sesso».

«Cosa ti rende così insicura?» mi chiede.

La sua mano si insinua sotto il top e cerca il mio seno. Ci si appoggia, non mi stuzzica, come se, semplicemente, avesse trovato il suo posto nel mondo.

«Tu».

«In che modo?»

«In ogni modo possibile. Quando mi guardi, quando non lo fai, quando sei con me e quando vai via. Mi sento un'equilibrista che sta sempre per cadere, ma non posso smettere di camminare, perché la mia vita è il filo su cui procedo. E quel filo sei anche tu».

«Credi che per me sia diverso?»

«Certo che lo è! Hai una carriera, degli amici fraterni, una miriade di fan, amiche bellissime che sono il sogno erotico della città, mille occasioni... sei un uomo. E io... sono solo una ragazzina che non sa cosa fare della propria esistenza, con dei sogni che scompaiono quando penso a te, perché prendi tutto lo spazio e mi sento una fallita che dipende da un amore che non sa neanche se sia vero».

«Questa è la realtà che tu vedi scritta sulla carta. Punti e scalette di informazioni. E probabilmente ciò che hai detto è tutto vero, tranne che sei una fallita. E che questo amore non è vero. Il fatto è che ti mancano degli elementi che non si possono sintetizzare in elenchi».

«E quali sarebbero?»

Mi rannicchio sul fianco e mi trovo faccia a faccia con lui. Credo sia la prima volta che ci parliamo senza urlarci addosso o fremere dal desiderio, da quando è tornato. Siamo occhi negli occhi, illuminati solo dalle lucciole e da qualche raggio lunare abbastanza testardo da infiltrarsi tra la coltre di foglie che ci sovrasta.

«Il fatto che sei il mio primo amore. E che nemmeno sapevo di poter provare un sentimento simile, non finché non mi hai investito con tutto questo casino di emozioni che ti porti addosso e con le quali mi hai contaminato».

«Sono un veleno, quindi?»

«Il più dolce che esista» sussurra.

Posa un bacio sulle mie labbra, intenso, fragile, al contrario, perfetto.

Noi, condensati in uno sfiorarsi, nell'appartenersi.

«Se io scomparissi...» Provo a spiegargli come mi sento, senza più alzare la voce. Solo fiato appena accennato. «Sai, tu potresti andartene da un momento all'altro e non tornare più. Se succedesse a te di non trovarmi più?»

«Non so dirti come reagirei, perché non ho mai sofferto per amore, prima d'ora. Se fosse una tua scelta, credo che la rispetterei e cercherei in qualche modo di sopravvivere alla tua assenza. Se invece fossi in pericolo, smuoverei terra e cielo per proteggerti e riportarti a casa».

«Lo faresti davvero?»

«Sì».

«Come è successo che ho cominciato a piacerti?»

«Mi piaci da sempre, Vee».

Arrossisco, ma non distolgo lo sguardo da lui. Non spezzo questo momento magico.

«Intendo dire anche come... come ragazza».

«Tu rappresenti il silenzio in un mondo che parla troppo. Sei il bianco in un mondo colorato all'eccesso. E mi provochi un desiderio erotico che non mi è mai appartenuto».

«Non hai avuto altre ragazze? June? Quella Opal?»

«Vuoi sapere quante ragazze ho amato? Nessuna, a parte te».

«E con quante...?»

«Con quante altre sono stato a letto? Due. Una mia compagna del liceo, alla festa del diploma, perché mi sembrava di doverglielo. E la ex ragazza di Bratz, che ho frequentato per un po' come amici con benefici».

Aggrotto le sopracciglia.

«Ti sembrano poche? Tante?»

«Poche. E tante. Vorrei essere stata l'unica».

«E invece sei stata la migliore».

Non riesco a trattenere un sorriso orgoglioso, ma lo nascondo. Mi rimetto supina e distolgo gli occhi da Israel.

«Non è educato gongolare».

«Non sto gongolando. Sono solo... felice».

«E io sono felice che tu sia felice».

Mi raggiunge sul tronco, si sdraia accanto a me, ma lui non ci sta tutto.

«Vorrei dormire con te» gli dico.

«Sai che non possiamo. Dobbiamo stare attenti con tuo padre, non solo perché mi ucciderebbe, ma soprattutto perché non vogliamo che soffra per colpa nostra».

Annuisco sul suo petto, contro il quale mi sono stretta.

«Stiamo un po' qui, prima di tornare, almeno».

«Tutto il tempo che vuoi».

«Allora per sempre».

Capitolo 27

Israel

Philadelphia, luglio-agosto 2022

«Abbiamo valutato la proposta e confermiamo il nostro interesse».

La voce di Veronica, al telefono, è solida e affilata. Per fortuna il capo supremo della Splendid Records non può vederla mentre saltella in mutande per la stanza e soffoca urla nel cuscino. Professionale ma super emozionata. E Bratz la guarda come se di fronte avesse l'ottava meraviglia del mondo.

«Certo, siamo davvero felici che Em&Em abbia apprezzato *Toxic (every time I think I'll scream)* e che voglia duettarla al suo concerto, con Iz... Certo, la canzone di apertura, dopo i MotorButt. Un cameo... Capisco. I due rapper bianchi e biondi insieme, per la prima volta... Ovviamente».

Gli dà ragione, ma il suo tono ha quella punta di svogliatezza che fa capire che, sì, coglieremo l'occasione, però non reputiamo di dovere gratitudine eccessiva. È una parte che recita molto bene, quando in realtà i ragazzi sono al settimo cielo per questo evento. Anche io sono soddisfatto. La canzone è buona e i duetti che ha previsto la casa discografica sono di livello mondiale. Nyx per la ballad ed Em&Em per il pezzo più duro.

Non resta che provare, provare, provare. Farmi vestire a modo per il concerto, salire sul palco e realizzare il sogno di qualsiasi rapper emergente, per cantare il primo singolo dell'album che verrà presentato a settembre e che mi vedrà esibirmi da solo e fare ospitate nei tour dei miei colleghi più famosi.

La punta di apprensione che sento? Comunicare tutto questo a Virginie.

Se lei fosse un'altra, se *noi* non dovessimo rimanere segreti, le chiederei di venire con me, di organizzare la nostra vita un evento alla volta, lasciandole il tempo per studiare, ma trovando una quadratura tra le nostre esistenze. Però non posso. Lei è troppo visibile, io sto per diventare troppo *famoso* e se qualcuno la vedesse... *ci* vedesse...

Scuoto la testa, Veronica mi fa un gesto per chiedermi se c'è qualche problema, ma nego e le faccio cenno di andare avanti.

«Perfetto. Stiliamo le date per le prove, l'incontro tra i fonici e i produttori, e approviamo il photoshoot per *Rolling Stone*. Le faccio avere tutto firmato nel pomeriggio... Certo. Sarà nostra premura non divulgare la notizia in anticipo, come da clausola contrattuale».

Altre formalità, poi finalmente la conversazione finisce. Sono le dieci del mattino, ultimamente a quest'ora sono già a Red Oak Town. Ho cambiato di nuovo i miei orari, passo le giornate con Virginie a cercare di non farci l'amore su ogni superficie piana della casa, con scarsissimi risultati, e quando riusciamo a non saltarci addosso io tento di lavorare e lei dipinge, disegna, tratteggia, cerca online storie da illustrare e finge di non ricordare che il tempo per la sua scelta del college è agli sgoccioli.

Ha ricevuto già due solleciti, ma ha ancora qualche settimana.

Veronica vede che mi alzo, mi infilo le scarpe e interpreta correttamente le mie azioni.

«Ti faccio avere il piano dei lavori, gli orari e i giorni in cui sarai impegnato. Il prossimo mese sarà una corsa unica. Torni stasera?»

Annuisco.

Non posso più dormire a casa di Levi. È chiaro che stiamo rischiando ogni istante di ogni giornata, ma il non sapermi trattenere, di notte, quando c'è lui, assume connotazioni di certezza, non più di mera valutazione del rischio.

Il che significa che, lontano dalla quiete che mi trasmette Virginie, ho smesso di nuovo di riposare e che la mia stanchezza sta arrivando a livelli critici. I sensi di colpa notturni non aiutano.

«Dormi un po'» mi dice infatti Veronica, indicando le mie occhiaie.

Alzo il pollice in modo affermativo, recupero le chiavi del pick-up e mi fiondo fuori. Corro per le strade di Philadelphia e rallento quando esco dall'autostrada. È così che sono morti i nostri genitori, uscendo da questo stesso svincolo che percorro sempre lentamente, non tanto per paura, anche se su quell'auto c'eravamo anche io e Levi, quanto più per vedere se ritrovo qualche segno del fatto che proprio lì, su quella curva presa male in una notte di pioggia, la mia famiglia è stata dimezzata. Per la prima volta, in questo momento, mi ritrovo a pensare che se mia madre e mio padre fossero sopravvissuti allo schianto, oppure se i nonni che ci erano rimasti non fossero stati così vecchi e così malati da non potersi occupare di noi, Levi non avrebbe incontrato Fiona, non avrebbe salvato la vita a lei e alla bambina che portava in grembo e io, oggi, non avrei il cuore colmo di impazienza all'idea di rivedere Virginie.

Parcheggio di fronte al cottage e lei esce in giardino per venirmi incontro.

È perfetta, con un paio di shorts corti, i piedi nudi e un top così striminzito che se calcolo il tempo che mi ci vorrà per avere il suo seno tra le mie labbra non arrivo a due secondi netti.

«Dentro».

Una parola che le provoca brividi e un sorriso impertinente.

Scappa e io la inseguo, in salotto, intorno al divano. Evita la penisola, perché sa che non avrebbe scampo, e sale le scale di corsa. Due falcate e la prendo da dietro, sollevandola. Le mordo la nuca mentre la porto in camera sua, e lei geme subito, sensibile, vogliosa.

La poggio per terra, la faccio girare e mi schianto sulla sua bocca, creata per baciare la mia, per trascinarmi in un luogo di perfetta perdizione.

Quando ci stacchiamo, il clima si è fatto ancora più rovente di quanto non sia questa fine di luglio, ma impedisco a Virginie di spogliarsi.

«Dopo».

«Perché?» mi chiede con la testa inclinata e un delizioso broncio che mi manda in estasi. «Io ti voglio».

«E mi avrai, ma prima dobbiamo parlare. Seriamente».

«Vecchio noioso».

Mi fa la linguaccia, si avvicina, mi stringe il cavallo dei pantaloni e mi ruba lo zaino mentre ho la guardia abbassata. Scappa di nuovo e di nuovo la rincorro, la casa che si riempie delle sue urla e delle nostre risate. È veloce, è furba, riesce a sfuggirmi per un pelo, un paio di volte, poi corre in giardino, dove sa che non posso comportarmi come voglio.

Abitiamo in una strada in cui c'è solo il cottage di Levi, ma non si è mai troppo sicuri in un paese piccolo come il nostro.

«Dentro».

Lei scuote la testa e fa dondolare il mio zaino davanti ai suoi piedi.

«Dentro» ripeto, con più enfasi.

«Solo se mi prometti che mi darai ciò che voglio. Subito. Non *dopo*».

Ho sempre trovato eccessive le donne troppo spavalde e sfacciate, ma Virginie... Questo suo lato provocatorio è tutto per me ed è dannatamente eccitante.

«Dimmi cosa vuoi. Nei dettagli».

«Ti darò un indizio a ogni passo che farò. Sei pronto?»

Annuisco e la guardo, in modo tanto intenso da vedere l'insieme e i dettagli, tutto quanto.

Fa un passo e posa lo zaino per terra.

Un altro passo e abbassa gli shorts bianchi a metà sedere.

Fa un passo e si gira su se stessa.

Un passo indietro, verso di me, e cala i pantaloncini.

Ancora un passo e li sfila dal piede destro.

Si gira su se stessa e col passo successivo li sfila dal sinistro.

Ripete con gli slip, lenta, erotica e pura.

Sesso, gambe, fianchi, culo, ombelico.

Vedo tutto venirmi incontro.

A due passi da me si toglie il top e me lo lancia addosso.

Poi parla.

«Prendimi».

E scappa via, nel giardino, nuda, bellissima, mia.

Ci metto meno di dieci secondi a prenderla e portarla dentro casa.

Altri sette secondi ed è sdraiata sul letto.

Non più di due secondi e sono dentro di lei, sopra di lei, la tocco ovunque, le do ciò che vuole, lento, forte, intenso e delicato. Come me lo chiede, lo ottiene, e non mi fermo fin quando non crolliamo sfiniti e soddisfatti.

Mi sdraio al suo fianco, me la porto addosso e le dico: «Adesso parliamo?»

Lei annuisce, comincia ad accarezzarmi il petto e io penso a cosa dirle, ma le parole nella mia testa vengono ovattate dalla calma che mi provoca avere vicino Virginie. Per cui, quando mi sveglio e mi accorgo che sono passate quattro ore, mi rendo conto che non le ho ancora detto niente.

Lei è alla sua scrivania, con le mutandine che si è sfilata in giardino e lo stesso top che aveva quando sono arrivato. Ha una gamba sotto il sedere, l'altro piede oscilla avanti e indietro, ha una matita in bocca e la mordicchia concentrata mentre sceglie i colori da una tavolozza di acquerelli.

«Non usi più i pantoni?»

«Dipende dal progetto. Ben svegliato, *zio*».

«Non chiamarmi così».

«Pensavo ti eccitasse». Fa spallucce.

«Pensavi male. Davvero male».

Il mio sguardo deve mostrarle il dolore che dimentico quando sono dentro di lei. Il senso di colpa nei confronti del fratello cui devo tutto e a cui sto rubando la cosa più importante.

«Scusa» mi dice.

La osservo dispiaciuto, mi vesto e scendo in cucina a preparare dei sandwich, poi li porto su, insieme a due bicchieri d'acqua.

«Tieni, mangia».

«Dopo» mi fa il verso. Poi mi accarezza per sciogliere la tensione che è rimasta ad aleggiare nella stanza.

«Adesso. Con me» rispondo severo.

Mi sorride, provocante, ma accetta le mie indicazioni.

Osservo i suoi denti bianchi mordere il pane e le sue labbra avvolgerlo. La sua lingua passare sulla bocca, per ripulirla, e per me è tutto incredibilmente erotico.

«Ti è passato il nervosismo?» mi chiede, indicando i miei boxer rigonfi.

Alzo gli occhi al cielo e decido di affrontare l'elefante che, anche se lei non lo sa, è qui con noi nella stanza.

«Dobbiamo parlare».

«Sembra una cosa brutta».

Abbassa la testa e stacca un pezzo di crosta dal panino, per poi portarlo alla bocca. È come se, tutt'a un tratto, non avesse più fame.

«Ci sarà un concerto, fra un mese».

Il suo sguardo si accende, me lo punta in faccia, cercando ciò che non posso darle.

«Non puoi venire».

«Perché?»

«Perché ci saranno i paparazzi e non devono vederti, né fotografarti, né supporre verità che dobbiamo tenere celate».

«Ma potrei mischiarmi al pubblico, cosa ne saprebbero che sono con te? E poi, non è più strano che la tua famiglia non ci sia, che l'opposto?»

«Non puoi venire» ripeto, con un tono che vuole essere senza appello.

Lei stringe le labbra e aggrotta le sopracciglia.

«E poi dobbiamo parlare della tua università. Hai pochissimo tempo per confermare l'iscrizione a una delle scuole d'arte che ti hanno selezionata, devi decidere».

«Voglio farlo con te!»

«Non puoi far dipendere questa scelta da qualcun altro! Io sarò in tour, un nomade mai fermo. Dovunque sarai, appena potrò, ti raggiungerò e staremo insieme. Ti aiuterò ad avere una stanza da sola o un appartamento tutto per te, così...»

Troppe parole, comincio a confondermi da solo.

«Quindi io dovrò aspettare che ti liberi. E potrò far parte della tua vita solo quando hai tempo e solo chiusi in una stanza. È questo che mi chiedi?»

«Quello che ti chiedo...» Poso il piatto con il sandwich a malapena assaggiato e mi stringo la base del naso per ritrovare concentrazione e sedare la voglia che ho di urlarle addosso che deve capire. Deve solo accettare le mie indicazioni senza fare domande. «Quello che ti chiedo è di scegliere la scuola che preferisci, seguire i tuoi sogni e avere fiducia che quando non sarò con te è comunque a te che penserò. E che, appena mi sarà possibile, tornerò tra le tue braccia, chiusi in una stanza perché il mondo non sappia di noi».

«Quindi... ciò che può fare chiunque altro, come venire ai tuoi concerti, ai firmacopie, agli eventi... io non potrò mai farlo?»

«Nessuno deve sapere di te». Mi correggo subito: «Di noi. Nessuno. Mai».

«Bene, mi nascondi sotto un tappeto, come si fa con i segreti scabrosi. Papà non capirebbe che stiamo insieme solo perché partecipo a un tuo concerto. Sono stronzate. Tu vuoi essere libero di fare quello che vuoi, senza dover dichiarare che sei impegnato con una persona. Con me». Si alza in piedi e posa il piatto sulla sedia. Anche lei non ne ha mangiato che un morso. «Sai una cosa? Sei un codardo. E un egoista».

Mi alzo e la raggiungo.

«E sei anche uno str...»

«E tu sei troppo emotiva».

La bacio per farla tacere.

«E capricciosa».

Lingua in bocca, spalle al muro.

Virginie non so prenderla in altro modo, non so imprimerle

nel cervello in maniera indelebile ciò che provo e infonderle sicurezza con le parole.

Riesco a farlo solo con i baci, facendola mia, i corpi che dialogano meglio di quanto facciano i nostri pensieri. Le dimostro il mio desiderio, il mio amore, così tante volte che alla fine mi fa male tutto.

«Ti farò avere l'elenco dei miei impegni da qui al concerto. Tornerò a Red Oak ogni volta che potrò, te lo prometto».

«E mi farai avere un biglietto».

«No».

«Allora due. Ci posso venire con Lucas».

Mi provoca, sdraiata sul letto al mio fianco, il seno appuntito che guarda il soffitto e le gambe rilassate.

«Non fare la stronza».

«Non fare lo stronzo».

«Lo fai apposta per portarmi al limite?»

«Sono fatta così».

Mi giro su un lato, osservo la sua pelle marchiata, il suo sesso ancora schiuso.

«Così come?»

«Così».

Me lo prende in mano e mi scordo di quanto sono stanco.

Se Virginie mi vuole, Virginie può avermi.

«Sei pronto?»

«No, manda via qualcuno».

C'è troppa gente intorno a me e Veronica lo sa. Caos, quando dovrei concentrarmi. Ragazze che mi mettono le mani addosso per vestirmi con abiti scelti dal responsabile del settore specifico, per truccarmi o per mettermi a posto i capelli.

Mi sento una bambola di pezza e ho un peso enorme sul cuore.

Sto per esibirmi al Wells Fargo Center di Philadelphia con Em&Em, un dio del rap, che poteva considerarmi un plagio per il look simile al suo e invece mi ha dato l'occasione di aprire con lui il primo concerto del suo tour. E io continuo a pensare all'ultima delle decine di discussioni avute in merito a questo evento.

Da quando ho raccontato a Virginie di questa data, è stato un continuo litigare e fare pace, litigare e fare pace. Ci ho preso gusto a fare la pace, ma soffro al pensiero che non posso darle ciò che desidera. Che poi, non è neppure una pretesa eccessiva, non mi chiede di presentarla al mondo come fidanzata, ma solo di non escluderla dalla mia vita.

Facile, se le cose stessero davvero come lei pensa che stiano.

Ma io non dormo, ossessionato non solo dalle parole, da mio fratello e dalle mie responsabilità, dal rischio di mandare a puttane la mia vita e la mia carriera, ma anche dai flash. Chiudo gli occhi e immagino di essere inseguito da un paparazzo con la macchina fotografica mentre trascino via Virginie, i suoi capelli lunghi e i suoi lineamenti così speciali.

Forse è per questo che la truccatrice mi passa un prodotto sotto gli occhi, dove campeggiano abbastanza evidenti le mie occhiaie.

«Hai perso peso» si lamenta la ragazza che mi gira intorno per verificare come mi stia la felpa senza maniche che mi ha messo addosso. I pantaloni mi scendono, le mostro la larghezza tirandoli con le dita, ho paura che rimarrò sul palco in mutande.

Lei si inginocchia ai miei piedi in una posa equivoca e comincia ad armeggiare con l'elastico, scuce, taglia, ricuce e pochi minuti dopo sono esattamente come *loro* mi vogliono. E con 'loro' intendo la Splendid Records, il curatore estetico del tour, Veronica, i miei ragazzi, che staranno sullo sfondo del palco ma che hanno subìto la mia stessa sorte in quanto a metamorfosi estetica.

Stringo il braccio della mia manager e le rivolgo uno sguardo implorante. Lei annuisce, si avvicina al responsabile di tutte le persone che sono in questa stanza e ci confabula sottovoce. Dieci minuti dopo siamo da soli.

«Ti vedo perso».

Scrollo la testa. Non amo il palco, soprattutto prima di salirci. Mi abituo dopo un paio di canzoni, alla fine è qualcosa con cui faccio pace, mi perdo nelle mie parole e nei ritmi di Bratz,

Charlie e Seven, mi lascio accecare dalle luci e fingo di essere da solo. Ma oggi è peggio.

Non solo perché siamo al Wells Fargo Center per un concerto sold out, previste circa ventimila persone, ma soprattutto perché Virginie non mi risponde al telefono. Eppure, credevo di averla rassicurata a sufficienza, anche se sono tre giorni che non riesco a tornare a casa. Le ho detto che ho bisogno di concentrarmi, che se lei fosse qui penserei solo a noi due, potrei bruciare la nostra grande occasione, le ho spiegato tutto, ma ho taciuto la verità.

«Datti una calmata, se sudi devo far rientrare le ragazze. Vuoi spiegarmi cosa c'è, Iz? Ti ho permesso di farti i cazzi tuoi, di dettare gli orari, sono stata alle tue regole. E ne sono felice, perché l'album sarà una bomba, le collaborazioni sono oltre ogni aspettativa».

«Merito tuo».

Veronica pianta le mani sui fianchi e inclina la testa, fissandomi con uno dei suoi sguardi senza scampo.

«Credi davvero che sia merito mio? Pensi che la Splendid Records rischierebbe di condannare a un flop due dei suoi pupilli perché Veronica Knowles è stata brava? Non so cosa stai passando, ma le tue canzoni sono di un altro livello. Qualsiasi stronzata ti stia turbando nella vita ha reso le tue parole uniche, la tua idea di sound migliore. Sei ispirato. E tutti vogliono salire sul carro del vincitore».

Alzo le spalle.

«Pensala come vuoi, Iz, ma vai su quel palco e mostra a ventimila persone chi è Israel Silver e cos'è capace di fare. Dà loro un riassunto di ciò che troveranno nell'album. Sono sicura che domani sarai virale».

Annuisco, poi le chiedo con lo sguardo di lasciarmi solo e lei lo fa, portandosi via i ragazzi della crew. Anche loro percepiscono il mio stato d'animo e sono perplessi.

Manca poco all'inizio del concerto. I MotorButt stanno per cominciare a riscaldare il pubblico, poi toccherà a Em&Em duettare con il sottoscritto per dare il via all'evento ufficiale. C'è un sacco di gente che ha aspettative su di me e io non faccio che pensare a Virginie. Tento di nuovo di chiamarla e per l'ennesima volta non ricevo risposta. Sta ignorando le mie telefonate per farmela pagare e questo mi ferisce perché vorrei sapere che è al mio fianco, pronta a gioire con me e per me di questa occasione incredibile.

Invece ci sono solo i messaggi di June, che mi manda un in bocca al lupo e un selfie dai posti che le ho riservato. Lei ha un sorriso che illumina tutto lo stadio, mentre Jace sembra essere stato trascinato qui contro la sua volontà.

C'è un vocale di Levi che finge di fare il tifo per una squadra di calcio chiamata 'Iz spacca il culo a quel fesso di Em&Em'. C'è una foto provocante di Nyx, invitata al concerto dalla Splendid Records.

Ma non c'è Virginie.

Scomparsa.

Inspiro tutta l'aria che posso, riempio la pancia, i polmoni, il torace, la gola. Trattengo fino a quando non resisto più e poi butto tutto fuori. Faccio due saltelli, quattro piegamenti ed esco dal camerino.

Il telefono è rimasto lì, dove ho tentato di lasciare tutti i pensieri.

Attendo il mio turno, mi concentro, faccio training autogeno, respiro. I ragazzi della crew mi sembrano più tranquilli nel vedermi serio e determinato, Veronica mi sorride e annuisce.

Attendo Em&Em e quando arriva ci scambiamo un saluto codificato: mano, pugno, spalla, uno sguardo d'intesa.

«Sei pronto?» mi chiede.

Confermo con un cenno della testa.

«Guarda me e divertiamoci. Come in sala prove. E ricordati: lì fuori ci sarà chi ti amerà in maniera folle, chi deciderà che odiarti è la sua unica ragione di vita, ma tu non dimenticare mai chi sei. Non ti specchiare nella fama, è il modo migliore per perdere la testa».

Lo ringrazio, poggiando la mano sulla sua schiena.

«Non parli proprio mai, eh».

«Quasi» rispondo.

E poi, improvvisamente, mi rendo conto che tocca a noi.

Si va in scena.

Capitolo 28

Virginie

Per rabbia e per amore.

Ecco perché indosso l'abito che avrei dovuto mettere al ballo scolastico, quello che ho saltato per colpa di Israel. Ecco perché ho mentito a mio padre dicendogli che sarei uscita con Lucas, ed ecco perché ho preso il pullman per arrivare a Philadelphia. E perché ho parzialmente mentito ai buttafuori del Wells Fargo Center dicendo loro che sono la nipote di Iz the Issue, mostrando i miei documenti e delle foto che ci ritraggono insieme quando ero piccola e appena adolescente. Ho raccontato che mio zio mi aveva dato il biglietto del concerto ma che l'ho perso, ho sbattuto le ciglia, ho mostrato la mia chioma particolare, mi sono fatta scendere alcune lacrime e alla fine ho trovato chi mi ha permesso di entrare dall'ingresso degli artisti.

È stato assurdo vedere la schiena dell'uomo che amo scomparire in direzione del palcoscenico proprio mentre arrivavo per fargli una sorpresa. Bella o brutta dipende da lui. Lui che mi ha chiesto di non venire, di non fare cazzate, ma lo stesso lui che ha invitato a questo concerto la sua amica June e non me.

Come se io avessi meno diritto di lei di vedere la sua esibizione, quella che, a quanto mi ha spiegato, cambierà la sua carriera, trasformandola da interessante a stellare. Perché io non dovrei essere qui? A sostenere mio zio, come parte della mia famiglia, in questo momento speciale? Perché?

Non c'è una sola spiegazione logica. Non una di quelle che mi ha propinato mentre facevamo l'amore. Non una di quelle che ho cercato di immaginare nella mia mente. Non c'è. E quindi io sono qui. Con i miei anfibi e un abito che mi rende carina, il bracciale di mia madre, i capelli sciolti e un velo di trucco, e sono ore che cerco di convincermi che quando mi vedrà capirà che aveva torto e mi perdonerà per aver ignorato la sua richiesta. Capirà che mi voleva qui.

Mi sposto più vicino al palco. Da dove sono riesco a vederlo solo quando va verso il pubblico alla sua sinistra.

White, pale
Young, frail.
If there's a gale
I will always save
You.

Bianca, pallida
Giovane, fragile.
Se ci sarà burrasca
Io salverò sempre
Te.

È la prima volta che sento questa canzone, gli ho chiesto tante volte di farmi leggere le parole, di farmela ascoltare in anteprima, ma non ha mai voluto. Ora capisco perché. Parla di me.

Rhymes, Rhythm, Beat, Disco
Crimes, Fight, Breath, Frisco.
Lies as a state of mind
Tears to turn you blind.

Rime, Ritmo, Battito, Disco
Crimine, Lotta, Respiro, Frisco.
Bugie come stato mentale
Lacrime che ti fanno diventare cieco.

La sua voce porta emozioni così potenti da oscurare l'esibizione di Em&Em. Il pubblico è coinvolto, batte le mani, segue il duetto con attenzione e al terzo ritornello canta insieme a loro.

So poetic, you call me
Every time I think I'll scream.
So artistic, you call me
Every time I think I'll scream.
So mystic, you call me
Every time I think I'll scream.
So toxic you must call me
Oh, babe, I'm sure I will make you fucking scream.

Dici che sono poetico
Ogni volta vorrei urlare.
Dici che sono artistico
Ogni volta vorrei urlare.
Dici che sono mistico
Ogni volta vorrei urlare.
Dovresti chiamarmi tossico
Oh, piccola, sono sicuro che ti farò urlare di brutto.

'Fammi gridare, Israel. Non ho paura di te'.

Ogni suo gesto, ogni istante in cui posso guardarlo, baciarlo, amarlo, mi porta in profondità che non avevo mai conosciuto, in un posto in cui il mio cuore è completamente indifeso e si riempie di lui.

Il boato delle persone che affollano l'arena sancisce la fine dell'esibizione. Em&Em scambia un saluto complice con mio zio – mano, pugno, spalla – e lo mostra al pubblico, come se gli stesse passando il testimone. I flash sparano dalla folla e anche nel backstage c'è un fermento incredibile, tutti sono eccitati, il che mi rende chiaro che Israel ha ottenuto ciò per cui lavora da tutta la vita: oggi Iz the Issue diventa un rapper famoso.

Ce l'ha fatta.

«Adesso deve farsi me, poi è a posto, il tuo amico Israel».

A parlare sono Nyx e Arya Torres, due delle star più amate del momento. Sapevo che quella pop star odiosa sarebbe stata qui, ma non credevo di trovarci anche l'attrice che sta per girare un film con Liam Rogers, il tizio più figo che c'è sul pianeta, a parte Israel.

«Non credo che tu sia il suo tipo, Adelina».

Devono essere in confidenza se la chiama con il suo nome di battesimo: Adelina Pizarro, al secolo Nyx, la donna più desiderata del momento. Una stretta di gelosia mi afferra lo stomaco. Forse è per questo che non mi voleva qui? Per lei?

«Io sono il tipo di tutti. E se proprio non vuole darlo a me, può offrirlo a te, non credi?»

Arya dà uno schiaffetto alla sua amica e mormora che lei non è interessata.

«Meglio, così non dobbiamo litigare, perché io, invece, ho tutte le intenzioni di chiedergli se è così gentile da condividere le sue doti artistiche con me, tipo nel mio letto, tipo stasera, tipo adesso che sta arrivando».

Quando Israel scende dalle scale, guarda per terra, non si accorge di niente, né di me né delle occhiate di Nyx. Osserva ogni gradino, perso nei suoi pensieri, poi viene circondato dai suoi compagni che lo hanno seguito dal palco, e da Veronica, che indossa un tailleur nero che su un'altra donna sembrerebbe solo professionale ma che su di lei è un misto tra 'sono la regina del mondo' e 'giovane milf dell'anno'. È di una bellezza imbarazzante, proprio come le altre due donne che lo fissano, ma non è su di loro che si punta lo sguardo di Israel quando torna alla realtà.

È su di me.

E in quello sguardo passano tutte le emozioni che ha cantato sul palco e anche di più.

Ce ne sono due che sono dominanti, però: l'amore e la rabbia. Si danno battaglia nei suoi occhi, poi una vince, così forte da spazzare via le altre e anche tutto ciò che c'è intorno.

Israel allontana chiunque gli stia vicino, spostandolo con mani, braccia, busto. Non ascolta i complimenti, non dà retta a

Nyx che gli va incontro per abbracciarlo, le chiede scusa senza soffermarsi troppo, saluta Arya – non so neppure come faccia a conoscerla – e viene verso di me.

Mi stringe il braccio, forte, come quando mi agguanta se scappo da lui, ma stavolta non ride. Urla.

«Che cazzo ci fai qui?» Mi spinge indietro, si guarda intorno. Intanto altre persone ci si avvicinano, sta arrivando anche June mano nella mano con un ragazzo biondo molto attraente: esibiscono un pass speciale e sembrano felici. Vedo tutto, perché evito di fissare gli occhi di mio zio.

Non l'ho mai visto così e mi fa paura.

Non paura che mi faccia male. Paura che mi odi. Che mi lasci.

«Che cazzo ci fai qui?» ripete.

Nyx si avvicina, non credevo che una star del suo calibro avesse così poco orgoglio da ignorare il modo in cui lui l'ha liquidata. Israel mi molla il braccio e mi mette dietro di sé, in modo da nascondermi.

Scambia quattro parole con Nyx – anzi, è lei che parla, mentre lui annuisce –, cerca di sorriderle, di essere più gentile, ma freme. Lo sento dalla sua pelle, è bollente, e lo percepisco anche se non la tocco.

Chiede ad Arya come se la passa e capisco dalla risposta dell'attrice che era sua compagna ai tempi del maniero. Ascolta la sua risposta, ma non porta avanti la conversazione se non con monosillabi. June e il suo ragazzo si avvicinano, mi sembra che tutto lo stadio sia qui intorno a noi, e, quando si trovano a due passi, Arya abbraccia June come se non la vedesse da un secolo.

Io?

Io sono scomparsa dietro la schiena larga di mio zio. Attende che l'attenzione sia sulla reunion delle sue compagne dell'orfanotrofio, poi mi stringe il polso e mi trascina via, ignorando l'espressione di fuoco di Veronica e il suo richiamo. Mi spinge verso un corridoio scuro, mi sbatte contro il muro e mi inchioda con lo sguardo. È così arrabbiato che non riesce a parlare. Continua a colpire la parete dietro la mia testa con la mano aperta, la musica che arriva dal palcoscenico non riesce a coprire il rumore del suo palmo che si infrange di continuo vicino al mio orecchio.

«Scusa» sussurro spaventata.

È la prima volta che sento di aver sbagliato. Nonostante tutte le nostre litigate, stavolta ho l'impressione di aver rotto il nostro fragile equilibrio. Di aver combinato un vero casino.

«Scusa». Tento di prendergli il polso per fermarlo, ma lui scansa il mio tocco, come se avessi la peste, e si volta, dandomi le spalle. Alla nostra sinistra le persone passano avanti e indietro, ma nessuno ci calcola, qui, nascosti nel buio. «Scusa, per favore, guardami».

«Ti avevo detto di non venire. Te l'avevo chiesto per favore».

«Ma...»

«Non ci sono 'ma'. Vee, dovevi ascoltarmi!»

«Hai invitato June». La mia voce è appena udibile, ma lui sente la cazzata che ho detto. Capisce che sono una ragazzina stupida e gelosa e mi lancia uno sguardo deluso. Mi odia.

«Tu non riesci davvero a comprendere».

«Cos'ho fatto di tanto grave? Spiegami». So che ho sbagliato, ma non credo di meritare tutta questa rabbia. È esagerata.

«Dovevi fidarti di me! Dovevi solo fidarti di me». Si passa le mani tra i capelli, sembra disperato. La mia insicurezza può davvero aver rovinato ogni cosa?

«Mi dispiace». Lo dico, ma continuo a non capire.

«Torna a casa. Chiama un taxi, lo pago io. Torna a casa, adesso».

«Per favore, non mandarmi via».

«Scompari, più veloce della luce».

«Tu torni?»

«Come credi che possa tornare? Ho una carriera che sta per distruggersi e *una vita* che sta per distruggersi e io... Lo sapevo che stavo rischiando tutto, che stavo mettendo tutto in pericolo... Tu mi hai fatto dimenticare...»

Si stringe lo stomaco con le braccia, fa fatica a respirare.

Mi avvicino a lui, gli afferro i polsi, lo forzo ad aprirsi e, anche se oppone resistenza, alla fine riesco a infilarmi nel suo abbraccio.

«Scusami, me ne vado, ma guardami. Voglio essere sicura che tu sia tranquillo. Per favore. Sono preoccupata».

«Sono tranquillo» ripete come un automa. Non lo è per niente.

Gli prendo il viso tra le mani, osservo i suoi occhi lucidi e smarriti.

«Me ne vado. Okay?»

Annuisce.

«Me ne vado. Ti aspetto a casa, quando puoi».

Annuisce di nuovo, stanco, spaventato.

Mi alzo sulle punte dei piedi e gli poggio un bacio delicato sulle labbra. È un istante, che viene spezzato da una luce accecante. Ci voltiamo d'istinto verso quella fonte luminosa e un secondo flash ci abbaglia. Poi un terzo e infine tutto torna buio.

Israel urla di impotenza.

Prova a inseguire il paparazzo, ma io lo trattengo, non voglio che faccia una scenata, che picchi qualcuno. Mi scrolla di dosso come un insetto fastidioso, ma io rimango aggrappata a lui e inciampo nei miei stessi piedi, cadendo in malo modo e sbattendo il ginocchio. Lui è alla fine del corridoio buio e si affaccia sul backstage illuminato, guarda la direzione del paparazzo, poi me per terra, poi ancora il paparazzo, e alla fine decide di venirmi a recuperare.

Il suo sguardo è completamente atterrito mentre mi solleva da terra. Continua a voltare la faccia verso il fotografo scomparso, io zoppico, mi appoggio a lui, ma è come se non ci fosse più.

Sento che sussurra parole biascicate, non le capisco, facciamo qualche passo verso l'uscita, ma Veronica ci ferma.

«Che cazzo sta succedendo? Iz? Israel?»

Mio zio non è presente e non torna presente neppure quando lei gli afferra la faccia per cercargli gli occhi. «Iz! Israel, cazzo! Bratz!»

Il tizio con i rasta si avvicina e dal modo in cui fissa mio zio capisco ancora di più quanto la situazione sia complessa. «Portiamolo a casa» dice Bratz e Veronica protesta: «Deve rimanere qui, deve fare *public relations*!»

«Se qualcuno lo vede in questo stato, se gli fanno un'intervista, piuttosto che qualche foto con lei, così... Fa' che sembri una cosa da divo. Alimenta un'immagine di lui. Fai il tuo mestiere, Veronica. Così non può fare nessuna PR».

La manager di mio zio ci ragiona qualche secondo, poi richiama gli altri componenti del gruppo e comincia a dettare ordini.

«Charlie, prendi in braccio la ragazza, non riesce a camminare bene. Seven, tu stai qui e ti occupi di tutto il nostro materiale. Bratz, recuperaci un'auto. E tu, Iz... Israel!»

Gli tira uno schiaffo ed è solo in quel momento che mio zio smette di sussurrare la sua litania. Gli occhi gli si riempiono di lacrime, ma non sembrano di dolore.

«Cos'ho fatto?» chiede alla sua amica.

«Aggiustiamo tutto, ci penso io».

Lo prende sottobraccio e me lo strappa via, proprio mentre Charlie mi solleva.

Ci allontaniamo dal palcoscenico, dal momento felice di Iz the Issue, e tutto quello che è successo è solo ed esclusivamente colpa mia, anche se continuo a non capire la gravità dei miei gesti.

Io e Israel ci lasciamo dietro i suoi amici e Nyx, veniamo sballottati dalla sua crew, che ci infila in una specie di enorme limousine. Iz sta tutto il tempo con la testa tra le mani, ricominciando a pronunciare parole incomprensibili, mentre Veronica parla al telefono per spiegare la situazione a gente di alto grado. Rispetto a quando ha preso la situazione in mano ha cambiato tono, ha aggiunto una nota di svogliatezza, una dose abbondante di professionalità e una sicurezza che io non ho mai avuto in vita mia.

«Tutto risolto?» le chiede Bratz, mentre attraversiamo la città da sud a nord.

«Tutto tranne questo» risponde lei, indicando noi.

In venti minuti siamo all'appartamento che condividono e in cui mi porta ancora Charlie. Veronica mi lancia un sacchetto pieno di ghiaccio da mettere sul ginocchio che è livido e gonfio, mentre Israel è stato trascinato qui da Bratz e ora è seduto sul divano nella stessa posa che aveva in macchina.

Blatera parole che non capiamo e si tiene la testa, come se potesse esplodergli da un momento all'altro.

«Cos'hai combinato?»

La domanda è rivolta a me ed è corredata da un dito puntato in faccia, con un'unghia laccata e affilata che mi spaventerebbe se non fossi già terrorizzata da Israel che non riesce a stare zitto. È come se stesse lasciando fluire tutte le parole che non ha mai detto.

«Non lo so».

Ed è vero.

Più o meno posso intuire il perché della sua rabbia, ma non capisco come sia finito in questo stato, cosa lo faccia singhiozzare tra sillabe spezzate e incomprensibili, perché non mi guardi più, perché sia così sotto shock.

«Qualcosa hai fatto, non lo abbiamo mai visto così».

«Nemmeno io». Le lacrime mi riempiono gli occhi. Come ho fatto a ridurlo così, con la mia sola presenza?

«Non pensare neppure per un istante di metterti a piangere, ragazzina».

Veronica gira per la stanza, il cellulare in mano e in sottofondo il mormorio di mio zio. Vorrei alzarmi e andare da lui, ma ha a sinistra Charlie e a destra Bratz che cercano di consolarlo, e non c'è spazio per me. Non ce n'è nella sua intera vita.

«Voleva che andassi via».

La mia voce è flebile, una richiesta d'aiuto.

«Come?» mi chiede Veronica con gli occhi puntati sullo schermo.

«Voleva che andassi a casa. Puoi chiamarmi un taxi, per favore?»

Potrei farlo da sola, ma la realtà è che non ho praticamente mai messo piede fuori Red Oak Town, non conosco i numeri e non so neppure cosa dovrei chiedere, dove siamo, come funzioni il trasporto privato.

«Non vai da nessuna parte finché non capisc... Cazzo!»

Si avvicina al divano e mostra il telefono a Bratz.

«Cazzo!»

Charlie rincara la dose. «Supercazzo».

«Se scoprono che è la figlia del fratello, succede un casino».

Veronica fa una telefonata, si allontana, ma sento che dice qualcosa tipo «querela, privacy, vi faccio fallire, rimuovete la foto».

Poi Bratz, che ha recuperato un computer, le si avvicina e le mostra qualcos'altro. Pronuncia le parole «virale, impossibile, porca troia».

A quel punto apro l'applicazione sul mio cellulare e vado su Internet. Cerco Iz the Issue e si aprono centinaia di risultati. Video e storie di lui che canta con Em&Em, perlopiù, e poi una sequenza di fotografie non abbastanza sgranate da non far capire cosa stia succedendo.

Io che lo bacio.

Noi che ci giriamo.

Che ci rendiamo conto di essere stati beccati.

Un'immagine d'amore.

Una spaventata.

E una piena di sensi di colpa.

La nostra storia in tre scatti.

«No!» dico a denti stretti. «Devo andare a casa, devo spiegare a mio padre cos'è successo, prima che glielo dica qualcun altro».

«Non vai da nessuna parte. Tu e i tuoi cazzo di capelli bianchi e quella faccia indimenticabile. Non potevi essere una Barbie qualsiasi?»

Abbasso lo sguardo, mi viene da piangere, vorrei solo poter consolare Israel che ancora non è cosciente del casino che sta succedendo, ma probabilmente sta così perché ha capito prima di tutti noi le conseguenze di quelle fotografie.

Riguardo quella in cui ci baciamo.

Gli tengo il viso tra le mani, il bracciale è scivolato verso il gomito e lui stringe la mia schiena con le dita.

Che questo scatto sia l'unica cosa che mi rimarrà di noi?

Tolgo il ghiaccio dal ginocchio, che mi fa comunque ancora un male cane, appoggio il piede per terra e zoppico fino a Israel. Mi siedo per terra, ai suoi piedi, la gamba stesa. Poso la testa sulla sua coscia e cerco il suo sguardo.

«Mi dispiace. Dirò che è colpa mia, che ti ho baciato io, a tradimento. Che sono malata d'un amore non corrisposto. Dirò a tutti che tu non c'entri. Guardami, ti prego. Ti lascerò in pace, dirò la verità, che ti ho preso alla sprovvista, che tu non volevi, che sei stato male, dopo. Lo dirò anche a papà. Ascoltami».

Continuo a parlargli, ma non lo raggiungo, è lontano, in un mondo in cui non riesce più a stare zitto, in cui gli argini si sono rotti, tutti.

«Scusa». Gli afferro le mani e me le porto alla bocca. Gli bacio il dorso, poi il palmo e gli continuo a ripetere quanto mi dispiaccia essere la ragazzina che sono. «Ti amo, Israel, farò di tutto per non farti soffrire. Me ne andrò, sceglierò una scuola lontana da San Francisco. Risolverò tutto».

Abbandono le sue mani, che gli rimangono pendenti tra le gambe, poi mi rialzo a fatica.

«Se non lo chiami tu il taxi, Veronica, scendo in mezzo alla strada e me lo cerco da sola».

Lascio indietro la paura, ingoio il dolore che mi sta straziando le vene e chiedo che mi venga dato ciò che serve all'amore della mia vita: la possibilità di regalargli la mia assenza.

Bratz fa un cenno a Veronica e lei annuisce, infastidita. Sento che prende accordi per una corsa e la ringrazio con un gesto della mano. Recupero la borsa e faccio per uscire.

«Ti accompagno giù» mi dice Bratz, ma declino la sua offerta e chiedo di essere lasciata sola.

Chiamo l'ascensore e attendo, poi ci entro dentro e guardo la ragazza allo specchio.

Aveva tutto.

Non le è rimasto niente.

Capitolo 29

Israel

«È colpa mia, Levi mi ammazza, ha ragione, ho scopato con sua figlia, la amo, verremo scoperti, i giornali, i giornali sono suoi, lui ci troverà, Fiona lo sapeva, ho tradito la sua fiducia, avevo nove anni, ma ora ne ho ventisette, non sono più un bambino, avrei dovuto fare attenzione, avrei dovuto tenere le mani a posto, chiudere il mio cuore, scappare, avrei dovuto, Virginie, io la amo, il mio amore è vero, è puro, come lei, cosa ci faceva qui?, perché è venuta?, sapeva che non doveva venire, eppure l'ha fatto, perché mi ama, chi mi ama più di lei?, mio fratello, Levi mi ammazza, ha ragione, è colpa mia, ho scopato con sua figlia, anche se la amo, quando verremo scoperti, lui, lui ha i giornali, la troverà, Fiona lo aveva detto, aveva detto 'nessuna foto' e io l'ho tradita, ero piccolo, ma ho fatto una promessa, le promesse si mantengono, le promesse... ho promesso a Virginie che sarei stato con lei, che non l'avrei fatta soffrire, che avremmo superato tutto insieme, invece... dov'è Virginie?»

Alzo la testa, gli occhi mi bruciano, la gola è in fiamme.

«Dov'è Virginie?» ripeto, senza sapere chi potrà rispondermi, perché non vedo nessuno.

«Dov'è Virginie?» cerco di urlare, ma ho la voce a pezzi.

Veronica e Bratz spuntano dalla zona della cucina.

«Iz, ti sei ripreso?»

Charlie li segue, sta morsicando un panino più grosso del mio braccio e ha lo sguardo preoccupato.

«Dov'è Virginie?»

«Ha detto che voleva tornare a casa».

«Devo andare».

«Non puoi!» È Veronica a urlare. «Dobbiamo risolvere questo casino».

«Dopo. Prima devo salvare la mia famiglia».

Mi alzo, le gambe non mi reggono e mi aggrappo a una colonna che sta in mezzo alla stanza e contro la quale ho sempre sbattuto. Ora mi salva dal cadere per terra come un coglione.

«Non puoi guidare in questo stato. Ti prego, Iz, mi stai spaventando».

«Ci sono cose che non sai. Non si riduce tutto a me che vado a letto con la figlia di mio fratello. Sono terrorizzato anche io, devo... devo raggiungere Virginie».

«Bratz!» urla la mia manager.

Il mio amico si avvicina e capisce cosa Veronica gli sta chiedendo senza che lei debba parlare. Stasera sono io quello che non riesce a stare zitto.

«Fatti aiutare» mi implora la mia manager, mentre il suo ragazzo esce di casa alla velocità della luce.

«Lo farò. Prima devo... devo proteggere Virginie».

«Perché lei?» Veronica sembra sull'orlo di una crisi di pianto. La capisco, ha lavorato tanto e tutto è a un passo dal diventare polvere. Il mio successo, la crew, la sua stessa carriera. Di noi quattro ragazzini ambiziosi e fiduciosi, ora, non è rimasto più niente.

«Perché era destinata a me. Molte persone hanno perso la loro strada perché lei potesse trovare quella che la conduceva a me».

«Non ti capisco».

«Non puoi. Ci sono cose che non sa nessuno. E che stanotte verranno fuori nel peggiore dei modi».

«Ci stai fottendo».

Annuisco. «Sto fottendo anche me stesso».

Il telefono di Veronica squilla. Lei ascolta la persona dall'altra parte della linea, poi attacca. «Vai, ti aspetta di sotto in un taxi».

«Bratz?»

«Virginie».

Faccio due passi a fatica, poi mi rimetto dritto e cammino verso l'uscita.

«Ti prego, torna».

«Lo spero, Veronica. Lo spero».

In ascensore mi specchio in un uomo a metà. Sono lo spettro di quello che ero. Pallido, scavato, sofferente. Mi sono preso quello che volevo, come se avessi davvero avuto il potere di tenere a bada le conseguenze, ma adesso mi rendo conto dell'illusione in cui ho vissuto. E ora devo fare in modo di essere l'unico a pagare il prezzo delle mie cazzate.

Bratz mi sta aspettando sul marciapiede, il taxi è pronto a partire. Faccio per entrare in auto, ma il mio amico mi ferma. «Non sei da solo, Iz. Non pensare neppure per un istante che ti molleremo nella merda. Dacci l'opportunità di aiutarti e lo faremo. Siamo una squadra».

Lo abbraccio, mi aggrappo al pensiero che sia davvero così, che qualcuno possa essere parte di una soluzione, ma al momento una soluzione non la vedo.

«Siamo online?» gli chiedo.

«Ovunque».

«Anche sul *New York Daily*?»

«Controllo».

Lo fa, mentre il mio cuore galoppa a un ritmo fuori dal normale. La mia domanda è stupida: se non ci siamo oggi, ci saremo domani. Anche solo un post, un trafiletto in cronaca rosa o nella pagina degli spettacoli.

«'Il nuovo caso della musica rap beccato con la sua fiamma alla fine dell'esibizione con Em&Em'». Bratz legge il titolo dell'articolo sulla versione online di uno dei giornali più seguiti d'America, poi mi mostra il testo, breve, conciso, *catchy*. Il suo sguardo è dispiaciuto e mi sento doppiamente in colpa perché sto rischiando anche sulla loro pelle, e invece di odiarmi sono tutti dalla mia parte, anche se non capiscono e non sanno niente, se non le cose più evidenti.

«Vai, Iz, risolvi quello che puoi e sappi che io ti capisco. L'amore è una merda a cui non puoi dire 'no', neanche se è la cosa più sbagliata del mondo».

«Già».

«E torna. Non scomparire, perché ti vengo a prendere in capo al mondo. Hai capito?»

«Torno».

Prometto, ma non so cosa sarà di me tra poco.

Entro nell'auto e Virginie mi fissa senza sapere cosa fare.

Spalanco le braccia e me la porto addosso, la stringo e lascio che mi pianga sul petto.

«Ti amo, Vee. Qualsiasi cosa succeda, ora, voglio che tu lo sappia. Ti amo come non credevo possibile, come avevo solo visto accadere agli altri, a tuo padre e tua madre per esempio. Ma io... pensavo di essere arido, di non avere quella capacità, di poterlo solo immaginare. Poi sei arrivata tu...» le tengo la testa tra le mani, la spingo contro il mio torace per sentirla di più, per farle capire che non mento «e tutto è diventato complicato, difficile e... perfetto. Se non fosse stato così... se tu non fossi stata tu... non avrei mai combinato questo casino. E non è solo per una questione erotica, so che l'hai pensato più volte. Per me il sesso non è mai stato un'esigenza e anche quella curiosità post-adolescenziale l'ho persa presto. Voglio fare l'amore con te perché non posso farne a meno, perché è... è stare insieme. Alla donna che amo. Ti amo, Vee. E non smetterò di amarti quando tu lo farai».

Si ribella al mio abbraccio e mi inchioda al suo sguardo bagnato, triste e pieno.

«Non succederà mai. Come fai a pensare che...?»

«So che succederà. So cose che tu non sai, e quando le scoprirai mi odierai».

«Mi spaventi, così».

«Mi dispiace».

Mi fissa con quei suoi occhi strani, così speciali, così belli. Ripenso al momento in cui il flash li ha immortalati e chiudo i miei per non ricordarmi quanto sono stato stupido.

«Ti amo, Vee».

«Smettila di ripeterlo, sembra un addio».

«Ti amo».

«Per favore...» Piange, Virginie, ed è tutta colpa mia.

La abbraccio, non posso fare altro. La accarezzo, memorizzo il suo profumo, il modo in cui i miei polpastrelli si appropriano di una pelle dalla quale sarei dovuto stare lontano.

Poi il taxi ci lascia a casa, proprio a due passi dalla prima resa dei conti che devo affrontare.

«Vai a letto» le dico.

«Cosa vuoi fare?»

«Devo parlare con tuo padre... da solo».

Non ammetto repliche. È una mia responsabilità e devo accettarla.

Prova a protestare, ma siamo entrambi stanchi e arriviamo in fretta a un compromesso. Starò con lei fino a quando non si sarà del tutto addormentata. Così la aiuto a togliere il vestito, la biancheria intima, le infilo il pigiama, piego gli abiti, metto a posto gli anfibi e mi siedo per terra, al suo fianco. La osservo e lei fa lo stesso con me.

«Ti...»

«Non dirlo, per favore. Non dirlo più».

Annuisco e aspetto che dorma profondamente prima di baciare le sue labbra e finire la mia frase. «Ti amo, Vee».

Mi alzo dal pavimento e mi rendo conto che sta già albeggiando.

Mi chiudo la porta alle spalle e passo di fronte a quella di mio fratello. Sta dormendo beato, inconsapevole che ho messo a repentaglio la nostra famiglia, che l'ho gettata in pasto all'unica persona dalla quale dovevamo proteggere sua figlia.

Vorrei essere più coraggioso, invece una morsa allo stomaco mi impedisce di fare ciò che dovrei: svegliarlo e confessare i miei errori. Scendo in salotto, i primi raggi del sole illuminano questa casa e svelano il mio senso di colpa, terribile, doloroso oltre ogni modo. Fisso il giardino rigoglioso che ha creato mio fratello, gli oggetti che mi circondano, le tendine scolorite. Tutto l'amore che Levi ha messo nella sua vita, che ha donato senza mai pretendere niente in cambio per sé.

«Perché ti prendi cura di lei?» gli chiedo con una punta di rabbia che non so nascondere.

Oggi Miss Price mi ha punito per una cosa che ha fatto Axel e mi ha sequestrato il lettore MP3, dicendo che me lo ridarà quando ammetterò di essere stato io a tagliare le rose del giardino. Non ha creduto neppure ad Axel quando mi ha difeso confessando il suo 'crimine', così ha chiamato questa bravata. Io ho dovuto controllare sul vocabolario cosa volesse dire. Anzi, si è arrabbiata ancora di più, sgridando Axel, mandandolo a pulire i gabinetti per aver mentito, e ha detto che non devo chiedere ad altri di assumersi le mie colpe.

Come fa a credere che io possa rovinare le piante che cura mio fratello? Non sa che rispetto Levi e il suo lavoro? Quella donna non ci conosce, non gliene frega niente di noi, di me. A nessuno frega. Neppure a mio fratello.

Dice che è rimasto qui per me, ma poi o lavora o sta con Fiona e con quella pancia gigante. Ogni tanto penso che sarebbe stato meglio che lui non l'avesse trovata, che lei fosse finita in un altro orfanotrofio. Vorrei che non mi portasse via l'unica persona che mi resta al mondo. Axel, Dylan, Noah, Amos e June sono miei amici. Ma non sono la mia famiglia. La mia famiglia è Levi.

«Mi occupo di lei perché la amo».

«E questa cosa... l'amore... è più forte di tutto il resto?» 'È più forte del bene che vuoi a tuo fratello?' vorrei chiedergli, ma riesco a trattenere le parole, mi viene bene, tanto mi accorgo che sono in pochi ad ascoltarle veramente.

«Più forte del forte, Israel. Un giorno lo capirai anche tu».

«Io non voglio innamorarmi».

«Perché?»

«Perché l'amore distrugge ogni cosa».

Mi siedo sul divano e prendo il telefono. Sotto i miei occhi numerosi articoli che parlano di me, di ieri sera: il sogno di qualsiasi artista emergente. Il mio incubo.

Nessuno ha ancora capito chi sia la *misteriosa* ragazza che mi bacia, ma si parla solo di me, della mia esibizione e di lei. Ogni quotidiano ha almeno un trafiletto su di me e su Em&Em, e quelli legati al pettegolezzo parlano più del bacio nascosto che del concerto.

E ora mi rendo conto che avevo ragione a nove anni.

L'amore distrugge ogni cazzo di cosa.

Ero così concentrato su di me che quasi non avevo visto gli articoli che parlano di Axel Edwards, nostro compagno all'orfanotrofio, e del suo successo nel settore finanziario. Nelle foto sembra sempre uguale, solo molto più sicuro di sé e con una donna vicino che mi ricorda qualcuno, ma che ora non riesco a mettere a fuoco. Sembrano intimi, e questa cosa mi fa solo soffrire un po' di più. Per loro non è un problema posare insieme di fronte a un fotografo e farsi ritrarre come una coppia. Se io non fossi io, oggi, in questo preciso momento, gioirei per lui, per la vita che si è costruito nonostante il suo passato, invece sono qui a invidiarlo, il che mi rende ancora più meschino di quanto mi sentissi pochi istanti fa.

«Che figo che è diventato Axel. E quella... chi è? Non la conosciamo? Ha una faccia familiare».

Mio fratello è arrivato alle mie spalle e ha visto la mia ricerca. Per un attimo penso di aver avuto un culo incredibile ad aver cambiato articolo, poi mi ricordo che ciò che gli devo dire è inevitabile e che questo *colpo di fortuna* non mi ha concesso che pochi secondi.

«Ti devo parlare».

«Non prima del caffè. Perché non l'hai fatto? E perché sei sveglio? Com'è andato il concerto?»

«Ti aspetto fuori appena sei pronto».

«Addirittura?»

Annuisco ed esco dalla casa. Non riesco a pensare a come reagirà alla mia confessione, mi viene da vomitare, ho le ginocchia che mi tremano. Mi siedo su un tronco d'albero che sta vicino al vialetto. Lo guardo uscire con una tazza in mano su cui c'è scritto 'Best dad ever', i jeans che gli stanno morbidi e una canotta grigia che gli fascia il torace. Credo che questa sarà l'ultima volta che vedrò il sorriso dolce che mi sta rivolgendo ora, e questo mi spezza il cuore, perché il suo amore mi ha protetto e ora io lo ripago strappando alla sua protezione il suo bene più prezioso.

Il *mio* bene più prezioso.

«Allora, cosa mi devi dire?»

«Ho fatto una cosa. E questa cosa...» inspiro, espiro «ha avuto delle conseguenze che speravo non avesse».

«Hai bisogno di un avvocato?»

Scuoto la testa.

«Allora si risolve tutto, no? Abbiamo superato tante cose, non c'è niente che ci può abbattere». Beve un sorso, mi guarda curioso.

Abbasso lo sguardo, sto male. Sto così male che mi viene da piangere, ma non voglio, non merito la sua compassione.

«Si tratta di Virginie».

«Cos'è successo?» Ora è allarmato. Ha sentito il nome della figlia che ama e si è spaventato. «Hai messo le mani addosso a Lucas? Le ha fatto qualcosa di male? L'ha...? Cos'è successo?»

«Lucas non c'entra. Lei non lo ama».

«Ovvio che non lo ama, ha solo diciotto anni! A quell'età non ci si innamora davvero».

«Fiona ti amava. E aveva due anni in meno».

L'espressione di Levi si incupisce, quando parliamo di lei succede sempre. Gli manca, lei si è portata via qualcosa che lui non è più riuscito a ritrovare di se stesso.

«Era una situazione diversa. Noi eravamo predestinati. Guarda quante cose sono successe a me e a lei perché potessimo incontrarci nel bosco quel giorno».

Annuisco e non so come andare avanti.

«Mi vuoi dire perché hai quel muso lungo?»

«Levi... io ti devo spiegare alcune cose».

«Che riguardano mia figlia?»

«Sì».

«Allora parla, perché mi sto innervosendo. E tra un'ora devo essere da Sherman».

«Virginie è... è diventata grande».

«Me ne sono accorto da solo».

Mi viene un groppo in gola, non so cosa dire, come dirlo, vorrei scomparire e scappare dalle mie responsabilità, ma ho bisogno di Levi per proteggere Virginie.

«E a volte ci sono amori che hanno bisogno di strade tortuose per far incontrare due persone e metterle nello stesso posto, allo stesso momento, perché possano...»

«Possano cosa? Di che cavolo stai parlando, *bro*?»

«Virginie...»

«Hai detto il nome di mia figlia troppe volte...»

Si avvicina, è teso, sta cominciando a capire, anche se non lo inquadra e non lo accetta. Sta pensando al giorno in cui ci ha trovato in bagno insieme, lo capisco quando guarda la finestra, in alto, quando torna su di me con gli occhi e trova i miei, così colpevoli da testimoniare tutto ciò che la mia bocca non dice.

La tazza si infrange sul vialetto un secondo prima che un'automobile arrivi dall'inizio della via e si fermi di fronte alla staccionata. Levi ha i pugni chiusi e un'espressione che spaventerebbe chiunque, ma la persona che scende dall'auto, dopo che l'autista gli ha aperto la portiera, non pare avere alcuna reazione nel vedere due uomini che stanno per arrivare alle mani.

«Buongiorno, sto cercando il signor Israel Silver e immagino che sia lei».

Mi indica con un cenno del mento.

Non riesco a muovermi: di fronte a me c'è *la conseguenza*, quella con la 'c' maiuscola, quella che Levi ha evitato per diciotto anni e che io ho portato a casa sua in pochi mesi.

«Questa è una proprietà privata» ruggisce Levi, mi fa paura, ma il signore, con i suoi capelli bianchi e le iridi così chiare da sembrare ghiaccio, non si fa intimidire e supera il cancelletto, appoggiandosi a un bastone da passeggio.

«Lei dev'essere il signor Levi Silver. Sono qui per conoscere sua figlia».

«Non c'è». Levi mente, il tizio fa un sorriso bonario e lascia intendere che non se la beve.

«Mi dicono che si chiama Virginie e che è uguale a sua madre: Fiona Barlow».

«Non dica il suo nome. Non glielo permetto» gli ruggisce in faccia, ma quello non fa una piega e rimane tranquillo, come se fosse dalla parte della ragione.

«Ho tutti i diritti di pronunciare il nome che le ho dato quando è nata. Fiona era la mia bambina».

Levi scatta, io mi metto in mezzo e, quando mio fratello si accorge che sono io a impedirgli di spaccare la faccia al padre di Fiona, se la prende con me. Il puzzle nella sua testa è finalmente completo, i pezzi li recupera nel sangue che mi esce dal naso, dallo zigomo spaccato, dal labbro che colpisce più e più volte.

«Papà! Fermati, papà!»

È Virginie a salvarmi dall'attacco di Levi, lo afferra, lo riporta in un luogo dove non esistono solo l'odio e il tradimento ma è ancora vivo l'amore che li lega.

«Perché, Genie? Perché lui?»

«Lo amo».

Due parole semplici che fanno crollare mio fratello per terra, in ginocchio davanti alla bimba che ha cresciuto come fosse sua. Si afferra la testa tra le mani e a quel punto Virginie si accorge dello sconosciuto nel vialetto.

«Chi è lei?»

Cerco di alzarmi per impedire ciò che sta per accadere, ma non ci riesco e crollo sdraiato quando sento le due parole che ci hanno terrorizzato per anni.

«Tuo nonno».

Il mondo si ferma e ci cristallizza nelle nostre posizioni. Io sono tra l'erba curata del giardino di Levi, gli occhi chiusi e il cuore devastato. Mio fratello è ancora inginocchiato come un penitente, le spalle crollate, i singhiozzi che gli scuotono la schiena. Virginie ha le sopracciglia aggrottate, sembra stia studiando l'uomo che la guarda, la prima persona che vede con i suoi stessi colori e un sorriso sul volto.

«Mio... cosa?»

E il mondo riparte. «Sono il padre della tua mamma, Fiona».

«No». Virginie fa un passo indietro, Levi allunga la mano, vorrebbe fermarla, ma non ne ha la forza. Mi volto sul fianco, trattengo il dolore allo stomaco, riesco a mettermi a quattro zampe, ma di più non ce la faccio. Li guardo così: un occhio chiuso, l'altro velato di sangue. «No» ribadisce lei, «mia mamma si chiama Amber».

«Ed è qui?»

«È morta quando sono nata».

Il sorriso si spegne sul volto del signor Barlow, colui che possiede metà dei quotidiani degli Stati Uniti, colui che cerca sua figlia da diciotto anni.

«Il mio investigatore privato me l'ha detto, ma speravo fosse un'informazione errata, visto che l'ha recuperata solo stanotte, dopo che sono uscite le tue foto».

«Se ne vada! Fiona non la vorrebbe qui. Fiona ha messo centinaia di chilometri tra di voi» lo implora Levi, dandogli la schiena. Lo sta supplicando, ma io la vedo la rabbia che gli percorre i muscoli, trattenuta, compressa, pronta a esplodere.

«Sono cambiato» risponde lui. «E qui è dove c'è la mia famiglia, per cui, se non le dispiace, signor Silver, preferirei rimanere».

«Chi è Fiona?» Un altro passo indietro di Virginie. Sta ragionando su ciò che sente, sul fatto che Levi abbia chiamato Amber con un altro nome e non aveva mai sbagliato, prima.

«Tua madre. Era bellissima e dolce. La tua fotocopia».

«Non ascoltarlo» la prega Levi, tirandosi in piedi. «Ti spiegherò tutto, ora entra in casa. Per favore».

«Papà...» C'è una preghiera nel suo tono, sa di pianto, sa di qualcosa che si sta rompendo.

«Vorrei raccontarti della tua mamma, cara Virginie. Ho preso una stanza all'Old Bell Inn, sarò qui tutto il giorno, mi piacerebbe invitarti a fare colazione con me. Abbiamo tante cose da dirci, io e te».

«Papà?»

Levi scrolla la testa. «Stai con me, Genie. Stai con me. Ti spiegherò ciò che posso».

«Ti dirò tutto» rincara il nonno di Virginie. «Ho portato delle foto. E i suoi diari. Li tengo vicini da quando non è più con me». È suadente il signor Barlow, preparato, come se stesse aspettando questo momento da una vita.

«Non capisco».

«Posso darti tutte le risposte che desideri. Sono sicuro che tuo padre ha pensato che questa fosse la soluzione migliore per te, ma sono altrettanto certo che tua madre vorrebbe che tu conoscessi la tua famiglia».

«Ho una nonna?»

«No, è morta tanto tempo fa. Era suo il bracciale che indossavi nella foto, ti ho riconosciuta anche grazie a quel monile. Gliel'avevo regalato io e lei poi l'aveva dato a tua madre».

«C'è qualcun altro, oltre a noi due?» Non riesco a capire la sua espressione. Se glielo chieda per una sorta di speranza o solo per curiosità.

«No».

«Vee. Ascolta tuo padre, vai in casa». Sono le prime parole che riesco a dire, ma non mi aspetto che lei accetti il mio consiglio. Eppure, lo fa, si volta e scompare in casa, zoppicando. A quel punto Levi si gira. Io mi alzo in piedi, mi passo il dorso della mano sulla bocca e gemo di dolore. Mi avvicino a mio fratello che raddrizza le spalle, asciuga le lacrime sul viso e fronteggia Edmund Barlow.

«Vada via, cazzo! Neanche lei vuole che Virginie sappia tutta la verità».

«La vita mi ha tolto molto, signor Silver, come lei saprà. Ho perso mia moglie e mia figlia. Se dovrò nascondere parte di ciò che è successo, sarà un prezzo accettabile per poter conoscere ciò che rimane della mia famiglia».

«Dovrebbe vergognarsi. Avrebbe dovuto uccidersi anni fa». L'accusa di Levi colpisce forte.

Il signor Barlow fa un sorriso amaro. «Ci ho provato. Ma mi sono tremate le mani».

«In ogni caso, se ne vada. Come vede, Virginie non vuole avere a che fare con lei».

Non faccio in tempo a biascicare queste parole che il rumore della porta che si apre e si chiude mi induce a voltarmi. Sulla soglia c'è la ragazza che amo, con un vestito bianco, uno zainetto in spalla, il quaderno rosso in mano e i suoi soliti anfibi ai piedi.

Quando oltrepassa Levi, senza degnarci di uno sguardo, lui la ferma per un polso.

«Ti prego, non andare, ti spiegherò ogni cosa».

«Adesso?» Ha un'espressione dura, confusa, spaventata e astiosa. È lei, anche nel dolore, è un caleidoscopio di emozioni. «Ho sempre voluto conoscere mia madre, voglio sentire cos'ha da raccontarmi quest'uomo».

«Non puoi fidarti di lui. Tua madre è scappata pur di non avere più a che fare con questa persona. Lo odiava. Le ha rovinato la vita».

«Come?»

Levi abbassa la testa.

«Diglielo» sussurro, senza avere il coraggio di guardare Virginie negli occhi.

«Non posso».

«Le farà del male».

Il signor Barlow si intromette: «Posso assicurarvi che non ho intenzione di nuocere a Virginie. La porterò al ristorante dell'albergo e non saremo mai da soli. Ho chiesto al mio autista di essere sempre presente. Se volete, posso predisporre un tavolo dal quale potrete osservare che quanto sto promettendo è vero».

«Non cedere» prego mio fratello. «Soffrirà».

Ma lui non mi ascolta e lascia la mano di Virginie, che segue il signor Barlow fuori dal nostro giardino.

«Vee» la chiamo, la voce distrutta, l'anima in frantumi.

«Dopo».

La vedo scomparire sulla strada che porta in città, senza avere avuto la forza, la capacità di rompere questa maledizione.

«Perché non le hai detto la verità? Perché non l'hai fermata?» urlo contro Levi quando siamo soli.

«Perché non posso farle questo. Non posso essere sincero con lei, le si spezzerebbe il cuore, non sarebbe più la stessa».

«E adesso come la proteggiamo?»

«Come la proteggo *io*. Tu dovevi pensarci prima. Ora prendi le tue cose e scompari dalla mia vita».

«No!» grido alla sua schiena, mentre lui mi ignora. «No, cazzo! Guardami!» Lo spingo, lui si volta e mi tira un altro pugno. «Sfogati, ma non mi chiudere fuori. Dobbiamo pensare a lei».

Levi mi afferra per la maglietta e mi solleva tanto da obbligarmi a stare sulle punte dei piedi, poi mi lancia a terra e mi viene addosso. «Cos'hai fatto con lei, eh? Ti sei approfittato dell'ingenuità di mia figlia in casa mia?»

«Virginie non è una sprovveduta e io non le farei mai del male. Mi conosci, sai chi sono».

«Un bugiardo, ecco chi sei».

«Abbiamo mentito tutti. Tutti, tu compreso».

«Io l'ho fatto per proteggere mia figlia!»

Incasso un altro pugno.

«E io l'ho fatto per evitarti questo dolore».

«Tu hai portato quell'uomo qui! A casa mia!»

«E tu non gli hai impedito di portarla via! Dobbiamo rimanere insieme, per lei. Potrai odiarmi per il resto della tua vita una volta che Virginie sarà al sicuro».

«Non posso perdonarti».

«Devi».

«No. Vado all'Old Bell Inn, non la lascio da sola con quell'uomo. Ed è meglio così, perché, se rimango qui, ti ammazzo, quanto è vero che sei mio fratello. Per quando sarò tornato, fai in modo d'essere scomparso. Dalla mia vita e da quella di mia figlia».

Rimango per terra a chiedermi come gestire tutto questo casino, mentre Levi rientra in casa e ne esce pochi minuti dopo senza neppure guardarmi.

Solo.
È come rimango.
Codardo.
Sbagliato.
Rotto.
Solo.

Capitolo 30

Virginie

Red Oak Town, agosto 2022

Lo shock è una reazione che colpisce le persone in maniera molto differente. C'è chi non riesce a smettere di piangere, chi perde le forze, chi urla e si dispera... e poi ci sono io, con il mio quaderno stretto tra le dita e la schiena rigida, seduta su una sedia imbottita e foderata di una vecchia stoffa a fiori. Non piango, non parlo, non faccio niente. Lancio uno sguardo fuori dalla finestra e guardo mio padre fissarmi dall'altra parte della strada. Non provo niente.

Ghiaccio, proprio come il colore degli occhi dell'uomo che mi sta di fronte. Avrà circa sessant'anni, i capelli completamente bianchi e gli occhi distanziati, sembrano quelli di un elfo. Sono proprio come i miei. Mi sorride, anche se la sua espressione è triste, di quelle tristezze che si sono cementate nelle ossa, sottopelle. Lo disegnerei se non fossi immobilizzata dalla paura di scoprire per quale motivo non ho mai saputo di avere un nonno vivo.

«Assomigli a tua madre».

«Me lo dicono tutti, ma io non l'ho mai vista, neanche in foto. Posso vedere quelle che ha portato?»

«Non essere formale. Sono sangue del tuo sangue».

«Posso vederle?»

Non sono qui per fare un favore a lui, ma a me stessa.

Lui deve trovarmi buffa, perché ridacchia, anche se il suo sguardo non si illumina mai.

Fa un cenno al suo autista, che scompare per tornare con due scatole. Una è di latta, blu oltremare, con delle conchiglie stampate sopra. È rovinata, graffiata, ma riluce ancora. L'altra è rosa confetto, di cartone sbiadito. È quella che apre per prima, dopo aver fatto cenno alla cameriera di rimuovere le tazze del tè che non abbiamo neppure assaggiato.

Le sue mani accarezzano i bordi e si infilano nello spazio che non vedo da qui, poi tirano fuori una fotografia e me la passano.

Sono io.

Non una che mi assomiglia. Sono proprio io.

Sono io due anni fa, circa.

Stessa arcata delle sopracciglia, stessa tonalità di pelle, stesse onde nei capelli.

La differenza è che la ragazza nello scatto sembra triste, smarrita, sembra me in questo momento, ma non porta in sé neppure il ricordo di una felicità, non come me che stringo dentro ogni momento con Israel.

«È l'ultima foto che ho di lei. Qui era incinta di tre mesi».

«Non è possibile».

«Come?»

Sono stata troppo netta, troppo sicura nella mia affermazione, e il signor Barlow, mio nonno, è stranito.

«Mia madre aveva venticinque anni quando sono nata. Quando è morta. Ci sono dei documenti ufficiali».

Sorride, lui, un sorriso amaro che si spegne subito.

«Capisco. Tuo padre deve averle trovato una nuova identità fasulla».

Parla tra sé, anche se si rivolge a me. La metà del tempo che siamo stati seduti qui ha continuato a estraniarsi e a tornare presente, in un'alternanza cui non sono abituata.

«Aveva sedici anni, Fiona, quando è scappata di casa, incinta di te».

Mi mostra il certificato di nascita, le foto di mia nonna in ospedale insieme a una neonata pallida con un piccolo ciuffo di capelli quasi bianchi. Continua a tirare fuori immagini di mia madre, le accarezza, le guarda con un amore che mi ricorda quello che ho ricevuto da papà. Quello che ho avuto con Israel.

Ho smesso di pensare a lui, di chiedermi cosa succederà alla famiglia Silver. Sono egoista, ma ho bisogno di essere qui, di scoprire pezzi del puzzle di cui non ho mai potuto vedere l'intero.

Poi, tutt'a un tratto, le dita strette sul mio quaderno, metto a fuoco una cosa che ha detto il signor Barlow.

«Ha affermato che è scappata di casa quando era incinta e poco fa ha ammesso di aver assunto un investigatore privato che, però, non è mai riuscito a trovarla. Dove abitavate?»

«A New York. Vivo ancora nella stessa casa. La camera della tua mamma è rimasta come quando l'ha lasciata».

«Mio padre ha sempre abitato a Red Oak. Come hanno fatto a conoscersi?»

Mio nonno – che strano pensare che lo sia – aggrotta le sopracciglia, sembra riflettere su cosa dire e come. Lui rimane in silenzio e io in attesa, ma so già la risposta, la sa il mio stomaco che si stringe così tanto da farmi male.

L'ho sempre saputo, ma non ho voluto credere ai miei stessi sospetti.

«Non è lui il mio vero papà».

Lo dico io, perché non so se potrei ascoltare la verità da un'altra voce.

«No, tesoro».

«Allora perché mi ha tenuta con sé?»

«Chiunque l'avrebbe fatto. Fiona era adorabile e tu... tu sei come lei».

Mi passo la mano sulla faccia, vorrei strapparmela. Non voglio essere lei, voglio essere me, anche se ora non so più chi è 'me'. Non l'ho mai saputo. Mi sono sempre cercata e ora ho trovato lei, prima di trovare me.

«Chi è mio padre?»

Distoglie lo sguardo. «Non lo so».

«Perché è scappata? Aveva paura di lei?» incalzo quando non ricevo risposta.

«No... Io non...»

Il signor Barlow comincia a sudare, fa un cenno alla cameriera per avere dell'acqua, fruga nella tasca interna della giacca, ma fa fatica a trovare ciò che cerca.

Il suo autista si avvicina e gli sussurra poche frasi, poi mio nonno toglie le mani e lascia che sia l'altro tizio a recuperare un barattolino arancione e ad aprirglielo perché lui possa prenderne una pastiglia.

«Soffro di cuore» mi dice dopo aver inghiottito il medicinale. «Non dovrei fare sforzi, ma quando ti ho vista sul giornale e ho capito chi fossi... non potevo rimanere a New York».

«New York...» dico sovrappensiero.

«Ci sei mai stata?»

«No».

«Ti piacerebbe vederla?»

Mi piacerebbe? Fino a poche ore fa avrei detto 'sì'. Avrei voluto fare un viaggio con Israel, camminare per le strade mano nella mano, senza paura che qualcuno si preoccupasse di noi, del nostro legame.

«Non lo so più» rispondo sincera.

«Vorresti vedere la camera di Fiona? Potresti venire con me per qualche giorno, ti mostrerei tutto, ti racconterei ogni cosa e potremmo... come dire? Recuperare il tempo perduto». Sembra stanco, ma allo stesso tempo entusiasta all'idea di poter parlare con me di sua figlia. Il che mi rende inquieta. Condividiamo lo stesso desiderio, ma il nostro stato d'animo non potrebbe essere più differente di così.

«Non lo so».

«Rifletticі. Io ripartirò domani mattina».

Spinge verso di me le due scatole che ha portato.

«Prendile. Ti chiedo solo di farmele riavere prima che io torni a New York, per favore. Lì dentro c'è tutto il mio amore per Fiona».

Annuisco, sposto lo sguardo, lo punto fuori dalla finestra e, dall'altra parte della strada, incontro gli occhi più tristi che abbia mai visto. Immagino siano gli stessi di quando è morta mia madre. Amber... Fiona Barlow. Sempre che la storia che mi ha raccontato sia vera, almeno in quella parte.

Vorrei correre da lui, dirgli che è tutto a posto, che non cambierà niente tra di noi, ma non è così, è cambiato tutto. Gli ho mentito, mi ha mentito. Siamo fatti di bugie, ed è qualcosa che non si può recuperare.

Distolgo l'attenzione e so di provocargli un dolore inaccettabile, ma non posso pensare a lui, ora.

«Verrò con lei».

Il viso del signor Barlow si illumina, il mio rimane impassibile.

«Dovevo comunque andare a visitare una delle scuole d'arte in cui avevo pensato di ratificare la mia iscrizione. E voglio vedere il luogo in cui è cresciuta mia madre».

«Ti piacerà molto».

«Non ne dubito».

«Ti aspetto qui, domani mattina».

Mi alzo, stringo al petto le due scatole.

«Arthur ti darà un passaggio a casa».

«Preferisco camminare. La ringrazio».

«Come vuoi».

Si alza in piedi, mi supera di tutta la testa. Allunga la mano, prende una ciocca dei miei capelli e se la porta sulle labbra. Ci posa un bacio delicato, triste, poi torna a sedersi, stanco.

«Virginie?»

«Sì?»

«Sono felice di averti trovata».

Abbasso la testa perché non posso contraccambiare le sue parole.

Non sono felice.

Esco dall'Old Bell Inn e non rivolgo neppure uno sguardo a mio padre. Mi incammino verso casa a testa bassa, tra le braccia le tracce tangibili della sua menzogna, del mio vero passato, nella mente mille domande che non ho il coraggio di porre e nel cuore un cumulo di ovatta pressato per riempirlo, per zittirlo. Così tanta ovatta, così tanto pressata da fare male. Un silenzio doloroso che viene spezzato dalla voce di Israel, appena entro in casa.

«Vee...»

«Non è il momento».

Non ho le forze per occuparmi di questa relazione, di noi. Fino a stamattina la nostra storia era l'unica cosa importante, ora lo è la mia solitudine, perché il momento in cui puoi dire di essere davvero sola è quando vivi in una bugia per tutta la tua vita.

«Ti prego».

Lo guardo, il volto tumefatto, il cotone che preme sulle ferite, un occhio chiuso, l'altro disperato.

Bugie.

I suoi capelli biondi, falsi.

Il fatto che non potesse stare con me perché siamo parenti, falso.

La sua presenza quando ero piccola, falsa.

E l'amore che mi ha dichiarato? Posso credere che sia l'unica eccezione? Sarebbe da stupidi. E io non lo sono.

«Non pregare. Non ti si addice».

«Dovresti ascoltare, sapere la verità».

«Non ho più bisogno che me la racconti tu».

«Non è cambiato niente da ieri sera, Vee...»

«È cambiato tutto. Abbiamo perso. Tutti noi abbiamo perso».

Si avvicina, si tiene le costole con la mano destra.

Faccio un passo indietro. «Lasciami sola. E torna a Philadelphia. Risolvi il casino di ieri, risolvi la tua carriera, risolvi la tua cazzo di vita. Dammi spazio, dammi tempo per pensare, per capire. Lasciami sola!» L'ultima frase la urlo quando lui mi sfiora.

La grido, perché sto per cedere. Per buttarmi tra le sue braccia e chiedergli di chiarire tutto, di spiegarmi ogni cosa, di dirmi perché.

Perché le uniche due persone che mi amano siano state così meschine con me.

Lo scanso in malo modo e lui geme di dolore, ma io lo

ignoro, lo supero e mi infilo in camera mia, chiudendomi a chiave. Sulle pareti candide la testimonianza della mia ricerca. Appoggio con delicatezza le scatole sul letto, stacco dal muro il primo ritratto e lo poso per terra. Cerco una foto di mia madre alla stessa età della mia immagine e la metto vicina al mio disegno. Faccio così per ognuno dei fogli appesi con lo scotch, fino a quando il mio pavimento è ricoperto di noi, di due persone che si sono a malapena sfiorate. È inquietante il fatto che sembra che io l'abbia sostituita, anche nel cuore di chi l'amava. Non meritavo un amore solo mio? Dovevo ereditare il suo?

Una voce mi dice che Israel non amava Fiona, che il suo è un affetto puro, ma la metto a tacere, perché mi ha mentito. So di essere un'ipocrita, so che fino a ieri mi dicevo che nascondere la relazione tra me e mio zio era un modo per proteggere mio padre, ma sbagliavo. Ero egoista, come lo sono stati loro con me.

Mi lascio cadere sul letto e guardo l'unico ritratto che ho lasciato appeso.

Mia madre, come immaginavo fosse a venticinque anni.

Un'altra bugia, persino la mia fantasia è falsa.

Rimango ferma e in silenzio per ore, poi mi decido a rimettere tutto a posto: i miei disegni finiscono nelle scatole, insieme alle foto di mia madre. Le chiudo bene. Prendo un borsone e lo riempio: vestiti, i moduli della New York Academy of Art, i documenti con il mio cognome finto, un kit per disegnare. Poi rimango a fissarlo, smarrita.

Cosa ne so di ciò che ci si porta in viaggio? Philadelphia con Israel è stata la mia più grande avventura. Non ho vissuto niente, se non con lui. E ora lo rifiuto.

Lo immagino fuori dalla mia porta, seduto in corridoio, sofferente, dolorante, triste.

Ma non provo niente.

Voglio solo andarmene da qui. Tenere duro e scappare.

E forse non tornarci mai più.

Non manca molto alla partenza, ormai il sole è tramontato e io sono chiusa qui dentro da troppe ore, ma non ho intenzione di uscire e così rimango dietro questa porta serrata, anche quando sento Levi urlare contro Israel e sbatterlo fuori di casa, quando mio zio, dalla finestra aperta, prega suo fratello di perdonarlo, di dargli l'occasione di spiegarsi. Aveva ragione lui: la famiglia Silver non poteva sopravvivere al nostro amore. Un amore che non sarebbe mai dovuto nascere.

Ascolto in silenzio, senza piangere, il litigio, le botte e alla fine il pick-up di Israel sgommare sulla stradina e partire.

Forse mi aspettavo che lottasse di più, ma in realtà mi sento sollevata di non dovermi occupare di lui. Non ne ho le forze. Non mangio e non dormo da ieri.

«Genie».

Non rispondo alla voce di quello che credevo fosse mio padre, al suo pianto, alle preghiere che vengono dopo. Non faccio niente, rimango immobile finché in casa c'è silenzio totale e i primi raggi dell'alba si palesano.

Solo allora apro la porta, supero mio padre addormentato per terra, in corridoio, e senza fare rumore per non svegliarlo abbandono ciò che conosco della mia vita. Non lascio biglietti, spiegazioni, non gli do un bacio, come faccio sempre quando ci salutiamo. Scompaio.

E lo faccio anche nella limousine del signor Barlow: scompaio nei sedili di pelle, scompaio spegnendo il telefono, scompaio addormentandomi.

Mi risveglio smarrita, come se tutto ciò che ho vissuto in questi due giorni fosse un sogno o un incubo, come se non fosse vero che ho perso tutto e che sono lontana dalla mia vecchia vita, scappata di casa, come mia madre, ma nella direzione contraria.

Ma la vista su Central Park non mente, così come non mente questa camera, il copriletto rosa confetto, i pupazzi sulle mensole e le tendine con i fiocchetti. Non è la mia stanza, non mi assomiglia, non è neanche lontanamente simile al luogo in cui ho vissuto e mi sono svegliata ogni giorno per diciotto anni.

Questo è il sogno di ogni bambina, ma non il mio.

'Io non sono lei' è il mio primo pensiero.

Sono Virginie.
Non Fiona, non Amber.
Virginie.
Vee.
Genie.
Sono ancora io.
Scendo dal letto sul quale immagino mi abbia portato Arthur.

Osservo la stanza, passo le dita ovunque, non c'è nemmeno un granello di polvere. Non mi riconosco in niente, se non nelle foto appese. Non nei premi delle gare di equitazione, non nei colori scelti, non nei libri che ci sono nella stanza.

Sembra che sia scappata quando di anni ne aveva dieci e non sedici.

Apro i cassetti, le antine, ma non trovo niente di personale. È tutto nelle due scatole e ancora non sono riuscita a sfogliare ogni cosa. Una parte di me non vuole.

Rimando.

Esco dalla stanza, scalza, e percorro il lungo corridoio della zona notte. Se non ho capito male, il nonno e la nonna hanno avuto solo Fiona, per cui tutte queste camere sono uno spreco di spazio. Sono abituata alla modestia; la cura e l'eleganza di questa casa mi inquietano, non c'è niente a misura di ragazza, è tutto terribilmente adulto oltre la porta della stanza di Fiona.

Scendo le scale: sono imperiali, larghe, con un tappeto di velluto verde scuro che non reca neppure una macchia, un segno d'usura, qualcosa che racconti di una bambina che si è fatta scivolare il gelato di mano.

«Cara» mi accoglie il signor Barlow dallo studio quando lo raggiungo, dopo aver vagato per il piano terra. «Stavo aiutando la signorina Veronica Knowles a risolvere la questione della foto in cui baci il signor Silver, il giovane. L'ho contattata perché sapevo di poter dare una mano. Ho fatto rimuovere da qualsiasi quotidiano lo squallido pettegolezzo che ti legava a lui e ovviamente le fotografie. Così non ci sarà traccia di te, online. Rimangono in giro alcuni giornali in carta con un trafiletto su di voi, ma ormai le notizie vere sono sul web, e lì tu non ci sei più».

«Grazie» dico, ma non mi interessa.
«Siediti, ti voglio parlare di una cosa».
«Mi dica».
«Per favore, tutta questa formalità...»
Sollevo le spalle e le lascio cadere. Non mi metterò a chiamarlo 'nonno'.
«Vorrei che tu prendessi il mio cognome. Il signor Silver ha sicuramente svolto un ruolo importante nella tua vita, ma il tuo sangue è il mio e io vorrei che tu potessi ereditare tutti i miei averi, un giorno. La Barlow Corporation è il mio lascito terreno e io ho solo te».
Lo fisso aggrottando le sopracciglia.
«Potrebbe non essere così lontano, quel giorno, e ci terrei tanto che mi assecondassi».
«Cosa dovrei fare?»
«Niente, se non sottoporti al test del DNA per poter portare al giudice le prove della tua appartenenza alla mia famiglia. Del resto si occuperanno i miei avvocati in modo rapido e indolore».
«Ti servono dei capelli?»
«No, grazie, mentre dormivi ti ho accarezzato a lungo e mi sono rimasti in mano alcuni fili, basteranno».
Lo fisso stranita, ma lui è svelto a rispondere: «Volevo portarmi avanti. Ho sempre sperato di trovarti e di poterti dare ciò che ti spetta. Se i capelli non dovessero bastare, potrebbero chiedere un tampone salivare. Te lo farò sapere. Pochi giorni e sarai Virginie Barlow, unica erede dell'impero che ho creato».
«Di cosa ti occupi?»
«Editoria. Quotidiani, case editrici».
Mi fa l'elenco di alcune testate famose, collane, autori che ha contribuito a lanciare.
«Avete un settore per le graphic novel?» Come si dice? La vita dà, la vita toglie. Sto per ottenere una fortuna insperata, la possibilità di conoscere il mondo che sogno da sempre, ma per avere tutto questo sto perdendo le persone che amo. Vorrei poter chiedere a qualcuno cosa pensare del mio passato, del

mio futuro, del mio destino, ma mi rendo conto di essere sola. E non mi sento abbastanza vicina al signor Barlow per considerarlo davvero parte della mia famiglia.

«Virginie cara, se sei interessata al nostro mondo, ti farò parlare con qualcuno dei miei dipendenti. Mi sono sempre occupato di investimenti e lanci, non scendo in certi dettagli, ma sono felice di sapere che sei incuriosita da ciò che ho costruito. Forse è nel nostro DNA».

«E la mamma... qual era il suo sogno? Cosa voleva fare da grande?»

Fa un sorriso pallido, smorto, malinconico. «Non ne parlavamo mai».

«Era spesso da sola?»

«No, stava sempre con me. Studiava lì, dove sei tu, oppure sulla poltrona in fondo. A volte la portavo in ufficio, è dove...»

«Dove...?»

Scuote la testa pensieroso. «Niente. Ora devo fare alcune chiamate, ma mi piacerebbe che restassi, come faceva lei. E, se vuoi, nel suo armadio sono rimasti alcuni vestiti, mi faresti felice se ne indossassi uno. Ti prego, puoi?»

Lo guardo sospettosa, ma di fronte ho un signore stanco, provato dalla vita. E a me non costa niente. Perciò eseguo quanto mi chiede, torno in camera, cerco tra i vestiti di mia madre, ma sono tutti terribilmente infantili e rosa. Estremamente rosa.

Alla fine, il meno peggio che riesco a trovare è un abito col colletto bianco, senza maniche, che mi sta un po' corto sul sedere. Forse sono più alta di quanto fosse lei.

Allo specchio non mi piaccio, sembro una mezza adulta che finge di essere una bambina, ma, quando torno nello studio, la reazione del signor Barlow scaccia via questo pensiero. I suoi occhi si velano di lacrime, il suo sorriso sembra più vivo e l'abbraccio in cui mi chiude è pieno d'amore. Mi accarezza la schiena, un po' troppo a lungo, abbastanza da farmi sentire a disagio, e a quel punto Arthur, alle mie spalle, si schiarisce la gola.

«Signor Barlow» lo chiama. E ripete, visto che lui lo ignora: «Signor Barlow, le ricordo quanto concordato».

Non so cosa abbiano *concordato*, ma mio nonno sembra prendere questo accordo sul serio, annuisce e mi lascia andare.

«Stai qui, siediti, fammi compagnia mentre lavoro».

Ed è ciò che faccio, seduta scomposta sulla poltrona, chiudo gli occhi e penso.

Penso che mi sto comportando male. Che mio padre – *non mio padre*, cazzo! – starà soffrendo e sarà preoccupato. Che se Israel mi avesse mollata come io ho lasciato lui, senza una spiegazione, senza la possibilità di un confronto, ora sarei a pezzi. Che ho ricevuto amore, oltre alle bugie.

Ma niente di ciò che penso ha il potere di quietare il mio animo.

Anzi, mi viene solo mal di stomaco.

Apro gli occhi di scatto e trovo il signor Barlow che mi sta fissando, con il riflesso di un amore che non mi appartiene e che non merito.

«Andrei a fare un giro, se per te non è un problema».

«Arthur ti accompagnerà dove vuoi».

«Grazie».

«Aspetta. Ecco una carta di credito, compra pure ciò che desideri».

Mi porge un pezzo di plastica color oro. Lo prendo, ma non ho intenzione di usarlo.

Seguo Arthur nel garage, dove prende un'auto più discreta della limousine, mi siedo dietro e mi metto la cintura.

«Il signor Barlow è molto felice di averla qui, signorina Barlow».

«Silver... Chiamami pure Virginie».

«Preferirei di no, ma grazie per la gentilezza».

«Conoscevi la mia mamma?»

Arthur scuote la testa rasata. È ancora giovane, ha tutti i capelli, la sua è una scelta. «No, sono arrivato due anni dopo la sua scomparsa».

Annuisco e guardo fuori le strade di New York. Vorrei poter parlare con qualcuno che semplicemente la *conosceva*. Non chi l'amava, non chi la rimpiange, non chi l'ha seppellita. Solo *conoscerla*.

«Sai dove andava a scuola?»

«So tutto, ho aiutato con le ricerche».

E ora so cosa voglio fare qui, prima di andare alla New York Academy of Art.

«Portami dove ha vissuto. Ovunque. Voglio trovare chi mi parlerà di lei».

Capitolo 31

Israel

Philadelphia, agosto 2022

«Un colpo di culo. Ecco cosa ci è successo. Un fottutissimo colpo di culo».

Veronica è in modalità caterpillar. Da quando sono tornato qui, ieri sera, a pezzi, non ha fatto che stare al telefono e mandare mail. Charlie e Seven sono chiusi in camera loro, un po' provati dal casino del concerto, dai cellulari che suonano, dalle continue rassegne stampa che ci propina la nostra manager, mentre Bratz non fa che portare cibo e bevande a tutti per assicurarsi che stiamo ancora in piedi.

«Dicci tutto» le chiede quello che ormai è ufficialmente il suo uomo.

«Sono state rimosse tutte le fotografie dal web, cancellati i trafiletti, online rimane solo l'esibizione e la curiosità per Iz. Ti vogliono intervistare almeno cinque canali televisivi e non conto le radio. Ho dovuto chiedere aiuto al settore marketing della Splendid Records, da sola non ci sto più dietro».

Veronica finge di aver risolto tutto ciò che la preoccupava, ma so che non è così. Lo vedo quando guarda la mia faccia spaccata, i miei occhi tristi e la forza che ha abbandonato il mio corpo. Non hanno chiesto. Hanno capito, almeno in parte, cos'è successo.

Ma non sanno tutto, non sanno cos'è che mi sta davvero

spezzando le vene, che mi tiene in una tensione interna insostenibile. Ho paura. Guardo il cellulare, tento di chiamare ancora Virginie, ha il telefono spento.

Guardo la chat con mio fratello. Non c'è più la sua foto profilo, i miei messaggi risultano non letti: mi ha bloccato.

Impotenza. Non so dove sia la mia famiglia, che mia – mi pare chiaro – non è più.

E non me ne fotte niente delle interviste, dell'album, del lancio, dei messaggi di Em&Em ai quali risponde Bratz per me. Avevo un obiettivo perché avevo già la cosa più importante, e forse l'ho data per scontata, ma ora che l'ho persa, di questo obiettivo raggiunto cosa me ne faccio?

«Iz, devi fare il tuo lavoro, ora. E questo prevede lasciare che il dottore che ti manda la Splendid Records ti metta a posto la faccia, che le truccatrici ti rendano presentabile per quanto si può e che tu impari a memoria la storia che abbiamo confezionato per spiegare perché il ragazzo figo che ha incantato tutti su quel palco si presenterà domani al *Good Morning America* praticamente senza volto».

«Amico, dalle retta. Non buttare tutto nel cesso, non ora. Quando tutti i tuoi casini saranno passati, non vorrai aver dato un calcio a questo momento. Stringi i denti».

Bratz mi poggia la mano sulla spalla e io ricomincio a piangere.

Non faccio altro da ieri.

Non parlo più, l'ultima frase che ho pronunciato è stata una preghiera inascoltata, non ho più niente da dire.

Veronica si passa le mani sulla faccia. È terrorizzata che io mandi tutto a puttane, e la sua è una paura concreta. Come posso andare in televisione e fingere che il mio mondo non sia scomparso?

Bratz le fa un cenno – lo vedo con la coda dell'occhio, attraverso le lacrime – e lei ci lascia soli. «Ti ricordi cos'è successo poco tempo fa? Al tuo posto c'ero io e tu mi hai rimesso in sesto. Ora alza il culo e vieni con me».

Scuoto la testa, tiro su col naso, gemo dal dolore. Levi me

l'ha rotto, oggi il dottore verrà a gestire il casino che ho in faccia, ma a me non frega un cazzo. Bratz mi solleva, le costole sulla sinistra mi fanno un male cane, per cui non mi oppongo e seguo il suo movimento per trovare sollievo.

«Dammi le chiavi della macchina».

Le indico col mento. Sono all'ingresso, dove le ho mollate prima di crollare sul divano.

Le recupera e fa per trascinarmi fuori.

«Dove andate?»

«Fidati di me, saremo qui per l'ora in cui arriva il medico. Tu prepara le interviste, il mio amico ha bisogno di sapere cosa rispondere a ogni domanda. Deve andare a memoria».

Lei annuisce e lo bacia, con delicatezza, ma a me è come se arrivasse un pugno nello stomaco. Dovrebbe esserci Virginie a raccogliermi.

Invece è Bratz che mi fa scendere le scale come se fossi un bambino, che guida mentre io sto con gli occhi chiusi e rivedo le immagini della fine di ogni cosa. Virginie al fondo della scalinata del palcoscenico, la felicità che mi ha pervaso, il desiderio di condividere con lei il mio successo, la paura. Il nostro litigio, la sua resa: 'Me ne vado, ma guardami'.

Il suo bacio, un secondo di pausa da tutto, lei che fa tacere il mondo, come sempre, e poi il flash. Se mi avessero sparato, avrebbero causato meno danni, invece era solo una macchina fotografica.

È da quando ho nove anni che so.

Non tutto. Il resto l'ho scoperto quando andavo al liceo.

Ma da sempre so che Virginie va protetta, che non deve essere vista da nessuno, che non deve andare sui social, sui giornali, che non può essere esposta.

«Siamo arrivati».

Apro gli occhi. Di fronte a me il maniero in cui sono cresciuto.

«Come facevi a sapere dove trovarlo?»

«Ti ascolto, amico. L'ho sempre fatto».

Mi viene da piangere, ancora.

«Possiamo entrare?» mi chiede.

Annuisco. Il cancello è sempre aperto, ma avviso June, non voglio che si spaventi vedendo due tizi strani costeggiare il giardino. Le mando un messaggio, poi faccio uno squillo perché lo legga subito.

Mi risponde dopo qualche secondo.

June: Vengo giù. Dopo il concerto sei scomparso, volevo farti i complimenti e ringraziarti per i biglietti.

Israel: Non adesso, ho bisogno di stare solo.

June: Va tutto bene?

Israel: Va tutto male, ma non ho le forze per spiegarti.

June: Sai che ci sono.

Israel: Lo so.

June: Okay, fate solo attenzione al lato nord, sono cominciati i lavori. E se incontrate i bambini, dite che siete miei amici.

Metto via il telefono, che vibra pochi istanti dopo. L'irrazionale speranza che sia Virginie me lo fa riprendere velocemente.

June: E, se incontri Jace, ignora i suoi modi burberi. È geloso di te. Non solo di te, in effetti. Comunque, ignoralo.

Di me? Di me che sto morendo d'amore per Virginie? Può stare tranquillo, a malapena sto in piedi, l'ultimo dei miei pensieri al mondo è rubargli June.

Faccio cenno a Bratz di parcheggiare il pick-up mentre apro il cancello. In silenzio percorriamo la lunga salita, poi, quando arriviamo al giardino, mi chiede di mostrargli il posto dove scrivevo di solito. Gli indico una stradina e lo seguo, calpestando i suoi stessi passi, perché ci vedo poco e sono talmente distratto che potrei cadere come un coglione.

«Ehi, amico, è un cimitero, questo!»

Alzo le spalle e mi siedo sulla tomba di Marnie Chestnut. Quando Bratz, un po' schifato, fa per appoggiarsi su quella di Jeff Gunter gliene suggerisco un'altra. So che June ci è affezionata, non mi sembra giusto usurpare il suo posto preferito.

Stiamo in silenzio per un po'. Oggi il tempo riflette il mio umore e sembra che stia per piovere. Mi chiedo se Virginie stia guardando lo stesso cielo.

«Ti ricordi cosa provavi quando ti sedevi qui e buttavi giù le tue rime?»

Faccio su e giù con la testa e mi colpisce una staffilata alla tempia destra.

«Puoi spiegarmelo?»

Allargo le braccia. Come faccio?

Stringo i pugni. Ci provo.

«Buttavo fuori il rumore».

«Quale rumore?»

«Le parole, quelle di mia madre, di mio padre, lo stridio degli pneumatici, le frasi che non avevo mai detto perché ero troppo piccolo. Come fa un bambino di appena cinque anni a spiegare il proprio amore ai suoi genitori?»

Mi guarda, mi ascolta. Davvero l'ha sempre fatto? E cos'ho detto? Perché parlo così poco... o forse fin troppo.

«Hai presente il fischio che fa il bollitore quando c'è eccesso di pressione? Quello era la scrittura per me. Prima».

«Prima di cosa?»

«Prima di scoprire il silenzio».

Appoggio la testa tra le mani. Sono stanco. Sono un mezzo cadavere, con un cuore che batte a metà e un cervello per metà impegnato. Mi rimane libera solo la parte che lavora in automatico, tutto ciò che è volontario è connesso a Virginie.

«È ciò che rappresenta tua nipote?»

Annuisco, non ho voglia di spiegare che non lo è. Che non è una mia parente. Che se l'avessi incontrata altrove non sarebbe successo niente di tutto ciò, che avrei ancora un fratello. E una faccia.

«Interessante».

Torniamo a stare zitti, ma la mia mente non tace. Mai, senza Virginie. Proprio mai.

Ripenso alle cose che ci siamo detti, alla prima volta che siamo stati insieme, a quando l'ho baciata senza pensare alle conseguenze, ai suoi occhi innamorati, eccitati, arrabbiati. Parole, immagini, frastuono.

«Se perdessi la possibilità di buttare fuori tutto quel casino, soprattutto ora che lei non c'è, cosa faresti?»

La risposta nel mio sguardo non gli piace. Non gli piace per niente.

«Iz...»

«Lei è stata l'unica» confesso a mezza voce.

«L'unica?»

«Non... Mi sono sempre sentito diverso dagli altri. Sai, quella cosa di desiderare in maniera folle un'altra persona...»

Quanto può essere difficile spiegare cosa provo e come mi sono sentito negli anni?

«Pensavo di essere strano. Poi ho ceduto all'amore che ho capito di provare per lei e tutto è cambiato. Il desiderio di stare con Virginie è completo, pieno, esatto».

«Demisessuale».

«Cosa?» gli chiedo.

«Potresti essere demisessuale. Sono le persone che non riescono a provare attrazione erotica a meno che non siano molto coinvolte emotivamente. Il che non vuol dire che non troverai un'altr...»

«Non amerò mai nessuno come amo lei» lo interrompo. E tutt'a un tratto mi rendo conto che ho perso qualcosa che non sapevo di volere, perché neanche conoscevo queste sensazioni prima di tornare a Red Oak.

«Iz, non dire così, troverai la tua strada, con Virginie o senza Virginie».

La mia espressione dev'essere molto chiara.

«Devi farcela, invece! Perché, se alla fine riuscirai a stare con la donna che ami, è con lei che vorrai condividere ogni gioia».

Lo guardo triste.

«Ora non pensare che lei non tornerà. Risali in sella, nessuna ragazza vuole stare con un perdente depresso. E, al momento, lasciatelo dire, è quello che sei».

«Sono proprio questo, perché ho perso tutto».

Mi porge il cellulare.

«Guarda come ti vede il tuo pubblico. Aspetta il tuo album, ti vuole. Non deludere i tuoi fan».

«Perché mi hai portato qui?» Gli occhi si colmano di lacrime che rimangono imprigionate nelle ciglia.

«Speravo che ti ricordassi di come hai iniziato e di quanta strada hai fatto. Tieni duro e non buttare tutto all'aria. Non te lo dico per noi. Tutto questo l'hai creato tu! Non sprecarlo».

Forse Bratz sa davvero ascoltarmi, anche quando non parla, perché mi legge dentro, così non c'è neppure bisogno che gli chieda di lasciarmi da solo. Lo fa e basta. Mi passa la mano sulla spalla e mi dice che mi darà un po' di tempo per riflettere.

«Ti aspetto al pick-up».

Annuisco e rimango qui, in questo luogo di pace, tormentato dal casino che mi sento dentro. Mi alzo, spolvero i pantaloni e comincio a camminare verso il bosco, là, dove non ci è mai stato consentito di inoltrarci. Sono sovrappensiero, tento di tenere a bada il caos, sposto le parole nella mia testa, cercando rime, anche se non le scrivo, non le ricordo. Mi servono solo per sfogarmi. A ogni passo osservo l'erba alta che calpesto, le foglie che sono cadute, i rami che scricchiolano, e non mi accorgo che la mia parte cosciente non ha idea di dove io stia andando, ma c'è una parte più intima che ha un programma per me.

Lo capisco solo quando arrivo a un piccolo spiazzo riparato.

«Tu sei Israel?»

Oggi Levi doveva fare un lavoro urgente e mi ha chiesto di portare da mangiare a Fiona. Ho dovuto fare tutto di nascosto, ma June mi ha aiutato a sgattaiolare via, senza chiedermi cosa dovessi fare.

Faccio su e giù con la testa e le porgo un fagotto pieno di muffin che ho rubato in cucina e una bottiglia di latte. Levi ha detto che più tardi le porterà un pasto serio, ma a me sembra già buono questo.

«Mi fai compagnia?» mi chiede.

Non sono abituato a chiacchierare con le persone, però so ascoltare, o almeno così dicono le insegnanti. Mi siedo vicino a lei, ma non troppo, e la fisso.

È bella, non come le attrici dei film a cui June dice di voler assomigliare, anche se secondo me lei è già bella così. Fiona è strana. Ha gli occhi un po' distanti, sembra straniera, o forse proprio aliena. Anche i suoi colori sono strani. Ha la pelle simile al latte che sta bevendo a lunghi sorsi e le sopracciglia bianche. Come i capelli.

«Quanti anni hai?»

Alzo le mani e le faccio vedere le mie dita.

«Nove? Sembri più grande, forse perché sei alto. Io ne ho sedici». Abbassa la voce. «Sono scappata di casa».

Basta un mio sguardo per farla continuare a parlare.

«Non ero felice. E poi...» Sorride, illuminando tutto. «Dovevo prendermi cura del mio bambino».

Si accarezza la pancia che però non è tanto grossa. «Si sta muovendo, vuoi sentire?»

Mi afferra la mano prima che possa rispondere e me la piazza vicino all'ombelico. Tutto è immobile. La fisso perplesso, ma lei continua a sorridere e ad aspettare. Sembra in pace, anche se ha i capelli arruffati e i piedi sporchi, le briciole di un muffin sulle labbra e sul petto, sembra felice.

E tutt'a un tratto capisco perché.

Il bambino scalcia proprio sulle mie dita. Ma non si ritrae subito, no, si appoggia e spinge e mi viene da sorridere, da dimenticare tutte le cose che infestano la mia memoria e la mia fantasia. Il mondo si ferma per tutto il tempo in cui io tocco quel piedino e quel piedino tocca me.

Un istante dopo si ritrae, si nasconde di nuovo nella pancia della sua mamma e porta via con sé quel senso di pace.

«Secondo me è una bimba» mi dice, ancora sorridendo, mentre

addenta un altro muffin. «Mi piacerebbe chiamarla Virginie. È un nome dal suono francese e vorrei portarla in Francia, un giorno».

«La Francia è lontana».

«Hai una bella voce, perché non parli mai?»

Alzo le spalle.

«Cosa vorresti fare da grande?»

Guardo in giro per vedere se c'è qualcuno, ma ovviamente no, siamo soli, perché Levi ha fatto in modo di costruirle questo riparo dove nessuno possa trovarla. Ha messo una tela cerata per terra e anche sopra la testa. Con i tronchi ha sollevato questa specie di tenda improvvisata, in modo che se piove lei non stia nell'acqua. E ogni giorno le porta dei fiori freschi. Credo che la ami davvero.

Do ancora un'occhiata e, quando mi accerto che siamo soli, mi sfilo dei fogli arrotolati che avevo incastrato nei pantaloni, tra la stoffa e la schiena, e glieli passo. Non so perché, finora non ho mai mostrato a nessuno ciò che faccio nel tempo libero.

Fiona li prende con attenzione e delicatezza, accarezzando le parole tracciate nella mia grafia. La maestra dice che, anche se illeggibile, è elegante. Io non ho capito bene cosa significhi, però ha sorriso, quindi ho immaginato che fosse un complimento. Poi, quando sono stato in sala studio, ho controllato sul dizionario cosa volesse dire.

«Scrivi... Sono rime?»

Annuisco.

«Sei bravo. E da grande vuoi fare il poeta?»

Storco il naso. I poeti sono noiosi. Scuoto la testa.

«Allora...» Ci pensa, legge ancora e trova la citazione di una canzone di 2Pac.

No one knows my struggle,
they only see the trouble.
Not knowing it's hard to carry on when no one loves you.

Nessuno conosce il mio dolore,
loro vedono solo il problema.
E non sanno che è dura andare avanti quando nessuno ti ama.

«Vuoi diventare un cantautore?»

Mi mordo il labbro inferiore e abbasso il capo.

«Sarai bravissimo e avrai un sacco di fan! E potrai dire cose importanti, dare motivazione alle persone, farle sognare. Sarà una grande responsabilità. Ti senti pronto a ispirare la gente?»

Faccio spallucce. Non lo so. Per ora mi basta che quelle parole stiano sulla carta e non nella mia testa.

Fiona mi accarezza i capelli e mi restituisce i fogli.

«Io e questo bambino – ma secondo me è una bambina – saremo i tuoi più grandi fan. E verremo ai tuoi concerti, con Levi».

Quando sorride, Fiona diventa ancora più bella. E quando mi abbraccia, mi sembra una vera mamma, anche se è poco più grande di me. Lascio che mi stringa e il bambino sente questo momento perché torna a spingere contro di me, che sono appoggiato a Fiona. E di nuovo tutto tace.

Forse era così quando ero con la mamma, però non lo ricordo più. So solo che non sono abituato a questo silenzio e mi viene voglia di riposare, di rimanere qui.

È così che mi ha trovato quella volta Levi. Addormentato sulle gambe di Fiona, con la testa vicina alla sua pancia e Virginie che continuava a scalciare. Me l'ha raccontato lei quando mi sono svegliato. Ha detto: «Non ha smesso un attimo di muoversi, sembrava che volesse coccolarti».

Vorrei che lo desiderasse anche adesso.

Invece mi ha chiuso fuori e il rumore si è fatto sempre più pressante, però ha ragione Bratz. Se mi fermo ora, non mi sarà rimasto niente. Non ci sarà nessun concerto al quale Virginie si possa palesare per farmi una sorpresa, non ci saranno più canzoni scritte per lei, non ci sarà più la mia crew, non ci sarà più Israel.

Mi volto e lascio indietro il posto in cui ho conosciuto la donna che amo, senza rendermi conto che quel momento avrebbe cambiato la mia vita.

Raggiungo Bratz, salgo in auto ed espiro.

«Andiamo a lavorare».

Capitolo 32

Virginie

New York, settembre 2022

Ho passato gli ultimi giorni a seguire le tracce di mia madre.

Sono stata nella sua scuola, al maneggio, in biblioteca, nella piscina comunale, ovunque. E il quadro che mi sono fatta di lei è davvero sfocato.

Rileggo gli appunti che ho preso ascoltando persone stranite nel vedersi di fronte il suo ritratto in carne e ossa.

È stata definita una ragazza dolce. Affidabile, timida, delicata, sorridente.

Questo, fino a quando non è morta sua mamma, mia nonna. Non sono riuscita a scoprire come sia successo e non ho avuto il coraggio di chiederlo al signor Barlow.

Dopo, dicono che sia diventata più silenziosa e solitaria, stava sempre con suo padre, lo seguiva spesso per lavoro, studiava con lui dopo l'orario scolastico, aveva smesso di andare a cavallo. 'Era diventata la sua ombra'. Una frase che mi hanno ripetuto in molti.

Io non voglio essere l'ombra di nessuno.

È per questo che mi sono convinta a fare ciò che ho rimandato per troppo tempo.

La New York Academy of Art, anche se non l'ho mai confessato a nessuno, era la mia prima scelta. Scelta che ha subìto ritardi dovuti alla mia indecisione, alla mia insicurezza, ma stare qui, in questa enorme città dove nessuno ha tempo di fissarmi troppo a lungo, dove ogni giorno di più mi rendo conto di quanto sono diversa da mia madre nonostante tutti continuino a stupirsi della nostra somiglianza, mi ha fatto rendere conto che devo seguire la mia vita.

Non quella che altri vogliono per me, non quella che io vorrei con qualcun altro.

Qualcuno che mi manca così tanto da impedirmi di dormire bene, che mi fa svegliare di notte piangendo e singhiozzando perché lo sogno e nei miei sogni lui muore, o scompare, o si dispera... e io non riesco mai a raggiungerlo.

E forse è questo il nostro destino.

Essere troppo vicini per poter stare insieme.

Essere troppo lontani per poterci amare.

Essere troppo 'noi' per poterci dimenticare.

Così come è dura scordare tutte le immagini che ho avuto in testa per settimane: di questo college, del modo in cui avremmo continuato la nostra storia clandestina, di tutte le volte che avremmo fatto l'amore chiusi in camera mia. È come se fossero ricordi e non fantasie, come se li avessi avuti, quei momenti, e me li avessero strappati via, gettandoli in un vento feroce che non me li riporterà mai più.

Attraverso l'atrio, in mano ho i fogli che il signor Barlow mi ha fatto avere con il mio nuovo nome. Ha mantenuto i suoi propositi, ha fatto convalidare il test del DNA che dichiara che siamo imparentati e ha accelerato tutta la burocrazia. Da stamattina non sono più Virginie Silver. E sento che è davvero così.

Non sono più lei.

Ho perso ciò che mi legava a una favola, il velo che ricopriva i miei occhi, ho smesso di credere ai sogni. Ho chiuso i miei diciott'anni dietro una porta, ci ho nascosto dentro mio padre, le sue verità, il suo amore, il suo dispiacere, i suoi sacrifici. Non li ho chiesti, non li volevo, non se, per pagarli, dovevo rimetterci la mia fiducia.

E ci ho ficcato dentro anche Israel, la sua voce, le sue mani, i suoi denti che graffiano la mia pelle ormai guarita, ognuna delle sue parole, quelle dette, quelle cantate, ma soprattutto quelle taciute.

Una parte di me, una parte stupida, vorrebbe solo poter lasciare andare tutto questo dolore che comprimo nell'anima, e vorrebbe farlo tra le sue braccia. Vorrei davvero che lui potesse guarire ogni ferita, ma non può, è solo un uomo. Un bugiardo.

La mia vita è nelle mie mani, che io la sappia gestire o meno. Sta a me decidere la mia strada, non è responsabilità di nessun altro ed è un pensiero davvero straziante, forse quello che ti lancia nel mondo degli adulti che, oggi, mi sembra un pochino più grigio.

Come l'abito dell'addetta che registra la mia iscrizione, la quale mi spiega ogni dettaglio, si stupisce che io abbia aspettato l'ultimo giorno utile, mi fornisce mappe della struttura, dello studentato nel quale è rimasta una stanza per me, persino una di New York su cui è segnata, con un punto rosso, la posizione dell'università. Non so quanto mi servirà, visto che sono già riuscita ad arrivarci senza la sua cartina, ma evito di farglielo notare e raccolgo i vari dépliant e un paio di dossier più corposi, che contengono il mio tesserino e tutta una serie di documenti da far firmare alla banca per il prestito universitario che andrà a coprire la parte di retta rimasta fuori dalla mia cospicua borsa di studio.

Potrei chiedere i soldi a Levi, che li mette via da quando sono nata, o al signor Barlow, che ha insistito a lungo perché li accettassi, ma non voglio.

Dipende da me.

Io dipendo solo da me.

E zittisco il cuore che piange ogni volta che do una nuova mandata a quella maledetta porta.

«Arthur» saluto l'autista che mi ha aspettato fuori dall'università per circa quattro ore.

«Signorina Barlow» replica, con un inchino.

Non sono abituata a questo atteggiamento riverente, gli ho chiesto di non essere così formale, ma non c'è stato modo di convincerlo. Così come è stato impossibile sgattaiolare via dal grattacielo da dove ogni mattina mi sveglio con lo sguardo su Central Park senza farmi vedere, per venire qui da sola.

Non sarà sempre così, non voglio che lo sia. Voglio prendere la metropolitana anche se mi fa paura, camminare con lo sguardo in aria per cercare una fetta di cielo qui, dove cielo ce n'è così poco, spaventarmi per rumori improvvisi, sentirmi spaesata, ma anche imparare a vivere. È arrivato il momento.

Spero che l'inizio delle lezioni sancirà definitivamente il mio inizio come donna.

«Il signor Barlow la sta aspettando per pranzo».

«Non ce n'era bisogno».

«Credo lo faccia per proprio piacere, non per necessità».

Mi accomodo sul sedile posteriore e attendo di essere riportata là, dove non mi sento del tutto Virginie, dove mi manca la mia vecchia vita, dove ogni giorno cerco mia madre e trovo una ragazzina. Una poco più che bambina.

Come ha fatto a scappare? Dolce, affidabile, timida, delicata, sorridente. Incinta. Spaventata. Sola.

E poi... da cosa scappava? Chi è mio padre? Non trovo niente in casa, è un appartamento asettico, ripulito, senza tracce di vita vissuta. Ho provato a indagare in giro, nei posti che frequentava: ho chiesto se avesse avuto un fidanzato, se qualcuno le girava intorno, ma mi hanno detto che era impossibile, che stava sempre con il suo papà.

Allora ho chiesto ad Arthur chi ci fosse prima di lui, se magari tra la sicurezza e il personale di servizio ci potesse essere un ragazzo giovane e abbastanza folle da fare una cosa del genere, ma non sono riuscita a risalire a un possibile nome. Sembra quasi che sia successo come alla Vergine Maria.

Forse è per questo che mi ha voluto dare questo nome.

Persa nei miei pensieri, arriviamo a destinazione in pochi minuti, nonostante il traffico congestionato di Manhattan. Scendo di fronte al palazzo e trattengo la voglia di andarmene non appena Arthur riparte con l'auto per andare a parcheggiarla in garage. Mi manca la solitudine che mi ha fatto compagnia per anni, qui devo stare sempre con il signor Barlow perché non riesco a dire di no, vedo la sua triste felicità quando gli sono intorno.

Così salgo e mi ripeto che manca poco, poi non dovrò più vivere qui. L'addetta nella NYAA mi ha detto che mi farà avere la data precisa in cui potrò prendere possesso della mia stanza, che coinciderà, all'incirca, con quella in cui dovrò tornare a Red Oak Town per portare via tutta la mia vita. Non ci voglio pensare, mi obbligo a spingere più forte quella porta, che sembra traboccare, a rischio di spezzarsi ed esplodere.

Non glielo consentirò.

Sarò più forte del mio cuore.

«Virginie cara, finalmente sei tornata».

Una carezza sul viso e uno sguardo d'amore mi accolgono. È tanto. È tutto ciò che si può volere. Invece a me manca papà, le sue camicie a scacchi, la sua risata sgraziata e il modo in cui, nonostante vivessi in una specie di gabbia, mi lasciava libera di scegliere se avere o meno un contatto fisico con lui. Non mi ero mai resa conto che i suoi abbracci li ho sempre cercati e trovati io, me ne accorgo ora, il naso nella giacca del signor Barlow invaso del suo profumo costoso e le sue mani sulla mia schiena.

«Signore». Arthur entra in casa e attende che il nostro abbraccio si sciolga, cosa che avviene con molta calma. Torno a respirare, mi sento più tranquilla quando c'è anche lui in giro, non so perché. Mi sembra una persona pacata, meno sentimentale del signor Barlow, cui sento di dover concedere degli scampoli di gioia. In realtà sono insofferente a questo tipo di abbraccio, come se ormai la mia pelle appartenesse solo a chi l'ha marchiata per la prima volta.

«Cara» mi dice quello che fatico a chiamare nonno, «dopo pranzo avrò una riunione in centro, ti farebbe piacere venire con me?»

«Ehm, io dovrei mettere a posto le cose dell'università...»

«Per favore, la tua mamma... Fiona veniva sempre».

Mi mordo la guancia, ci penso un attimo, poi accetto.

Pochi giorni. Posso dare qualcosa a chi ha perso tutto. Non

sono mai stata troppo accondiscendente, ma gentile sì. Sempre. Continuo così, finirà presto.

Il suo sguardo si illumina. «Ti ho comprato un abito, se vorrai metterlo ne sarò felice. Lo trovi in camera».

Lo ringrazio, anche se vorrei poter scegliere da me cosa indossare, salgo in camera di mia madre e poso il plico che dovrò studiare attentamente per poter capire come saranno strutturati i corsi, per identificare i materiali da acquistare e per cominciare a organizzare gli orari, in modo da sapere quando avrò del tempo libero per lavorare e mantenermi.

Sul letto c'è una scatola rosa con un fiocco della stessa tinta. Alzo gli occhi al cielo e spero che lì dentro ci sia un vestito bianco, o blu, o giallo, cazzo, tutto, purché non un tenue color pastello da bambina.

Le mie aspettative vengono deluse. Coperto da una velina chiara c'è un abito da collegiale, con una fantasia scozzese color cipria. Ancora rosa.

Non lo desidero, ma è con quello che seguo il signor Barlow a nord dell'Upper East Side, vicino al Guggenheim Museum. Mi verrebbe da chiedergli se posso fare un giro lì dentro mentre lui è a questa riunione importante, ma il modo in cui mi sorride e mi stringe la mano mi impedisce di seguire i miei desideri e mi impone di assecondare i suoi.

Così lo seguo in un palazzo elegante con grandi vetrate perfettamente pulite, scintillanti. Arthur è sempre con noi, anche nell'ascensore, ci dividiamo solo una volta arrivati nell'ufficio presidenziale. Lì rimango da sola, perché la riunione aspetta solo il capo per poter iniziare.

Dopo venti minuti, ferma su una poltrona in cui sembro uno scricciolo, a guardare fuori immersa nei ricordi, nelle domande e nei rimorsi, comincio a desiderare di buttarmi giù, nel vuoto di questa vista splendida.

Come faceva la mia mamma a non annoiarsi e a non perdere la testa?

Mi guardo intorno, ma questa stanza è praticamente asettica. Pochi libri, qualche targa, nemmeno un granello di polvere.

Cedo a un istinto tenuto a bada a lungo e, dopo circa due settimane, accendo il telefono. Tolgo la suoneria per poter ignorare tutte le notifiche che mi arrivano a pioggia; mio padre che mi avrà mandato qualcosa come cinquecento messaggi, dovrò rispondere presto anche a Connor, che sarà preoccupato per me, ma non ora. Così li ignoro tutti. Guardo qualche video stupido su YouTube, evito le app di messaggistica che sono piene, ma dopo un po' sono al punto di prima.

E la noia torna. La noia che è sempre stata, insieme alla paura, il motore delle più grandi stronzate che io abbia mai fatto. Perdo il controllo per un attimo e digito il suo nome sulla barra di ricerca, il tempo di pentirmene e migliaia di risultati ammiccano: video, articoli, interviste.

Clicco sulla notizia più recente. È stata pubblicata ieri sera, è il video di un programma molto seguito.

Il cuore comincia a battere in maniera eccessiva non appena viene fatto il suo nome, si ferma del tutto quando Israel entra in studio, poi cerca di uscirmi dal petto quando saluta, educato, fuori dal ruolo di rapper maledetto che dovrebbe avere.

È in un rettangolo di sei pollici, eppure è come se avesse preso tutto lo spazio vuoto e morto di questo ufficio e lo avesse riempito di sé e di vita. Mi asciugo una lacrima, ma non è una singola stilla, è una cascata, posso solo spezzarla ma non bloccarla. Non mi ero resa conto davvero di quanto mi mancasse.

«Iz the Issue, benvenuto al *Tonight and Tomorrow Show*». La presentatrice gli porge la mano e Israel ricambia il saluto, prima di sedersi su un divano color salvia.

«Di te si dice che sei schivo, silenzioso e riservato. È così?»

Israel alza le spalle e allarga le braccia. Il pubblico ride, lui rimane serio.

L'occhio sinistro è ancora gonfio e scuro, mentre le altre tracce del litigio con suo fratello sono meno visibili, se si ignora il livido che gli taglia in due il naso. Non è a suo agio, anche se lo sembra, lo capisco dal modo in cui stringe le dita incrociate. Credo di essere l'unica a notare questo dettaglio.

«Dalle scene underground, anche se di un certo livello, a collaborazioni di altissimo calibro, all'esposizione globale che, per uno come te, pare essere una condanna più che un piacere. Lo testimonia il fatto che i pettegolezzi sulla ragazza con cui sei stato beccato dopo l'esibizione con Em&Em siano stati messi a tacere in tempo zero».

Annuisce, inspira, trattiene, espira con un mezzo sorriso forzato. Passa la mano tra i capelli, poi torna a torturarsi le dita.

«Sono pronto a condividere molto di me con il pubblico. Le mie rime sono lo specchio della mia anima, ed è tutta vostra. Ma la mia vita privata è tale e tale, se possibile, vorrei che rimanesse».

La conduttrice sorride, scosta i capelli, accavalla le gambe. Con questa risposta mio zio ha fatto colpo. Non sono solo le parole che ha detto, ma la sicurezza con cui le ha pronunciate. Sembra uno che sa cosa vuole, che sa come averlo e che, in camera da letto, non ha problemi a dirigere la musica.

«E a proposito di rime... Em&Em ha elogiato il tuo stile, la profondità dei tuoi testi, ha dichiarato, leggo le sue testuali parole: 'Ci sono delle frasi che ascolto e penso di aver scritto io. Poi mi rendo conto che, no, è stato questo ragazzo spuntato fuori dal nulla. E mi incazzo'».

Israel abbassa la testa, imbarazzato. Vorrei potergli tenere la mano, impedirgli di stringere così forte i pugni, di sentirsi così fuori luogo, ma non posso.

«Sono onorato». La sua risposta è un sussurro.

«Anche Nyx ha dichiarato che lavorare con te è un'esperienza unica, che sei sensibile, professionale e concentrato. Dice che sta *adorando* preparare il brano che uscirà a breve e che sta *adorando* te. La tua misteriosa bionda deve preoccuparsi? C'è del tenero tra te e la pop star più famosa dell'anno?»

«Come dicevo, sono molto protettivo nei confronti delle persone che fanno parte della mia vita. Iz the Issue è dei fan, ma loro... loro sono mie».

Non è consapevole di quanto stia facendo crescere la curiosità su di sé negandosi in questo modo, ma io lo vedo negli occhi della presentatrice, nel modo in cui si bagna le labbra.

Sono sicura che gli chiederà di uscire. Mordo il labbro, forte, mi esce un po' di sangue, ha un sapore ferroso, di ruggine, di qualcosa di rovinato che non è più come dovrebbe essere.

«In ogni caso, sono in molti che tifano per te e Nyx, hanno già coniato l'hashtag #NyZ e sperano in una storia d'amore come quelle che, ci è stato promesso dalla Splendid Records, ci saranno nel tuo album che uscirà esattamente il 15 di settembre, giorno del tuo compleanno, a quanto siamo riusciti a scoprire».

Israel abbassa lo sguardo, espira, riporta l'attenzione sulla conduttrice e dice, criptico: «Vedremo».

È questo il momento in cui capisco cosa sto facendo, in realtà, con la mia assenza: lo sto lasciando libero. Libero di essere di un'altra, di dimenticarmi, di arredare la stanza dietro la porta che ho chiuso.

Mordo ancora più forte e il sangue mi copre la lingua. Apro il primo cassetto, per cercare un fazzoletto, qualcosa con cui pulirmi, ma trovo altro, mentre l'intervista continua.

Non la seguo più, prendo il plico che riporta il mio vecchio nome: Virginie Silver.

La busta ha l'intestazione di un laboratorio privato.

Apro con delicatezza e spiego i fogli contenuti in esso. Sono tutti incomprensibili, riesco a capire giusto poche cose: i nomi delle persone sottoposte al test, il tipo di prelievo eseguito, il quesito... accertare la relazione di parentela tra me e mio nonno. Poi comincia una serie di dati e grafici che non comprendo, marcatori, nomenclatura allelica, numeri, percentuali. Per fortuna, alla fine c'è una lettera che spiega il tutto.

In data 31 agosto 2022 è stata eseguita la comparazione del DNA *tra i due campioni pervenuti al laboratorio. Il campione della signorina Virginie Silver, capelli e successivo tampone salivare, denominato da qui in avanti 'campione A', e quello del signor Edmund Barlow, tampone salivare, denominato da qui in avanti 'campione B'.*

I risultati, che potranno essere impiegati ai fini legali, ren-

dono manifesta la compatibilità biologica tra il proprietario del campione A e quello del campione B, con particolare evidenza nella determinazione dei genotipi individuali. I marcatori polimorfici analizzati determinano senza rimanenza di dubbio che il signor Edmund Barlow risulta essere legato per parentela alla signorina Virginie Silver.

Al fondo della lettera un piccolo riassunto dei dati e una serie di frasi che mi confonde.

Il presunto padre non è escluso dall'essere padre biologico della persona testata. Basandosi sui risultati ottenuti dall'esame dei loci del DNA *elencati, la probabilità della paternità è del 99,99999%. Questa probabilità di paternità è calcolata con la comparazione a un individuo casuale, non testato, non correlato, della popolazione caucasica.*

Rileggo ciò che c'è scritto.

Non capisco.

Rileggo ancora.

Non capisco ancora.

Prendo il telefono, chiudo l'intervista di Israel, cerco online.

Che differenza c'è tra padre e nonno a livello biologico? Scarto le pubblicità dei test del DNA che si possono fare privatamente, scorro i risultati e trovo l'analisi di una tesi di laurea. In questo elaborato si esclude che il legame biologico tra genitore e un altro tipo di avo possano dare lo stesso risultato in termini percentuali.

Altri siti confermano quanto ho appena letto.

E, piano piano, la verità si fa strada dentro di me, togliendo il velo su quanto è successo finora. Gli abbracci troppo lunghi, l'ossessione di ricreare il look di mia madre, la fuga di Fiona, le bugie di mio padre.

Mi scappa un singhiozzo, un piccolo terremoto nel petto, una crepa che devasta le mie fondamenta. E in quella spaccatura penetra un pensiero mai avuto: la paura.

Sono da sola, in una città che non conosco, con una persona che continua a ripetermi quanto io sia uguale a mia madre, ma che a mia madre, probabilmente, ha fatto del male.

Forse è quando ci si trova in una situazione di pericolo che ci si rende conto di chi è la persona più importante della propria vita, perché tutt'a un tratto ogni cosa perde di significato, tranne una.

Faccio partire la chiamata.

«Papà, ho paura, vienimi a prendere».

Lui non tira fuori recriminazioni, non mi dice 'peggio per te che non mi hai dato retta', non fa l'offeso. Pronuncia una sola domanda: «Dove sei?»

E io gli rispondo.

«Sono venuto a cercarti lì, ma non mi hanno mai permesso di parlarti, non mi hanno dato l'indirizzo di casa, ho girato per New York per giorni prima di tornare a Red Oak. Arrivo subito. Arrivo, Genie».

Poi, aspetto.

Capitolo 33

Israel

Ho scoperto che chi muore non sempre smette di vivere. Guardo me, allo specchio, mi muovo, bevo il succo d'arancia che mi passa Veronica, ascolto il programma della giornata, seguo Bratz che mi aiuta a memorizzare le risposte, tranquillizzo Charlie e gli tolgo di mano l'ennesimo *donut*, scambio un cenno d'intesa con Seven che sta vicino alla finestra del venticinquesimo piano di un grattacielo da cui si vedono l'Hudson e Manhattan dall'altra parte del fiume. Sono vivo, no?

Eppure, in realtà, mi sento come un burattino. Qualcuno mi tiene in piedi con dei fili invisibili, mi muove, ma mi manca la spina dorsale, la linfa vitale. Mi manca Virginie. Mi manca mio fratello.

«Iz, hai le risposte? Stasera sei al *Best NY*, non sarà facile. Jimmy McFarland è tosto, spesso cerca di mettere in difficoltà gli ospiti se non li vede a proprio agio, ma è anche lo show più seguito d'America. Non puoi scazzare».

«Non lo farò» prometto. Ma non posso offrire alcuna garanzia. Perché forse, dopo un po', quando sei morto dentro si comincia a vedere anche fuori.

Bratz alza il pollice e le conferma che sono pronto.

La stanza d'albergo che ci ha riservato la Splendid Records è ampia, ci permette di lavorare insieme senza pestarci i piedi. Ha un angolo bar, un grande salotto, un divano bianco su cui sono semisdraiato, senza forze.

«Il telefono» dice distrattamente Seven.

Io sfoglio gli appunti di Bratz. Sono stanco morto, non dormo da giorni e ho rifiutato l'aiuto farmaceutico che mi ha proposto e consigliato caldamente Veronica.

«Il telefono» ripete. «Il tuo, Iz».

È Bratz a porgermelo, io sono come annebbiato. Quando leggo chi mi sta chiamando, però, una botta di adrenalina mi accende e mi spinge a balzare in piedi. Mi appoggio al muro, preda di un giramento di testa, e clicco sul tasto verde. Mi aspetto insulti, odio, recriminazioni.

Ma niente sarebbe peggio di ciò che sento.

«Genie ha bisogno di noi. Sono partito da Red Oak Town, lei è a New York, ti mando l'indirizzo. Non importa dove sei e cosa stai facendo. Corri».

Vorrei chiedergli mille cose, ma non riesco ad articolare nessuna frase, se non un «okay» biascicato. «Devo andare» dico ad alta voce, anche se mi tremano le sillabe in bocca.

«Dove?»

«Da Virginie». Lo dico mentre mi alzo e cerco il portafoglio, buttando a terra metà delle cose che mi trovo tra le mani.

«Non puoi tornare a Red Oak Town, stasera hai l'intervista più importante di tutte».

«Non c'è niente di più importante di lei e poi è qui. A New York. Cercherò di tornare in tempo, ma lei viene prima di tutto, anche del disco».

La mia manager fa per parlare, ma Bratz scuote la testa. Poi si gira verso di me.

«Vai. E torna in tempo».

«Ci provo».

«Ti chiamo un taxi. Aspettalo sotto».

Annuisco ed esco. Non importa che io abbia la stessa maglietta stazzonata di ieri, che non mi sia pettinato o che i pantaloni mi scivolino sui fianchi, scendo di corsa, la testa che mi gira, il cuore che batte forte, fino a quando un vento inaspettato mi colpisce fuori dal grattacielo, così forte da spostarmi.

Punto i piedi e maledico di non aver preso una felpa, perché sembra che stia per arrivare una tempesta. Vedo un'auto che accosta e la raggiungo, mentre l'aria mi scompiglia ancora di più i capelli.

Do l'indirizzo all'autista e guardo il cellulare. Vorrei richiamare Levi per capire meglio cosa stia succedendo, ma la realtà è che ho paura. Perché qualsiasi cosa stia affrontando Virginie è colpa mia, dell'amore che non ho saputo contenere, del modo in cui la mia presenza nella sua vita l'ha esposta a un mondo che non doveva conoscerla.

Clicco sul suo nome, faccio partire la telefonata, ma non ricevo risposta, suona a vuoto, come le parole che si incastrano nei miei pensieri, soffocandoli nei ricordi.

Lo volevo. Lo voglio. Ti voglio.

Stavo meglio quando non c'eri.

Ma tu cosa ne sai di come ci si comporta quando si vuole bene a qualcuno?

Ti avevo detto di non venire. Te l'avevo chiesto per favore.

Ti odio così tanto.

So cose che tu non sai, e quando le scoprirai mi odierai.

E questa cosa... l'amore... è più forte di tutto il resto?

Più forte del forte, Israel. Un giorno lo capirai anche tu.

Io non voglio innamorarmi.

Perché?

Perché l'amore distrugge ogni cosa.

Ti amo, Vee. Qualsiasi cosa succeda, ora, voglio che tu lo sappia.

Hai detto il nome di mia figlia troppe volte...

Non posso perdonarti.

Stridio di pneumatici.

I bambini!

Vi vogliamo bene.

Il traffico è congestionato, non posso scrivere, il telefono continua a squillare a vuoto e ora capisco cosa prova chi racconta che quando stai per morire tutta la tua vita ti passa davanti agli occhi e tiri le somme. Se dovesse succedere qualcosa a Virginie, non potrei superarla, sarebbe tutta colpa mia.

Arriviamo davanti a un palazzo moderno con finestre perfettamente pulite, un'eccezione in una città dove lo smog deposita uno strato di polvere ovunque. Qui no, qui tutto brilla, sferzato da un vento sempre più aggressivo.

Lascio l'auto e mi dirigo all'ingresso, pensando di superarlo agevolmente per prendere l'ascensore che mi porterà al diciottesimo piano: è lì che dovrei trovare Virginie, mi ha scritto Levi, negli uffici della Barlow Corporation.

Quando una guardia mi blocca il passaggio, sono talmente concentrato su Virginie che non capisco cosa mi stia dicendo. Me lo deve ripetere tre volte.

«Non può passare senza presentarsi e ricevere l'autorizzazione. Ha un appuntamento?»

Guarda i miei capelli stropicciati, la maglietta che ha visto tempi migliori, le mie occhiaie, i lividi che sono rimasti e che ora non sono coperti dal trucco.

«Devo andare al diciottesimo piano».

Il tizio mi squadra e ripete: «Per poter salire deve avere un appuntamento».

«È una questione importante, io devo andare al diciottesimo piano».

Sbuffa, mi afferra il braccio e io punto i piedi. Capisco che vuole sbattermi fuori, ma non può. Devo vedere Virginie.

«Per favore. Le sto dicendo che è importante. Cerco Virginie Silver».

«Venga al gabbiotto, così controllo».

Lo seguo non appena lascia la presa e attendo che verifichi non so cosa sul computer. Non so se sia la mia fretta a farlo sembrare così lento o se sia lui che sta prendendo tempo. Ma tempo non ce n'è.

Attendo che abbassi la testa, che la visiera del cappello d'ordinanza gli copra la visuale e scatto verso le scale. Riesco a fare due rampe correndo prima di avere un nuovo giramento di testa, ma la guardia ha rinunciato a seguirmi, probabilmente mi aspetterà al diciottesimo, dopo aver preso l'ascensore.

Mi fermo.

Devo ragionare.

Al quarto piano entro nel corridoio, lo attraverso sotto gli sguardi perplessi di chi lavora lì e finisco dalla parte opposta dell'edificio. Da lì prendo la successiva rampa di scale e mi trascino fino al punto in cui dovrei trovare Virginie.

Quando rientro al piano corretto, mi rendo conto che le mie previsioni erano giuste e che la guardia mi sta aspettando all'uscita dell'altra rampa, lontano da me. Non mi nota, confuso anche dalle persone che stanno prendendo l'ascensore con le loro ventiquattrore in mano. Mi nascondo dietro la porta d'emergenza e cerco di capire come eludere la sorveglianza, pur non sapendo dove si trovi la donna che amo.

Non ho un piano e non ho più tempo per studiarne uno. Devo buttarmi fuori e correre, cercandola. Faccio così e la distanza dalla guardia mi lascia un tempo sufficiente a percorrere metà del corridoio, prima che si accorga di me e mi venga incontro, il taser puntato verso il mio petto.

«Fermo!»

Il mio sguardo dovrebbe dire tutto, ma solo ora mi rendo conto che sono stato fortunato nella vita a circondarmi di persone che non si limitano ad ascoltare con le orecchie, perché il tizio non percepisce la mia disperazione e, quando faccio ancora un paio di passi avanti, mi colpisce con una scarica che mi stende.

Poco prima di perdere i sensi, i miei occhi intercettano, in un ufficio più lontano, Virginie, con un abito rosa che non le ho mai visto addosso e lo sguardo spaventato. Di fronte a lei il signor Barlow che le tiene i polsi e la tira verso di sé.

Sono arrivato in tempo.

Ma ho comunque perso.

Capitolo 34

Virginie

«Virginie, cara, ti sei annoiata molto?»

Forse è il modo in cui mi sposto indietro, forse il mio sguardo o forse l'evidenza dei fogli che tengo in mano a fargli capire che la noia non è stata il mio più grande problema.

Dopo aver chiamato mio padre, cinque minuti fa, sarei potuta scappare da qui, ma la realtà che mi è precipitata addosso mi ha atterrita, mi ha fatto rendere conto che sono così stupida e ingenua da essere in pericolo ovunque, e papà mi ha detto che sarebbe arrivato qui in un lampo. Qui sono più al sicuro. Ci sono altre persone, l'uomo che ora è in piedi di fronte a me non può farmi del male, no?

Si gratta la nuca, fissa alternativamente me e i referti che appoggio sul tavolo, poi fa il giro della scrivania mentre io mi porto sul lato opposto. Mi osserva da dietro la poltrona presidenziale.

«Sarebbe stato meglio se non avessi aperto il mio cassetto» dice in tono stanco. Prende il fazzoletto dalla tasca del completo e se lo passa sulla fronte. «Cosa... cosa credi di aver capito, Virginie cara?»

Non riesco a pronunciare una parola, sebbene il mio cervello ne sia pieno. Ora capisco cosa prova Israel.

All'improvviso il mio telefono, abbandonato sulla scrivania, inizia a squillare.

La *sua* suoneria.

Io penso a lui e lui mi chiama.

Le mani del signor Barlow silenziano il cellulare e lo ributtano sul ripiano.

«Non è come sembra, Virginie. Io amavo tua madre. Da quando è nata, da quando ho visto quanto mi assomigliava, da subito, sai?»

I ricordi gli portano felicità, sorride. Faccio un passo indietro e vado a sbattere contro un mobiletto.

«Non mi ero mai sentito così, neanche con tua nonna. Il tempo che passavo con Fiona era quello speso meglio. Lavoravo tanto per mantenere l'azienda florida e poterle lasciare un'eredità sostanziosa, poi tornavo a casa e mi buttavo per terra a giocare con lei».

Fin qui il suo racconto potrebbe non essere inquietante, se non fosse per il suo sguardo. Non è l'amore per una bambina, per una figlia, ad accendere i suoi occhi chiari, è qualcosa di diverso. Di disturbante.

È così che Israel ha paura di essere visto, vicino a me? Come un animo pervertito?

«È stata tua nonna a farmi capire che ciò che provavo non era normale. Che non era normale che io volessi fare il bagno con mia figlia, che stessi con lei in camera quando si cambiava, che nella notte lasciassi il letto coniugale per andare ad abbracciare la mia bambina».

Mi viene da vomitare, le lacrime mi scorrono sul viso, non riesco a muovermi.

«Signor Barlow?»

Arthur entra nell'ufficio – un cubicolo di vetro – senza bussare.

«Dai la giornata libera a tutti. Voglio il piano vuoto entro pochi minuti. Poi torna qui e aspetta fuori».

«Ne è sicuro?»

«Sì».

Arthur mi rivolge uno sguardo compassionevole e se ne va per eseguire gli ordini.

«Tua nonna voleva scappare con Fiona. Ma è stata sfortunata. È caduta dalle scale mentre ero via per lavoro e dopo due giorni di coma è morta. Mi chiedo spesso cosa sarebbe successo se lei non fosse inciampata in quel maledetto gradino. Una parte di me si dispiace, perché tua madre sarebbe ancora viva se non fosse stato per quell'incidente».

Sospira.

«Ma l'altra parte... Sai? Io amavo tua madre. E per i sei anni successivi ho vissuto una favola, l'unico periodo davvero felice della mia vita. Egoisticamente, non so se saprei rinunciare a quel 'noi'».

Mi porto le mani alla bocca, inorridita dalle sue parole. La sua espressione si fa triste.

«No, non devi pensare che io... Non è mai successo niente. Stavamo solo insieme, tutto il tempo. Parlavamo, giocavamo, la guardavo studiare. Sì, le impedivo di vedere altri bambini, la tenevo sempre con me, ma non le ho fatto niente».

«E allora come...?»

Abbassa le spalle, fissa per terra, ora tutta la sua felicità è scomparsa.

«Qui. Su questa scrivania, in questo ufficio. Ai tempi non c'era Arthur. Lui è l'unico che sa la verità. Quando ti ho trovata, gli ho chiesto di stare con noi ogni istante e di impedire che io... Lui vede se esagero e mi riporta all'ordine. Quella sera però non era ancora alle mie dipendenze e io avevo sempre soffocato i miei istinti. Li avevo negati a tal punto da non rendermi conto che erano ancora lì, sottopelle, ad aspettare il momento in cui avrei abbassato la guardia».

Movimenti alla mia sinistra mi distraggono. La gente sta uscendo dagli uffici attigui e si sta dirigendo agli ascensori. Mi vengono i brividi. Spero che mio padre arrivi in fretta.

«Fiona si era addormentata. Quella sera la riunione era finita a un orario improponibile. Sono entrato nel mio ufficio e tutto il piano era immerso nel silenzio e nella penombra. Tua madre era sulla mia poltrona, accoccolata, l'abito le era salito sulle gambe. Non si è svegliata quando l'ho presa in braccio, né quando l'ho spogliata».

Mi tremano le gambe, finisco in ginocchio. Penso a una ragazzina cui è stato impedito di crescere, penso alla mia mamma come a una bambola, trattata come un gioco, un possesso. Non ho mai pianto così tanto.

«Non ha mai pianto così tanto come quando si è svegliata, ma a quel punto non sono più riuscito a fermarmi. È così che sei stata concepita. Qui, su questa scrivania. Tra la mia colpa e le sue lacrime. È stato quello il momento in cui ho perso il mio amore e ho perso me stesso».

Devo andarmene via, non posso rimanere qui. Mi alzo in piedi a fatica, ci metto una vita, e quando sono dritta il signor Barlow è già di fronte a me.

«Mi dispiace, Virginie. Ti posso giurare che non è mai più successo. Quando ho capito che Fiona aspettava te, ho cercato di rassicurarla, e lei sembrava tranquilla». Si asciuga ancora il sudore sulla fronte, in affanno. «Invece un paio di giorni dopo mi sono svegliato e non l'ho più trovata. L'ho cercata ovunque, ma è riuscita a scomparire, credo soprattutto grazie a tuo padre». Mi prende i polsi, è delicato, ma mi fa paura. Arthur entra nella stanza, ma non fa niente, sta solo qui, con noi. «Tu sai se l'amava? Hanno avuto una storia? Facevano l'amore?»

Non si accorge che mi sta spingendo all'indietro e mi sta stringendo i polsi troppo forte, sembra ignaro di tutto finché non gemo di dolore. A quel punto mi lascia e crolla per terra, come la persona che ho appena visto cadere al di là del vetro. Entrambi i capelli quasi bianchi, ma uno li ha così per natura, l'altro per amore.

Vorrei correre da Israel, ma il signor Barlow mi stringe le gambe, mi blocca. Arthur si avvicina.

«Signore? Deve lasciare la signorina Virginie. La sta spaventando».

Arthur prende il braccio di mio... di... ma lui lo scaccia. «Non le faccio niente. Lo giuro».

Sta piagnucolando, singhiozza, fa fatica a respirare.

«Mi dica dove sono le pastiglie per il cuore, signor Barlow».

Lui lo allontana di nuovo.

Io non so cosa fare, vorrei essere sicura che Israel stia bene, vorrei non essere inchiodata qui, ma non riesco a ragionare, mi perdo, ho paura.

«Arthur» lo imploro. Ma gli accordi che ha con il suo datore di lavoro evidentemente non includono l'ascoltare le mie preghiere. Si inginocchia vicino al suo capo e cerca di frugargli nelle tasche, sento il suo braccio che si incastra tra il torace del signor Barlow e le mie gambe. Quando trova ciò che cerca, fa cadere due pasticche sul palmo della mano e tenta di consegnarle a chi dovrebbe inghiottirle. Invece, con un gesto improvviso, quell'aiuto viene rifiutato e quelle due palline bianche rotolano per terra.

«Puoi perdonarmi?» mi chiede l'uomo che mi ha dato e mi ha rovinato la vita. Gli occhi così simili ai miei puntati sul mio viso, lui in ginocchio, le pupille dilatate e l'espressione sofferente.

«Non posso perdonarti per qualcosa che hai fatto a mia madre. Io non sono Fiona».

«Non avrei voluto... ma tu... tu ne sei valsa la pena e sono sicuro che anche la tua mamma lo pensa. Vivi, Virginie. Vivi anche per lei».

«Lasciami, per favore».

«Scus...»

La parola gli rimane stretta tra i denti, mentre si comprime il petto con la mano e mi lascia libera. Non resto qui, esco di corsa in corridoio, il cuore e lo stomaco in subbuglio.

Raggiungo Israel e registro le parole della guardia. Sta parlando con la polizia, dicendo che uno sconosciuto è entrato di nascosto nel palazzo.

«Aspetti, non è uno sconosciuto! Per favore, chiami un'ambulanza. Anche il signor Barlow sta male». La guardia mi fissa, io mi identifico, gli indico il capo dell'azienda al di là del vetro e lo prego con gli occhi di eseguire la mia richiesta.

Lui si prende qualche istante per valutare la situazione, ma quando lo minaccio di denunciarlo per omissione di soccorso si riscuote e fa quanto gli ho chiesto.

Mi chino sull'uomo che amo e gli accarezzo i capelli, mormorando le mie scuse. Lo volto a fatica e poggio l'orecchio sul suo cuore che risponde con un galoppo morbido, un po' aritmico, niente a che vedere con il suo solito pulsare, ma almeno batte. E lui respira.

Lo abbraccio, come se potessi proteggerlo, come se Israel potesse farmi scordare della persona che sta soffrendo alle mie spalle tra le braccia di un estraneo, qualcuno che non è la sua famiglia, perché la sua famiglia sono io e io non voglio mai più avere a che fare con lui.

«Scusa» sussurro all'uomo che amo. Ora che capisco, mi chiedo cos'abbia provato a sapermi con uno stupratore, lontana dalla sua protezione, pensando di avermi persa per sempre. Pensando che fosse colpa sua.

Mi tremano le gambe, il tempo non passa mai, vorrei che si risvegliasse e mi guardasse negli occhi, che sapesse che lo amo ancora, che non ho mai smesso, che non lo farò mai. Gli dico parole d'amore, me ne frego della guardia che fa avanti e indietro e che mi può sentire, degli uffici vuoti in cui rimbombano le parole di Arthur che dà indicazioni al telefono.

Piango le mie lacrime sul torace di Israel, mentre continuo a monitorare il suo battito e il suo respiro. Piango me stessa, mia madre, il casino che è la mia vita, la mia incapacità di immaginare il futuro, ora. Vorrei che qualcuno si prendesse cura di me.

Ed è in questo momento che vedo arrivare di corsa mio padre, con dietro un'altra guardia, più bassa e tracagnotta di quella che sta al mio fianco, confusa.

«Genie!»

Mi alzo a fatica, lui mi raggiunge, mi abbraccia, mi solleva da terra e mi stringe così forte da farmi male, se non fosse che è proprio ciò di cui ho bisogno adesso. Per un istante lungo un secolo, la familiarità del suo amore va a curare le mie ferite, poi tutto riparte, a una velocità in cui mi sembra di rimanere indietro, di essere solo trascinata.

Le ambulanze arrivano e, non so come, mi trovo in ospedale, ai piedi del letto di Israel, seduta vicino a mio padre, quello vero, quello che mi ha scelta e cresciuta, quello che ha amato mia madre di un amore puro e pulito. Ho un diario in mano.

Me l'ha consegnato papà dopo che Arthur ci ha dato la notizia che l'infarto del signor Barlow è stato fatale, nonostante gli sforzi dei medici. Non sapevo cosa sentire, in quel momento, perciò ho lasciato che la mano di mio padre mi trattenesse qui, garantendomi la sua presenza.

Non si è mai alzato dalla sedia accanto alla mia, è stato in silenzio, mentre Israel dormiva, alimentato dalle flebo e sedato dagli antidolorifici.

È primo pomeriggio, ma mi sembra che questa giornata sia durata quanto dieci anni interi.

«Con tutto quello che è successo mi verranno i capelli bianchi» dice papà.

«Ci si abitua, alla lunga» rispondo e lui sorride.

«Lo perdonerai?» Fisso Israel e lui segue il mio sguardo.

«Non lo so».

«E a me?»

«Non è colpa tua».

«Eravamo in due. Se non perdoni lui, non puoi farlo con me».

Papà si agita sulla sedia. «Lui è un adulto».

Mi giro verso di lui. «Anche io».

«Non è la stessa cosa, tu...»

«Io ho due anni in più di quelli che aveva mia madre quando si è innamorata di te. E ho avuto la fortuna di poter scegliere chi amare senza che nessuno mi rubasse niente».

Levi sobbalza, stringe gli occhi, come se provasse una stilettata di dolore. Ora sa che io so e forse per questo mi accarezza la mano, per poter condividere il dispiacere che proviamo per la vita che ha vissuto Fiona.

«Ci devo pensare».

«Fallo con la signorina Alastor».

Mio padre arrossisce. «Cosa?»

«L'ho vista, fuori, sta aspettando che tu esca, e se sei venuto con lei... credo che sia chiara la situazione».

«Te ne avrei parlato...»

«Non mi devi nessuna spiegazione. Voglio solo che tu sia felice».

Annuisce e mi accarezza la mano.

«Amavi davvero la mamma?»

«Incredibilmente».

«Aveva solo sedici anni».

«Per questo non l'ho mai toccata con un dito».

«E le sei comunque rimasto fedele così a lungo?»

«Sì».

Gli passo le dita sulla barba lunga, sulle rughe, tra i capelli.

«Credi che lui mi possa amare come tu amavi lei?»

Mio padre si irrigidisce, è questione di un attimo, poi si rilassa.

«Non riesco a pensare a voi due insieme. Mi dispiace».

«Capisco».

Torno a stringere il diario che ho tra le mani e lo invito di nuovo ad andare dalla signorina Alastor. Così papà si alza in piedi, si sgranchisce le gambe e il collo e va verso la porta.

«Sì» dice, la mano già sulla maniglia, la sua schiena larga che mi parla, espressiva quanto la sua voce.

«Cosa?»

«Se c'è qualcuno che può amare in quel modo... quello è mio fratello».

Poi esce e mi lascia sola.

Mi avvicino a Israel; dorme beato, sul viso ha segni che spero non rimarranno indelebili: rabbia subita, preoccupazioni, privazione del sonno, tristezza. Distendo la sua pelle con le dita, cancello le ombre e le pieghe, bacio le sue labbra aride e screpolate. Mi siedo al suo fianco e porto il suo braccio intorno alla mia vita, anche se è inerme. Ne ho bisogno.

Apro il diario che ho stretto per ore e, finalmente, posso parlare con mia madre.

Sono pagine ingiallite con scritte fitte.

Sono dedicate a me.

'Ciao, piccolo essere che sei dentro di me'. Comincia così.

'Ciao, mamma' penso. E mi immergo in lei.

Capitolo 35

Fiona

Ciao, piccolo essere che sei dentro di me.

Ho scoperto ieri che ci sei. Che il seno più dolorante e la pancia più gonfia non ero io ma eri tu. È più corretto dire che l'ha scoperto tuo padre. Mio padre. Condividiamo così tante cose, io e te: il sangue, nostro padre, un destino un po' complicato.

Ho avuto paura, sai?

Quando vomitavo, quando piangevo e mi sentivo smarrita.

Ha avuto paura anche lui.

Pensava che fosse per ciò che mi ha fatto, pensava di avermi rotta dentro, nell'anima, e non solo nel corpo. Però poi, quando mi faceva il bagno, si è accorto del mio corpo cambiato e mi ha fatto fare un test di gravidanza. Poi mi ha detto «sei incinta, Fiona» e non ho capito se fosse più felice o più spaventato. Questa notte mi ha tenuta abbracciata, ma io non ho dormito. Ho cominciato a pensare a te e al fatto che, se avessi aspettato che tu nascessi per scappare, non l'avrei più fatto, perché a quel punto tu saresti stato più importante di me. E io non voglio più stare qui, tra le braccia di nostro padre.

Quindi ce ne andremo.

Presto, il tempo di organizzare le cose.

Andiamo via, piccolo essere.

Andiamo via e saremo liberi.

Domani è il gran giorno. Aspettiamo che papà dorma e poi andiamo alla stazione dei bus. Ho visto che ce ne sono tantissimi, ma pensavo di fare tappe brevi, perché ho ancora la nausea e non voglio attirare l'attenzione. Philadelphia sarà la prima fermata importante, poi prenderemo un altro autobus, ma non so per dove. Ci faremo guidare dall'istinto. L'importante è sapere che saremo insieme. E poi fa caldo, non abbiamo bisogno, per ora, di un albergo. Staremo lontani dai radar e faremo perdere le nostre tracce.

Sono emozionata.

E felice.

Tu mi rendi felice.

Il viaggio non è stato così facile come pensavo e, devo ammetterlo, piccolo essere, quando sono arrivata a Philadelphia ho pensato di tornare indietro. A casa, da papà, avremmo i soldi, un tetto, il suo amore. Però poi mi sono ricordata: una fitta tra le gambe e le luci della città nella penombra di un ufficio buio.

Non è mai più successo, ma credo che sarebbe solo questione di tempo. Avevo dei dubbi sul suo modo di dimostrarmi affetto, ma sono cresciuta così, per me era quella la normalità. Ora capisco che quello non è l'amore di un padre e che prima o poi lui vorrà di nuovo... me. Non voglio che tu cresca con una mamma spaventata e così sostituisco la paura dell'ignoto a quella di ciò che conosco: i suoi sguardi, i bagni con la spugna, i suoi abbracci.

Sei stato tu a decidere dove saremmo andati, lo sai? Ero davanti al tabellone e stavo leggendo le destinazioni, velocemente, il cappellino calcato in testa per il timore di essere vista.

Warrington.

Malvern.

Elmer.

Glassboro.

Hockessin.

Red Oak Town.

È stato quando ho letto il nome di quella città che ho sentito delle bollicine nella pancia.

Ho pensato che volessi andare lì.

E quindi qui siamo arrivati.

È una città molto carina e piccola e ha tanti boschi dove nascondersi. Per ora abbiamo ancora soldi e cibo, poi decideremo cosa fare nei prossimi giorni.

Oggi, camminando nella foresta a nord della città, ho sentito un rumore e mi sono nascosta. Il primo pensiero è stato tenermi la pancia, proteggere te. Tu mi fai sentire forte, come un animale che deve difendere il suo cucciolo. Dietro un albero abbattuto, circondato di erbe spontanee, ho spiato le due persone che sono arrivate a un passo da me e si sono sedute poco lontano, su un tronco spezzato.

È stato un attimo, piccolo essere, e ho capito come si sente il nostro papà quando mi guarda. Non so che nome dare a questo sentimento, ma, quando ho visto il ragazzo più grande tra i due, ho sentito che mi si agitava tutto, nel corpo. E anche tu sembravi più attivo. Ti sento come bollicine, come farfalline, ma ti sento sempre quando sei sveglio. Ed eri davvero super sveglio, in quel momento.

I due parlavano a bassa voce. Quello grande dava qualcosa da mangiare al ragazzino piccolo, sono riuscita solo a capire i loro nomi e più o meno a dare loro un'età. Israel deve avere meno di dieci anni. Levi invece sarà intorno ai venti. Ha le spalle larghe e uno sguardo buono. I suoi occhi sembrano il riflesso del colore della foresta, un verde scuro che avrei tanto voluto vedere più da vicino.

E quei due erano... insieme. Nel vero senso della parola. Non nello stesso modo in cui io ero con papà, loro paiono una famiglia come io la immagino.

Così ho deciso di rimanere in questo bosco, magari tornano, magari posso guardarli e capire come saremo io e te.

Forse sono stata avventata a rimanere qui. Non ho pensato al fatto che, come io ho visto Levi, lui avrebbe potuto scoprire me. E invece è successo.

Stavo dormendo. Lo zaino sotto la testa e addosso la coperta che ho portato da casa. Da quando sei con me, piccolo essere, sono spesso stanca e ultimamente sto mangiando poco, per cui ero immersa in un sonno profondo.

Quando ho aperto gli occhi, lui era lì. Da solo, questa volta. Il ragazzino non c'era.

Mi fissava, curioso, con i suoi occhi verde scuro che, devo confermare, sono proprio qualcosa di incredibile. Mi ha detto un semplice «ciao» e io ho dovuto trattenere un urlo tra le labbra, perché non sapevo cosa rispondere, se scappare. Sono diventata brava a non fare rumore.

Lui ha visto che mi sono spaventata e ha fatto qualche passo indietro per farmi capire che non aveva intenzioni brutte. Siamo rimasti a guardarci per... non lo so, mi sono sembrate ore, ma non ho portato l'orologio perché sono una stupida.

Poi, lui ha detto: «Devo andare. Posso tornare più tardi. Hai fame?»

Ho annuito.

E ora aspetto che ritorni da me.

Te l'ho già detto che sono stupida?

Ciao, piccolo essere che mi abiti la pancia, è un po' che non scrivo, perché ora non sono più così tanto da sola. Ho fatto amicizia con Levi e con suo fratello Israel, anche se quel ragazzino parla davvero poco. Mi hanno costruito un riparo e mi portano il cibo di nascosto, così non devo andare in città. Levi è andato nella biblioteca e ha chiesto di poter usare il computer – mi ha detto che non è autorizzato, che Miss Price gli ha fatto delle storie perché non è più uno studente –, ma alla fine è riuscito a ottenere il permesso. Non ci sono notizie in merito alla mia fuga, sui giornali. Quindi nessuno mi cerca, a parte nostro padre. Credo.

Il che mi rende un po' triste e molto felice allo stesso tempo.

Sono sola. Ma sono libera.

E sono un po' meno sola quando viene Levi.

Non so perché, ma spero che potrai conoscerlo. È un ragazzo pieno di vita, determinato e con un senso di responsabilità for-

tissimo. Sai che è rimasto senza i genitori? È qui, all'orfanotrofio di Red Oak Town con il suo fratellino piccolo, e avrebbe potuto già andare via, ma è rimasto per lui, per non lasciarlo mai.

Si vogliono davvero bene, non ci sarà mai niente che potrà rovinare il loro rapporto.

Ciao, piccolo essere, in queste settimane di silenzio è successa una cosa.

Mi sono innamorata.

E so che se fossi più razionale direi che forse *mi sono innamorata, perché alla fine cosa ne so io dell'amore? Però lo sento, sai? Come sento te che ti muovi e che sei vero, che ci sei. Ecco, l'amore lo sento proprio così, come un'entità che si agita dentro di me. Con Levi mi sento al sicuro, ma anche felice e fiduciosa.*

Mi ha detto che mi aiuterà a prendermi cura di te. Che mi farà avere un documento falso, così potrò partorire alla clinica e poi sposarlo. Tutto questo e ci siamo solo baciati. Abbiamo dormito stretti insieme, abbiamo parlato del nostro passato, sognato il nostro futuro. Sta lavorando tantissimo per mettere da parte dei soldi e trovare una casetta per noi. Io starei anche qui, nel bosco, ma lui mi ha detto che l'autunno in Pennsylvania è molto piovoso e in inverno fa freddo. Dobbiamo essere sicuri che avrai un tetto quando nascerai.

Mi ha chiesto come voglio chiamarti.

Gli ho detto che, se sarai un maschio, vorrò chiamarti Adam, come il primo uomo.

E, se sarai una femmina, il tuo nome sarà Virginie. L'ho letto in un libro al corso di francese e l'ho trovato così bello!

Allora, Levi mi ha detto che un giorno ci porterà in Francia e io sono riuscita a immaginare noi, a Parigi, tra le strade profumate di pane e croissant, le tue manine nelle nostre.

Voglio dirti una cosa, che tu sia Adam o Virginie. Amare è l'emozione più bella del mondo, cura tutte le ferite, riempie anche un cuore spezzato.

Ama.

Ama e non smettere neanche se sarà difficile.

Ciao, piccolo essere.

Voglio dirti che da oggi abbiamo un nuovo nome e una nuova casa.

E che non sono mai stata così felice in vita mia. La pancia ormai si vede tantissimo, stai crescendo, sei un bimbo o una bimba molto quieta, tranne quando vediamo Israel. Se c'è lui in giro, ti agiti e fai le capriole. Lui a volte viene vicino, sta in silenzio e si appoggia sulle mie gambe. Credo gli manchi la sua mamma, ma noi saremo la sua nuova famiglia.

L'altro giorno ho litigato con Levi perché non vuole portare qui suo fratello. Sono stata meschina, l'ho accusato di escluderlo per colpa mia, ed è stata la prima volta che l'ho visto ferito. La mia stupidità l'ha fatto soffrire.

Sai perché rinuncia a mantenere la promessa che ha fatto a Israel? Per proteggere noi. E ci sta male, perché sa che è la cosa più giusta, anche se vorrebbe poter vivere tutti insieme. Ma dice che, se prenderà un bambino di nove anni in casa, i servizi sociali verranno sempre a controllare e magari potrebbero indagare anche su me e te. Il mio documento falso, con il numero di previdenza sociale di una persona che non conosco, non può reggere a controlli molto serrati.

Quindi, per noi, è disposto a fare questo sacrificio.

Israel ieri è venuto a trovarci e mi ha rassicurata. Ha detto che capisce e che non fa niente. Che lui all'orfanotrofio ha tanti amici e che il bambino viene prima di tutto.

Non l'ha detto con molte parole. Perlopiù gesti e sguardi.

È un ragazzino speciale.

È bellissimo, dolce, sensibile.

Sono sicura che gli vorrai davvero bene.

Ciao, piccolo essere. Ti scrivo con le mani che tremano.

Sto andando in clinica perché mi sono venute le contrazioni. Sono spaventata, vorrei che ci fosse la mamma con me, io non so come nascono i bambini. E se non sarò in grado? Se ti farò del male senza volerlo?

Levi dice che sarò bravissima, ma le ragazzine della mia età non dovrebbero partorire, dovrebbero andare a scuola e divertirsi. Ho paura.

Ciao, piccolo essere. Questa è l'ultima volta che ti scrivo prima di vederti.

Voglio solo dirti che ti amo.

E che non penso davvero che dovrei andare a scuola e divertirmi. Voglio essere la tua mamma, conoscerti, accompagnarti nella vita, impararla con te. Scoprire chi sei e chi diventerai. Levi sarà un papà perfetto, anche se non è il tuo vero padre. Perdonagli di non essere lui, geneticamente, che ti ha generato, sono sicura che sarà all'altezza del compito che si è scelto.

Israel è qui fuori. Anche lui ti amerà quando ti conoscerà, ne sono certa.

Siamo stati fortunati, piccolo essere. I più fortunati del mondo.

Sappi che saremo sempre ins

Capitolo 36

Virginie

Il diario di mia madre si interrompe bruscamente, come se glielo avessero tolto dalle mani oppure l'avesse lasciato cadere. Immagino che sia stato il momento in cui è entrata in travaglio attivo, mi pare si chiami così.

«Come stai?»

La mano di Israel mi stringe il fianco, non vede le mie lacrime, ma sente il mio respiro. Non so da quanto sia sveglio, non so se abbia visto il diario, se sappia che esiste, se abbia capito cos'è successo.

«Mi sei mancato».

Si gira sul fianco, avvicina la testa e avvolge la mia vita con l'altro braccio, nel quale è ancora inserita la flebo.

«Anche tu».

«Perché non me l'avete detto?»

Lui allunga le dita e le batte sulla copertina rigida su cui è stampata la testa di un cavallo. Evidentemente ne conosceva l'esistenza.

«Fiona».

Aspetto che mi spieghi.

«L'ha chiesto a tuo padre. Voleva che conoscessi solo l'amore pulito di Levi, non quello malato che ti ha generata».

Annuisco, accarezzo i fogli, le ultime parole spezzate.

«Ti amava tanto».

Questa è la verità che dovrò ripetermi fino a quando non mi sarà entrata nel cuore.

Sono una persona che ha ricevuto tantissimo amore.

E se si riteneva fortunata mia madre, nonostante ciò che aveva vissuto, io non posso essere un'ingrata e guardare solo il lato negativo.

«Vi perdono per le bugie».

Sospira. Rilassa il torace e si adatta meglio al mio corpo. «Grazie».

Rimaniamo in silenzio per un po', con lui che mi abbraccia mentre io sto seduta sul suo letto d'ospedale. Mi sembra tutto così assurdo, eppure così giusto. Sono qui, con Israel, non ci sono più segreti tra di noi. Tranne...

«Mi sono iscritta alla NYAA. Ho deciso quando ero lì, a New York, e non per... per lui. Ho capito che dovevo cercare una mia strada. E quella è l'università che mi può aiutare a trovarla».

«Hai fatto bene. Se ancora vuoi, troverò il modo per stare con te, il più possibile».

Quando esprime il suo dubbio sui miei sentimenti, la voce gli si incrina. La sua fragilità è una cosa nuova per me, lui è sempre stato in controllo, o arrabbiato, o disperato. Ma così esposto, mai.

Mi volto verso di lui, che tiene gli occhi chiusi e il viso affondato nella mia gamba.

Gli accarezzo i capelli, i lividi, il collo.

Brividi, non solo suoi.

«Guardami» gli chiedo.

«Non ci riesco».

«Perché?»

«Mi vergogno».

Gli prendo le guance tra le mani e lo forzo a girarsi. Lui lo fa, tornando supino, gli occhi chiusi, una lacrima che scivola verso la sua tempia.

«È stata tutta colpa mia. Ho rovinato ogni cosa. Ho tradito mio fratello, ho tradito Fiona e ti ho mentito».

«Basta» dico con un fervore che lo fa sussultare. Apre gli occhi e mi consente di annegare nella sua anima. «Basta, Israel».

Gli poggio una mano sul petto e lui la copre con la sua.

«Che ore sono?» mi chiede.

«Le sei del pomeriggio» chiarisco, perché le tapparelle sono chiuse e siamo illuminati solo da una luce soffusa sopra il letto.

«Devo andare in un posto. Ma solo se ci vieni con me».

Abbiamo tante cose di cui parlare, tante ferite da cicatrizzare, tanta pelle da toccarci per risentirci insieme, ma non è il luogo né il momento, e nella sua voce capisco che è pronto a rinunciare, ma anche che è qualcosa di importante.

«Solo se i dottori ti dimettono».

Israel annuisce, ma ho l'impressione che sia pronto a firmare le dimissioni volontarie se dovessero negargli quelle ufficiali.

Chiamo l'infermiera ed esco mentre fanno gli accertamenti.

In corridoio ci sono mio padre e la signorina Alastor, seduti vicini. Lui gesticola mentre parla e lei gli accarezza le braccia, le mani, lo guarda con così tanta dolcezza che mi si stringe il cuore al pensiero che mio padre abbia rinunciato a questo tipo di calore umano per stare con me.

La mia insegnante mi vede e fa un cenno a mio padre, che si volta.

«Genie. Come... come sta?»

«Vuole farsi dimettere. Deve andare a fare qualcosa». Sto un attimo in silenzio. «E io lo seguirò».

Levi abbassa la testa e anche le spalle gli si accasciano. La signorina Alastor gli accarezza la schiena, si sporge verso di lui e sussurra qualcosa nel suo orecchio, provocandogli un enorme sospiro.

«Okay, puoi solo farmi sapere quando tornerai a casa?»

«Il prima possibile, abbiamo molte cose di cui parlare. Ma vorrei tornare con Israel, con la persona che amo, anche se non è ciò che ti aspettavi per me».

«Non so se sono pronto».

La signorina Alastor si intromette. Forse conosce l'animo di mio padre meglio di quanto lui conosca se stesso, o forse ha solo capito che questa famiglia non ha bisogno di una rottura, ma di una riconciliazione. «Tuo padre sarà pronto».

«Grazie, Miss Alastor. Si prenda cura di lui».

«Lo farò».

«Papà?»

Levi alza la testa, mi guarda.

«Ti voglio bene».

Gli dico la verità. Tre semplici parole fin troppo utilizzate, banali, forse, ma sento che lui capisce ciò che ci sta dietro. Mi sorride, tira su col naso e poi mi dice: «Torna presto».

«Lo farò».

Rimaniamo a fissarci, per trasmetterci tutto ciò che ci diremo un giorno, a mente fredda, poi è la signorina Alastor a rompere questo momento bloccato nel tempo.

«Vai» gli sussurra e lui agisce. Si alza, fa due grandi falcate e mi avvolge in un abbraccio che ricambio, gli occhi umidi e la sensazione che ci sia molto da proteggere, ora. Che questo legame che mi è sempre sembrato indistruttibile adesso abbia bisogno di cure, come se fosse appena rinato.

«Grazie, papà, per le tue scelte e per avermi tenuta con te».

«Tu sei mia, Genie. Non importa il sangue. Importa solo che ho cominciato ad amarti prima ancora che nascessi e che non smetterò mai. Sarai sempre la persona più importante della mia vita».

Lo stringo forte ed esprimo un augurio muto: che lui possa avere un ammontare di felicità che lo ripaghi di tutti i sacrifici che ha fatto per me e per mia madre. Gli sono grata di averla amata, di aver reso felici i suoi ultimi mesi, di averle dato la sicurezza di lasciare sua figlia nelle mani di chi l'avrebbe protetta.

Un rumore alle mie spalle mi fa voltare; l'infermiera e il dottore sono usciti dalla stanza di Israel, richiudendone la porta.

«Devo andare da lui».

Mio padre distoglie lo sguardo, percepisco che gli fa ancora male questo tradimento, così mi alzo sulla punta dei piedi e bacio la sua barba troppo cresciuta, proprio al limitare della pelle della guancia.

«Torno presto».

Quando entro nella camera, mio zio – *non mio zio* – sta tentando di slacciarsi la camiciola azzurra che gli hanno messo per visitarlo.

«Lascia stare, faccio io».

Lo invito a voltarsi e sciolgo il primo fiocchetto. Sono tre: uno sul collo, uno sulla schiena e l'ultimo sul suo sedere nudo. Separo i lembi e faccio scorrere le dita sulla sua pelle, fino a lasciarlo completamente esposto. Lo abbraccio da dietro.

«Ti amo così tanto, Israel Silver, che in questo momento vorrei poter scomparire dentro di te per sentire ciò che senti tu e curare i tuoi dispiaceri e percepire i tuoi muscoli come i miei e ascoltare i tuoi pensieri e parlare con la tua bocca».

«E cosa diresti, se fossi me?» Mi stringe le mani, mi attira ancora di più a sé.

«Direi 'ricominciamo'. E poi mi bacerei». Lo dico posandogli la guancia sulla schiena.

«Non qui e non adesso». La sua voce vibra contro la mia pelle.

«Quando sarà il momento, allora».

Si volta ed è perfetto. Ha perso peso e i suoi muscoli lunghi sono più evidenti, segnati da ombre che li delineano, il suo viso è un mezzo casino, ma le sue labbra sono ancora invitanti.

«Aiutami a vestirmi» mi dice, ma tutto in lui tradisce il fatto che vorrebbe fare l'opposto.

«Dove devi andare?» gli chiedo, inginocchiandomi ai suoi piedi per infilargli i boxer.

«Sei scorretta».

«Ho intenzione di fartela pagare, almeno un po'» sussurro sul suo sesso, prima di alzarmi in piedi.

«Spero che il conto sarà salato».

«Molto». Mi sollevo sulle punte dei piedi e mi struscio su di lui, a un centimetro dalle sue labbra, poi lascio che la sua maglietta ci divida.

«Devi cambiarti, prima di andare in qualsiasi posto. E devi farti una doccia».

«Mi stai dicendo che puzzo?»

Alzo le spalle e stringo le labbra per nascondere un sorriso.

«Maleducata».

Mi afferra e mi stringe nel suo abbraccio fingendo di soffocarmi, un momento di normalità che mi riporta a quando io ero una bambina e lui poco più che un ragazzino. Dura un attimo, poi si china per infilarsi pantaloni e scarpe. «Dobbiamo andare o Veronica mi taglia le palle».

«Che ci provi solo ad avvicinarsi a ciò che è mio, quella».

Lo dico sovrappensiero, ma lui sorride come se gli avessi confessato il mio amore.

«Sono tuo?»

«Finché mi va». Faccio la sostenuta, ma lo sguardo che ci scambiamo è una promessa. Un 'per sempre' infilato tra le ciglia e le iridi, lì dove potremo vederlo ogni giorno e specchiarci nel nostro futuro.

Mi passa il braccio intorno al collo, controlla di aver preso tutto e mi indirizza verso la porta. Fuori c'è ancora mio padre, sta aiutando la signorina Alastor a infilarsi un golfino leggero. Si volta e ci vede insieme, la mandibola gli si irrigidisce, devia la sua attenzione sulla sua compagna e sospira.

Quando gli passiamo vicino, lo saluto e lui ricambia. Israel invece non riesce neppure a guardarlo. Io gli prendo la mano. Siamo insieme, ora non c'è più niente da nascondere, e tutto – *tutto*, per quanta fatica mi potrà costare – andrà a posto.

Usciamo dall'ospedale e prendiamo un taxi.

«Agli studi televisivi della CBS».

Gli lancio uno sguardo basito e lui fa spallucce. «Tra due ore ho un'intervista con Jimmy McFarland».

«*Quel* Jimmy McFarland?»

«Conosci altri conduttori del *Best NY*?»

«Quindi ora sei ufficialmente famoso?»

«Così pare».

Fissiamo New York che ci scorre sotto gli occhi, rimaniamo in silenzio, ma è uno di quei silenzi che sa di pace più che di cose taciute, di paure e di domande. Israel manda un messaggio a Veronica, digitandolo sotto i miei occhi, in cui la avvisa che stiamo arrivando, che ha bisogno di fare una doccia e di un cambio pulito. Le scrive:

Ci sarà anche Virginie. Puoi trovare qualcosa anche per lei? Purché non sia rosa. Grazie.

Solo ora mi rendo conto di avere ancora indosso l'ultimo regalo del signor Barlow e ringrazio che Israel si sia reso conto che non è mio, non l'ho scelto io e non mi rappresenta.

«Tua madre era ossessionata dal rosa».

«Me ne sono accorta».

«Diceva che se fossi stata femmina, però, avrebbe usato per te tutti i colori, così che tu potessi scegliere il tuo preferito. Poi sussurrava: 'Però non sarebbe male se le piacesse proprio il rosa...'».

«Mi dispiace deluderla» dico con la testa sulla sua spalla, «ma il rosa non fa per me».

«Lo so. Il tuo colore preferito è sempre stato...»

«Il bianco» lo interrompo.

«Non ti ho mai chiesto perché» dice, cercando i miei occhi.

«Perché è ciò che sono. Ogni tinta che mi gira dentro si avvolge vorticosamente alle altre e riflette la luce, rendendomi bianca. I capelli, la pelle, il mio amore per te. È tutto bianco. Una tavola su cui poter disegnare ciò che più desidero».

«E cosa vuoi disegnare?» mi domanda un attimo prima che scendiamo dall'auto, di fronte agli studi televisivi. Il mio 'noi' sfiatato non lo sente dalla mia voce, troppo sussurrata per il casino che ci accoglie – Veronica e la crew che ci vengono incontro –, ma lo sente nella stretta che do alla sua mano.

Lo sente mentre cento mani gli vanno addosso per spingerlo in un camerino, spogliarlo, indicargli una doccia, rivestirlo, truccarlo, pettinarlo. Lo sente perché sono sempre lì, con una gonna nera, un paio di anfibi e un top bianco. Non so come Veronica sia riuscita a recuperare questi abiti, ma non riuscivo a smettere di ringraziarla. E di controllare che le sue, di mani, non fossero troppo presenti sul corpo di mio... di Israel.

In tutto questo, dietro di lui c'è Bratz che continua a ripetergli le risposte alle domande che hanno concordato, per fargliele memorizzare.

Sono quasi due ore, sembrano cinque minuti, e quando gli viene detto di andare in scena è tutto un velocissimo istante. Mi sfiora le labbra, mi dice «a dopo» e scompare.

Della sua fragilità, dei suoi dubbi, dei suoi sensi di colpa, nessuna traccia. Un uomo sicuro di sé è colui che appare alle telecamere e viene applaudito dal pubblico. Da dietro le quinte riesco a vedere uno scorcio di ciò che viene trasmesso sulle televisioni di mezza America, per uno dei programmi più seguiti del venerdì sera.

Scambia una stretta di mano col conduttore più in voga del momento e si siede su un divano blu, mentre la band suona uno stacchetto musicale.

«Benvenuto al *Best NY*, Iz the Issue!»

«Grazie per l'invito, Jimmy».

«Come potevo esimermi dal chiedere alla nuova stella del panorama rap e pop di essere qui con noi, per parlare di sé e del suo prossimo disco? Potevo?» domanda al pubblico che risponde un «no» condito di risate. «Dunque...»

Il conduttore comincia con domande di rito, Israel risponde con una scioltezza inaspettata, anche se rimane il solito ragazzo educato e timido, ma Jimmy riesce a farlo sorridere imbarazzato un paio di volte, leggendo dei commenti social su quanto sia bello o sulla qualità delle sue canzoni.

Poi passano a leggere i tweet degli haters, prendendoli in giro. Il peggiore gli contesta il fatto che le sue canzoni siano troppo morbide per essere considerate puro rap, che è un venduto del pop, ma è lo stesso conduttore a rispondere per le rime, a difendere il suo ospite.

«E poi, so che non ne vuoi parlare, ma le voci sulle fotografie finite sui giornali per poi scomparire non scemano. Tutti si chiedono chi sia la ragazza misteriosa e se il tuo cuore sia già impegnato. Cosa puoi dirci al riguardo?»

«Devo ammettere, Jimmy, che non sono abituato che la gente si interessi alla mia vita privata e che, come ho già detto in altre interviste, sono molto riservato sui miei sentimenti e sulle persone importanti, ma...»

Alza il dito e lo punta verso le quinte, dove io sono appoggiata a una parete di cartongesso a spiare l'intervista.

Il conduttore si volta verso di me, sorride e torna su Israel. «È lei?»

Israel annuisce.

«Possiamo inquadrarla?» gli chiede Jimmy, ma le telecamere sono già su di me, gli sta solo chiedendo il permesso di mandarmi in onda.

«Preferirei rimanesse tra di noi, Jimmy, prendila come una confidenza personale».

«Allora mi troverò costretto a descrivere al pubblico la ragazza che... posso dire... ha rapito il tuo cuore?»

«Puoi dirlo forte».

Jimmy torna a fissarmi. «Be', Iz, per me è davvero troppo giovane, ma, ragazzo, posso solo dirti... hai fatto jackpot!»

Arrossisco e mi perdo negli occhi di Israel, che mi guarda, si morde le labbra e mi promette senza parlare di recuperare il tempo perduto e di farmi capire quanto sia consapevole di questo 'jackpot'.

«Lei è una parte di me, la migliore, rappresenta tutto ciò che ho sempre sognato di avere, il modo in cui speravo di poter vivere, è famiglia, è rime, è silenzio quando serve, è musica».

«Una dichiarazione d'amore in piena regola. Wow, Iz, è questo il livello di romanticismo che dobbiamo aspettarci dall'album?»

«Be', diciamo che prima di arrivare a questo ci sono state parecchie difficoltà, quindi nel disco ci sono tracce molto diverse tra loro, ma tutte sono legate alla dipendenza. La mia è lei».

Il pubblico in sala applaude, fomentato dall'animatore della claque.

«Una confessione in piena regola, ti ringraziamo per averci aperto il tuo cuore. E ora, cosa ne dici, mi insegni a rappare? Ho sempre desiderato cambiare mestiere, è arrivato il momento di investire nei miei sogni».

Jimmy, col suo solito modo goliardico, coinvolge Israel in una specie di *battle* che ironizza sul mondo delle rime e su chi crede sia semplice gestire ritmo e parole. Iz sta allo scherzo, anche se arrossisce spesso, almeno finché non gli tocca improvvisare qualche strofa veloce.

Allora serra le palpebre, socchiude le labbra e va in un luogo dove è intoccabile, dove è lui a essere al comando, dove tutto è sotto controllo, poi volta il viso verso di me e apre gli occhi, trovandomi lì dove sono sempre stata: ad aspettarlo.

Wait for me, that's what I meant to say
But instead I told you to leave.
And you fucked me and went away
Condemning me on the 'qui vive'.

Aspettami, è ciò che volevo dire
Ma invece ti ho detto di andartene.
E tu mi hai fottuto e te ne sei andata
Condannandomi al 'qui vive'.

Racconta di noi, del modo in cui ci siamo respinti e fatti del male. Il ricordo dei nostri litigi mi accende in modi inopportuni e mi chiedo se ora continueremo a sfidarci e a colpirci, per poi finire con il cuore in gola e un desiderio che ci brucia.

They saw us, and it was so wrong
'cause we are a private song
That you can't sing along
Secretly I wanna love you all night long.

Ci hanno visto, ed è stato così sbagliato
perché noi siamo una canzone privata
Che non puoi cantare a lungo
Ti voglio amare in segreto tutta la notte.

Finisce di cantare e il pubblico applaude, entusiasta, senza bisogno che l'animatore della claque si preoccupi di scaldarli. Applaudo anche io, gli occhi nei suoi, pieni di promesse inespresse a voce, quelle che ci facciamo ora.

Veronica mi tocca un braccio e mi invita a seguirla in camerino. Mi ero scordata che fosse qui con me, ma il suo sguardo, ora meno ostile e preoccupato, mi fa capire che ha visto tutto. Che ha visto noi.

Che forse ha compreso che non potevamo fare scelte diverse. E, in qualche modo, mi ha perdonata per aver incasinato la testa di Israel. Una volta chiusa la porta mi offre da bere. Rifiuto, non riesco a pensare ad altro che a lui.

E a ciò che sarà di noi.

Lo scopro poche ore dopo, quando entriamo in albergo, finalmente soli, le nostre mani intrecciate. Sono state così dal momento in cui Israel è rientrato in camerino e non si sono mai staccate. La stanza che ci è stata data alla reception non è allo stesso piano di quella in cui sta la crew, dove, mi dice lui stesso, ha passato giorni strazianti. La luce che ci accoglie è soffusa, proviene da due abat-jour ai lati del grande letto matrimoniale con una coperta a fiori che sembra uscita da un romanzo delle sorelle Brontë.

Israel chiude la porta alle spalle e mi trattiene perché non possa allontanarmi. Si appoggia alla mia schiena, inspira il profumo dei miei capelli e mi abbraccia. Siamo fermi in questo piccolo ingresso, come se il tempo avesse smesso di scorrere, come se qui e ora fossimo alla resa dei conti. Ci sono troppe cose da dirci, da risolvere, ma siamo stanchi, provati, ancora un po' rotti, anche se questo abbraccio pare voler risanare almeno le più superficiali tra le ferite.

Prima tra tutte...

«Mi hai lasciato».

«Mi hai mentito» ribatto.

Lui scuote la testa, il movimento mi fa appena il solletico, le sue mani stringono.

Non ho più i segni del suo amore. Ne voglio di nuovi, per cui non mi lamento dei suoi polpastrelli che mi scavano la pelle delicata, anzi, provo a percepire il sangue che affiora in superficie, che lo cerca, ribellandosi alla sua naturale inclinazione.

«Non potevo fare diversamente» sussurra.

Io invece avrei dovuto ascoltarlo. Dare retta a mio padre.

«Sono impazzito a saperti lontana, con lui. Il mondo che continuava a correre e io che riuscivo solo a pensare a cosa poteva farti. Sono stato un automa senza vita, mosso da Bratz e Veronica. Sono stati loro a salvare Iz the Issue. Per me, senza di te, poteva finire tutto».

Provo a girarmi, ma lui mi stringe di più. Non vuole che lo guardi in volto mentre mi confessa la sua fragilità.

«È passato» gli dico. «Possiamo andare avanti, possiamo stare insieme».

«Tuo padre non mi perdonerà mai».

«Lo farà». Forzo il suo abbraccio e mi giro verso di lui per prendergli il viso tra le mani. «Lo farà. Papà è un uomo d'amore, non di guerra. Dagli un po' di tempo».

Cerco i suoi occhi, sono stanchi, di nuovo spaventati. La forza che ha messo alla CBS è esaurita, tutto ci è tornato addosso, come se scrollarcelo dalle spalle non avesse fatto altro che spostare il peso di poco, per poi ributtarlo esattamente dov'era. Abbiamo bisogno di essere insieme per portarlo e, un giorno, farlo svanire. E anche se non so come fare, voglio prendermi cura dell'uomo che amo.

Occuparmi di lui è ciò che serve anche a me per sentire che posso sopravvivere alla mia stessa storia, all'idea di essere nata per errore. Lo bacio, cerco sulle sue labbra la possibilità di dimenticare.

Con nessuno al mondo sono stata più me stessa se non con la persona sbagliata che adesso mi avvolge in un nuovo abbraccio. Un abbraccio che si sveste del dolore per ricoprirsi di desiderio e appartenenza.

Sono Virginie, tra le sue braccia.

Una nuova me, da quando è tornato.

Una donna.

La sua.

Lo tiro per la T-shirt e cammino all'indietro, portandolo con me, poi mi siedo sul letto recidendo il contatto con la sua bocca.

«Puoi toglierti la maglietta per me?» gli chiedo, guardandolo dal basso.

Si morde la guancia, poi mi accontenta.

Osservo le ombre sul suo petto, sugli addominali, studio la sua pelle, poi ci poso un bacio sopra, proprio vicino all'ombelico. Appoggio la guancia su di lui, mi struscio, mentre le mie mani raggiungono il bottone dei suoi jeans.

«Cosa stai facendo?» mi chiede, il fiato spezzato dal desiderio.

«Ti faccio scordare ogni cosa. Concedimelo».

La mia preghiera si scontra con il tessuto dei suoi boxer e viene accolta da un suo gemito eccitato.

«Vee non... non sei obbligata».

Lo so.

E sono grata per questo. Ancora di più oggi che so cos'ha vissuto mia madre, cosa vivono ogni giorno migliaia di donne.

Io posso scegliere.

E scelgo di amare lui.

Lui che si definisce 'un problema'.

E che invece è la mia unica occasione di felicità.

Le sue dita tra i miei capelli, il modo in cui perde il controllo sulla mia lingua, i suoi ansiti spezzati che riempiono la stanza, l'amore che gli dimostro vezzeggiando la sua pelle, imparando cosa significhi svestire i panni della ragazzina, con lui, per lui, tutto contribuisce a farmi perdere la testa.

Così la mia mano sinistra finisce tra le mie cosce, mentre continuo a succhiare, ad amare, a portarci entrambi al punto di non ritorno.

«Vee...»

Mugolo, ansimo, soffio sulla sua erezione. Rispondo così al suo richiamo, impegnandomi di più perché capisca che non mi tiro indietro, che non scapperò mai più da lui, da noi. Che ci credo, più di prima, se possibile.

Che lo amo.

E io penso che lui capisca ciò che gli sto comunicando, perché si ferma, mi guarda, si morde il labbro, stringe le palpebre, poi spalanca gli occhi e torna a fissarmi.

Si muove lentamente, si osserva scomparire nella mia bocca e poi lo fa.

Me lo chiede, un attimo prima di venire.

«Per sempre, Vee?»

La risposta la vede nel mio sguardo ed è quella che desiderava, quella che gli concede di lasciarsi andare, di credere in un 'noi' che non avrà fine, perché una fine io non voglio che ce l'abbia.

Qualche minuto dopo siamo entrambi nudi sotto le lenzuola. La mia testa sul suo petto e lui che respira calmo.

«Devi mangiare qualcosa» gli dico.

«Domani».

Mi stringe di più, chiude gli occhi.

«Sei dimagrito troppo» insisto.

«Non ti piaccio più?»

«Mi piaci da prima che nascessi, non è qualcosa che può finire. Ma non voglio che tu scompaia. Né voglio vederti ancora in un letto d'ospedale».

«È stata dura senza di te, senza Levi. Credevo di aver perso tutto».

«Mi sono fatta vincere dalla rabbia, dalla delusione, ho messo a rischio ogni cosa».

«Invece hai messo a rischio soprattutto te stessa».

«Perché non me l'avete detto? Almeno quando sono andata via con lui...»

Israel sospira, si volta verso di me e mi guarda negli occhi. I suoi sono tristi, come non li ho mai visti prima.

«Fiona non voleva, lo sai».

«Perché?»

«Diceva che, se l'avessi saputo, ti saresti sentita una vittima o, peggio ancora, avresti pensato di essere un errore, di non essere stata desiderata, ma l'hai letto il suo diario. Per lei eri un sogno, un motivo di gioia».

«Non credi però...» Distolgo lo sguardo. «Non credi che se avesse potuto tornare indietro avrebbe evitato di...» Stringo il lenzuolo tra le dita. L'immagine di ciò che ha subìto mi fa venire da piangere. Lei ha sofferto ed è persino morta perché io potessi vivere.

«Non credo».

Torno su di lui con lo sguardo.

«Davvero?»

Com'è possibile anche solo pensare una cosa del genere? Come posso credere che per lei io ne sia valsa la pena? Scappare di casa, dormire in una foresta, da sola, impaurita, al freddo.

«Sorrideva sempre, tua madre. Non come te che hai perennemente lo sguardo incazzato». Mi prende in giro, mi accarezza le labbra, dice 'incazzato' e sembra voglia dire 'il più bello del mondo'. «Guardava Levi come se fosse il suo miracolo, toccava la pancia con gratitudine, come se tu l'avessi liberata dalla sua prigione. Sei stata il suo motivo di vita. Senza di te sarebbe rimasta con lui, vittima eterna di un amore schifoso».

«Avrei voluto conoscerla. Chiederle scusa».

«Per cosa?»

«Per il dolore che ha provato. E per... per averla...»

«Non dirlo!»

È imperioso, mi chiude la bocca con la mano, viene sopra di me.

«Non dirlo mai. Non è morta per colpa tua».

Una lacrima mi scappa dalle ciglia, lui la afferra con le labbra.

«Non è mai stata colpa tua».

Annuisco e lui mi libera, ma rimane sopra di me, appoggiato a un gomito per non schiacciarmi.

«Non è stata neanche tua» gli dico.

«Di cosa parli?»

«Di papà».

Israel si scosta, ma non ho intenzione di lasciarlo a crogiolarsi nel suo dolore.

«Guardami» lo imploro e lui si volta verso di me, la fronte corrucciata, il dispiacere nelle sue iridi. «Lui lo sa. Che non l'hai fatto perché sei un egoista che si è preso ciò che voleva per capriccio. Lo sa».

«Come fai a esserne sicura?»

«Papà è stato il primo a tradire la sua famiglia. A tradire te.

E non l'ha fatto a cuor leggero, come non è stato semplice per te. L'amore è un casino per chiunque lo provi».

«È un casino anche per te?»

Mi chiede se lo amo e io lo amo di più perché mi mostra la sua insicurezza. «Moltissimo, ma non quando siamo insieme». Mi sposto sopra di lui, le ginocchia intorno ai suoi fianchi e la testa sul suo petto.

«E cosa provi quando stiamo insieme?»

«Tutto. E ancora di più. Mi sento al sicuro e allo stesso tempo mi sento bruciare. Ho l'urgenza di appartenerti, di sapere che sei mio».

«Lo sarò per sempre, Vee».

Mi prende il viso tra le mani, mi tira verso di sé e mi bacia fino a farmi tremare le gambe.

«Ho cambiato idea» mi dice, ansimando. «Adesso ho fame».

Poi mi dimostra tutta la notte quanta sia la fame che ha.

Di me.

E solo di me.

Capitolo 37

Israel

«Dicevi che sarei dovuta rimanere al college e che mi avresti raggiunta appena libero. Che non avremmo potuto farci vedere in giro, che io e te non eravamo possibili».

Virginie parla, mi provoca con un mezzo sorriso e io sono qui a sperare che non smetta mai di sfidarmi, di venirmi contro, di infiammarmi. È in piedi, nella stanza d'hotel che è diventata la nostra e che ho preso solo per noi due, lasciando la crew nella camera che ci ha procurato la Splendid Records.

Cammina avanti e indietro di fronte alle finestre di questo ultimo piano che si affaccia sulla High Line.

«Tira le tende, per favore».

Non è un edificio molto alto, è antico, fatto di mattoni e con uno stile retrò. Sono disteso su un copriletto floreale, circondato da un'atmosfera british, e fisso la mia ragazza che chiunque dall'altra parte della strada può vedere nuda.

«Prima spiegami».

«Prima tira le tende, Virginie. Non ho intenzione di condividerti con il condominio dirimpetto».

«Prima mi spieghi i tuoi programmi. Quelli nuovi. Quelli che hai fatto senza interpellarmi».

Mi alzo di colpo e lei indietreggia, squadra il mio corpo, nudo come il suo, e si lecca le labbra. Avanzo e le vado addosso, pelle contro pelle, mi sporgo, prendo i lembi delle tende e li chiudo con uno scatto secco.

Fisso le sue labbra, a lungo, fino a quando non sento che sta palpitando. A quel punto torno a sdraiarmi sul letto, guadagnandomi un'occhiata feroce di disappunto.

«Ora possiamo parlare».

«Stronzo».

«Solo con te».

«Grazie per il privilegio».

Batto la mano sul materasso e la invito a raggiungermi. Lo fa con uno sguardo che ha tutte le intenzioni di farmi sapere che la pagherò. E anche cara.

Si siede al mio fianco e io la circondo con il braccio. È così minuta che non faccio fatica a portarmela ancora più vicina. È ancora in un mood battagliero, ma non resiste e comincia ad accarezzarmi il petto, mentre allunga una gamba sopra il mio ventre.

«Ho solo detto che le cose sono cambiate, ora. Tu hai un nuovo cognome, per il mondo non sei la figlia di Levi, non sei mia nipote, ormai i segreti sono stati svelati, per cui ho pensato che potremmo organizzare la nostra vita in maniera differente».

«Tipo?»

«Tipo che possiamo prendere un appartamento qui a New York, vicino all'università. Ma soprattutto... mi piacerebbe che, quando non sei impegnata con lo studio, viaggiassi con me. Che venissi ai miei concerti».

«Non so se mi va».

Le stringo un gluteo, abbastanza forte da farla sobbalzare e da vedere il suo sguardo farsi arrabbiato e languido allo stesso tempo.

«Anzi, ne sono sicura. Non ci sarò ai tuoi concerti».

Non fa in tempo a finire la frase che l'ho portata sotto di me e sto ingoiando le sue ultime sillabe.

«Se è così, questa è la nostra ultima volta. Come minimo dev'essere memorabile».

Mi fissa come se volesse ustionarmi, poi mi prega: «Fallo».

«Non so se mi va» le faccio il verso.

Ringhia e miagola nello stesso momento, una parte di lei mi

sta odiando, l'altra mi vuole. Alza il bacino per strusciarsi contro il mio sesso duro, mi ritraggo e Virginie mi arpiona il sedere per riportarmi su di lei.

«Non ci vengo ai tuoi concerti, dove ci saranno migliaia di donne che ti vogliono scopare».

«Sei gelosa?» le chiedo, spingendo sulla sua apertura.

Sta cedendo, il desiderio è incontenibile, fa fatica a tenermi testa.

E non sa quanto la sua determinazione a combattere mi faccia impazzire. Potrei venire anche senza entrarle dentro, se solo non fossi più testardo di lei.

«Non sono gel...» mugola. Ho spinto appena, ma ogni volta che ci tocchiamo perdiamo qualsiasi controllo.

«Però pensaci...» ansimo sul suo collo, mentre mi trattengo con tutte le forze dal darle ciò che vuole. «Se tu fossi lì con me, potresti avermi ogni volta che scendo dal palco».

«Non ti voglio». Ostinata, orgogliosa, ostile Virginie.

«Mi vuoi» ribatto, scivolando un po' di più dentro di lei.

«Non ti voglio!» Il suo tono di voce si alza e le parole le si spezzano in bocca.

«Hai ragione, lo sento, non mi vuoi».

Mi gioco l'ultima cartuccia.

E vinco, colpendola proprio dove non riesce a resistere.

Faccio per sfilarmi da lei e a quel punto è Virginie a venirmi incontro stringendomi e alzando il bacino. Un solo movimento e siamo uniti, come un unico corpo.

«Non mi ascolti mai, Israel».

«Dicevi di non volermi».

«Hai sentito quello che volevi sentire».

Mi fermo, i nostri bacini che collidono, i nostri sguardi meno feroci.

«Ci sarai nella mia vita?»

«È davvero quello che vuoi? Ora che non ci sono ostacoli, che non sono più una cosa proibita. È davvero quello che vuoi?»

«Non l'ho spiegato abbastanza con le mie canzoni? Con le mie stesse azioni?»

Mi sorride, fa un movimento circolare con i fianchi. «No» sussurra.

Chiudo gli occhi, inspiro, blocco il suo bacino, stringendone le ossa con la mano destra.

Poi torno su di lei, il mio verde che si fonde con il suo ghiaccio.

«Ti amo, Vee. E questo mio amore è nato insieme a te, si è solo modificato col tempo. Ora non ti vedo più come una bambina».

«Per fortuna». Sorride impertinente e io le rifilo una stoccata che la fa gemere.

«Mi hai chiesto una dichiarazione d'amore. Sii seria».

Si passa la mano sulla bocca e si morde la parte esterna del palmo, promettendomi così di non interrompermi. Il problema è che i suoi denti sulla sua pelle sono benzina sulla mia libido. Smetto di parlare e mi fiondo sul suo collo. Le lascio segni con le labbra, con le dita, risucchiandola, marchiandola.

Parole.

Sono sempre state la mia condanna e la mia passione.

Come Virginie.

Mia passione, mia condanna.

Espio le mie colpe strappandole un orgasmo.

Soddisfo il mio desiderio venendo su di lei.

E solo alla fine, quando c'è un minuto di pace, le dico la verità.

«Ti amo perché non posso farne a meno».

«Sei sicuro di volerlo fare? Non possiamo dargli ancora un po' di tempo?»

Virginie me lo chiede proprio mentre svolto nella stradina che porta a casa di Levi. Non lo vedo dal giorno in cui ci siamo trovati in ospedale a New York. Non mi parla da quando ha scoperto il mio tradimento, se si eccettua la telefonata che mi ha fatto.

Avrei potuto fare finta di niente. Aspettare che gli passasse un po' della rabbia. Avrei potuto dare voce alla mia codardia.

E invece sono qui.

Perché, se è vero che nella mia vita ho tante cose importanti e alcune addirittura vitali, come Vee, Levi è la mia famiglia, sopra ogni cosa, e so che l'ho ferito e l'ho deluso, ma, anche se dovesse rifiutarmi, io continuerò a testimoniargli il mio affetto. E a chiedere il suo perdono.

Appena parcheggio, sotto una pioggerella bastarda e gelida, la porta di casa si spalanca e Vicky ne esce, mentre Levi le apre un ombrello grande abbastanza da proteggerla da intemperie molto più aggressive di quella che sta per affrontare.

Mio fratello vede l'auto e io la sua mandibola che si irrigidisce.

Alla fine me lo sono tenuto questo catorcio giallo, mi fa pensare a tutto ciò che ho passato qui a Red Oak Town, mi fa pensare ai miei amici del maniero e al mio amore per Virginie, e sì, sono un sentimentale, anche quando scendo per aprire la portiera alla mia ragazza.

Alla figlia di mio fratello.

Con la coda dell'occhio vedo Vicky accarezzare il braccio di Levi e sussurrargli qualcosa all'orecchio, poi gli ruba l'ombrello e ci viene incontro, aprendo il cancelletto.

«Stavo andando, ma vi preparo volentieri un bel tè caldo, prima. Entrate?»

Io annuisco e Virginie si guarda i piedi.

Le afferro la mano e insieme percorriamo il vialetto, sotto lo sguardo duro della persona che amiamo di più al mondo. Levi si scansa quando gli passiamo vicino e così noi siamo soli quando superiamo la soglia della casa in cui ci siamo innamorati.

Vicky rimane fuori con Levi, sotto la pioggia fastidiosa, poi a un certo punto ci raggiungono.

«Se mi date qualche minuto, preparo anche qualche pancake. Cosa ne dite? Avete fame?»

«La aiuto, Miss Alastor».

Vicky arrossisce a sentirsi interpellare come quando erano a scuola. «Chiamami Victoria».

Insieme si mettono a preparare una specie di merenda, in

silenzio, fingendo di non sentire la tensione che si respira poco distante.

Io e mio fratello siamo in piedi di fronte alla finestra, nel punto più lontano dalle ragazze, gli sguardi che si incrociano per poi lasciarsi, per poi ritrovarsi ancora.

«La stai trattando bene?»

La sua voce è un sussurro talmente basso che capisco cos'ha detto solo leggendogli le labbra. Volto il viso verso Virginie, che intercetta i miei occhi e mi sorride prima di nascondere quel sorriso abbassando la testa. Non vuole infastidire suo padre.

Un padre che, per la prima volta, non l'ha attesa a braccia aperte per concederle un contatto affettuoso.

«Credo di sì» rispondo.

«Come sta? Fa ancora tante domande?»

«Vorrebbe farle a te. Io le ho detto tutto ciò che so, ma credo che vorrebbe conoscere alcuni dettagli sulla vostra storia d'amore. Cose che io non ho modo di raccontarle».

Levi annuisce e si aggiusta la camicia. Oggi è verde scuro, come i suoi occhi. Come i miei.

«Dove vive?»

«Per ora sta con me in albergo, segue il tour promozionale che precede l'uscita del disco. Stiamo cercando un appartamento a Brooklyn, così che lei possa frequentare l'università».

«Se la distrai...»

«Non è mia intenzione, Levi. Voglio che lei realizzi i suoi sogni e sono pronto a volare da una parte all'altra del Paese per evitarle sbattimenti. Sarà lei a muoversi solo quando è libera dallo studio o per eventi che le interessano particolarmente».

«Tutto a spese tue?»

«Tutto a spese sue. È stata molto chiara su questo. Ha deciso di tenere per sé una fetta dell'eredità di Barlow, per pagarsi la parte di tasse che non copre la borsa di studio e avere una base che le consenta di non dipendere da nessuno».

«Il resto?»

«Verrà creata una fondazione per donne vittime di violenza casalinga. Si chiamerà 'Fiona's Dream'».

Levi si passa la mano sulla bocca, fissa sua figlia, si perde nei ricordi.

«E ha deciso di ripagarti per i tuoi sacrifici. Anche se vuole essere lei a parlartene».

«Non ho bisogno di niente da lei. E scegliere di averla come figlia non è stato *un sacrificio* ma una benedizione».

«Credo lo desideri davvero molto».

Mio fratello annuisce, poi guarda fuori, il suo giardino, le querce che lo circondano, più rosse dell'ultima volta che sono stato qui. L'autunno sta cominciando a rubare spazio all'estate.

«E noi?» gli chiedo.

«Hai fatto una cosa orribile: hai tradito la mia fiducia. In casa mia, mentendomi in faccia, approfittando di mia... di Virginie».

Scuoto la testa, passo il peso da un piede all'altro. Ha ragione.

«Non smetterò di chiederti scusa. Né di cercare il tuo perdono».

«Non cambierà niente».

Tre parole che mi trapassano da parte a parte, punendomi per ciò che ho fatto.

«Mi dispiace, Levi. Se avessi avuto scelta, non avrei mai scelto lei. Ma mi sono innamorato e il legame che c'è sempre stato tra di noi è cambiato, fino a diventare quello che c'è oggi, adesso, ogni istante da quando non lo combatto più».

«Smetti di parlare, cazzo! Da quando lo fai così tanto?»

Alzo le spalle, abbasso la testa. «Da quando Virginie ha messo ordine nei miei pensieri e nel mio cuore».

«Cosa direbbero i nostri genitori se potessero essere qui?»

Torno con gli occhi nei suoi. «Che ci amano, nonostante tutto, credo. E penso che sarebbero felici di conoscere tua figlia, di vedere il padre che sei diventato, di sapere che non sei più da solo. E che io ho smesso di sentire le ultime parole di mamma nella testa, il rumore dell'impatto, il mio stesso pianto».

«Stai giocando sporco».

«Sono solo sincero, fratello».

«Avresti dovuto esserlo prima».

Mi mordo il labbro. «Hai ragione. Non sono stato la persona che avrei voluto essere».

«L'amore è più forte di tutto il resto».

«'E distrugge ogni cosa'». Cito le sue parole.

«Non sempre». Lo dice guardando Virginie, che ride con Victoria perché si sono scontrate nella piccola zona tra i fornelli e la penisola. «Non sempre» ripete.

Vedo una breccia nel cuore di mio fratello e ne approfitto. Non servirà a risolvere tutto oggi, ma infilargli questo seme di consapevolezza nel petto è il primo passo perché un giorno noi due torniamo a essere ciò che siamo sempre stati: la famiglia Silver.

«Io la amo davvero, Levi. Non so se ricordi ciò che hai provato per Fiona, ma avresti raso al suolo una città pur di stare con lei. Non ho avuto scelta».

«Si ha sempre una scelta».

«No. E tu lo sai meglio di chiunque altro».

Non gli sto rinfacciando di aver infranto la sua promessa a un bambino di appena nove anni, voglio solo che si ricordi cosa significhi perdere la testa per qualcuno, trovarsi di fronte a bivi insopportabili da gestire, dover scegliere tra la donna che ami e tuo fratello.

Siamo stati la stessa persona, a diciotto anni di distanza.

Mi basta che lo riconosca per avere una speranza che prima o poi capisca.

Levi abbassa la testa, proprio quando le ragazze ci richiamano per bere tè e mangiare pancake, neanche fossimo dei bambini. Forse è quello che sembriamo. Due cuccioli d'uomo che hanno litigato e soffrono perché si vogliono bene.

Ci sediamo dalla parte esterna della penisola, mentre le nostre donne rimangono dal lato della cucina, appoggiate al piano di lavoro, e ci scrutano. Il primo sorriso spunta sulla faccia di Virginie che lo trattiene tra le labbra, anche se il suo petto e le sue spalle vengono scossi da una risata. Risata che esplode sulla bocca di Victoria, ed è tanto contagiosa da trascinare con sé Vee.

Oso cercare gli occhi di mio fratello, perché io non sto capendo cosa ci sia di tanto esilarante, e, quando lui ricambia il mio sguardo, entrambi comprendiamo che siamo noi a essere così ridicoli. Il lato destro della mia faccia si alza, fuori controllo, non vorrei concedermi questa leggerezza. Il suo sinistro fa lo stesso.

Stentiamo a trattenerci mentre le ragazze se la ridono, senza freni.

Poi mi arriva un pugno.

Piano, sulla spalla.

E una manata sulla schiena.

Tipico di mio fratello.

«Ma voi lo sapete che, quando è nato Israel, i miei genitori volevano chiamarlo Brian?»

«Brian?» ripetono loro schifate, per poi scoppiare a ridere ancora.

Levi non mi toglie la mano dalla schiena. «Sono stato io a suggerire Israel. Papà è nato a Tel Aviv, si era trasferito negli Stati Uniti per studiare e aveva incontrato la mamma all'università. Mi piaceva l'idea che potessimo ricordare da dove venivamo».

Rimango in silenzio mentre lui racconta cose che non mi ha mai detto.

«Quando era piccolo, era un gran rompicoglioni, non stava mai zitto, faceva domande a raffica. Però la mamma mi suggeriva di avere pazienza, di rispondergli, anche perché io avevo fatto lo stesso alla sua età, diceva. E papà non perdeva occasione per ricordarmi quanto fossimo fortunati a essere in due, a sapere che non saremmo mai rimasti da soli, non importava cosa sarebbe successo nelle nostre vite. 'Un fratello è per sempre' ripeteva spesso».

Non capisco dove voglia andare a parare, ma sono qui, fermo, immobile, ad ascoltare una speranza nascermi nel petto.

«Io penso che avesse ragione. Ma so anche che ci vuole del tempo per ricucire la fiducia quando si spezza. E qui, in questa stanza, abbiamo mentito tutti quanti. Ripartiamo da zero.

Questa è la mia proposta. Ricominciamo a camminare come se non avessimo mai imparato, cerchiamo di ritrovare il bene che ci vogliamo e...»

Virginie fa il giro della penisola e si butta tra le braccia di suo padre.

«Io non ho mai smesso di volertene» gli sussurra, non abbastanza piano da non farsi sentire anche da me e Victoria, che guarda il suo uomo stringere una figlia che ha scelto e che ha amato più di qualsiasi altra cosa. Le spunta una lacrima, se la asciuga.

Sono felice che Levi non sia più da solo.

Alla fine rimaniamo anche a cena, il clima non è goliardico e leggero, ma c'è nell'aria il ricordo delle nostre origini e di un affetto che non è mai scomparso. È strano lasciare la casa la sera tardi, portarmi via chi lì ci ha abitato per tutta la vita e rimettermi alla guida con accanto la persona che amo. Non dovermi più nascondere, né vergognare.

«Sei pronto?»

«Per cosa?»

«Lo sai».

«Per arrivare a New York, nella nostra camera d'albergo, spogliarti e guardarti nuda che ti muovi per la stanza?»

Virginie si morde le labbra, gli occhi accesi di desiderio e uno sguardo che promette scintille. «Non fare il cretino».

«Perché ora mi insulti?»

«Perché sai di cosa sto parlando e non ha a che fare con noi che...»

«Che...?»

«Che ci divertiamo stanotte».

«Non solo stanotte. Ricordi? Per sempre».

«Okay, Israel Silver. Per sempre. Ma io sto parlando di un'altra cosa».

«Non sono pronto. Non si è mai pronti, Vee».

«Andrà benissimo».

Faccio spallucce.

Tra poco, a mezzanotte, ci sarà la *release* dell'album sulle piattaforme online e domani mattina tutti i negozi di dischi avranno i miei cd da vendere.

In contemporanea verrà lanciato il secondo singolo dell'album, la ballad con Nyx. A quanto pare, non aver avuto 'il sesso' che tanto suggeriva Veronica non ha compromesso il nostro rapporto lavorativo. In questo ultimo periodo ho chiesto scusa a chiunque per il mio strambo comportamento dopo il concerto con Em&Em, in primo luogo proprio a lui, e pare che la mia gentilezza sia stata sufficiente a guadagnarmi un'assoluzione retroattiva.

«Andrà benissimo» ripete Virginie, stringendomi la coscia con la mano.

«Guardo il lato positivo, Vee. Sono comunque felice. Un successo planetario sarebbe una grande soddisfazione, non voglio negarlo. I ragazzi della crew si metterebbero economicamente a posto, potrei fare un bel regalo a Levi, significherebbe aver fatto qualcosa di buono. Ma...» poggio la mano sulla sua «non è paragonabile alla felicità di averti al mio fianco».

«Come sei romantico» mi prende in giro.

«Non me l'avevano mai detto».

«C'è sempre una prima volta».

La guardo, i lampioni dell'autostrada che le illuminano la pelle, i capelli, le iridi.

«D'ora in poi saranno tutte con te».

«E le altre?»

«Le altre volte?»

«No, scemo, le altre donne».

«Dio, Vee, ancora non l'hai capito?»

Mette il broncio. Vuole che glielo dica in maniera chiara e senza scappare.

«Ci sei solo tu. Solo ed esclusivamente tu».

«Mhmm... okay».

Torna a guardare fuori dal finestrino con un sorriso così felice da contagiarmi.

«Ah, Israel...»

«Dimmi».

«È passata la mezzanotte. Buon compleanno».

Ora sono io a sorridere. Perché, nello stesso momento in cui Virginie mi fa gli auguri e mi stringe la coscia, il cellulare con il navigatore acceso mi mostra l'anteprima di un messaggio di mio fratello.

Levi: Auguri, bro.

Con le labbra distese e il cuore colmo di gratitudine, fisso la strada che ci porta da Red Oak Town a New York e penso a Fiona, sola e spaventata, che la percorre nel senso inverso. Spero che, se ci può vedere, sia contenta della direzione che hanno preso le nostre vite e del modo strano in cui siamo e saremo sempre... famiglia.

Epilogo

Virginie

Parigi, aprile 2024

Mi sveglio all'alba, l'aria fresca che entra dalla finestra e colpisce le mie spalle scoperte mi provoca dei brividi sulla pelle. Mi alzo per accostarla e guardo il panorama davanti ai miei occhi.

È perfetto.

Lancio uno sguardo a Israel, sdraiato, senza lenzuolo, nudo.

Altra perfezione che si somma nei miei occhi.

Recupero una vestaglia, me la infilo e faccio un salto in bagno. Quando torno, il mio ragazzo non si è mosso di un millimetro. È un'occasione unica, perciò recupero delle matite e mi siedo in un angolo della stanza, in modo da poter ritrarre sia lui che ciò che sta al di là della finestra.

Scarabocchio a lungo, prima che Israel si accorga che non sono più a letto con lui. Lo osservo allungare la mano per cercare la mia pelle, voltare la testa e sollevare il busto quando trova il letto vuoto.

«Vee...»

«Sono qui» gli dico sottovoce.

Si gira verso di me e mi chiede: «Cosa ci fai già sveglia?»

«Stavo immortalando questo momento».

«E dimmi... hai focalizzato di più la Tour Eiffel o il mio culo?»

«Entrambi».

«La vuoi vedere un'altra torre?»

Scoppio a ridere, perché Israel è tutto tranne che comico, e questa sua assenza di ironia sensata è più divertente di tante battute affilate.

«Maleducata!» Si volta dall'altra parte, rimanendo a pancia in giù.

«Iz...»

«Mhmm?»

«Mi è venuta la curiosità...»

«Di cosa?»

«Di vedere la tua torre».

Non posso sbirciare la sua espressione, ma so che sta sorridendo, lo intuisco dalla curva morbida delle sue spalle rilassate, dai suoi capelli che si muovono appena sul cuscino, dalle gambe che si allungano.

«Troppo tardi, hai sprecato la tua occasione» borbotta nel cuscino.

Lo raggiungo sul letto e mi sdraio sopra di lui, gli bacio il collo che so essere un suo punto debole, gli mordo una spalla, mi spingo sul suo coccige.

«Giochi sporco» mormora.

«Conosci un altro modo per giocare a questo gioco?» gli sussurro nell'orecchio un istante prima che lui mi ribalti e, non so come, mi porti proprio sotto di lui che si erge in ginocchio di fronte ai miei occhi.

«Finalmente la vedo...» gli dico, leccandomi le labbra.

«Ed è meglio di quella lì fuori?» mi chiede, indicando l'iconico monumento di Parigi.

«Molto meglio».

Gli dimostro quanto apprezzi *la sua torre* per le ore successive, fino a quando non mi ferma dall'ennesimo approccio.

«Cos'è, non mi desideri più?»

«Il giorno che non ti desidererò più versami pure dell'arsenico nella birra, perché preferisco morire che smettere di fare l'amore con te».

«Come sei melodrammatico».

Ridiamo insieme, poi lui si alza e io mi sento, come ogni giorno della mia vita, la persona più fortunata del mondo: Israel è davvero un uomo perfetto.

È bellissimo, ha ripreso un po' di peso e ha un personal trainer che lo aiuta a lavorare sulla forma fisica per avere fiato e forza durante i concerti, che ormai sono gran parte del suo lavoro. Ha perso il look dannato/disperato perché finalmente, dice lui, grazie alla mia presenza riesce a dormire. È cresciuto, è diventato ancora più affascinante, ed è mio.

Continuo a essere gelosa di lui, di tutte le sue fan innamorate, delle altre pop star, delle conduttrici televisive e radiofoniche, persino della cameriera che ci porta la colazione in camera. Però lo sento che mi ama. Che mi appartiene. E non è una scelta razionale, la sua.

Come mi ha detto una volta... mi ama perché non può farne a meno.

«Vestiti, Vee. Tra un'ora dobbiamo essere al Parc de Bagatelle».

«Perché?»

«Lo vedrai».

«Fai il misterioso?»

«Tu fidati di me».

Alzo le spalle e mi tiro su dal letto.

Mentre Israel si veste, io mi infilo un abito che mi ha regalato lui, comprato sugli Champs-Élysées, una stoffa leggera, molto parigina, che mi cade a pennello. Siamo qui da cinque giorni, siamo riusciti a ritagliarci un po' di tempo per una vacanza prima dell'inizio del tour europeo di Iz the Issue. Gli esami della sessione primaverile sono riuscita a suddividerli, anticipandone un paio a quella invernale e posticipandone altrettanti a quella estiva. Non potevo perdermi l'occasione di visitare tutta l'Europa. Partendo dalla Francia, faremo tappa in Italia, a Londra, in Spagna, in Germania, nei Paesi Bassi e in Scandinavia, per finire poi a Dublino, da dove ripartiremo per gli Stati Uniti.

«Sei pronta?»

«Sempre».
«Con quel vestito mi fai venire voglia di rimanere chiusi qui».
Sollevo un po' la gonna e lo provoco con lo sguardo.
«Esci, altrimenti non riuscirò a trattenermi».
Metto su un finto broncio e lui me lo bacia.
«Se domani mattina mi farai dormire fino a tardi, prometto che stanotte ti sentiranno urlare fino a Montmartre».
«Non è che sia così lontano da qui». Sorrido, pensando alla nostra passeggiata mano nella mano fino a uno dei luoghi più suggestivi e famosi di Parigi.
«Be', ti sentiranno come se fossi nella loro dannata stanza da letto. Va meglio?»
«Direi di sì».
Usciamo abbracciati e rimaniamo così fino a quando non diventa troppo complicato camminare perché ci pestiamo i piedi a vicenda. Ridendo, intrecciamo le dita. Il nostro contatto si interrompe solo quando ricevo una telefonata della mia editor.
«Ciao, Iris, come va?»
«Come va? Ma non hai letto la mia mail?»
Ripenso a come ho passato le ultime ore; non ho avuto neppure per un istante il desiderio di guardare la posta elettronica. «Mhmm, direi proprio di no».
«Ti vogliono produrre».
Israel mi guarda per chiedermi se vada tutto bene. Lo rassicuro con lo sguardo e continuo a parlare con Iris: «Chi? E cosa vuole produrre?»
«Terra chiama Virginie! Come fai a non capire di cosa stiamo parlando? *Issue*. La tua perfetta, amatissima graphic novel, prima nelle classifiche per settimane. *Issue*. Siamo stati contattati dall'agenzia di produzione più famosa a New York. Quella che poi ti può portare sulle piattaforme di streaming che ogni americano guarda la sera quando torna a casa».
Mi fermo vicino all'Arco di Trionfo e Israel fa due passi prima di accorgersi che non lo sto seguendo. Torna indietro con un'espressione perplessa.

«Ma *esattamente* cosa vogliono produrre?»

«Una serie animata sull'aliena bianca che finisce sul pianeta delle parole. La storia che hai scritto tu, Virginie».

«Cosa succede?» sussurra Israel.

Io continuo a parlare al telefono, ma metto il vivavoce, così che possa ascoltare anche lui. «E io cosa dovrei fare?»

«Come cosa dovresti fare? Primo, ma questo lo faccio io, contattare Gilles dell'ufficio legale per strappare il migliore accordo possibile. Secondo, festeggiare. Terzo, metterti nell'ottica di diventare il capo disegnatore di un team che dovrà sottostare alle tue direttive».

«Non lo so fare». Deglutisco a vuoto, la preoccupazione che mi scorre lungo tutto il sistema linfatico.

Israel mi si avvicina e parla al microfono, infilandosi tra me e il telefono: «Lo farà, Iris. Non ti preoccupare. Lei è capace di qualsiasi cosa».

Gli do un pugno nello stomaco, ma lui sorride anche se si tiene la pancia.

«Non ne sono in grado, e poi perché io? È solo perché...»

Iris mi interrompe: «Te l'ha detto anche la tua terapeuta. Basta con questa sindrome dell'impostore. Hai talento, la storia è fantastica e non importa se non ti sei ancora laureata o se la casa editrice che ha pubblicato la graphic novel è di tua proprietà. Tutti in azienda sanno che non hai voluto nessun trattamento di favore».

Israel annuisce alle parole della mia editor. Ne abbiamo parlato a lungo, anche con la psicologa, ma dentro mi rimane il pensiero che senza l'impero dei Barlow io sarei rimasta nessuno. E, anche se so che il successo lo fa il pubblico, continuo a credere di non meritare questa fortuna.

«Virginie, tu sai che io sono una bella stronza quando voglio...» È vero. Iris fa paura a tutti, un po' come Veronica nell'ambiente di Israel, ma so che si è affezionata a me. «Se il tuo prodotto fosse stato una schifezza, non ci avremmo lavorato allo stesso modo. L'avremmo pubblicato comunque, perché sei il capo? Forse sì. Ma non ci avremmo creduto. E non ci avrebbe creduto neanche l'agenzia, cui non frega un cazzo di chi sei tu. E poi, sai una cosa?»

Mi mordo le labbra, non le rispondo.

«Se temi di essere una specie di privilegiata o raccomandata, lavora ancora di più e dimostra a tutti che vali oltre il tuo nome».

Israel applaude e si becca una mia occhiataccia.

«Okay, Iris».

«Ma non adesso, ora vai a divertirti con quel gran fico del tuo ragazzo».

Mentre Israel arrossisce, io ridacchio e le dico che «quel gran fico del mio ragazzo ringrazia». Lei borbotta qualcosa del tipo che certe figure di merda a cinquant'anni dovrebbe evitarle, ma poi mi saluta felice e mi garantisce che per quando sarò tornata a New York lei avrà organizzato un incontro con l'agenzia e con Gilles.

La ringrazio, poi attacco.

«La mia ragazza diventa ancora più famosa».

«Mai più di te».

«Mai dire mai».

Mi bacia, mi stringe, e io mi sento sulle nuvole.

Invece siamo ancora qui, a Parigi, dove tutt'a un tratto Israel si ricorda di dover correre verso un taxi che ci porta al giardino botanico di Parc de Bagatelle.

«Perché mi hai portata qui? Che fretta c'era?»

«Ho una sorpresa per te».

«Più bella della mia graphic novel che finirà su Netflix?»

«Sì, Vee, più bella».

Me lo dice mentre passeggiamo nella vegetazione rigogliosa e fiorita di questo parco stupendo. A mio padre piacerebbe un sacco. Ci sono centinaia di specie di piante e innumerevoli fiori colorati. Sarebbe un posto magico per lui, spero che presto...

«Papà?» Guardo Israel e poi di nuovo il tizio con la camicia a quadri che sta a qualche metro da noi. «È papà?» gli chiedo per conferma.

Lui sorride e annuisce, poi mi stringe la mano e subito dopo la lascia, invitandomi a correre verso mio padre che sta osservando una rosa screziata.

«Cosa... cosa ci fai tu qui?»

Papà sussulta per il mio contatto inaspettato, poi mi abbraccia e mi sorride. «Israel mi ha fatto un regalo di compleanno».

«E Victoria?»

«Ci raggiunge tra poco, era stanca per via...»

Mio padre abbassa la testa e scalcia un sassolino, imbarazzato.

«Per...? Sta bene?»

«Sì, sì, sta bene. È solo...»

Lo guardo stranita, poi gli prendo una mano e me la porto sulla guancia.

«Puoi dirmi tutto, lo sai».

Annuisce, arrossisce e poi parla. «Aspetta un bambino».

Il tempo di assimilare le sue parole, l'idea di avere un fratello o una sorella che potrebbe avere l'età di un mio ipotetico figlio, la consapevolezza che l'imbarazzo di mio padre è dovuto al fatto che quel bambino sarà sangue del suo sangue e che ha paura che questo possa ferirmi, che mi protegga da ciò che lo rende felice, e mi rendo conto che ora tocca a me fargli capire che il mio amore può superare ogni cosa, come il suo l'ha portato qui, con il totale perdono per suo fratello.

«Sono incredibilmente contenta per voi. Per te».

«È solo... strano, no?»

«No, non lo è. È una cosa bellissima. E poi andiamo tutti sul sicuro, no? Che sei un bravo padre lo sappiamo già».

«È un maschio. L'abbiamo scoperto prima di partire».

Lo abbraccio forte. Sono così felice che abbia una nuova occasione di gioia. Mi stacco e lo fisso con l'amore infinito che ci ha sempre legati.

«Le hai già chiesto di sposarti?»

Arrossisce di nuovo e scosta lo sguardo, ma io lo riporto a me, accarezzandolo.

«Gliel'hai chiesto?»

«No, pensavo di approfittare della città più romantica del

mondo e proporglielo dopo cena, sotto la Tour Eiffel. Dici che la tua mamma si arrabbierebbe?»

«Per cosa?»

«Parigi era la città dove immaginava di passeggiare insieme, io, te e lei, mano nella mano. Mi sembra di tradirla».

Non ho mai visto mio padre così insicuro, è proprio vero che l'amore incasina anche la persona più centrata del mondo.

«Fiona vorrebbe vederti felice, sono sicura che veglierà su questo bambino e sulla vostra unione. Le hai dato tutto ciò che voleva e l'hai fatta sentire al sicuro. Ora è giusto che anche tu ti prenda ciò che desideri».

Gli afferro la mano e lo sprono a camminare.

Poco dopo sento le dita di Israel che si intrecciano alle mie, libere, e insieme percorriamo un pezzo di questo viale.

Forse non era proprio il sogno di mia madre, ma è il mio, che si avvera.

Sono giovane.

Sono felice.

Sono amata.

Israel

Dopo cena abbiamo salutato Levi e Victoria, che non sa ancora niente della proposta di matrimonio che la aspetta sotto la cornice romantica della Tour Eiffel illuminata.

Quando mio fratello mi ha chiamato il mese scorso per dirmi che aspettavano un bambino, sono scoppiato a piangere. Per fortuna Virginie era rimasta a New York mentre io ero a Frisco per lavoro, perché non ero decisamente un bello spettacolo. Non sapevo se essere più felice per lui o per il fatto che, in quell'annuncio, c'era il nostro strappo ricucito. Abbiamo parlato per ore al telefono, entrambi in lacrime, ci siamo riavvicinati in un lampo e ho sentito così forte l'esigenza di passare del tempo con lui che la prima cosa che mi è venuta in mente era che non sarei tornato a casa per un sacco di tempo, visto che sarei partito di lì a pochi giorni. Così ho pensato che avrei dovuto rendere speciale questo momento e gli ho regalato un viaggio qui a Parigi, dove io e Virginie siamo venuti per goderci la quiete prima della tempesta.

E la tempesta è il tour europeo.

L'album è andato benissimo, ha spaccato le classifiche e Veronica è riuscita a organizzare una serie di date importanti qui nel vecchio continente, anche nell'ottica del disco che uscirà l'anno prossimo.

Nella data di Londra saranno presenti anche Em&Em e Nyx, infatti è andato sold out nel primo giorno di prevendita.

Continuo a impegnarmi nel mio lavoro, a raccogliere successi, a sostenere i miei amici.

Charlie l'anno scorso si è preso una strizza non da poco quando ha avuto un mezzo infarto, ha deciso di farsi curare e ora assomiglia un po' di più a Seven, il quale ha dichiarato di non volere un altro specchio in casa. Da allora vivono separati, ma in realtà sono sempre insieme lo stesso.

Bratz e Veronica hanno creato una loro etichetta indipendente, un progetto da seguire insieme come se fosse un figlio, visto che di bambini non ne vogliono, quindi si occupano di quello, oltre che della Bitches Crew, che ora vanta dieci collaboratori, e intanto rimaniamo legati da 'Iz the Issue' e dalla nostra amicizia.

«A cosa stai pensando?»

«A quante cose sono cambiate».

«E...?»

«Non avrei mai pensato che sarebbe finita così».

«Così come?»

«Con tutti felici. Cioè, nella vita, quante volte succede che ogni singolo pezzo del puzzle vada al suo posto nel modo giusto, senza distruggere il resto del quadro?»

«Nei romanzi succede sempre. A meno che non siano quelli di Sparks. In quelli, no».

«Da quando leggi romanzi d'amore?»

Chi è la ragazza che sta al mio fianco? Quella che odia il rosa e tutte le sue sfumature?

«Da quando avevo bisogno di credere nell'impossibile, perché mi sono innamorata della persona sbagliata al momento sbagliato».

«Sarei io la persona sbagliata?» Glielo chiedo con una smorfia infastidita. E quando lei mi risponde «già» con un'espressione provocante, le pizzico il fianco fino a farla ridere.

Le passo il braccio intorno al collo e me la stringo addosso, mentre la primavera luccica nel cielo di Parigi.

«Tu invece sei la donna giusta. Lo sei sempre stata».

«Non mi pareva ne fossi così convinto».

«Si fanno scelte stupide per paura».

Lei mi fissa con quei suoi occhi speciali e sorride. «Anche per amore».

«Anche per amore» confermo.

«E quindi, se ti chiedessi di fare qualcosa per me, anche se fosse la cosa più stupida del mondo, tu la faresti?»

«Purché non sia di nuovo andare a Saint-Germain mano nella mano o sulla Senna col libro giallo tra le braccia, come in quella canzone del cavolo su cui ti sei fissata, che sarà di trent'anni fa».

«Venti. E poi è l'unica canzone che conosco che parli di Parigi».

«Te ne scrivo una io, così non mi rompi più le palle con quella tizia con la erre moscia».

Mi tira un colpo sul braccio e poi comincia a camminare all'indietro mentre mi fissa negli occhi.

«C'è una cosa che voglio fare. E la voglio fare con te».

«Tu sarai nuda mentre facciamo questa cosa?»

«No, sarai nudo tu».

La studio perplesso, il vento le spinge il vestito sulle gambe e agita i suoi capelli sciolti e scoperti. È bellissima. Per lei farei qualsiasi follia.

«Mi vuoi dire di cosa si tratta?»

«Meglio che sia una sorpresa. Ti fidi di me?»

«Molto poco».

Non è vero. Mi fido di lei e del suo amore per me, ma diciamo che il suo lato artistico a volte mi risulta un po' complicato da gestire.

Infatti, un'ora dopo, in un sotterraneo della Beaux-Art de Paris, in una stanza vuota che ha affittato apposta, mi ritrovo senza vestiti, con un lenzuolo che trattengo con la mano per coprirmi il pacco, lo sguardo spaesato e, di fronte a me, Virginie che mi dipinge dal vivo su una tela posta sopra a un cavalletto.

Ride mentre agita il pennello, mi fa la linguaccia, mi provoca. Tira la stoffa che mi ricopre, ma non smette di tracciare linee.

«Perché qui?»

«Perché ovunque, Israel. Perché voglio un tuo ritratto francese nella migliore scuola del mondo. Voglio ricordarmi di questo momento per sempre».

«Promettimi che non lo appenderemo in casa» la prego, mentre lascio andare il lenzuolo che lei tira più forte.

«Non posso. Ma posso garantirti che sarà la mia opera migliore».

Questa è la mia vita, oggi.

Ogni giorno so dove mi sveglio e non so cosa mi succederà prima di andare a dormire.

Vee è così: inaspettata, viva, contagiosa.

Era il mio problema, ora è la mia opportunità.

Era il mio dolore, ora è la mia salvezza.

Era proibita, ora è mia.

E, se c'è al mondo qualcosa di migliore di tutto questo, lo voglio avere solo a patto che sia con lei. Perché siamo noi, insieme, la nostra opera migliore.

La *Red Oak Manor Collection* continua...

Levi

di Bianca Ferrari

Mi è sempre stato impossibile credere alle coincidenze, eppure è di coincidenze che è costellata la mia vita. Lo sento nel battito che mi esplode sul petto. Lo vedo nel pavimento lindo ma sbeccato che calpesto con i miei stivali da lavoro. Lo percepisco nell'eco dei rumori. Nel via vai delle persone.

In ognuno dei miei ricordi.

«Bro, *come va con la Price?*»

Mio fratello alza le spalle e scalcia un sassolino da terra. Non ho avuto la sua fortuna io, non ero piccolo abbastanza quando è cambiata la nostra intera esistenza, per cui rammento bene il sorriso di Israel e le sue domande interminabili. In questi quattro anni è cambiato tantissimo, si è chiuso in un mondo in cui non riesco a entrare, se non toccandolo.

Perciò lo faccio. Appoggio il braccio sulle sue spalle gracili e me lo stringo al fianco.

«Tieni duro. Presto avrò abbastanza soldi per portarti via. Ho fatto dei calcoli e stimo che per l'inizio dell'anno prossimo sarai fuori dall'istituto. In una casa vera, come quella che avevamo con mamma e papà».

Non risponde, ma comincia a muovere le labbra, come se stesse parlando con se stesso. Lo fa sempre quando nomino i nostri genitori. Lo stringo un po' di più e lui porta i suoi occhi nei miei. Mi assomiglia così tanto che a volte mi sembra di essere suo padre e non suo fratello. Gli scompiglio i capelli scuri, che porta disordinati come i suoi pensieri imperscrutabili, e lui mi fa un sorriso stretto, come se non volesse lasciarsi scappare qualcosa dalle labbra.

Ho chiesto alla Price se ci fosse modo di trovare un terapeuta per fargli superare il trauma dell'incidente e della nostra famiglia dimezzata, ma lei mi ha risposto che a malapena riesce a coprire le spese importanti e che devo ringraziare che mi abbia concesso di dormire e mangiare a spese dei benefattori.

Così, ho chinato il capo e ho fatto l'unica cosa sensata: le ho detto grazie e me ne sono andato.

Miss Price sa essere davvero ostica da affrontare, ma mi ha dato la possibilità di rimanere qui, vicino a Israel. Mi paga un piccolo stipendio per curare il giardino e mi ha anche accordato la libertà di prendere alcuni lavoretti extra, al di fuori dell'istituto. Il che mi riporta ai calcoli di ieri sera. In una delle stanze della soffitta, ho fatto una proiezione e, se non ci saranno spese impreviste, potrei davvero portare via mio fratello tra qualche mese. Tolti i costi per le spese legali dei documenti che dovrò fare per diventare suo tutore, tolte le piccole uscite quotidiane, mi dovrebbe rimanere abbastanza per affittare un piccolo appartamento. A quel punto dovrei avere abbastanza ingaggi in città per consolidare la mia posizione e poter mantenere sia lui che me.

«Levi! Levi! Levi!»

Tre ragazze dell'ultimo anno si sbracciano dalla porta della cucina che dà sul giardino, per cercare di richiamarmi, poi mi vengono incontro, con sorrisi troppo brillanti per persone che vivono in questo posto. Una di loro ha un paniere tra le mani e credo che se fosse un cane potrei vederla scodinzolare.

«Bro, *ti prego...» chiedo a Israel, poi mi allontano verso il bosco e, appena sono fuori portata, comincio a correre. Mio fratello sa cosa deve fare, anche se gli costa parecchio.*

Gli ho spiegato che se dovessi infrangere l'unica regola che mi è stata imposta, dovrei lasciare l'istituto, perderei il lavoro e verrei denunciato.

'Non guardare le mie ragazze, Levi Silver. Non uno sguardo. Ci siamo capiti?'

Ci siamo capiti benissimo, io e Miss Price. E non ho inten-

zione di fare cazzate, non quando di mezzo c'è la vita di mio fratello. Quindi Israel sa che dovrà mentire a quelle ragazze, ringraziarle per il regalo che mi avranno fatto – scommetto su biscotti o muffin, o entrambi – e mentire dicendo loro che avevo un'incombenza urgente da risolvere e che non tornerò all'istituto fino a sera.

In realtà avevo appena finito di lavorare e pensavo di andare a riposarmi, visto che oggi non avevo altre commissioni, ma il mio letto dovrà aspettare tempi migliori. Tempi in cui non rischio di imbattermi in adolescenti eccitate e potenzialmente eccitanti. Mi inoltro nel bosco che circonda l'istituto e tutta Red Oak Town.

Sono abituato a nascondermi qui, quando sento il bisogno di restare da solo o la necessità di scappare e mi capita spesso. Anzi, credo che se non ci fosse Israel al maniero, è qui che passerei tutto il mio tempo, tra queste querce imponenti, calpestando foglie secche e ascoltando i rumori della foresta.

Li conosco a memoria, per questo mi acquatto non appena percepisco una variazione nel solito sottofondo sonoro. Non riesco a mettere a fuoco cosa sia, è... è come se ci fosse più silenzio, come se gli animali che abitano questo luogo fossero in sospeso, proprio come me. Non è la prima volta che mi accade di avere questa sensazione, mi è già successo un paio di giorni fa, mentre passeggiavo con Israel.

Avanzo con cautela, i sensi in allerta. Prendo un bastone nodoso, un vecchio ramo caduto e lo brandisco davanti a me. Un passo, due, e sento un rumore.

Un suono.

Qualcuno sta... sta... mormorando?

Non intuisco nessuna parola di senso compiuto, ma la voce è delicata.

Abbasso il bastone e supero un paio di alberi serrati tra di loro. Appena dietro, nell'incavo tra i due tronchi, adagiata sulle radici esposte, c'è una bambina. Ha una felpa rosa, i capelli così chiari da sembrare più bianchi che biondi le coprono il volto. Vedo la sua schiena che si alza e si abbassa e continuo a percepire il suo mormorio. Le gambe sono parzialmente nascoste da una coperta fucsia, mentre la testa è appoggiata su uno zaino più grosso di lei.

Cosa ci fa una bimba nel bosco da sola?

Non è una del maniero, con quella chioma così particolare me la ricorderei.

Mi avvicino piano, senza fare rumore, e mi siedo di fronte a lei, su una radice ampia a sufficienza.

Vorrei scostarle i capelli e vedere il suo viso, le sue labbra muoversi per produrre quelle frasi inarticolate. Invece rimango qui, incuriosito e silenzioso, improvvisamente dimentico della stanchezza.

Lei dorme e io mi pongo domande. Quanti anni ha? Da quanto tempo è qui? Era lei a turbare la solita energia della foresta che ho sentito nei giorni scorsi?

Cerco di ricordare se ha fatto freddo stanotte, ma no, per fortuna non è piovuto e non c'è stato calo di temperatura. Vorrei toccare il sacco a pelo sul quale è sdraiata per capire quanto possa proteggerla di notte.

È così piccola, tutta rannicchiata.

Forse potrei portarla da Miss Price, lei saprebbe come gestirla, potrebbe offrirle riparo.

L'estate in Pennsylvania è calda, ma dev'essere spaventoso stare qui di notte, al buio e con i suoni degli animali. Ci saranno predatori qui?

Non ho mai visto fauna aggressiva, ma sono stato qui di giorno o in compagnia.

E lei sembra così indifesa.

Mi sporgo verso di lei, per scostarle i capelli dal viso, ma non faccio in tempo a sfiorarla che lei si muove, passa la mano sul volto e apre gli occhi, puntandoli nei miei.

Le dico un semplice «ciao», mentre fisso le sue iridi. Non ho mai visto due occhi così. Trasparenti e chiari come un lago ghiacciato. La vedo trattenere un urlo e mi sposto indietro. Due passi ampi e poi mi chino sulle ginocchia.

Lei si siede, trascina la coperta verso il petto e si appoggia con la schiena al tronco.

Non è una bambina, ora lo capisco. Avrà qualche anno meno di me.

Vorrei parlarle, chiederle qualcosa, ma ho paura di spaventarla. Così aspetto.

E aspetto ancora.

E ancora.

Senza mai smettere di fissarla.

A volte mi sorride e io non riesco a non imitarla.

A volte si rabbuia e si guarda intorno. Allora smetto di respirare, per non turbarla.

Poi il sole cala, il tramonto accende di rosso la porzione di cielo che il fogliame non riesce a celare e io parlo di nuovo. «Devo andare. Posso tornare più tardi. Hai fame?»

Lei annuisce e poi si porta l'indice alle labbra, facendone scivolare fuori il fiato.

Si volta guardinga e ripete. «Shh».

Mi traccio una croce sul cuore e me la lascio dietro le spalle.

Durante la cena – io mangio in cucina insieme a Miss Claire, non con i ragazzi nella sala comune – non faccio che pensare a lei. Si sentirà sola? Avrà paura? Che cibo le piacerà?

Israel mi viene vicino prima di ritirarsi nel dormitorio maschile e mi avvisa sottovoce che il paniere delle ragazze l'ha lasciato nella mia stanza. Gli bacio la testa, gli scompiglio i capelli e gli auguro la buonanotte. So che non si addormenterà subito. Che passerà parte del suo tempo vicino alla finestra per cogliere la luce dei due lampioni che illuminano il giardino di notte. Starà lì, appollaiato, a scrivere sui fogli che gli procuro.

Vorrei che potesse dormire con me, ma Miss Price non ce l'ha concesso.

Così ogni sera, verso mezzanotte, scendo per vedere come sta e, se non dorme, gli porto un bicchiere di latte caldo, lo accompagno a letto e sto lì finché non chiude gli occhi.

Ma stasera c'è qualcun altro che calamita i miei pensieri, qualcuno che forse mi sta aspettando.

Così salgo in camera mia, recupero i dolci, un cuscino da una madia rovinata, una bacinella, del sapone e una spugna. Poi esco di nascosto. Nonostante non abbia un coprifuoco, non essendo più 'un ragazzo del Red Oak Manor', preferisco evitare che qualcuno intuisca dove vado.

E soprattutto perché. O per chi.

Per fortuna conosco la foresta a memoria, per cui non mi è difficile orientarmi e raggiungere la due querce vicine. La ragazza è ancora lì. Seduta. Con una piccola lucina da lettura, sta scrivendo su un diario. Una ciocca di capelli le scivola sulla spalla sinistra, gli altri li ha tirati dietro l'orecchio destro. Il chiarore lunare che filtra dalle foglie la colpisce, illuminandola. Brilla, questa ragazza.

E il suo profilo sembra disegnato.

Non avevo fatto caso a quanto fosse bella.

«Sono tornato» sussurro per non spaventarla.

Lei si gira e mi cerca, nel buio. Quando mi trova sorride.

E tutto il resto si ferma, compreso il mio cuore.

Sono nato per vivere questo istante.

Mi succede sempre, quando penso alla prima volta che l'ho vista. Ricreo quel suo sorriso con le mie labbra, anche se, ai tempi, non sono stato capace di farlo. Sono rimasto a fissarla come un ebete, finché lei non ha battuto la mano due o tre volte accanto a sé, su una radice così scomoda che, all'alba, quando mi sono rialzato per tornare all'istituto, mi sono reso conto di avere un gluteo completamente intorpidito.

È stata la prima volta che non ho controllato come stesse mio fratello.

Ma non è stata l'ultima.

Il via vai qui, nel presente, in questa specie di corridoio, è caotico e fastidioso, così mi sposto. Tanto non posso fare altro che aspettare. Seguo le indicazioni, scendo delle scale, faccio un paio di svolte e trovo il posto che cercavo.

Apro la porta con cautela, in silenzio, per non disturbare. Ma la sala è vuota. Profumata. Illuminata da alcuni ceri.

Mi siedo in prima fila, anche se forse non dovrei.

Mio padre seguiva tradizioni ebraiche, mia madre era agnostica.

Ma credo che se un Dio esiste, non si formalizzerà per il mio passato o la mia formazione teologica.

Stringo i pensieri, il passato e il futuro sul mio petto, abbasso il capo e comincio a mormorare.

«Andrà tutto bene. Non sarai solo. Non succederà di nuovo. Andrà davvero tutto bene».

Sono giorni interi che, appena ho un momento libero, corro da lei.

Da Fiona.

Stiamo seduti vicini, a volte neppure parliamo. Lei mangia quello che le porto, legge i libri che prendo in prestito dalla piccola biblioteca di Red Oak Town, guadagnandomi occhiate stupite quando esco con un romanzo rosa tra le mani, e poi insieme fissiamo il cielo.

Dormo pochissimo, non ho partecipato alle ricerche di Axel, approfittando della confusione generale per rubare un po' di materiale dalla cassetta degli attrezzi, e ho costruito un piccolo riparo. Ho portato a Fiona altri cuscini e una coperta, anche se è logora e fa ancora abbastanza caldo. Ho recuperato anche un piccolo specchio e una spazzola.

Mi sembra serena.

Mi sembra felice.

Io lo sono e non so neppure spiegarmi il perché.

«Ieri volevo fare il bagno nel ruscello in cui mi prendi l'acqua».

«È pericoloso, Fiona, la corrente potrebbe trascinarti».

«Lo so. Ma ora ci sei tu. Puoi... accompagnarmi?»

Arrossisco e, per un attimo, perdo la mia sicurezza. Ma poi capisco la sua richiesta e accetto, mi alzo e le porgo la mano per aiutarla a mettersi in piedi.

«Come...» provo a chiederle, mentre ci inoltriamo nel bosco.

«Magari... mi lavo con la biancheria intima addosso, così non... e poi... mi cambio quando esco dal ruscello. E allora puoi girarti...»

Annuisco, rosso in viso.

Chiariamoci. Ho diciannove anni e prima di diventare dipendente di Miss Price non avevo il vincolo di non guardare le ragazze. Quindi non sono uno sprovveduto, ma con Fiona è come essere su un pianeta diverso. Un pianeta che non è fatto di sesso nello sgabuzzino o di scopate a casa di una compagna di scuola. Per dire... anche solo a pensarle queste cose, vicino a lei, mi sento in imbarazzo.

È speciale, delicata, intensa. Ci legano sguardi in aria, pensieri taciuti, respiri che si rincorrono.

Non l'ho mai toccata.

Non saprei neanche come farlo.

Camminiamo in silenzio, vicini. Sento il suo calore e percepisco il suo sorriso anche se non la guardo. Mi abbasso per evitare un ramo, mentre lei ci passa sotto senza fatica. Sembra fluttuare.

Impalpabile, la pelle trasparente, le spalle gracili, il collo delicato.

La solita felpa rosa.

Ha portato qualche cambio nel suo grande zaino, ma non le ho mai visto indosso un colore diverso.

«Eccolo» mormora così piano che lo scrosciare dell'acqua si porta via le sillabe.

Ci fermiamo a un passo dal torrente, nello stesso istante, neanche ci fossimo messi d'accordo.

Lei sorride ancora, e stavolta lo so perché sto guardando il suo profilo. Un profilo che continuo a pensare sia stato disegnato da qualcuno che se ne intende di proporzioni e che sa quale sia il senso più profondo della parola bellezza.

«Entri prima tu?» mi chiede. Ha una voce di miele, così delicata che sembra scomparire, eppure è capace di penetrarmi l'anima, di farsi un piccolo spazio lì e abitarmi dentro.

«Come preferisci tu, Fiona».

Adoro pronunciare il suo nome, mi sembra di legarla alla realtà, lei che sembra un sogno pronto a svanire. Sfilo i bottoni della camicia dalle asole e me la tolgo, gettandola a terra. Lei non distoglie lo sguardo, fissa i muscoli forgiati dal lavoro ma-

nuale, coperti da una canotta grigia. Tolgo anche quella e lei non si gira, continua a osservarmi, a studiarmi, senza alcun imbarazzo nello sguardo.

Apro i pantaloni, poi mi accorgo che, se continua a guardarmi così, vedrà anche... tutto il resto. Così le do la schiena, lascio scivolare i jeans lungo le gambe e, senza più voltarmi, mi immergo nell'acqua gelida del ruscello. Il freddo mi riporta a condizioni più accettabili e mi ripulisce i pensieri.

Quando mi giro verso di lei, è aggrappata alla sua felpa leggera. Fa caldo, non ho mai capito perché non la tolga, sembra quasi che sia la sua protezione. Non l'ho mai vista senza.

«Vuoi che...» Alzo il pollice e indico dietro di me. Se vuole privacy, sono pronto a offrirgliela.

Ma non posso negare che vorrei poterla guardare, mentre si spoglia.

«Non ce n'è bisogno. È come a scuola, nell'ora di nuoto».

Dice quelle parole sottili, alzando le spalle, come se davvero non le interessasse, ma le sue gote si tingono di rosa, il suo sorriso si corruccia in una smorfia deliziosa e lei abbassa lo sguardo. Ma si toglie la felpa, poi i pantaloni leggeri e rimane con una maxi T-shirt che le fa da vestito.

Possibile che io non le abbia mai chiesto da dove viene? Perché sta qui nella foresta e non a casa sua? Ha mai baciato un ragazzo?

E quando Fiona si sfila la maglietta ho la risposta a due delle domande che mi frullano in testa.

Non è grande, ma la forma non lascia spazio all'immaginazione. La sua pancia sporge, tonda, bellissima. Abitata.

È incinta.

Fa un passo nella mia direzione, le porgo la mano, la tengo stretta mentre scivola verso di me, quasi fluttuando nell'acqua, e mi arriva a portata di abbraccio.

«Posso?»

Vorrei risponderle che può qualsiasi cosa, ma mi limito ad accoglierla sul mio petto, la sua testa che mi si posa sul cuore e io che la avvolgo, stringendomela contro.

«Da quanto tempo sei qui?»

Sembra assurdo, ma anche questo non gliel'avevo ancora chiesto.

«Anzi, da quanto sei scappata di casa?»

Lei alza lo sguardo e me lo punta in viso. I suoi occhi sono come l'acqua che ci scorre addosso: limpidi, chiari, intensi. «Due mesi» mi risponde, sorridendo.

Mi chiedo dove trovi questa leggerezza sfuggevole, come faccia a tenersela stretta, nonostante le notti passate da sola in una foresta sconosciuta, lontana da casa, dai suoi genitori.

La aiuto a inoltrarsi dove l'acqua è più profonda e, sempre tenendole la mano, mi allungo a recuperare il sapone che ho appoggiato su una roccia. Glielo passo sulla schiena, sul collo e sulle punte dei capelli, poi lascio che continui da sola e, perché possa muovere le braccia con tranquillità, la tengo per la vita.

Ha la pelle liscia, tesa, morbida. Non riesco a trattenere le dita che si allungano verso il centro del suo ventre tondo. La trattengo da lì, perché non scivoli via, perché il suo bambino sia al sicuro.

«Ero grande quando è nato mio fratello» le sussurro all'orecchio, senza sapere il perché. Forse voglio che sappia che ho già visto una donna incinta, che so – almeno un po' – come gestirla.

«È quel ragazzino silenzioso con cui ti ho visto prima che mi scoprissi?»

«Sì, è lui».

«Dove sono i vostri genitori?» mi chiede.

«Non ci sono più».

«Neanche la mia mamma, sai?»

Vorrei chiederle come sia successo, come si senta, dove sia suo padre, ma non ho il coraggio di fare niente. Così taccio e aspetto che finisca di lavarsi. L'aiuto a immergersi abbastanza per sciacquare i suoi lunghi capelli, che si spandono nell'acqua come una corona di piume bianche. La tengo per la mano e osservo il suo ventre che sporge dalla superficie. Non so come nasca l'istinto di proteggere qualcuno, non so se sia perché sono rimasto solo, con un fratello di cinque anni di cui prendermi cura, o se è qualcosa di innato nell'animo umano, ma quel rigonfiamento sa già di vita, di fragilità. Mi smuove ricordi e pensieri di responsabilità. Mi ricorda l'amore che mia madre ci ha sempre offerto e la solidità delle spalle larghe di mio padre che ci sollevava entrambi e ci faceva volare in giardino.

Sento che qualsiasi essere viva e nuoti in quel grembo dovrebbe avere ciò che ho avuto io.

E dovrebbe averlo anche questa ragazza magra e sola.

La aiuto a uscire dall'acqua e la avvolgo stretta in un asciugamano che per chiunque sarebbe piccolo, ma che intorno a lei sembra un lenzuolo. Le sfrego la pelle con la spugna e l'abbraccio da dietro, anche se non ce n'è più bisogno, anche se ora non è necessario tenerla. Le bacio la testa e lei si appoggia contro il mio petto.

«Grazie» sussurra.

E sento che dovrei essere io a ringraziarla. Ma non riesco a capirne il perché.

Sono stordito.

Sono senza certezze.

Eppure, so per certo che devo essere più forte, più grande. Una roccia.

Per lei.

E per chiunque le nuoti dentro.

In questa stanza il tempo sembra essersi fermato, è facile seguire lo scorrere dei ricordi, immergermi nella mia vita, ripercorrendone i momenti più importanti. Non ci pensavo da tanto a quel giorno, a quel bagno nel torrente, al momento in cui ho conosciuto quella che sarebbe diventata mia figlia. Forse invecchiando sono diventato più emotivo e di sicuro sarei in imbarazzo a raccontare a qualcuno che mi sono dovuto asciugare una lacrima nel momento in cui ho ricordato di quando le mie mani sulla pancia di sua madre si sono mosse per tenerla al sicuro.

Che poi lo sanno tutti che sono un cuore tenero, è solo che...

«Come dici?» chiedo a qualcuno che non può rispondermi. Che non ha neanche davvero parlato.

Sollevo lo sguardo verso l'altare, stringo giusto un po' le braccia.

«Sono nato per questo?» Abbasso gli occhi e cerco la risposta. Forse è vero. Nel cuore sento che è così, però... «Non poteva essere più semplice?»

Un sorriso mi si schiude improvviso e inaspettato sulle labbra. C'è così tanta bellezza al mondo, che non si può contenere dentro pensieri torbidi e pesanti. Voglio credere.

Credere che stavolta sarà diverso.

«Andrà tutto bene» ripeto. E accordo il mio respiro alla vita.

«Hai già deciso come chiamarlo?»

Io e Fiona, ormai, parliamo di tutto. C'è solo un argomento tabù: il padre del bambino. Mi ha chiesto di non porle domande e io l'ho accontentata. Mi ha raccontato delle gare di equitazione, della morte della sua mamma. So il suo colore preferito – anche se non era necessaria la sua conferma –, il suo cibo preferito prima della gravidanza e quello che invece ama di più adesso, il latte.

«Se è maschio Adam, come il primo uomo. Se è femmina, pensavo a Virginie. Mi piace come suona, mi fa immaginare Parigi. Sei mai stato a Parigi?»

Vorrei poterle dire di sì, vorrei poterle fare credere di essere più di ciò che sono, un orfano che non ha mai visto altro che casa sua e il Red Oak Manor, vorrei poterle promettere che un giorno ce la porterò, ma sono sempre stata una persona sincera, per cui nego.

«Potremmo andarci insieme, prima o poi».

Abbasso la testa, mi vergogno del fatto che non ho prospettive, non ho niente da offrirle, se non la mia presenza. Ho fatto i conti, di nuovo, l'altra sera, per capire se avrei potuto sfamare tre bocche con i miei risparmi e il mio lavoro e purtroppo i risultati sono stati implacabili.

Non posso offrirle una cena al diner, *figurarsi metterla su un aereo e volare dall'altra parte del mondo.*

«Dimmi che ci andremo, Levi».

«Sai che non posso...»

«Tu puoi tutto. Devi solo credere in te stesso e avere il coraggio di sognare».

Scivolo verso il basso fino a trovarmi sdraiato su questo giaciglio sollevato da terra. Israel mi ha dato una mano a creare un riparo, anche perché settembre è alle porte e tra un po' comincerà a piovere e a fare freddo. Non basterà per tutto l'inverno, ma ci dà un po' di tempo per trovare un'alternativa.

Fiona mi si avvicina e appoggia la testa nell'incavo della mia spalla. È così leggera che posso stare così per ore senza che il braccio mi formicoli. E infatti di solito è così che passo le notti, mentre di giorno lavoro sempre di più, ma i conti non tornano, non bastano e, se prima volevo trovare casa per mio fratello il prima possibile, ma consapevole che un mese in più o in meno non avrebbe cambiato niente, ora ho fretta. Una fretta dannata.

Eppure i miei sforzi non bastano.

«Smetti di pensare. Non fai altro, ultimamente. Ti verranno le rughe e i capelli bianchi».

Sorrido e me la stringo vicina.

A volte vorrei averla incontrata a scuola. Vorrei che avesse una famiglia, mi presenterei a loro e gli direi che mi occuperò io del bambino, che mi devono dare solo un pochino di tempo, che mi prenderò cura di entrambi appena avrò abbastanza soldi da parte.

Invece qui Fiona non ci può stare a lungo, e presentarla alla Price è un'opzione che ho scartato. Le farebbe dare via la sua creatura. Che sento un po' mia. Un po' nostra. La abbraccio più forte e, come ogni notte, mi chiedo se avrò mai il coraggio di baciarla e di dirle che le voglio bene.

Lei si solleva un po' sul gomito e mi scosta il braccio che avevo posato sugli occhi per contenere pensieri e preoccupazioni.

«Non importa se non succederà. Promettimi che mi porterai a Parigi, un giorno. Che ci porterai il bambino. O anche che ci andrai da solo per vivere un'avventura. Promettimi Parigi. Qualsiasi cosa significhi, in qualsiasi momento della tua vita. Voglio sapere che credi in te stesso, come ci credo io».

Può esistere qualcosa di più bello di una persona che ha fiducia in te?

Fiona ha gli occhi che brillano, le spalle in tensione per non pesare sulla pancia e un sorriso così dolce da avere un sapore che posso sentire fin da qui. Zucchero filato. Ecco di cosa saprebbe se le baciassi le labbra.

«Te lo prometto» le dico, sperando che basti per rendere vera l'immagine di me e lei che camminiamo in mezzo a francesi snob mentre teniamo per mano un piccolo d'uomo che saltella tra di noi.

«Bravo. Ti meriti un premio» me lo dice sussurrando e ora il suo sorriso è più timido e il suo sguardo più sfuggente e il suo peso è più su di me.

E io non ci sto capendo niente.

«Non mi chiedi cosa?» La sua domanda è lecita, ma io ho le labbra cucite, il cuore che sfarfalla inquieto e le mani che tremano.

Annuisco appena, abbastanza perché lei capisca che voglio e allo stesso tempo che ho un po' paura.

Arriccia la bocca e si morde l'angolo interno delle labbra.

«Hai mai baciato una ragazza?»

Annuisco di nuovo, un po' più sicuro. Ne ho baciate diverse, ma non mi sono mai sentito così smarrito, così insicuro. Io non le chiedo niente, la sua pancia è la risposta.

«Io non ho mai baciato nessuno».

Lo schiaffo che si accompagna a queste parole ci mette un po' ad arrivarmi dritto in faccia, mentre lei è ferma davanti a me che mi sorride.

La fisso, mentre le informazioni creano un'immagine sempre più chiara nella mia mente.

Mi sollevo di scatto e me la porto dietro, aiutandola a mettersi seduta.

«Fiona...»

Lei mi fissa con il labbro inferiore in fuori. Ha capito che ho capito e sta cercando di trattenere il pianto. Forse non voleva dirmelo. O forse sta ripensando a ciò che le è successo.

«Fiona, non me ne andrò. Sono qui ed è qui che rimarrò, qualsiasi cosa mi dirai. Ma ora me lo devi dire. Chi è il padre del bambino?»

Volta la testa e io, con delicatezza, la afferro per il mento e la riporto nei miei occhi. Sono preoccupati, ma spero che riflettano la severità della mia promessa. Non importa quanto sarà dura: starò con lei. Sempre.

«Penserai...» Le scivola una lacrima sulla guancia. La raccolgo con le labbra e la attiro a me.

«Non penserò niente di male di te. Mai, Fiona, mai».

Si stringe a me come se si stesse aggrappando per non cadere, libera un paio di singhiozzi, poi si scosta, si asciuga gli occhi e li abbassa su questa specie di pavimento fatto di assi rubate dall'ala ovest del maniero e trasportate nella foresta di notte, di nascosto da tutti.

«Non è stata colpa mia» sussurra.

Le accarezzo i capelli, che sfiorano il legno tanto sono lunghi. «Lo so».

«Non... sai, siamo rimasti soli a lungo e io non avevo amici che mi spiegassero che non era normale e neanche la mia mamma mi aveva mai detto niente, anche se ho sentito che litigavano per colpa mia, qualche volta».

Deglutisco veleno, non saliva. E brucia. Nella gola, nello stomaco, nelle vene.

«Pensavo che mancava poco, poi sarei andata al college e... sì, magari mi sarei sentita sola, ma avrei imparato, no? Anche quello che non conoscevo... poi l'avrei capito. Ma lui mi ha fatto male».

«Lui chi?» glielo chiedo anche se l'ho capito. Anche se lo voglio uccidere senza neanche sapere il suo nome o aver visto la sua faccia.

Fiona alza lo sguardo su di me. Uno sguardo fatto di sensi di colpa, di dolore, di speranza.

Come è riuscita a salvare quella speranza da un atto così ignobile?

Come ha fatto?

«È stato papà».

Le lacrime che vorrei versare per lei le costringo a inondarmi la trachea, a navigarmi nei polmoni, a bruciarmi dentro, ad af-

fogarmi. A lei non mostro pietà, compassione, il male che mi sta facendo. A lei mostro ciò di cui ha bisogno. Un uomo che la guarda con rispetto e devozione.

«Lui non è più qui. E io mi prenderò cura di voi. Nessuno ti farà mai più del male. Te lo prometto. Andremo a Parigi e il tuo bambino sarà al sicuro».

Non ce l'ho portata a Parigi, ma non abbiamo mai smesso di parlarne.

Era il nostro sogno, quello abbastanza irraggiungibile da essere magico e sufficientemente alla portata da essere possibile. Sono stanco. Sono qui da ore. Non sono sicuro di aver fatto la cosa giusta, ma mi sono tolto la camicia e ho allungato le gambe, una caviglia sopra l'altra. Sul cuore il peso della mia vita, così fragile, ora, così difficile da tenere tra le dita per sentirne la consistenza solida e leggera insieme.

Inspiro ed espiro, cercando pace e riversando pace nel mondo caotico che c'è al di fuori di questa stanza quieta.

Lì, nei vari corridoi, c'è gente che piange, gente che corre, gente che spera, gente che muore.

«Non succederà di nuovo».

Lo dico. Ci credo. Ci spero.

Il cellulare mi vibra in tasca. Lo prendo con cautela e rispondo sottovoce.

«Sì» dico. «Alla clinica Saint Mary».

Le domande dall'altra parte della linea sono tante, troppe, accavallate, ansiose.

«Non lo so. Non lo so davvero».

Oggi fa terribilmente freddo. Più che nel resto della settimana, che è già stata difficile. Le coperte che ho portato a Fiona cominciano a non bastare e ieri l'ho sentita tirare su col naso un paio di volte. Anche io comincio a risentire di questa vita. Di giorno mi spacco la schiena, prendendo più lavori possibili, di notte dormo su un giaciglio scomodo e freddo. Ma non ho alternativa.

Ho incrociato mio fratello, prima, a cena. Mi ha fatto capire che è riuscito a rubare un po' di cibo a Miss Claire e che me l'ha lasciato al solito posto. E in più...

Mentre cammino al buio nella foresta e il mio fiato si condensa di fronte a me, frugo nel paniere che ho recuperato dalla dispensa dove Israel l'ha nascosto. Sorrido, quando sfioro la carta rigida che ricopre una delle sorprese che ho per Fiona.

Perché è vero che oggi fa terribilmente freddo, ma è altrettanto vero che domani le cose cambieranno. E questo sollievo, che mi è costato fatica e angosce, è così piacevole mentre mi scorre nelle vene, che fa scomparire ogni preoccupazione. Non vedo l'ora di mostrarle la sua nuova vita.

Arrivo al rifugio più velocemente possibile. Entro nella tenda impermeabile senza avvisare, con un sorriso enorme che mi prende tutto il viso, che però mi si congela quando me la trovo davanti.

È pallida e sta tremando, con gli occhi chiusi, sommersa da uno strato di coperte. La piccola lampada a batteria che le carico ogni tre giorni è accesa.

«Fiona...»

«Levi» mi risponde stirando le labbra in una smorfia forzata che vorrebbe essere un sorriso o qualcosa del genere. Prova a sollevarsi ma crolla giù.

Lascio cadere il paniere e mi dirigo subito verso la busta di carta che le ho portato settimane fa. Una stupida, insensata precauzione che ora, però, mi torna utile. Ne estraggo un termometro e del paracetamolo. Spero non sia allergica.

Le misuro la febbre – che è, come immaginavo, parecchio alta –, le faccio bere del latte e mangiare a forza qualcosa, anche se fa fatica e continua a tossire, e le somministro una pastiglia, sperando che faccia effetto. Poi mi sdraio vicino a lei, abbracciandola da dietro.

Ma Fiona continua a tremare.

Ha freddo e le coperte non bastano.

Così mi ricordo di una volta in cui papà ci aveva portati a fare una gita in montagna e non era riuscito ad accendere il fuoco. 'I vestiti trattengono il calore, ma non ne generano'.

E così, faccio come allora.

«Fiona, devo... fidati di me, okay? Non ti farò del male, non ti farò niente».

Lei mugugna, sta quasi dormendo, è stanchissima.

Con delicatezza aggancio l'elastico dei suoi pantaloni e faccio per sfilarli, ma lei apre gli occhi di colpo e artiglia le mie mani con le sue. Uno sguardo luccicante, supplice, spaventato. Sta fisso nel mio, così come io sto immobile sopra di lei, finché non sospira e toglie le sue unghie dal mio palmo. Apre le braccia e chiude le palpebre, dalle quali scorre una singola lacrima, sulla sinistra. Mi chino e gliela bacio, portandomela via, come vorrei portarle via i ricordi, il dolore e la vergogna.

I pantaloni vengono via senza fatica e senza altra resistenza riesco a toglierle anche la maglia.

È nuda, sotto, e io vedo la sua perfezione, la sua bellezza, le sue rotondità. Mi spoglio anche io, la invito a mettersi sul fianco e la abbraccio da dietro, passandole tutto il mio calore, che si fonde con il suo e si moltiplica.

È notte fonda quando smette di tremare, quando il suo respiro si regolarizza e il suo peso diventa maggiore. Sta dormendo, sta guarendo.

Fino a questo momento sapevo cosa stavo facendo, ma non ne capivo il perché.

Ma ora, tutto d'un tratto, con questa ragazza fragile e fortissima tra le braccia, con le labbra sulla pelle calda della sua spalla e il suo profumo zuccherino nel cervello, con la sua testa sul gomito e la mia mano sulla sua pancia, ora so.

So che voglio vivere ogni notte della mia vita così.

So che voglio farle scoprire l'amore buono.

So che voglio prendere in braccio e stringermi addosso l'esserino che sta facendo le capriole sotto le mie dita.

Spero solo che lo voglia anche Fiona.

Che possa capire che mi sono innamorato di lei, anche se non l'ho ancora mai baciata.

Che sarò in grado di farle scordare come tutto è iniziato e di farle scoprire come tutto può continuare.

Che le sarò fedele per sempre.

La abbraccio più forte e il bambino guizza.

Almeno a lui penso di piacere.

La mattina mi sveglio tardi, ma un bel sole caldo filtra dalla tenda.

Il tempo è clemente e Fiona mi sembra molto più fresca e riposata. Ogni tanto tossisce nel sonno, ma è quieta. Adesso che sono meno spaventato per lei, la sua nudità inquina i miei pensieri, perciò le sfilo il braccio da sotto il collo ed esco dalle coperte.

«Dove vai?» mi chiede con un filo di voce.

«Ti prendo i vestiti, ora stai meglio».

Non la guardo mentre mi chino a raccogliere pezzi di stoffa che copriranno la pelle che stanotte ho capito di amare.

«Preferisco te».

«Fiona...» sussurro, di schiena.

«Levi» replica lei, senza titubanza.

Sono davvero confuso. So cosa vorrei leggere nel suo tono, so cosa non mi posso permettere di sperare. So che devo fare le cose con calma.

«Fiona, ho dei regali da darti».

«Preferisco te».

La ignoro, ma metto via i vestiti. Prendo i miei, lascio i suoi piegati sul pavimento e torno da lei solo quando sono del tutto coperto.

Mi accoglie con un broncio e un sospetto dipinto sul viso. Non so a cosa stia pensando, ma penso di sapere come distrarla. Recupero il paniere e le chiedo di sedersi e di chiudere gli occhi.

Lei lo fa, ma mi coglie alla sprovvista, perché non si porta dietro le coperte e così è di nuovo nuda sotto il mio sguardo. I capelli le coprono appena il seno appuntito e gonfio, le punte chiarissime sfiorano la pancia ancora più tonda, le spalle tremano appena.

Scarto il pacchetto che, tramite una serie di favori e segreti, sono riuscito a ottenere da June.

Per fortuna non ha capito cosa stia succedendo, ma, insieme a Israel, mi ha procurato ciò che mi serviva.

Scuoto tra le mani la lana sottile, intrecciata in una trama strettissima, slaccio i bottoni e le infilo l'abito dalla testa, muovendo Fiona come se fosse una bambola, attento a non toccare il suo corpo più del necessario. Poi la invito a mettersi in piedi, sempre tenendo le palpebre serrate, e le aggiusto il vestito. È verde scuro – di rosa non ce n'erano, mi ha detto June –, le sta perfetto sulla schiena e sul seno, tira un pochino sulla pancia, ma le copre perfettamente le gambe magre. Le chiedo di avere pazienza, mi metto alle sue spalle e comincio a pettinarle la chioma, lentamente, districandole i nodi.

Infine recupero lo specchio, non è tanto grande, per vedersi tutta dovrà muoverlo parecchio, ma credo che si piacerà. E che le piacerà ancora di più il mio prossimo regalo.

«Apri gli occhi» le chiedo e lei obbedisce. Di fronte a lei, il suo riflesso, ma non si guarda. Fissa me.

Abbasso lo sguardo, perché il suo è troppo intenso, perché dentro ci sono domande cui non so dare risposta, mentre le sto offrendo risposte per le quali non ha posto domande.

'Prendi quello che ti do, Fiona. Per ora, accontentati di questo'.

Ci mette un po' prima di accettare l'idea di guardarsi, ma quando cede sorride. È ciò che dovrebbe fare un uomo vero, io credo. Far sorridere la donna che ama.

Mi sento più forte ora, mentre lei sposta lo specchio in varie direzioni e cerca la sua immagine, accarezza la pancia facendo aderire la stoffa, ridacchia e fa una giravolta, al termine della quale la sorreggo.

«Non esagerare o farai male al bambino».

«Lui è al sicuro, perché ci sei tu».

Mi lancia le braccia al collo e appoggia la testa sul mio cuore. La stringo piano, perché non voglio darle problemi alla pancia ma, se non dovessi dosare la forza, me la porterei proprio dentro. Lì sì che sarebbero davvero al sicuro.

«Ho altre due sorprese per te. Sei pronta?»

Solleva il mento e si inchioda nei miei occhi. Soffoca un colpo di tosse e continua a fissarmi.

Non so se leggo bene il suo sguardo, ma vorrei poter soddi-

sfare la richiesta che mi sembra mi stia rivolgendo. Sarebbe così semplice abbassarmi e schiudere le sue labbra, cercare lo zucchero filato sulla sua lingua. Così semplice e così sbagliato.

Forse lo vuole.

Forse no.

Forse non lo sa neppure lei.

«Dai, siediti e porgimi le mani».

Lei scuote la testa con un sorriso e torna sul nostro giaciglio. Allunga i palmi verso di me e io ci poso sopra la sua nuova vita.

«Amber Millais?»

La sua nuova identità, fresca, stampata su un documento falso. La sua libertà.

Annuisco. «Prima che tu dica qualcosa, so che è un po' più grande di te, e magari il nome non ti piace, ma era l'unico che c'era e così... nessuno ti potrà trovare. Ma tu, finalmente, potrai uscire da questa foresta».

Sbatte le palpebre più volte, in bilico tra sorpresa e paura. Non capisco.

«Devo andare via?» soffia, la voce tremante.

Le rispondo con un'espressione scioccata. «No!» dico d'impulso. «No» abbasso il tono. «Non devi andare via, o meglio... sì».

Gli occhi le luccicano d'improvviso, come un temporale che arriva a spazzare il sole in un lampo.

Le prendo il viso, l'avvicino al mio. «Via dalla foresta, Fiona. Insieme a me, se... Cioè, se lo vuoi, se no anche da sola. Come preferisci tu, non è obbligatorio che... Ecco, come vuoi tu. Come ti senti più a tuo agio».

Mi stacco perché mi sto rendendo ridicolo. Sono un imbecille. Non voglio più guardarla, non voglio sapere in nessun modo che sì, esiste la possibilità che lei desideri stare da sola.

Le sue dita si aggrappano alla mia camicia di flanella. Da quando mi ha detto che le piace come mi stanno, ne ho comprate alcune usate al bazar, di ogni colore. Oggi la mia fa pendant con il vestito che le ho regalato.

«Levi...»

«Sì, Fiona?»

«Dove mi vuoi portare?»

È più facile mostrarglielo che spiegarglielo. Per cui le chiedo di avere pazienza e impacchetto alla buona la maggior parte delle cose che ci sono in questo rifugio provvisorio. Uso il suo grosso zaino e un paio di borsoni con cui ho portato qui coperte e viveri.

Mi carico le spalle e le offro la mano.

Ci sarà un bel po' da camminare, perché preferisco farla uscire dalla zona del maniero senza passare davanti all'istituto, perché nessuno ne sappia niente.

La sto guardando mentre muoviamo i primi passi, quando un'altra mano, persino più piccola di quella di Fiona, mi strattona i jeans. Mi volto di scatto, il cuore in gola che subito si placa, quando vedo chi è.

Un sottile senso di colpa striscia sottopelle, perché so che devo prendere una decisione difficile in merito, ma sto allontanando il momento in cui guarderò in faccia la realtà e mi sentirò spezzato in due, senza alcuna possibilità di ricucirmi.

«Ehi, bro. *Tutto bene? Come mai non sei in classe?»*

Fa spallucce, scalcia un sassolino per terra, poi guarda Fiona e agita la mano per salutarla. Lei si stacca da me e gli va vicino.

«Volevi salutare me? O...» Fiona afferra la mano di Israel e se la porta alla pancia. Hanno fatto amicizia, a modo loro, mentre io lavoravo, nei pomeriggi in cui mio fratello era libero. So che veniva qui, di nascosto, faceva i compiti insieme a lei e passava un po' di tempo dormendo sulle sue gambe.

Ma lo sguardo che ora ha lui mentre le accarezza la pancia e sembra giocare e cercare il bambino che, a vedere l'espressione stupita e divertita di Fiona, ricambia quella ricerca, non gliel'ho mai visto. Non sapevo che si fosse così legato al figlio che forse diventerà mio.

Lascio che si prendano il tempo per dirsi il loro 'ciao' muto, di cui sono grato spettatore, poi li richiamo all'ordine. Israel deve tornare a scuola e noi dobbiamo attraversare la città.

Scompiglio i capelli di mio fratello e lui mi rivolge una domanda che mi rivolta il cuore e lo fa pompare al contrario. «Torni?»

Annuisco, colpevole.
Perché sì. Torno.
Ma è per dire addio.

Cazzo, mi sono appisolato.

Non so come si possa dormire con l'apprensione che ti attanaglia i polmoni, ma un'idea del perché io sia crollato così ce l'ho. Mi raddrizzo, una mano all'altezza del cuore a tenere tutti i pezzi insieme. Fa caldo qui dentro, un caldo incredibile. Abbasso la testa e inspiro.

Il profumo di casa si insinua nelle mie narici, qualcosa che conosco e che è nuovo allo stesso tempo.

Guardo l'altare.

«Pensano tutti che io sia bravo, sai? È praticamente il fondamento della mia identità» sussurro. «Levi Silver è un ottimo padre, un bravissimo fratello, un lavoratore instancabile. Ma quasi nessuno ha visto oltre quei ruoli. Solo la mamma di Virginie, perché ai tempi non erano ancora così radicati alla mia personalità. E poi... *lei*. Starà bene. Staremo tutti bene. Stavolta non succederà niente di brutto. Vero?»

Lo chiedo a chi non può rispondere, a chi mi guarda con occhi vacui.

Una piccola statua perfetta.

«Ti prego, dimmi che ho ragione».

La risposta non arriva. Non può arrivare.

È stanca, Fiona. Anche se tutto il peso l'ho portato io su una schiena che ora è indolenzita e sudata. È pallida, Fiona. Forse avrei dovuto aspettare che si riprendesse del tutto da questa notte febbricitante, ma non volevo che stesse ancora nella foresta. Anche se è in una foresta che l'ho portata.

Siamo dalla parte opposta di Red Oak Town, rispetto al maniero.

Ieri dormiva nel bosco a nord-est.

Stanotte lo farà in quello a sud-ovest.

«Di chi è?» mi chiede, un pochino in affanno, indicando un

cottage che sembra uscito da una favola dei fratelli Grimm. Manca il camino che fuma e una strega buona che cucina pozioni all'interno e poi... sì. Una favola fatta e finita.

Come quella che mi sto preparando a vivere. O a veder sfumare sotto i miei occhi.

«È del signor Baker. Il giardiniere che lavorava al maniero. Mi ha insegnato tutto e poi, quando è stato male, ho preso il suo posto. Me la affitta a pochissimo». Evito di dirle che quel 'pochissimo' è tutto ciò che ho. «Non è una reggia, ma...»

Non mi lascia finire, alza la leva del cancelletto di legno e lo apre, percorrendo il vialetto che porta all'ingresso. Ogni movimento fa danzare la sua gonna e fa svolazzare i suoi capelli così particolari. Non avevo mai visto niente di simile in vita mia. Fiona è un eccesso di perfezione e bellezza in un corpo minuto e sottile, a parte il ventre sporgente.

La seguo e poi la supero, aprendo la porta. Poso lo zaino e i borsoni all'ingresso e poi le tendo la mano, per invitarla a entrare. Ho dovuto spendere parte dei miei risparmi per rimettere a posto la cucina e sono stato qui a lavorare per rendere questa casa abitabile, visto che era chiusa da parecchio e aveva gli impianti un po' traballanti. Lavoravo pensando a lei. E pensando a lei ho comprato un lettino, un fasciatoio e dei pannolini.

Cazzo, so a malapena come sia fatto un neonato e ho comprato dei pannolini.

Sono un po' imbarazzato, forse ho corso troppo, forse avrei dovuto parlarle di questa casa, forse...

Lei non mi prende la mano.

Il mio imbarazzo a questo punto decolla.

Ho investito soldi e tempo per una... favola.

Io e Fiona, forse, non siamo reali.

«Non... non entri?» mi espongo al ridicolo. Il suo silenzio e la sua immobilità sono una risposta chiara.

«Non posso».

Annuisco, mi scrocchio le dita dietro la schiena.

«Non... non sei obbligata a stare qui per sempre. È solo per non farti dormire al freddo. Qui c'è il riscaldamento e il camino

e... io torno al maniero se vuoi. È per il bambino, perché non geli, devi prenderti cura di lui, non farlo per me. Io non c'entro».

«Tu c'entri eccome, ma io non posso entrare».

«Okay, scusa, non volevo forzarti. Fai come preferisci, ti riporto le cose nella foresta...»

Il mio cuore è scosso. Avevo preso in considerazione che non mi volesse qui, ma neanche per un momento ho pensato che non avrebbe voluto varcare questa soglia.

«Levi...»

«Fiona?»

«Possiamo parlare un attimo?» mi chiede. «Qui fuori» precisa.

Non capisco, ma mi adeguo e la seguo.

Sul lato destro della casa ho messo un vecchio dondolo che ho recuperato da un tizio delle Hills. Lui voleva che me ne sbarazzassi e io l'ho portato qui invece che alla discarica.

Mi siedo lì e le faccio spazio. Ho verificato di persona la tenuta e ho stretto viti e bulloni che lo tengono in piedi. L'ho persino dipinto. Di rosa.

«Dimmi».

Spero che non farà troppo male sentire il suo punto di vista.

Cazzo, dai. Non l'ho nemmeno baciata.

Mi forzo a ricordare per quale motivo i miei sentimenti siano assurdi, impossibili per me da spiegare e per qualcun altro da comprendere. La conosco da pochi mesi. Non ho mai assaggiato il suo sapore. So tutto e niente di lei. La amo, ma non ho un vero motivo.

«Grazie» è la prima cosa che mi dice.

«Ci tenevo... è un posto dove puoi stare tranquilla finché vorrai, fin quando sentirai che vuoi rimanere qui a Red Oak, così il bambino non avrà freddo».

«Mi fai parlare, per favore?» La sua voce è calda e tranquilla.

Pensavo fosse comunque difficile spezzare il cuore a qualcuno, invece lei mi sembra serena.

«Sì, scusa».

Non avevo mai sproloquiato tanto come oggi.

«Questa è la casa più bella che io abbia mai visto ed è as-

surdo perché riesco a immaginarla, dentro. È come se io l'avessi sognata e tu l'avessi trovata».

Sento un 'ma' grande come una casa venirmi incontro a trecento miglia orarie, pronto ad abbattersi sul mio cuore e a farne poltiglia. Ma sto zitto e aspetto la sentenza.

«Ma non ci posso entrare prima di aver chiarito le cose tra di noi. Perché...» Abbassa lo sguardo e spinge il dondolo. O almeno ci prova e pensa di esserci riuscita, ma sono io che ho smosso l'altalena, la sua forza non sarebbe mai bastata.

«Fiona non ti preoccupare, puoi dire tutto ciò che vuoi. È la tua vita e puoi scegliere. Adesso sei libera».

Mi ha raccontato di suo padre. Alla fine è riuscita a dirmi tutto. Il legame morboso che aveva con lei prima della 'notte brutta', come la chiama Fiona. Il fatto che non potesse decidere niente, che dovesse stare sempre con lui. E sì, mi ha raccontato anche della 'notte brutta'. Per fortuna non ricorda tutti i dettagli, la sua mente ha usato la memoria selettiva e lei sa solo ciò che è successo e ha qualche flash, il resto è sepolto nei meandri della sua mente e lì dovrà rimanere. Da quel momento mi sono ripromesso che, a scapito dei miei sentimenti, non le avrei mai detto cosa doveva fare. L'avrei sempre lasciata libera di scegliere.

«Lo so, Levi. E io... Devo farti una domanda, okay?»

«Sputa».

Però poi dammi il tempo di scappare per non mostrarti il modo in cui sei capace di ridurmi.

E non ti ho nemmeno baciata.

«Io vorrei davvero entrare con te da quella porta, ma ho bisogno di sapere perché lo fai».

Le rivolgo uno sguardo incredulo e indagatore. Come fa a non saperlo? A non averlo capito?

«Levi, per favore. Puoi dirmi perché hai affittato questa casa per me e il mio bambino, perché ti prendi cura di noi, perché sei qui, ora, con me?»

'Perché ti amo' vorrei dirle.

Poi lei sorride imbarazzata, piega la testa e sorride di più, quasi ride.

Cazzo.

L'ho detto ad alta voce.

«L'ho detto ad alta voce?»

«Mi sa di sì».

Eppure non mi sembra arrabbiata o infastidita.

Non capisco. Vorrei scappare e scomparire, vorrei poter chiedere a mio padre cosa sto combinando, come recuperare la situazione, vorrei che qualcuno mi dicesse che non ho sbagliato, che non ho rovinato tutto, che andrà tutto...

«Bene».

«Cosa?» le chiedo.

«Ho la mia risposta. Ora possiamo quasi entrare».

Okay, io a scuola non sono mai andato un granché e diciamo pure che ho altre qualità, ma non il cervello. Dio, non sono il più stupido del mondo, di solito, ma di certo non è l'intelligenza il mio punto forte. Quelli sono altri, per esempio il cuore. Comunque ora mi sento davvero come se avessi perso pezzi interi di conversazione, come se non riuscissi a stare al suo passo e lei mi stesse lasciando indietro, che poi è proprio ciò che fa, alzandosi e raggiungendo la porta.

La seguo, che alternative ho?

Magari piano piano ci arrivo anche io a capire cosa le passa per la testa.

Quando le sono davanti, le porgo la mano. Torno al piano originario, portarla dentro e mostrarle la casa.

«Aspetta».

«Aspetto».

«Lì dentro ci voglio entrare sapendo che siamo insieme. Che io non sono un dovere. Una responsabilità. Che per te non sono una vittima da salvare. Perché se immagino me, te e il bambino lì dentro, io ci immagino come una famiglia. E lo so...» Faccio per zittirla, ma lei me lo impedisce. «Lo so che siamo giovani e magari un giorno ti stuferai di me e te ne andrai».

Non riesco a trattenere un «mai» appena sibilato. Lei sorride.

Sorridi così per tutta la vita, Fiona. Ti prego.

«E va bene, così, Levi, lo metto in conto che magari il lieto fine

non esiste in termini assoluti. Ma almeno nel momento in cui entreremo in casa nostra, vorrei sapere che c'è un lieto inizio».

«Dimmi cosa devo fare e io esaudirò ogni tuo desiderio».

Stringe le labbra e le mordicchia dall'interno.

Io attendo.

Attendo la medaglia dei più stupidi, lo capisco qualche istante dopo.

No, cazzo. Non le permetterò di chiedermelo. Non è così che si fa. Non è così che lo vuole.

Faccio un passo verso di lei, che volge il viso sul mio e sorride fiduciosa.

Sì, Fiona. Ci ho messo un po', ma l'ho capito.

Le sfioro la clavicola col dorso della mano, stringo una ciocca di capelli tra le dita, mi perdo nelle sue iridi quasi scomparse per far posto alla pupilla dilatata, le accarezzo una guancia e mi sporgo sulla sua bocca.

La sfioro con le mie labbra, senza staccare lo sguardo dal suo, pronto a smettere se si sentirà a disagio.

Ma no.

Lei non si sente a disagio, anzi azzera ogni distanza e si stringe a me.

Avevo detto zucchero filato.

E avevo sbagliato.

È più buona, Fiona.

È delicata, intensa, fragile e guerriera, è aggrappata al mio collo, avvinghiata alla mia lingua, premuta sul mio petto.

Avevo detto amore.

E avevo sbagliato.

O forse non sapevo cosa fosse, perché questa roba che mi esplode dentro come se lei avesse acceso una miccia di cui non ero a conoscenza, è troppo più forte di tutto ciò che ho anche solo immaginato.

E capisco il perché mentre mi abbraccia e porta le sue mani tra i miei capelli e li strattona.

Avevo l'immagine di un amore.

L'avevo visto da fuori.

Ed era un amore bellissimo, quello che ha portato mio padre a cercare la mano di mia madre, quando il nostro mondo si è capovolto in un istante e sangue e vetri ricoprivano il tettuccio dell'auto. L'ha stretta. Lei forse era già morta, io non l'ho capito allora. Quindici anni sono pochi per comprendere che davanti a te sta finendo tutto. Ma lui l'ha cercata. L'ha chiamata. Le ha sussurrato: «Ti amo».

Ho creduto di aver capito tutto.

E invece sbagliavo.

Ora lo capisco.

Ora so perché le ha detto 'ti amo' in quel momento.

Perché è ciò che farei io con Fiona. Nel mio ultimo istante le direi 'ti amo' per essere sicuro che lei lo sappia.

Il problema, ora, è che dopo mesi a privarmi delle sue labbra, non riesco più a staccarmi dalla sua bocca. Così mi chino, senza interrompere questo bacio che, fosse per me, potrebbe durare in eterno. La sollevo come una sposa e, alla cieca ma con cautela, le faccio superare la soglia di questa casa.

È qui che vivremo.

È qui che ci ameremo.

È qui che crescerà il suo bambino.

«Perché è tutto rosa?» mi chiede, guardando la stanza che ho destinato al bambino.

Muovo i piedi agitato, mi vergogno di dirle che non avevo abbastanza soldi per comprare tutto nuovo, così la maggior parte dei mobili che ci sono qui dentro vengono dalla discarica. Li ho lavati e disinfettati e messi a posto, però non ho potuto scegliere il colore. Ho acquistato nuovi il materasso della culla e le lenzuola, così come l'appoggio del fasciatoio. Però ho avuto la fortuna di trovare una cameretta in buono stato. La cameretta di una bambina.

«Se è maschio poi ridipingo i mobili, te lo prometto».

«No! No, è perfetto così. Neanche li vedono i colori, i neonati».

«E tu come lo sai?»

«C'è scritto nel libro dei bambini che mi hai portato dalla biblioteca».

Ho il mento appoggiato sui suoi capelli e la stringo da dietro mentre lei osserva lo spazio in cui crescerà suo figlio. E a tal proposito devo dirle ancora un paio di cose importanti. Forse potrei aspettare, darle il tempo di abituarsi, ma sento che è necessario chiudere alcune cose oggi, anche se non sarà facile.

«Vuoi vedere la stanza grande?»

Non ho il coraggio di chiamarla 'camera matrimoniale', non voglio dare per scontato che dormiremo insieme, né voglio pensare al tormento di baciarla come prima senza poterla toccare.

Lei annuisce e io la porto alla fine del corridoio, proprio dove arrivano le scale dal piano di sotto. Le mostro il letto e la invito a sedersi. Al suo fianco, sono un po' sulla graticola, quasi tremo, perché è arrivato il momento di un paio di riflessioni sulle quali ho paura della sua reazione.

«Ehm...» mi schiarisco la gola. Dio se sono patetico. «Volevo dirti che ora che hai una nuova identità potrai partorire alla clinica senza paura di compilare i documenti... e...»

Mi accarezza la mano, cerca il mio sguardo.

«Sì?» mi incalza.

«Se vuoi, ma solo se vuoi, se... insomma. Se vuoi. Nella casella del padre puoi mettere il mio nome».

Ci mette cinque eterni secondi prima di scoppiare a piangere e io... cazzo, ho rovinato tutto?

«Scusa, Fiona, non piangere, era solo un'idea, magari stupida, era per evitare che il tuo bambino risultasse figlio di ignoti. Se avrà due genitori sarà meno sotto lo sguardo di tutti e io potrò prendermene cura, nessuno potrà portartelo via...»

«Perché lo fai?» mi chiede tra i singhiozzi. Di nuovo.

«Perché mi sono innamorato di te e... anche di lui. Voglio fare la cosa giusta e anche la scelta migliore per me. Voglio esserci per voi».

«Come ho fatto a essere così fortunata?»

Fortunata, Fiona? Tu che hai subìto così tanto? Fortunata perché hai incontrato un senza futuro come me?

«Ma tu lo vuoi?» le domando, con una punta di preoccupazione.

«Sì, Levi, non c'è nessuno che vorrei crescesse mio figlio insieme a me. Nessun altro al mondo. Sono così felice al pensiero che staremo tutti qui, io, te, il bambino e Israel».

Inghiotto un fiotto amaro di saliva, le bacio le guance, asciugo le sue lacrime, finisco sulla sua bocca, ma non posso concedermi ancora la pace. C'è un'ultima cosa che le devo dire. E non credo che le piacerà, così come non piace a me. Ma ci ho pensato tanto e non ho un'altra soluzione.

«Israel non potrà vivere con noi. Non possiamo rischiare».

«In che senso?»

«Il tuo documento falso... Non so se potrebbe reggere a controlli approfonditi. E non credi che se io prendessi mio fratello minorenne in custodia, i servizi sociali si interesserebbero a noi? Al tuo bambino? A te che non esistevi fino a ieri?»

Non le confesso l'altra verità, il secondo motivo, e cioè che non me lo posso permettere. I soldi che avevo da parte per l'avvocato che avrebbe dovuto aiutarmi a prendere in custodia mio fratello sono finiti tutti in questa casa.

«Ma non puoi lasciarlo lì, avevi detto...»

So perfettamente cosa le avevo detto, ma era prima di innamorarmi, prima di sentirmi come se stessi davvero diventando padre.

«Era prima, Fiona. Prima di te e del tuo bambino. Continuerò a lavorare al maniero, concorderò con Miss Price che Israel possa venire a trovarmi, gli starò vicino, ma devi capire che lui ha un tetto, va a scuola, ha amici. Tu e tuo figlio...»

«Non puoi dargli questo dispiacere!» Si alza di scatto, sta tremando dalla rabbia. O dalla paura. O da entrambe, non lo so.

«Credi che sia facile?» le chiedo con voce dolce.

«Devi fare la cosa giusta!»

«La sto facendo».

«No!»

*«Cazzo, Fiona, è quello che sto facendo. La cosa giusta!» La raggiungo e mi metto di fronte a lei. «*Tu *sei la cosa giusta».*

«Non voglio esserlo!» mi grida in faccia.

«Non è una tua scelta».

«Vattene!»

Se mi avesse tirato uno schiaffo, avrebbe fatto meno male.

Vorrei farle capire cosa provo e quanto è dura per me.

Ma ho anche bisogno di non sentirmi così uno schifo, perché i miei doveri non sono finiti qui.

«Va bene. Me ne vado. Ho acceso il riscaldamento, stai qui. Promettimi che starai qui».

Le pesa annuire, ma lo fa. Le sollevo il mento e la guardo fissa negli occhi. Lei annuisce ancora.

Sospiro e la lascio qui.

«Lo so che non è facile da capire, bro*».*

«Capisco».

Israel usa sempre meno parole, più precise, affilate. Fa male vedere quanto è cresciuto, quanto ha perso negli anni. Vorrei poter essere sicuro che da grande sarà un uomo felice. Ma ho paura che la mia scelta gli metterà i bastoni tra le ruote.

«Se ci fosse stato un modo...»

«La bambina viene prima».

«Non viene prima nel mio cuore, è solo che sarà piccola e avrà bisogno...»

«Di tutti noi».

Mi specchio nei suoi occhi, così simili ai miei. Gli scompiglio i capelli, gli piace quando lo faccio, poi lo abbraccio. Questo gli piace meno. Si divincola.

«Vai» mi dice.

«Sarò sempre qui, di giorno, e poi chiederò a Miss Price per i weekend, e ogni volta che avrai bisogno».

Fa su e giù con la testa.

Siamo sul letto del dormitorio, non è ancora ora di cena, ma Israel ha già rubacchiato del cibo per Fiona. Mi si stringe il cuore a dover scegliere tra loro. Farò l'impossibile perché tutte le persone che amo stiano bene. Mi porge il paniere e vedo qualcosa che spunta.

«Cos'è?» lo indico.

Fa spallucce.

Così sollevo quella cosa colorata e la guardo meglio.

Sembra un pupazzo, fatto con un calzino a righe. Ha due bottoni al posto degli occhi ed è gonfio da scoppiare.

«Mi sono fatto aiutare. Per la bambina».

«È la seconda volta che dici che è una bambina».

Fa di nuovo spallucce.

Ma io tutto d'un tratto gli credo.

Sarà una femmina.

E Fiona la chiamerà Virginie.

Sono così eccitato al pensiero di rivelarle questa cosa che nell'ultimo abbraccio che do a mio fratello questa sera ci metto un sacco di amore in più. Poi corro, veloce, fino a raggiungere l'altro lato di Red Oak Town e spalanco la porta di casa senza neppure più ricordarmi che ho litigato con lei fino a poche ore fa, che oggi doveva essere un giorno di ferie ed è stato il più faticoso di tutto l'anno, che forse Fiona mi odia.

Salgo le scale correndo ed entro senza pudore in camera da letto.

Non riesco a contenermi, non importa se è arrabbiata, non mi fermo neppure a verificare che lo sia davvero. Mi inginocchio vicino a lei e poggio la testa sul ventre nudo.

Le dita di Fiona si infilano nei miei capelli.

«Scusa» diciamo in contemporanea.

Le lascio un bacio sulla pelle, poi un altro, poi un altro ancora, poi un'altra infinità, finché la bambina scalcia.

«L'hai svegliato».

«Sì, dovevo dirle una cosa» ammetto. Poi abbasso la voce e sussurro a una pancia abitata: «Ciao, Virginie. Ti aspettiamo».

Guardo il display del cellulare. Sono passate quattro ore da quando il primario di ginecologia di questa piccola clinica mi ha fatto uscire dalla stanza, dicendomi che Victoria aveva delle complicazioni e che dovevano portarla in sala operatoria. Mi hanno consigliato di riposare nella camera che ci avevano assegnato e mi hanno detto che mi avrebbero chiamato al telefono appena la situazione si fosse stabilizzata.

Mi concentro su pensieri fiduciosi, ma un tarlo nella mia testa scava un tunnel di negatività a ogni minuto che passa. Purtroppo non ne so niente di medicina, non so se quattro ore siano tante o poche. Se le mie speranze stiano svanendo senza che io lo sappia, se dovrò passarci di nuovo.

«Non è sempre così difficile». Lo dico ad alta voce perché voglio che questa convinzione riempia la stanza.

Il telefono suona e il cuore spara così in alto che me lo sento uscire dalla bocca insieme al «pronto» che esalo. Non ho visto chi mi sta chiamando.

«Sì. Okay. Sono nella cappella, ci vediamo nella stanza trentasette».

Mi alzo e, a fatica, mi rimetto la camicia.

Fisso un'ultima volta l'altare. Sollevo le braccia e le allungo verso il cielo. Non pesa niente, se non il cuore.

«Non farmi scherzi, ci siamo intesi?»

«Non farmi scherzi!»

Il mio tono di voce è almeno due ottave sopra la soglia della virilità, ma credo di essere legittimato dalla situazione. Fiona è al mio fianco e a ogni scossone si piega verso il cruscotto, mio fratello è in mezzo a noi con lo sguardo disorientato, sto per diventare padre e prego a ogni metro di non farlo dentro il mio pick-up.

«Non farmi scherzi» ripeto, preso dal panico, mentre mi immetto sulla strada principale di Red Oak Town, in direzione dell'unica clinica che abbiamo in città. Se solo penso che mezz'ora fa Israel fissava me e Fiona ridere davanti al camino perché le stavo facendo il solletico e che tutto d'un tratto il divano era un lago e sono cominciate le contrazioni, mi chiedo perché cavolo non mi sono informato prima su cosa si dovesse fare in un'occasione come questa.

Non pensavo sarebbe successo tutto in un attimo, eppure dalla faccia pallida di Fiona, che sbircio appena mentre corro un po' troppo con l'auto, e dai suoi lamenti, mi sembra che la situazione sia a un passo dallo sfuggirci di mano. Non so come faccia a scrivere sul diario che non mi ha mai concesso di leg-

gere, ma traccia righe scomposte, come se fosse importantissimo per lei vergare quelle parole.

Per fortuna Red Oak Town non è grandissima, per cui non è ancora successo l'irreparabile quando fermo il pick-up di fronte all'ingresso. Mi precipito fuori, gli giro intorno e aiuto Israel e Fiona a scendere. Lei non è esattamente la rappresentazione della forza, la prima volta che l'ho vista pensavo addirittura che fosse una bambina, però non l'ho mai vista così fragile. Ha la pancia più grande di lei, è magra, ma sorride e mi stringe la mano e mi bacia e tutto sembra andare per il verso giusto.

Raggiungiamo l'accettazione e per fortuna tutti si muovono a una velocità incredibile. Osservo il pavimento sbeccato, seguo gli infermieri che trasportano Fiona su una sedia a rotelle e comincio a respirare solo quando la mettono in un letto comodo e le attaccano delle flebo al braccio. Mentre loro si occupano di lei, io raggiungo mio fratello in sala d'attesa.

«Scusa, bro*».*

Lui fa spallucce e mi passa il diario di Fiona.

«Cruscotto» dice Israel, sempre laconico.

«Grazie» rispondo, scompigliandogli i capelli scuri. «Non so quanto ci vorrà, tu puoi...»

«Sto qui» annuisce. «Poi me la fai vedere?»

«Certo, non vedo l'ora che nasca, ma ho una paura fottuta».

«Sarai il papà migliore del mondo. E nostro padre sarà orgoglioso di te».

Non dice una frase così lunga da quasi cinque anni. Gli occhi mi si inondano, come se tutto d'un tratto ogni singola emozione che sto trattenendo dentro fosse pronta a mostrarsi al mondo sotto forma di lacrime.

«Devo andare da lei».

«Sto qui» mi risponde mentre sfila dalla tasca un rotolo di fogli e una penna.

Sono fortunato ad avere Israel nella mia vita. È davvero un ragazzino speciale.

Rientro nella stanza, proprio mentre gli infermieri ne stanno uscendo.

«Arriva subito un'ostetrica».

Dentro c'è silenzio, interrotto solo da alcuni lamenti di Fiona che, però, mi sembra un po' meno sofferente. Le torno vicino e le porgo il suo diario. Rimango in silenzio mentre lei riprende a scriverci sopra, fino a quando non viene interrotta da una contrazione più forte.

«Continui dopo» le dico, prendendo tutto dalle sue mani per posarlo su una sedia.

«Ha fretta di nascere» ansima lei.

«Vuole conoscere la sua mamma».

«Ho paura, Levi. Io non so come si fanno i bambini...»

«Nemmeno io, ma ce la faremo».

Il suo sorriso si trasforma in una smorfia e mi stringe la mano fino a farmi male. Quanta forza può avere una donna? La guardo e mi rendo conto di quanto questa ragazza filiforme sia un'amazzone vera e propria. È scappata da tutto ciò che conosceva, dalla sicurezza di casa sua, da sola.

«Levi...»

«Fiona?»

«E se ho sbagliato? E se non fossi capace di fare la madre?»

Si piega in due per il dolore e io le massaggio la schiena. Le bacio la testa, la stringo. Devo ancora compiere vent'anni e sono qui che cerco di tranquillizzare la mia ragazza sulle sue scelte e sul nostro futuro. Allargo le spalle, aspetto che passi la contrazione e le offro quella che è la mia verità.

«Tu sei già madre. Lo sei diventata nel momento in cui hai portato tua figlia lontana da lui, quando sei rimasta da sola per giorni in una foresta sconosciuta, ogni volta che hai cantato per lei o l'hai accarezzata, e quando l'hai immaginata e anche adesso che stai per spingerla fuori da te. Sei tu, Fiona, e sei perfetta per lei».

«E se fosse un lui?»

«Nah». Sorrido, sferzando l'aria con la mano. «È Virginie, ne sono sicuro».

Quelle sono le ultime parole che riesco a dirle per l'ora successiva, perché tutto d'un tratto arriva l'ostetrica e comincia a impartire ordini con voce dolce ma risoluta. Accompagna le mie ra-

gazze attraverso il viaggio più importante, tenendo la situazione sotto controllo, dettando il ritmo delle spinte, regolando il flusso dell'anestetico che Fiona si autosomministra tramite la mascherina dell'ossigeno, aggiornandoci sull'andamento del parto.

Io rimango mano nella mano con la donna che amo, senza mai guardare laggiù, neanche quando mi viene chiesto se voglio vedere la testa di mia figlia. Taccio e nascondo che sì, desidero essere partecipe del momento in cui verrà alla luce, ma non mi sembra corretto nei confronti di Fiona alla quale non ho dato che qualche bacio.

Le concedo la privacy che merita e lascio che in quel momento magico siano solo loro due.

«È una bambina».

Il minuscolo vagito che emette Virginie un istante prima che la posino sul seno di Fiona è ciò che mi permette di espirare, come se fossi stato in apnea per tutto il tempo del parto.

Mi chino su di loro, sulle mie donne, e accarezzo piano la pelle raggrinzita di quell'esserino minuscolo. È pelata, ma ha le ciglia bianchissime e gli occhi spalancati. Sono vacui, non vede, ma si struscia sulla sua mamma, come se stesse cercando il suo nuovo nutrimento; è un attimo e Fiona si apre la camicia da notte e lascia che sua figlia segua la sua natura. Si uniscono di nuovo, in uno spettacolo incredibile, qualcosa che non vorrò mai più smettere di osservare: due anime in una, che si fondono e si amano senza bisogno di parole.

Parole che, invece, si accavallano vorticose alle mie spalle, con l'arrivo di una dottoressa che si china tra le gambe aperte di Fiona, con l'ostetrica che ci prende la bambina e la porta fuori dalla stanza, con gli infermieri che mi chiedono di spostarmi.

«C'è qualcosa che non va?» chiedo, allarmato.

«Non si preoccupi, ci lasci lavorare».

Mi spingono fuori dalla stanza, dove vengo raggiunto da una puericultrice che mi riporta Virginie e me la piazza tra le braccia. Mi sorride, come se questo bastasse quando hai tra le mani un affare di tre chili scarsi che non sa parlare e che sembra fragile come un soffione nel vento.

Sto lì, fermo, davanti alla stanza, senza sapere cosa fare.

«Ciao, Vee».

La voce di Israel mi spiazza, non l'ho neanche visto arrivare. È decisamente alto per la sua età e quindi può osservare la bambina senza che io mi debba muovere, mentre io fisso lui che guarda senza rancore colei che gli ha tolto la possibilità di vivere con me.

«Un batuffolo».

«Come?»

«Sembra il batuffolo di un fiore di cotone» mi spiega. «È carina».

Si sposta al mio fianco, incrocia le braccia al petto, in una posizione simile alla mia, e rimane qui, fermo nel corridoio, a fissare una stanza chiusa.

Rimaniamo in silenzio, finché la camera non si apre e ci viene consentito di entrare. Fiona è più pallida che mai, la ginecologa mi spiega qualcosa del suo utero, ma io non ci capisco niente, usa parole difficili e sono troppo preoccupato per comprendere.

«... sotto osservazione». Sono le uniche parole che recepisco. Stranamente mi rassicurano, perché vuol dire che faranno attenzione loro e che le mie ragazze sono al sicuro, qui.

Quando tutti escono, Israel prende una coperta e la stende su Fiona che si lamenta del freddo, poi si siede su una poltroncina e ci guarda da lontano. La mia ragazza alza le braccia per riavere sua figlia, ma le tremano, fatica a tenerle alte, così mi metto dietro di lei, un po' storto, in modo che la sua schiena possa poggiarsi sul mio petto e io possa avvolgere il loro abbraccio con il mio, per renderlo più saldo.

Le bacio una tempia, è gelata.

«Sei stata bravissima».

«Davvero?»

«Sì. Più forte di una dea. Virginie è una bambina fortunata».

«Sono stanca» sussurra. È debole, immagino sia normale, con quello che ha vissuto.

«Dormi se vuoi, ti tengo io».

«Mi prometti che la difenderai sempre? E che non le racconterai mai la verità?»

«La proteggerò a costo della mia vita e non saprà mai chi è suo padre. Te lo giuro».

Israel annuisce, la testa china sui suoi fogli.

Sa, ma non dirà niente.

Fiona si china un po' sulla bambina, ma fa fatica. «Ti amo» comincia a sussurrarle, mentre se l'attacca di nuovo al seno. «Ti amo» ripete come una litania, sempre più fioca. Ha sonno.

«Riposa, la tengo io».

Fiona annuisce, stacca la bimba che si è addormentata con la bocca aperta sul suo capezzolo, e cerca di sollevarla, ma non ci riesce. Mi piego su di lei e sento le sue parole, esalate sulla piccola testolina di Virginie.

«Sei salva, non sarai mai sua».

Posa un bacio sulla fronte di sua figlia – di nostra figlia – e mi concede di prenderla.

Poi si adagia sul cuscino e chiude gli occhi.

È bellissima, ma sembra distante.

Le accarezzo i capelli e la fronte e cullo con l'altro braccio la bimba.

Perdo il senso del tempo. Non so neanche che ora sia, quanto sia passato dalla nascita di Virginie.

È Israel a riportarmi al presente: si alza e va dall'altra parte del letto, poi mi indica la coperta spessa che le ha messo addosso. Tra le gambe di Fiona c'è una macchia.

Non è più grande di una mela matura, ma è abbastanza per farmi gelare il sangue nelle vene.

*«*Bro*, vai a chiamare un'infermiera».*

Non so come faccia a sentire la voce che mi esce a malapena dalle labbra, ma mio fratello fila via più veloce del vento, mentre io rimango qui impietrito, le orecchie che rimbombano, il cuore che martella.

Mi avvicino a Fiona, la scuoto per svegliarla, la bambina si lamenta perché la sto stringendo troppo forte, poi veniamo trascinati in un turbine di persone che entrano nella stanza, tolgono la coperta mostrando il letto completamente inzuppato di sangue, mi spingono fuori, urlano ordini e chiudono di nuovo la porta.

Siamo di nuovo qui. Io, Israel e Virginie.
Fermi e impotenti.
Vicini.
Soli.
Insieme.
Che è tutto finito me lo dice una dottoressa, seduta di fronte a noi nella sala d'attesa dove ci ha portati e costretti a fermarci. Mi spiega che il parto è stato troppo veloce, che l'utero era molto piccolo e che è stato trascinato giù durante la nascita. Che avrebbero dovuto controllarla più spesso, ma c'è stato un incidente sulla superstrada con tante persone coinvolte, che il personale si è dovuto dividere e che non si sono accorti in tempo che la situazione era degenerata.
Degenerata, scopro in questo momento, significa morta.
Significa che ci sono solo io.
Che devo onorare una promessa.
Che sono diventato padre, vedovo e uomo in un istante.
Israel mi mette la mano sulla coscia.
Mi guarda.
Guarda la bambina.
Stringe le labbra, inspira e poi annuisce.
Non ho alternative.
Non le voglio.
«Ciao, figlia mia. La mamma ti amava tanto».
Sono le prime parole che le rivolgo.
Gliele ripeterò per tutta la sua vita.

«Si sa qualcosa?»

Sono lì, fermo, nella stanza trentasette, con le braccia strette al petto, un po' smarrito, un po' solido, un po' preoccupato e un po' fiducioso.

Scuoto la testa.

«No, *bro*. L'hanno portata in sala operatoria».

«Da quanto tempo è via?» mi chiede mia figlia. Vent'anni fa tenevo lei tra le braccia proprio in questa clinica. Ora...

«Non lo so, ho perso la cognizione del tempo».

«Posso?»

Virginie allunga le braccia e io espiro.

«Non so se ce la faccio».

Stringo un po' più forte e mi guadagno un mugolio di disapprovazione.

«Dai» insiste. «Voglio conoscere mio fratello».

Abbasso lo sguardo.

Capelli neri sparati in aria, manine che si agitano e una boccuccia adorabile che si apre e si chiude. Credo abbia fame, ma non si lamenta. Da quando è nato e mi è stato messo tra le braccia non si è mai lamentato. Ha aspettato, insieme a me, sul mio petto, chiusi nella cappella. È perfetto. Sembra una statua.

Ma è vivo.

È qui con me.

Che aspetta sua madre.

Lascio che Virginie si avvicini, accarezzi il bambino e me lo sottragga.

Non mi ero reso conto di quanto ero teso, ma ora sento tutto il peso nei bicipiti e negli avambracci, che crollano verso il basso.

«Ciao, piccolino». Non so se esistano emozioni più forti che sentire tua figlia coccolare il tuo secondogenito.

«Gabriel. Si chiama Gabriel».

«Come...» Israel si avvicina e mi si schianta addosso, stringendomi in un abbraccio che non è da lui.

Vorrei potergli ancora scompigliare i capelli come quando era piccolo, ma le cose sono decisamente cambiate. «Papà».

«Già».

«Amore, porta mio padre fuori a prendere una boccata d'aria. Vi chiamo se ci sono novità».

Sentire mia figlia apostrofare mio fratello così è sempre un colpo al cuore. Ma ho combattuto senza sosta perché fossero felici e, be', sì, non avrei pensato che lo sarebbero stati insieme, però è così che è andata e l'importante è che stiano bene.

Genie studia, ha una carriera, segue ancora la terapia, anche se gli incontri si sono diradati. E Israel è più famoso di quanto sognasse di diventare, ormai. A quanto dice, è solo qui a Red

Oak Town che la gente lo lascia in pace, forse perché sono abituati a vederlo, così ogni volta che possono vengono qui.

Il cottage è stato rimesso a nuovo e ampliato e...

Ogni volta che ci penso mi viene da sorridere.

«Come va la casa? Siamo arrivati di corsa e siamo passati a vedere i lavori» mi chiede lui.

Sono partiti da Philadelphia appena li ho chiamati. So che mio fratello sta cercando di distrarmi e io glielo concedo, perché sono esausto e preoccupato.

E fiducioso.

Non succederà di nuovo.

«La stanno finendo. Ancora non ho capito se è stata un'idea tua o di Virginie».

«Non ho più idee mie da quando sto con lei. Le mie idee sono pensieri che tua figlia ha instillato nella mia mente, sigillandole con una delle sue magie».

Non voglio sapere di quali magie parla.

«Comunque non ho capito perché avete voluto una piscina a metà tra i due edifici».

Israel mi guarda e scuote la testa. «L'ha fatto per poterti stare più vicino e perché pensa che, se un giorno tornerai a odiarmi, avere un cottage di fronte al tuo e obbligarci a fare il bagno insieme saranno la soluzione a tutti i nostri mali».

«Non ti ho mai odiato».

Mi passa il braccio sulla spalla e mi tira a sé.

È diventato ancora più alto o sono io che mi sento schiacciato dal peso delle responsabilità? Dalla paura di rivivere tutto da capo?

«Ho ripensato tanto a Fiona, oggi».

Mio fratello annuisce. «Comprendo, anche a me è tornato tutto in mente».

«Non credevo che mi sarei più innamorato, dopo di lei. Ho avuto qualche storia, ma ho sempre messo bene in chiaro che il mio cuore non era disponibile, che il mio tempo era risicato e che non c'era niente da curare in me, perché non ero rotto. Ero solo deciso. Avevo fatto una scelta, capisci?»

Lui mi ascolta e io ho bisogno di dire alcune cose ad alta voce, per fissarle nel tempo, per inchiodarle qui, a questo momento, quando tutto è sospeso, tranne la verità.

«Con Vicky è stato diverso. Non era sesso. Anzi, non era niente. Solo chiacchiere mie su quanto fossi preoccupato per Virginie e lei che ascoltava e mi guardava. Mi ha guardato così tanto che sono scappato. Dopo mesi di amicizia, le ho fatto *ghosting*, come dicono i giovani».

«Non hai ancora quarant'anni, *bro*».

Allargo le braccia, come a dire che me ne sento cento.

«Comunque l'ho lasciata indietro. La evitavo persino».

«E poi? Non me l'hai mai raccontato».

«E poi me la sono trovata sul portico. Non era arrabbiata, mi sorrideva dolce. Le ho chiesto cosa volesse, in tono burbero, mentre aprivo la porta nel tentativo di fuggire ancora. Poi lei mi ha toccato il braccio e ha detto il mio nome. 'Levi'. Solo questo. E io sono scoppiato a piangere sulla porta di casa».

«Perché?»

«Perché ho capito che lei era la seconda persona al mondo per cui ero solo Levi. Non il padre, il fratello, l'orfano, il lavoratore, il vedovo. Non ero niente, se non me stesso e ho capito perché mi ero spaventato. Perché lei vedeva cose che io avevo dimenticato e avevo la fottutissima paura che, ritrovandole, avrei perso tutto il resto. Avrei smesso di essere il padre, il fratello, il figlio. Lei mi ha insegnato a conciliare tutti i miei pezzi».

Israel ha la mano poggiata sulla mia spalla e mi fronteggia.

«Andrà tutto...»

«Non dirlo. Lo so».

Stringe appena più forte e smette solo quando sentiamo la voce di Virginie.

«Papà, vieni!»

È in fondo al corridoio, la vediamo dalle porte a vetri che si sono aperte al passaggio di un paio di persone. Mi fa cenno di sbrigarmi e poi si volta per andare verso la stanza. Sono immobilizzato, non so cosa mi aspetta, ma ho fiducia.

Vero?

Ho fiducia?

«Andiamo».

È mio fratello a trascinarmi dentro, a smuovere le mie gambe, a portarmi dove devo essere. Ad ascoltare le parole di una dottoressa e poi infilarmi in una camera che mi ricorda la stessa di vent'anni fa.

«Ciao» sussurro.

Victoria è sdraiata nel letto, mi sembra intontita, la ginecologa mi ha detto che le hanno fatto l'anestesia e che non ci saranno complicazioni ulteriori. Deve solo riposare.

«Dov'è Gabriel?» trascina la voce, ma chiede di suo figlio.

Di nostro figlio.

Lo prendo dalle braccia di Virginie e lo porto sul suo petto.

«È bellissimo, non trovi?» mi chiede.

«L'hai fatto tu, amore, non poteva essere diversamente».

La accarezzo, la guardo innamorarsi del nostro bambino e poi porto l'attenzione sulle altre due persone che amo: sono abbracciati, mio fratello asciuga le lacrime di commozione di mia figlia e io so che agli occhi di tanti siamo una famiglia strana, da giudicare, da additare come disfunzionale.

Ma io in questa stanza vedo solo l'amore.

Al di là di tutto il resto, di una morale stantia, di una superiorità etica che si ferma alla superficie.

Amore.

E il mio cuore, finalmente, è in pace.

Playlist

Consigliata per la lettura

- ▶ 1. *L'anima* – Marracash feat. Madame
- ▶ 2. *Old Town Road* – Lil Nas X
- ▶ 3. *Unforgivable Sinner* – Lene Marlin
- ▶ 4. *The Monster* – Eminem, Rihanna
- ▶ 5. *Ode To My Family* – The Cranberries
- ▶ 6. *Elastic Heart* – Sia feat. The Weeknd, Diplo
- ▶ 7. *Altalene* – BLOODY VINYL, Slait, thasup feat. Mara Sattei, Coez
- ▶ 8. *Nothing Else Matters* – Metallica
- ▶ 9. *No Roots* – Alice Merton
- ▶ 10. *idontwannabeyouanymore* – Billie Eilish
- ▶ 11. *La Parade* – Yann Tiersen
- ▶ 12. *Snowman* – Sia
- ▶ 13. *Nuova Ossessione* – Subsonica
- ▶ 14. *We Used to Wait* – Arcade Fire
- ▶ 15. *Narcotic* – Liquido
- ▶ 16. *No More 'I Love You's'* – Annie Lennox
- ▶ 17. *White Flag* – Dido
- ▶ 18. *TU MI HAI CAPITO* – Madame feat. Sfera Ebbasta
- ▶ 19. *MONTERO (Call Me By Your Name)* – Lil Nas X

- ▶ 20. *Up* – Cardi B
- ▶ 21. *Est-ce que tu m'aimes?* – GIMS
- ▶ 22. *Truly Madly Deeply* – Savage Garden
- ▶ 23. *Disegno* – Alfa, Yanomi
- ▶ 24. *Wicked Game* – Chris Isaak
- ▶ 25. *Vivre La Vie* – Kelly Joyce

Ringraziamenti

Comincio subito con il mio (di solito finale) grazie alla vita.

Perché a volte è difficile focalizzare la propria attenzione sulle cose belle che si hanno, ed è proprio in quel momento che bisogna ricordarsi quanto siamo fortunati.

E io lo sono. Moltissimo.

Lo vedo ogni giorno negli occhi felici dei miei due figli, che non fatico a immaginare in futuro innamorati e soddisfatti.

Rebecca, amore mio, che la vita ti dia la giusta dose di zucchero per soddisfare il tuo animo romantico e una bella manciata di peperoncino per alimentare la tua ambizione di conoscere e salvare gli alieni. *Be strong. Be wild. Be everything you want to be*, mia Miss Independent.

Alessandro, dolce leoncino mio, che tu possa avere sempre quello sguardo curioso e appassionato, che tu possa costruire la tua casa nella foresta in cui potremo stare quattro ore al giorno con te e tutti gli animali che vorrai ospitare e curare.

E grazie, bimbi miei, per avermi scelta e per non vedere ancora la mia fallibilità.

Grazie alla mia mamma, per essere l'argine della mia solitudine. Grazie per tutto ciò che fai per me e per la mia piccola, ma splendida famiglia.

Grazie a mio padre, che è il nonno che tutti i nipoti dovrebbero avere.

E infine grazie alle persone che mi girano intorno, sia quando sono luce che quando sono buio, che non mi abbandonano e sono lì, ad aspettare che mi veda come mi vedono loro. Grazie Paola, *my sister*, grazie. Sei un insegnamento costante.

Ed eccoci arrivati alla parte clou dei ringraziamenti, quelli rivolti a tutti coloro che mi hanno aiutata a rendere questo testo il migliore possibile, che hanno partecipato alla creazione della storia di Israel e Virginie, nata da una terribile incomprensione tra me, Marracash, Madame e la loro canzone *Anima*.

Mi vedessero in tua compagnia
Penserebbero che sono debole,
Non devono sapere
Che sei l'anima, sei la mia metà.
Come sei fatta nessuno lo sa.

Grazie Veronica, per il lavoro che hai fatto su questo testo. E per avermi spiegato che, giustamente, una canzone che si intitola *Anima* parla dell'anima e non di un uomo innamorato di una donna che vuole nascondere. E grazie per avermi comunque appoggiata e capita, nonostante la mia scemenza.

A Erika, per aver cominciato la tua nuova carriera sul mio testo. Ti auguro di poter aiutare tantissime altre autrici. E magari, insieme, di dimenticare la terribile parola con la 'A'.

A Cristiana, per aver dato uno sguardo professionale sul testo e aver scovato il più insignificante dettaglio come quella maledetta 'i' mancante.

A Hugh per avermi corretto le rime in inglese, una sfida importantissima per me, che lui ha reso più vincente.

A Livia e Laura per la pazienza e la comprensione.

A Bianca Marconero per la sua presenza.

A Roberta per gli scleri e alcune delle canzoni della playlist.

A Isabella e Francesca, per il rispetto e la professionalità che mi hanno regalato.

Un grazie enorme alle mie compagne di viaggio. Per essere rimaste salde nelle poche turbolenze, per aver fatto gruppo e per aver riso come a un pigiama party a ogni chiamata. Per aver accolto le mie ansie, per aver condiviso ore di telefonate, per esservi fatte conoscere meglio ed esservi aperte a me. Grazie a chi mi ha concesso la sua amicizia, ha accettato i miei limiti e ha saputo apprezzare le mie piccole qualità. Sarò sempre qui, per ognuna di voi.

Grazie ai blogger e ai booktoker per il supporto che mi hanno dato e che vorranno ancora concedermi. La vostra passione alimenta la nostra ed è un carburante incredibilmente prezioso.

E infine il grazie 'definitivo' a te, che sei arrivata fin qua. Grazie per non essermi ancora venuta a cercare per spaccarmi in testa il Kindle o per darmi fuoco con il cartaceo. E grazie se vorrai condividere con me la tua opinione su questo romanzo con un messaggio, un commento o una recensione. Puoi trovarmi su Facebook o su Instagram. Sono timida, ma non mordo!

NELLA *RED OAK MANOR COLLECTION*:

- Valentina Ferraro, *Wings*
- Marilena Barbagallo, *Stuck*

NELLA STESSA COLLANA:

- Erin Doom, *Fabbricante di lacrime*
- Erin Doom, *Nel modo in cui cade la neve*
- A.J. Foster, *Dangerously Mine. Pericolosamente mio*
- Carrie Leighton, *Better. Collisione*
- Rokia, *The Truth Untold. La verità nascosta*
- Malorie Blackman, *Pari e Dispari. Noughts & Crosses*
- F. Vanessa Arcadipane, *Inferorum Gemmae Saga* (4 voll.)
- A.J. Foster, *Strangely Mine. Stranamente mio*
- Carrie Leighton, *Better. Dannazione*
- Carola Lovering, *Tell Me Lies. Dimmi bugie*
- Erin Doom, *Stigma*
- Rokia, *Sindrome*
- Lynn Painter, *Better Than The Movies. Meglio che nei film*
- Edith Joyce, *Riot. Amore e lotta*
- Carrie Leighton, *Better. Ossessione*

Certificato PEFC

Questo prodotto è realizzato con materia prima da foreste gestite in maniera sostenibile e da fonti controllate

PEFC/18-31-226

www.pefc.it

Questo libro è stampato col sole

Azienda carbon-free

Fotocomposizione: Alessio Scordamaglia

Finito di stampare
nel mese di novembre 2023
per conto della Adriano Salani Editore s.u.r.l.
da Grafica Veneta S.p.A. di Trebaseleghe (PD)
Printed in Italy